序

融合教育萌发于20世纪中叶欧洲特殊教育的"正常化运动"。伴随20世纪90年代初"全民教育"思潮的兴起,融合教育以其包容性的人类学价值与全纳性的人文性精神,迅速得到世界各国广泛认同与采纳实施,从欧美发达国家到亚非拉发展中国家,融合教育全球性浪潮此起彼伏,滚滚向前。在中国,融合教育的发展可以追溯到20世纪80年代中后期,通过三大随班就读试点实验,推动了融合教育在全国的开展,确保了特殊需要儿童的教育公平和教育质量提升,取得了卓越的成绩。

习近平总书记指出,要打造具有中国特色和普遍意义的学科体系,要形成哲学社会科学的中国学科体系、学术体系、话语体系。[1]融合教育作为一个舶来品,其哲学思想、理论框架、方法范式、实践取向等都无一不体现着西方的特点。怎样运用马克思主义理论,立足于中国特色社会主义制度,扎根中华优秀传统文化的丰富土壤,对我国的融合教育实践进行研究分析与理论概括,从而构建起具有中国特色的融合教育学术体系与话语体系,是我们这一代教育研究者义不容辞的时代使命与学术责任。

最近,乐山师范学院佘万斌教授托我为新作《中国化视域下融合教育研究——四川经验的深度解析》作序。我通读书稿后,颇为惊喜。本书基于中国化视域,系统研究了四川区域融合教育的实践路径,在以下三个方面具有开创性。

第一,学术视点具有开创性。立足人人平等的社会主义制度思想,以

---

[1] 参见习近平《论党的宣传思想工作》,中央文献出版社2020年版,第233—234页。

民为本、办人民满意教育的中国特色社会主义教育本质特征，有教无类的儒家文化传统，与中国具体国情相结合的马克思主义立场观点方法，提出构成融合教育中国化理解的四大支柱学术观点，开创性构建了融合教育中国化的"四大支柱"理论模型。该书拓展了融合教育的研究范畴，丰富了融合教育的中国化研究成果，有利于形成融合教育研究的中国话语特色，填补了融合教育中国化研究的样例空白。

第二，实践研究具有开创性。该书从历史语境、中外比较、制度优势、本土文化及政策实践等方面，对四川融合教育的发展路径进行了全面分析，并立足未来融合教育发展的国际趋势，提出了有针对性的对策、建议，有助于教育主管部门及教育工作者增强融合教育信心，亦有助于促进特殊学校与普通学校在融合教育上的合作，为四川融合教育高质量发展与我国教育现代化2035战略发展提供了研究成果观点智慧支持。

第三，研究范式具有开创性。作者依据融合教育中国化的"四大支柱"理论模型，融合"进入现场"的研究范式，基于历史演进与国内外比较的广阔视野，从纵横两条轴线、定性与定量两种方法、理论与实践两个层面，把四川融合教育的发展置于一个立体、系统、广阔的研究时空与整体逻辑框架中，进行了很有见地的深度解析。这体现了研究方法上的统合性、整体性特点，如同拨云见日，为我们层层揭开面纱，展现了迷雾中的融合教育中国研究场域。

国内学者关于融合教育的研究成果多，运用多种研究方法，从不同的学术立场对我国融合教育进行了理论创新与实践创新，在构建融合教育的中国学术体系、话语体系上作出了有益的探索。而由佘万斌教授所著的《中国化视域下融合教育研究——四川经验的深度解析》，运用多学科研究视野，对融合教育的中国学术体系、话语体系进行了严肃探索，让人们看到了国内学者致力于构建中国特色融合教育学术体系所取得的成果。这种探索或许是稚嫩的，但是让我们确实感受到它已经呱呱坠地。我深信，体现中国立场、

INCLUSIVE EDUCATION RESEARCH
FROM A SINICIZATION PERSPECTIVE:
AN IN-DEPTH EXPLORATION OF
SICHUAN'S PRACTICE

中国化视域下融合教育研究
四川经验的深度解析

佘万斌 著

文化艺术出版社
Culture and Art Publishing House

图书在版编目（CIP）数据

中国化视域下融合教育研究：四川经验的深度解析 / 佘万斌著. -- 北京：文化艺术出版社, 2025.6.
ISBN 978-7-5039-7896-8
Ⅰ. G527.71
中国国家版本馆CIP数据核字第2025PR9371号

中国化视域下融合教育研究
——四川经验的深度解析

著　　者　佘万斌
责任编辑　汪　勇
责任校对　董　斌
书籍设计　赵　矗
出版发行　文化艺术出版社
地　　址　北京市东城区东四八条52号　（100700）
网　　址　www.caaph.com
电子邮箱　s@caaph.com
电　　话　（010）84057666（总编室）　84057667（办公室）
　　　　　　　　　84057696—84057699（发行部）
传　　真　（010）84057660（总编室）　84057670（办公室）
　　　　　　　　　84057690（发行部）
经　　销　新华书店
印　　刷　国英印务有限公司
版　　次　2025年6月第1版
印　　次　2025年6月第1次印刷
开　　本　710毫米×1000毫米　1/16
印　　张　28
字　　数　480千字
书　　号　ISBN 978-7-5039-7896-8
定　　价　118.00元

版权所有，侵权必究。如有印装错误，随时调换。

中国智慧、中国价值的融合教育研究成果将不断孕育而出，直至枝繁叶茂。从这个意义上讲，此书是一本值得一读的好书。

教育是美好生活的基石，人的多样性寓示着融合教育思想的永恒价值与发展图景。联合国教科文组织前瞻性地指出，融合教育是教育的未来。伴随人文主义的现代性发展与人类文明新进步，尤其是人类命运共同体理念成为普遍共识，融合教育必将迎来更高水平的发展，追求"包容、公平、有质量的教育"必将成为世界各国教育的共同未来。我坚信并期待，有越来越多的学者研究融合教育中国学术体系与话语体系问题，有越来越多的精品力作面世，为推进中国式教育现代化贡献思想智慧。

是为序。

杜学元

2024年仲夏于四川师范大学狮子山

目 录

第一章
融合教育中国化视域的逻辑动因

第一节　融合教育的概念解析　/ 003
第二节　融合教育的国际发展　/ 024
第三节　融合教育中国化命题的发展动因　/ 044

第二章
中国化视域下融合教育的历史语境

第一节　我国融合教育的古代铺陈　/ 074
第二节　我国融合教育的近代借鉴　/ 079
第三节　我国融合教育的当代发展　/ 105

第三章
中国化视域下融合教育的制度优势

第一节　理论依据：马克思主义人学理论　/ 122
第二节　制度依据：中国特色社会主义制度　/ 128
第三节　价值依据：社会主义核心价值观　/ 141

第四章
中国化视域下融合教育的文化图式

第一节　我国古代"仁爱"思想　/ 164

第二节　我国古代"大同"思想　/ 167

第三节　我国古代辩证思想　/ 171

第四节　我国古代进取思想　/ 175

第五节　我国古代包容思想　/ 177

第五章
中国化视域下四川融合教育的政策选择

第一节　四川融合教育的法制轨迹　/ 183

第二节　四川融合教育的政策演进　/ 198

第六章
中国化视域下四川融合教育的实践进路

第一节　先行先试：四川融合教育的试点实验　/ 217

第二节　统筹推进：四川融合教育的工作举措　/ 223

第三节　典型牵引：四川融合教育的经验案例　/ 319

第七章
中国化视域下四川融合教育的拓展取向

第一节　四川融合教育面临的问题　/ 341

第二节　四川融合教育发展的取向　/ 349

第三节　四川融合教育发展的对策　/ 359

参考文献　/ 391

后记　/ 433

第一章 融合教育中国化视域的逻辑动因

第一章 融合教育中国化视域的逻辑动因

融合教育作为当今世界重要的国际教育思想，其全纳性所蕴含的哲学观点、教育平权思想与协作互助方式，使其一经提出便赢得教育界、学术界、各国政府与社会民众的普遍欢迎与积极响应。自20世纪90年代以来，从欧美发达地区、国家到亚非拉发展中国家，各国、各地区政府都结合本土实际，广泛开展融合教育本土实践，取得了一系列丰硕的成果，也彰显了融合教育的时代特征与进步价值。

第一节　融合教育的概念解析

1994年6月7日至10日，联合国教科文组织在西班牙萨拉曼卡市举办了"世界特殊教育需要大会：入学和质量"的会议。大会审议通过了两个影响深远的特殊教育文件——《特殊需要教育行动纲领》和《萨拉曼卡宣言》。这两个文件在进一步吸收1990年世界全民教育大会成果基础上，正式提出了向世界各国全面推广融合教育（inclusive education）的理念。自那以来，融合教育成为世界各国教育共识。

一、融合教育的含义分析

在我国，通常把"inclusive education"翻译成"融合教育"或者"全纳教育"。李拉认为，在教育理论研究领域，存在着"全纳教育"与"融合教育"混同使用、概念不清的现象。就其内涵与特征来说，融合教育与全纳教育两者之间在发生背景、发展演进、教育对象等方面都是不相同的。全纳教育与融合教育虽然内涵不相一致，但是它们所体现出来的价值思想、教育理念与目标追求却有着相同或相似之处，在发展演变的历程中也存在着交叉交织。邓猛认为，把"inclusive education"翻译成全纳教育是不准确的，应该翻译成融合教育更为准确。

事实上，不论是全纳教育，还是融合教育，都是由"inclusive education"翻译而来的。"inclusive"的意思是"包含的，包括的；包含全部费用的；包括提到的所有……在内的；范围广泛的；一切服务包含在内的；包括明示界限在内的；不排斥任何一方的；有意避免性别歧视的；兼收并蓄的"，与中文的"融合"一词的意思大体相同，"inclusive"来自拉丁语"includere"。而全纳教育的意思是倡导接纳每一个学生，并通过合作互助支持帮助每个学生都能积极主动参加到学习中来，反对一切形式的教育歧视与学校排斥。从历程演变来看，融合教育的特殊教育色彩更加明显，是针对以往把残疾儿童隔离在正常学校教育之外的反对态度，是特殊教育中一个十分重要的类型。而全纳教育更多是针对全民教育，是从教育对象的接纳范围来说，不单指对残疾儿童少年的接纳，也包括对边缘群体、弱势群体等的接纳。从上述分析来看，我们比较赞同邓猛的观点，"inclusive education"翻译成"融合教育"更为恰当一些。

由于国情、制度、发展水平的差异，我国的特殊教育发展历程比较复杂，没有经历西方国家的完全隔离、回归主流、机构化等发展演变过程，有着自身的独特实践与发展选择。1987年12月，陈云英教授提出了"随班就读"概念。她认为我国随班就读借鉴了西方融合教育发展特征，其内涵实质与融合教育是大体相同的，是对残疾儿童少年实施融合教育的有中国特色的教育形式。①

关于融合教育的定义，可谓仁者见仁，智者见智，尚无定论，并与全纳教育、随班就读等交织在一起。有的研究者认为这三个术语意思相同或相近，有的研究者认为它们有相似的地方，但也存在细微的区别。因此，厘清三个术语的来龙去脉及异同，对于我们把握融合教育的内涵特征十分重要。

（一）词义分析

1. 融合教育

《说文解字》对"融"字作这样的解释："融，炊气上出也。从鬲，虫省声。"其本义是煮食物的蒸汽向上冒出，引申为火，后衍生出"调和，和谐""长久""明亮""流通""昌盛""恬适""和煦"等引申意思。《说文解字》对"合"字，作"合口也，从亼从口，候合切"的解释，其本义为盖合，后引申为闭合、聚合等义。

在物理学上，"融合"是指两个或多个物质融在一起，不能分隔，也不相分离。比如晋朝著名史学家常璩《华阳国志·汉中志》记载涪县"孱水出孱山，其源出金银矿，洗，取火融合之，为金银"。从心理学角度来看，"融合"是指人们的认知相通、情感相融、态度相同、行为相近，更多体现为情感相融为一体，同忧乐共死生。比如宋朝陈亮在《书赵永丰训之行录后》说"天人报应，尚堕渺茫；上下融合，实关激劝"。

"融合"与"教育"联结在一起，就是指在教育中，把千差万别的受教育对象放在一起，共同学习共同成长，体现零拒绝无排斥的教育原则。

2. 全纳教育

《说文解字》对"全"字的解释是"完也。从入从工""取玉在石内而本

---

① 参见邓猛、朱志勇《随班就读与融合教育——中西方特殊教育模式的比较》，《华中师范大学学报（人文社会科学版）》2007年第4期。

质独全之意"。意思是完备、齐备、完整、不缺少、使之完整不残缺、表示所指范围内无一例外等。《说文解字》对"纳"字，作"纳，丝湿纳纳也"的解释，有"收入，放进""接受""享受""缴付""补缀，缝补"等释义。"全纳"一词，就是全部接受、都接受、完整接受等意思。

"全纳"与"教育"联结在一起，就是指在教育中，对所有受教育对象都全部接受而无一例外。

3. 随班就读

《说文解字》对"随"字作这样的解释："随，从也。行可委曲从迹，谓之委随。从辵，隋声。"其本义是"顺从、任凭"，后引申出"跟着""顺便、就着"等义，以及用作姓。

"随班就读"一词的意思就是把特殊需要学生安排在普通班级，与正常学生一起学习读书、接受教育。

（二）起源分析

1. 融合教育

融合教育属于特殊教育范畴。论及融合教育的起源，最早可追溯到西方特殊教育界20世纪六七十年代的回归主流及一体化运动，源自把特殊儿童安置在普通学校中一并接受教育。1994年联合国教科文组织发布的《萨拉曼卡宣言》，把融合教育正式确定为国际教育发展共识。

2. 全纳教育

全纳教育是一个含义广泛的概念，不单指特殊教育，也包括贫困群体、边缘群体等弱势群体享有平等的受教育权。全纳教育兴起于20世纪90年代的国际教育民主化浪潮，其目标是满足所有人基本的学习需要。在20世纪末与21世纪初，"世界全民教育大会""世界特殊需要教育大会：入学和质量"，以及第48届国际教育大会（主题为"全纳教育：未来之路"）三次国际教育会议的相继召开，加快了全纳教育在世界各国的推动进程。

3. 随班就读

随班就读在我国属于特殊教育范畴，是有特殊教育需要的学生就近进入普通学校普通班级接受教育的一种安置形式，是中国政府在保障残疾人受教育权平等上的探索尝试。1983年教育部颁布的《关于普及初等教育基本要求的暂行规定》，就明确提出了"要加强在盲、聋哑和弱智儿童中的普及教育工作……弱智儿童目前多在普通小学就学"[1]。这是我国对随班就读形式中给予肯定的最早政策文件。1986年，根据残疾人抽样调查显示，"已有61.3%的弱智儿童在普校学习"[2]。因应国家开始推行九年制义务教育的需要与特殊教育发展的国际趋势，以及我国残疾儿童受教育的实际，1987年国家教委在《关于印发〈全日制弱智学校（班）教学计划〉（征求意见稿）的通知》中明确提出："在普及初等教育的过程中，大多数轻度弱智儿童已经进入当地普通小学随班就读。……各地教育部门在举办弱智学校（班）的同时，对这种形式应当继续予以扶持，并帮助教师改进教学方法，加强个别辅导，使随班就读的弱智儿童能够学有所得。各地教研部门要注意总结推广这方面的经验，为教师提供教育和管理弱智儿童的业务知识和资料。"[3]同年11月，全国特殊教育工作会议就开展残疾儿童随班就读进行了讨论，时任国家教委副主任何东昌在会上要求"要有计划地在一部分普通小学附设特教班或吸收能够跟班学习的残疾儿童随班就读"[4]。1989年，新中国成立的第一个特殊教育文件《关于发展特殊教育的若干意见》正式颁布，随后面向全国八省市开

---

[1] 全国人大常委会法制工作委员会研究室编审：《中华人民共和国行政法律法规全书》第6卷，中国民主法制出版社2000年版，第3466页。
[2] 陈云英、沈家英、王书荃主编：《特殊教育的理论与实践》，教育科学出版社1992年版，第92页。
[3] 教育部教育管理信息中心汇编，咸立亭主编：《中华人民共和国教育法律法规全书》第6册，兵器工业出版社2001年版，第2809—2810页。
[4] 陈云英、沈家英、王书荃主编：《特殊教育的理论与实践》，教育科学出版社1992年版，第91页。

展随班就读实验由此铺开，具有中国特色的随班就读就此加快了发展步伐。

（三）特征分析

1. 融合教育

融合教育是以所有特殊教育需要儿童都有权与同龄儿童一起在自然的、正常的环境中生活与学习为前提，强调给予每一个儿童平等参与学校一切活动的机会，在普通学校和普通班级内教育所有学生。最少受限制环境、资源教室、无障碍建筑、通用学习设计方案等是推行融合教育的关键要素，正常化原则、平等与零歧视原则、多样性原则、共享与参与原则等是实施融合教育的基本原则。

2. 全纳教育

就教育机会而言，全纳教育强调在受教育权上是人人平等、人人纳入。换言之，全纳教育是"为了一切人，一切为了人，为了人的一切"。正常化、个别化、教育平等、早期干预原则等是全纳教育中倡导的基本原则。通常，"全纳教育"一词会成为对残疾儿童教育的同义词。虽然这可能仍然是全纳教育的主要动机，但这种理解有偏狭之处。全纳教育实践适用于具有许多不同属性的全体儿童，如不同的种族、语言、性别和社会经济地位。旨在确定和消除所有儿童接受教育的障碍，以便他们能够接触、参与并在各级各类学校里取得最佳的学业成就和社会适应成果。

3. 随班就读

因应国家对"联合国残疾人十年"的承诺，以及全民教育国际思潮的发展，1994年，当时国家教委在总结我国随班就读试验成功经验的基础上，决定在全国范围内推广随班就读经验，并颁布了《特殊儿童少年随班就读工作试行办法》（以下简称《办法》），把随班就读工作上升为国家教育发展政策，推动了我国随班就读的全面起步。在《办法》中明确界定了随班就读的对象，并对随班就读的工作内容、工作目标、支持保障等做了相应规定。比如把特殊儿童少年与普通学生的共同进步作为随班就读的工作目标；把特殊儿童少年在普通学校与普通学生一起学习、一起活动，作为随班就读的工作内容与方式方法；把接受"具有一定能力的视障、听障、弱智等残疾儿童少年"①，作为在普通学校里随班就读的对象。

（四）价值观辨析

1. 融合教育

融合教育的价值观来自人权理论。教育平等权作为人权中最基础最重要的部分，开始受到人们的关注。在联合国《世界人权宣言》的推动下，契合了"多元、自由、平等、个性"等价值观的融合教育，成为教育发展的国际共识与目标取向。

2. 全纳教育

全纳教育倡导教育中的人权观、民主观、平等观和价值观。全纳教育的人权观是指容纳所有的学生。全纳教育的民主观是指学校要努力促进所有学生的积极自由参与。全纳教育的平等观是指反对歧视和排斥，平等地对待每一个学生。全纳教育的价值观倡导集体合作观，主张普通学校接纳所有的学生，建立一种合作的关系，依靠集体的力量来解决问题，共同创建一种全纳的学习氛围。

3. 随班就读

我国的随班就读吸纳了"仁爱""大同""包容开放"等中华文明思想，传承了"诚心正意""和而不同""兼容并蓄"等中华优秀传统文化基因，继承了我国教育"因材施教""有教无类"等古老原则，借鉴吸收了西方融合教育与全纳教育倡导的全纳、融合、人文主义等价值理念。从我国推行随班

---

① 张继玺：《从隔离走向融合：上海特殊教育研究（1978—2010）》，博士学位论文，华东师范大学，2018年，第56页。

就读原始意图来看，是为了快速解决残疾儿童少年有学上的问题，以落实关于教育平权的宪制性规定。1987年国家教委在《全日制弱智学校（班）教学计划》（征求意见稿）文件中，对我国推行随班就读的价值意义进行了明确的阐释，指出："（随班就读）这种形式有利于弱智儿童与正常儿童的交往，是在那些尚未建立弱智学校（班）的地区特别是农村地区解决轻度弱智儿童入学问题的可行办法。"[①]国家教委这段关于随班就读价值意义的表述有三层重要内涵：一是在促进残疾儿童社会性发展方面有积极意义，二是在保证残疾儿童受教育权上具有现实价值，三是对特殊教育水平落后的农村地区教育发展有着特别的意义。

综上分析，多数学者认为融合教育与我们国家的随班就读在内涵、意义上更加接近，都属于特殊教育。比如我国著名特殊教育学者朴永馨对随班就读与融合教育的共同处进行研究，认为随班就读与融合教育存在四个共同点："教育安置形式相同或相似""学生都有平等受教育的权利""体现残疾学生与社会、特殊教育与普通教育相融合的思想""根据学生的个体差异取得对其的个别帮助、辅导或咨询"。[②]邓猛也对融合教育与随班就读的联系与区别进行了较为深刻的辨析，他认为随班就读参照了西方融合教育的做法，但也保留了某些苏联教育的影响："融合教育以西方的自由、平等、多元的社会文化价值观念为基础，而中国特殊教育发展生长于传统儒家教育思想的历史文化背景之下，并体现社会主义的政治与教育理念。""随班就读……处于起步阶段，还比较简单、粗糙，并不像融合教育那样是具备一个理想的教育哲学或完备的教育目标、方法体系。""融合教育的根本目标是要在普通教室为包括残疾儿童在内的所有儿童提供高质量的教育，面向的是全体学生；

[①] 教育部教育管理信息中心汇编，咸立亭主编：《中华人民共和国教育法律法规全书》第6册，兵器工业出版社2001年版，第2809页。

[②] 刘全礼编选：《特殊教育导论教学资料选》，天津教育出版社2007年版，第71页。

随班就读的服务对象目前还是以三类残疾儿童为主。"① 等等。

尽管在目前国内外学术界，已经把融合教育的研究对象拓展到正常儿童中的特殊群体，比如少数民族学生的融入问题、边缘群体的融入问题，等等。但在绝大多数时候，融合教育从融合状态、融入水平切入，关注的焦点仍然是特殊教育需要学生在普通教育中融合的情况。而随班就读则从残疾儿童少年的安置方式角度切入，关注平等受教育权的实现水平，两者在核心内涵上是基本一致的。为了便于表述与理解，本书中的"融合教育"，在没有特别说明的情况下，就是指我国的随班就读。

二、融合教育的价值意蕴

融合教育在思想认识上是一个有积淀的概念。它是人类社会对平等受教育权的理想追求，是人类社会关于人的基本权利在教育上的平等表达。

（一）教育公平说

教育公平涉及每一位公民，残疾人也不例外。融合教育是建立在公平、平等等基本人权理念之上的，其主旨在于帮助包括特殊儿童在内的所有儿童都能公平、平等享受优质教育，其价值取向是反对一切形式的排斥教育、隔离教育，强调受教育权作为公民基本权利能够得到公平、平等的切实保障。融合教育是促进教育公平的重要抓手，是保障残疾儿童、少年平等接受教育的重要途径。经过数十年的发展，融合教育所蕴含的教育平等、教育公平价值内核，得到世界各国的普遍认可。融合教育发展水平日益成为一个国家、一个社会的文明进步程度与发展水平的衡量标尺。尤其是自联合国教科文组

---

① 邓猛：《融合教育与随班就读：理想与现实之间》，华中师范大学出版社2009年版，第234页。

织发布《萨拉曼卡宣言》以来，越来越多的国家纷纷把融合教育作为本国重要的教育政策取向，综合施策，积极推进，在全球范围内掀起了融合教育发展大潮。伴随着全球化程度的加深、科学技术的进步与社会文明程度的提高，人们的权利意识增强，对公平、平等接受优质教育的追求意愿也不断增加，这促使融合教育成为当下世界各国教育发展的主题。在教育平权上"一个也不落下"，让包括需要特殊教育的每一个儿童都能接受公平、有质量的教育，这决定了融合教育是大势所趋，会蓬勃发展。

（二）教育权利说

作为一种现代文明的教育价值理念，融合教育正式被人类社会所承认并付诸实施，是比较晚的。直到《世界人权宣言》（1948）的发表，重视人权成为世界各国的基本共识后，教育权作为人权中最基础最重要的部分，才开始受到人们的关注。《关于难民地位的公约》（1951）、《反对教育歧视公约》（1960）、《经济、社会及文化权利国际公约》（1966）、《消除对妇女一切形式歧视公约》（1979）、《儿童权利公约》（1989）、《残疾人权利公约》（2006）、《联合国大会关于紧急情况下受教育权利的决议》（2010）和《2030年可持续发展议程》的可持续发展目标4（SDG4），这些国际公约都确认了在享有受教育权方面的普遍性和不歧视的核心原则。1990年在泰国召开的世界全民教育大会促使让所有儿童接受教育成为国际共识。从上述发展演进历程来看，世界全民教育运动有力地促进了融合教育的兴起。1994年，《萨拉曼卡宣言》的出台标志着融合教育成为国际社会的共识。融合教育兴起于西欧，并在美国、英国得到广泛发展与完善。2002年，美国颁布《不让一个孩子掉队法》，标志着美国以法律形式推进融合教育发展。联合国教科文组织将融合教育作为一种以人权为基础的教育方式，以确保所有人享有平等的教育机会而不受歧视或排斥。受教育权是国际人权法所承认的一项普遍权利。联合国人权委员会表示，"对于行使受教育权利的残疾人来说，必须实行融合教育制度,因此,受教育权是一种享有融合教育的权利"。融合教育被认为是"各国保证受教育权的普遍性和不歧视的最适当的方式"。至此,融合教育成为保障残疾儿童的受教育权、进而保障其人权的重要内容,体现出鲜明的人文特征。它是"以人为导向"的教育,强调在一体化教育体系中,根据每个儿童的个性差异和身心特点,按需施教、因材施教。众所周知,个体差异性是人类的特征,高矮胖瘦是生理上的差异,聪明愚笨是智力上的差异,活泼沉稳是性格上的差异……正因为每个人的特征是如此的不同,所以让所有人都能接受适宜的教育,而不是排斥在学校教育之外,就显得十分重要。事实上,就如贫困一样,残疾是人类不可避免的现象,永远与人类如影随形。① 这需要我们为具有不同特征的学生提供适宜的教育,保证每个学生的平等受教育权,而不是只关心保证一部分学生的受教育权。

(三)教育包容说

这种观点基于融合教育在教育对象性质、教育环境、学生发展及社会建设等方面的价值意义,认为融合教育是一种包容性教育,强调对全体受教育对象以一种无条件的方式进行接纳,反对任何形式的歧视和排斥,通过全方位的参与、无障碍的合作,形成老师与学生之间、学生与学生之间、学校与学生之间的教育共生与共享环境。在包容性范围上,是把所有残疾学生安置到一个普通教室,或者安置到具有不同程度包容性的普通教室(包括特定部分的特殊教育)。在教育对象上,融合教育不仅重点关注残疾孩子,而且关注全体学生氛围和每一个学生。在教育环境上,融合教育不仅仅是指特殊儿童能与普通儿童一起接受公平的教育,而且还指在包容、和谐的环境里,特殊儿童能够得到社会充分尊重而不被歧视。在受教育权的保障上,融合教

---

① 参见邓猛《融合教育与随班就读:理想与现实之间》,华中师范大学出版社2009年版,第1页。

育帮助残疾孩子在机会均等的情况下，拥有与普通儿童相同的受教育权，帮助他们能发挥自己的特长、创造力，施展自身的才华，能成为对社会有用的人。从促进社会建设来说，融合教育承认人的多样性，主张包容性的特质，不仅对所有学生，而且对教师和家长，都是一个很好的学习机会。它能帮助每一个人认识到学校和更广泛的社区之间的关系，是建设具有归属感的包容性社会的前提与基础，有助于包容型社区的创建。事实上，融合教育通过特殊儿童进入普通学校，也能让更多的人意识到这个群体的存在，有利于提高整个社会的包容性。当然，在理解融合教育的包容性时，更为重要的是，不应该把融合教育简单地理解为将残疾儿童纳入常规教育系统，而忽视他们的个别化教育需求与在普通学校面临的各类挑战。

（四）人的发展说

任何教育的终极目的都是促进人的发展，融合教育也不例外。融合教育的理想应该是帮助每一个学生都能最大程度发展，更加充分平等地融入社会。基于这样的教育目的，融合教育就其功能作用来说，本质上是一种支持性教育。它以在学校和社区提供必要的教育服务为基础，来支持普通课堂教师在共同学习环境中满足学生的不同需求。尤其对于有特殊教育需要的学生来说，需要学校通过增加额外的教育工作人员（如教学助理、辅助教师、资源教师等），开展额外的教学培训，编排额外的教学计划与教学时间，以及一对一干预，确保残疾儿童能够得到系统的专业支持和持续的帮助。因此，融合教育强调平等与零歧视、多样性、共享和参与的原则，主张通过提供各种支持保障措施，为所有学生提供正常的学习环境和友好的人际支持环境，帮助残疾孩子平等、公平地接受教育，让每个学生都能真正地参与学校的学习和生活。换句话说，融合教育通过促进残疾儿童和正常儿童同时同地学习，帮助残疾儿童与普通孩子一体化融入社会主流。融合教育通过教育对象的完全包容、教学方法的因材施教、学习方式的互助合作，完全纳入并帮助残疾儿童、少年实现持续发展，最终目的是将特殊孩子纳入教育氛围、物理环境及社会生活的主流系统内，而不是排斥在外。换句话说，融合教育主张通过建立一种全纳教育体系、全纳性学校和个性化教育，采取适应不同差异的教育措施，促进每一个学生充分自由地发展，实现每一个学生都能走进社会、融入社会的目标。

融合教育的发展，既是人权意识的高涨使然，也是科学技术的进步使然，更是教育观念的升华使然。郭卫东指出，残疾人教育是向"人类所有群体打开受教育的通途，使教育机会人人平等共享，正是近代教育与古代教育的根本不同点"[①]。从这种意义来看，融合教育是人类社会繁荣进步与文明程度的度量衡，是教育平权的分水岭，具有多重的人类学、社会学与教育学价值意义。

三、融合教育的观点分歧

融合教育作为一个来自西方发达国家的教育术语，自 1994 年正式提出以来，国际学术界对融合教育的内涵、性质、作用等有很多分歧，众说纷纭，莫衷一是。就国内学者的观点来看，也呈现多样理解与多元表述。

（一）关于融合教育概念的观点分歧

什么是融合教育，学者对此有着不同的理解与观点主张，提出了许多种定义方式。也许最权威的定义来自联合国各机构和诸如《残疾人权利公约》和《仁川宣言》等文件。但是，融合教育的定义太多，导致了人们理解上的不一致。比如 Bayat（2014）和 Sharma & Das（2015）指出，在分析残疾儿童的教育时，"整合"和"包容"等关键概念经常可以互换使用，尽

---

① 马建强：《中国特殊教育史话》"序言二"，新华出版社 2015 年版，第 5 页。

管它们的内涵并不相同。使用"社会融合"一词时,在很大程度上是与把残疾儿童纳入常规课堂的特殊教育主流化有关,但"融入社会"则是为了让社会容纳所有儿童。概念缺乏明确性指向,对融合教育的理解和实施产生了深远的影响,并导致了在改善残疾儿童教育方面缺乏总体进展。

1. 联合国相关机构的界定

2005年,联合国教科文组织对融合教育的内涵进行了界定,指出融合教育是"通过提高学习、文化和社区的参与度,减少教育系统内外的排斥度"①。从这句话的表述中,可以看出参与度、排斥度是观察与衡量融合教育的重要指标。但是联合国教科文组织关于融合教育的定义表述仍然比较笼统,而且还扩大了融合教育的对象范围。

2006年,联合国儿童权利委员会指出:融合教育是一套价值观、原则和实践,旨在为所有学生寻求有意义、有效和优质的教育,这不仅适用于残疾儿童,而且适用于所有学生的学习条件和要求的多样性。应该说,联合国儿童权利委员会对融合教育的界定比联合国教科文组织更进了一步,突出了融合教育的多样性、优质有效等基本要求。

2007年,联合国受教育权问题特别报告员对"融合教育"做了如下的定义:由于世界上没有完全相同的孩子,每个孩子的个性人格、身心素质、兴趣爱好都是如此的不同,对教育也有着不一样的需求。对于那些有特殊教育需要的儿童,必须通过以儿童为中心的教育方法来适应普通教育体系。融合教育的原则是所有儿童都应尽可能共同学习,而不论差别如何。融合教育通过考虑学习者之间的多样性,力求打击歧视性态度,建立欢迎的社区,为所有人实现教育,并提高主流学习者的教育质量和有效性。这样,教育系统就不应该再将残疾人视为需要解决的问题,相反,他们应该对学生的多样性

---

① 华国栋、华京生:《融合教育中的差异教学:为了班级里的每一个孩子》,教育科学出版社2019年版,第5页。

做出积极的反应,并将个体差异作为丰富所有人学习的机会。

2016年,联合国残疾人权利委员会认为,融合教育意味着基本教育权利原则,重视学生的幸福、尊严、自治和对社会的贡献,是消除学校里所有学生的教育障碍和促进文化改革、政策和实践的主要方法。

综合联合国相关机构关于融合教育界定的表述,可以看出联合国站在受教育权利、平等的价值观、减少教育排斥等更为宏观的人类发展角度,立足于面向全体学生受教育权利平等保障的基线,进行了体现广泛国际共识的融合教育内涵阐释。就表述内容而言,基本上是承袭了联合国教科文组织20世纪90年代倡导的全民教育思想。当然也结合世界各国教育发展的实践,在内涵上有新的扩充、增加。

2. 外国学术机构、政府的观点

加拿大安大略省政府在《2014年公平和融合教育指南》中,把融合教育定义为"基于接受和接纳所有学生为原则的教育",这种教育里"学生们看到自己的个性化学习需要被反映在他们的课程、他们的物理环境和更广泛的环境中。在这些环境中,多样性受到尊重,所有个体都受到尊重"。

2017年,欧洲特殊需要和全纳教育机构认为,融合教育是建立在为残疾人教育而制定的创新方法和做法的基础上,以终身的视角为所有学习者设计有效和公平的教育体系。

2018年,克里斯朵夫国际防盲协会认为,融合教育"是一个改变态度、政策和做法的长期过程;重点是识别和消除障碍,帮助确保不同的学习者能够获得、参与、实现优质教育,并从优质教育中受益;以统一的方式实现目标,避免平行制度,消除基于残疾、性别、种族、语言、宗教、贫困、年龄、健康状况、难民地位等方面的排斥、隔离和歧视;超越正规教育,包括正规和非正规教育;它是一个由利益相关者和社区驱动的过程,也是发展包容性社会的更广泛进程的重要组成部分。融合教育没有单一的固定公式或蓝图,是一种灵活的教育方法,可以从文化和可用资源等中找到相适应的解决方案，以帮助每个学生的个性化学习需要得到充分照顾"。

还有一些学者认为，融合教育首先假设所有儿童都有权进入同一教育空间。

从国外学术界的观点来看，大多数学者主要立足于如何实现融合教育的中观层面，从教育教学的环境空间、教学过程、方式方法等实践角度，来理解与定义融合教育。把融合教育的对象更多集中在残疾儿童少年，这是学者们的普遍观点，并认为融合教育建立在有助于确定和消除学习和参与教育的障碍因素之上，它是一个持续的过程，一个充分考虑到社会、文化和学习多样性的教育实践过程。

3. 我国学者、政府的主张

有的学者立足于融合教育的基本特征，从发展性视角，对融合教育进行了内涵界定。比如邓猛认为，融合教育是"让所有儿童就读于适合其年龄层次及学习特点的普通班级或学校，并通过多方的协同合作，为他们提供高质量的、有效的教育，让所有儿童都获得充分发展"[1]。林崇德关于融合教育的定义与邓猛大体相似，认为"融合教育是指让有特殊需要的孩子在常规学校里接受教育，使他们适应主流校园生活，发挥潜能，让其身心都能得到全面发展的一种教育理念和教育模式"[2]。杨凤林等也持相同的看法，认为"融合教育是指让有特殊需要的儿童进入普通班级接受教育，最大限度发挥其潜能，与普通儿童共同成长"[3]。

有的学者基于融合教育的时空场所性质，从环境角度，对融合教育作出含义界定，比如孟瑾认为，融合教育是"特殊儿童和普通同龄儿童身处同

---

[1] 邓猛主编：《融合教育理论指南》，北京大学出版社2017年版，第2页。
[2] 林崇德主编：《中国少年儿童百科全书 自然·环境》，浙江教育出版社2017年版，第277页。
[3] 杨凤林、秦莉、罗丽丹主编：《学前儿童心理健康指导》，东北师范大学出版社2014年版，第157页。

一个时空，共同学习成长的教育组织方式。它强调为特殊儿童提供正常化而非隔离式的教育环境，使之与正常同龄人享受同样的普通教育"①。

有的学者围绕融合教育的资源保障要求，从要素层面对融合教育做出了定义，比如陈适晖等认为，融合教育是"所有的残疾儿童，必须在有足够的资源，并以同龄儿童为主的自然环境、班级、学校以及社区的教育环境中受到教育"②。

尤其值得一提的是，2017年《中华人民共和国残疾人教育条例》第九章附则第五十八条指出，"融合教育是指将对残疾学生的教育最大限度地融入普通教育"③。这是国家教育法规层面以最简洁的语言对融合教育的含义进行的界定。尽管表述的字数最少、内容最简洁，但对融合教育的本质含义却表达得最为充分，如残疾学生、最大限度、普通教育等融合教育核心词汇都体现出来了。

从国内学者的观点来看，融合教育是一种具有完整体系的学习方式，它摒弃了以前"主流"教育体系与"特殊"教育体系并行的割裂做法，而是将两个并行教育体系联结起来，并将其转变为单一的、整体的、全纳的教育体系。融合教育的实施重点在于改变主流学校的文化、政策和实践，以容纳所有学生，包括残疾的学生，以发挥其最大的潜力。但从总体上，国内学者对融合教育的理解，受西方学者影响很大，就其实质来说，与国外学者的观点大体相同。国内外学者都主张教师、学校和教育系统需要做出改变，以便能够更好地适应学生提出的各种学习需求，并把每一个学生都纳入学校生活的各个方面。国内外学者都认为要充分识别学校内部和外部阻碍学习的各种

---

① 孟瑾主编：《"生活化、游戏化"幼儿园课程》，南京师范大学出版社2019年版，第207页。
② 中国学校体育研究会编：《新世纪学校体育改革探索：第二届中国学校体育科学大会论文选集》下，人民教育出版社2003年版，第502页。
③ 朴永馨主编：《特殊教育学》，福建教育出版社2019年版，第327页。

障碍，并采取有效措施切实减少和消除这些障碍。国内外学者都提出，学校、学习中心和教育系统要对所有儿童开放。国内学者则主要是从方法论的角度，从融合教育实施方式进行了内涵界定，认识和理解融合教育的视角更加具体、微观。

事实上，价值观、思维方式、知识素养、实践活动、时间空间等因素的差异，导致人们对同一事物的认识理解是不一样的。对于融合教育的内涵理解，也是千差万别的。学者们基于自身的价值立场、知识系统、教育实践，形成了对融合教育的不同理解，一方面丰富了我们对融合教育本质的认识，另一方面也表明了融合教育在学科体系与学术话语建设上还有待进一步加强。

（二）关于融合教育模式的分歧

一种观点是完全融合。英国教育界认为，融合要能合并"普通教育"和"特殊教育"系统，建立融合的系统以管理教育资源，并将不同类型班级的学生融合在一起。换句话说，英国认为"普通教育"和"特殊教育"两个系统不是壁垒分明的两道墙，而是应该互相整合、共享资源和互动关系。让有特殊教育需求的学生可以依照专家的综合评估和家长意愿，以最适宜地安置孩子为原则，让有身心障碍的学生和一般学生都能学习。因此，英国的融合教育不是依据障碍程度来判别，而是依据学生与家长的意愿来判别。也就是说，在英国只要学生有意愿，不论其障碍程度、处于什么状态，都应当安排在普通教育之中，体现出鲜明的完全融合教育思想。

另一种观点是有限融合。我国与日本从学生的实际出发，提出了有限融合的主张，只有中度及以下程度的残障儿童，才能安置到普通学校中。比如在日本的教育理念中，他们主张当一个特殊孩子无法在融合的环境中获得所需的服务时，才可以将其移至隔离的环境。我国随班就读也是如此，在20世纪80年代末期及90年代初开展的三类残疾障碍儿童随班就读试验，主要是针对中度障碍儿童。虽然也有开展重度残障儿童随班就读实验，但效果不佳。在此后全国各地开展随班就读工作时，也把"接受符合条件的残疾儿童少年"①作为随班就读对象。我国一些学者结合随班就读实践研究也提出了有限融合的观点，比如陈适晖等提出"融合教育适合于轻度及中度的儿童，但不适合于重度残疾的儿童，残疾儿童在特殊教育的环境中比较适合"②的主张。

这两种观点差异的实质是接纳障碍程度问题，由此而带来融合教育安置程度上的分歧，以及对"普通教育"和"特殊教育"系统职能职责要求的不同。客观上看，完全融合基于权利导向，更多体现出对受教育权的充分平等保障，带有比较鲜明的理想色彩。有限融合基于效果导向，更多体现出受教育质量的可信、可靠与保证，立足现实可操作性、特点鲜明。事实上，这是一个硬币两面问题。对于残疾儿童来说，通过融合教育既要实现其平等受教育权，也要实现其自身的长远发展。

（三）关于融合教育效果的分歧

融合教育对残疾儿童有着更为积极的发展意义。欧洲特殊需要和全纳教育机构提供了充分的证据表明，融合教育增加了残疾儿童的社会经验和学术机会，以及显著增加了残疾儿童接受高等教育机会、有更好的就业和生活水平。纽曼特尔（Newmanetal）认为，与隔离的环境相比，融合教育增加了就业机会，并允许更好的社区参与和更密切的个人关系。埃伯斯塞尔（Eberssell）也认为，融合教育增加了个人的就业机会、社会和公民参与，以及生活满意度，并降低了贫困、犯罪和毒品的暴露程度。

---

① 杜学元主编：《四川特殊教育史料集成》上，西南财经大学出版社2021年版，第45页。
② 中国学校体育研究会：《新世纪学校体育改革探索：第二届中国学校体育科学大会论文选集》下，人民教育出版社2003年版，第502—503页。

融合教育对正常儿童也有着显著的积极价值。贝内特和加拉格尔通过研究发现融合教育对无残疾学习者有一系列好处，比如增加对个人差异和多样性的欣赏，接受、尊重所有人，为在一个包容性的社会中的成年生活做准备，以及通过帮助他人的教学实践来增加自身成长的机会，等等。麦克阿瑟（MacArthur）等的研究注意到了包容性措施对残疾学习者的积极影响。这些影响包括改善社会关系和网络，同伴榜样、提高成就与提升期望，加强学校工作人员之间的协作，以及改善家庭融入社区的情况，等等；其他方面的好处可能还包括获得更广泛的课程机会，以及对成就的认可。卡兰布卡等学者通过对相关研究文献的系统回顾，发现当有特殊需要的学习者被纳入主流学校时，对没有特殊教育需要的学习者没有不利影响。法雷尔通过实证研究也发现，把有特殊教育需要的学习者安置在主流学校，对所有孩子的学业成就、行为和态度不会产生重大不利影响。

学生家长往往认为，特殊儿童进入普通学校，不仅学不到知识，还会影响其他学生。社会大众对融合教育的效果抱怀疑态度，对融合教育的发展持悲观看法。尤其是相当一部分普教教师认为残疾儿童始终比不上普通儿童，不愿意接收与教授残疾儿童，即使被动接收了残疾儿童随班就读，也不愿意改进教学方式方法、教育目标与教育态度。

关于融合教育效果的种种分歧，反映了学者专家与社会大众在认识上的巨大差异，也说明融合教育知识及其价值的社会宣传还有待改进，融合教育效果的研究还有待强化实证，研究结论还有待加强社会宣传与推广，有待在全社会凝聚形成融合教育共识。

事实上，融合教育具有多方面多维度的价值效果，尤其是残疾儿童与普通儿童通过同伴辅导、合作学习，能够促进全体学生更好地理解多样性、尊重差异性、培养包容力，发展群体认知和社会情感，在互帮互助、一起学习中实现更积极更正向的发展。

（四）关于融合教育路径的分歧

融合教育并不只是将有特殊教育需求的孩子安置在普通班，成功的融合教育是要让有特殊教育需要的学生在普通学校普通班级能够充分参与并取得进步。因此，融合教育涉及普通学校系统与特殊教育学校系统两者之间的要素整合。但在融合教育的推进实施路径中，到底是以普通学校系统为主还是以特殊教育学校系统为主，存在争论与分歧，并由此形成了各个国家不同的政策方法、实施路径，以及不同的教育效果。

以特殊教育系统为主导的融合教育实施路径。持这种观点的学者认为，融合教育是从特殊教育领域发展而来的，从本质上说，融合教育是特殊教育领域中的一个重要组成部分，具有鲜明的特殊教育性质与特征。因此，在推进实施路径上，应当以特殊教育系统为主导。从各国的实践来看，事实上特殊教育学校在推进融合教育中占据着主导的位置，大多数国家通过选派特殊教育教师担任融合教育资源教师、指导普通学校建设融合教育资源教室等方式，深度推进普通学校开展融合教育。

以普通学校系统为主导的融合教育实施路径。持这种观点的学者认为，融合教育的实施主体是普通学校及其教师，实施地点在普通教室与普通班级，从施教与受教的主体、对象、时空环境来说，普通学校是融合教育实施的场所，普通学校理所当然应当在融合教育实施中发挥主导作用。普通学校通过主动与特殊教育系统、教育行政主管部门的对接协调，寻求支持与帮助，促进融合教育有效地开展。

以普通教育与特殊教育资源整合为特征的融合教育（简称"普特融合"）实施路径。我国在三十多年的随班就读实践探索基础上，打破普通学校与特殊教育学校两个系统之间的隔离，围绕融合教育的有效实施，创造性地探索出残健融合、普特融合的实施路径，把区域内普通学校系统与特殊教育学校系统的资源整合起来，通过学校、教师、社区、家长共同发力，形成了具有中国特色的融合教育实施模式。

总体上讲，学者关于融合教育实施路径的分歧，以及各国的具体实践，都是立足于本国的教育发展实际，进行了体现本国特色的探索。至于融合教育实施路径，并没有优劣好坏之分，只要能促进融合教育有效实施及高质量发展，让包括残疾学生在内的每一个学生都能接受全纳优质的教育，就是好的实施路径。

第二节 融合教育的国际发展

在古代西方曾把残疾人视为异端，残疾人长期遭到社会的排斥与嘲讽。比如古希腊伟大的哲学家和教育家亚里士多德提出"知识起源于感觉""求知是人的本能"等观点，"把'感觉缺失与推理无能'看成是聋人的特征"[1]，认为聋哑人"与森林里的动物一样，是不可教育的"[2]。受亚里士多德这种思想的影响，聋哑人不可能通过教育来发展智力、挖掘潜能、回归社会的思想曾在西方根深蒂固。[3]因此，西方社会对特殊教育的关注比较晚，融合教育更晚。直到16世纪哲学家卡尔丹（Jerome Cardan，1501—1576），最早发现聋哑教育的可行。西班牙修士庞塞·德·利昂（Pedro Poncede León，1520—1584）是开展聋哑儿童教育的第一人。[4]1760年，世界上第一所聋哑学校由法国人得来彼在法国巴黎设立。[5]自此后，英国、德国等相

---

[1] 张珺：《北京地区聋校体育教育现状及发展对策的研究》，硕士学位论文，北京体育大学，2006年，第19页。
[2] 马建强：《中国特殊教育史话》，新华出版社2015年版，第17页。
[3] 参见马建强《中国特殊教育史话》，新华出版社2015年版，第17页。
[4] 参见李万育编著《特殊学校》，商务印书馆1937年版。
[5] 参见李万育编著《特殊学校》，商务印书馆1937年版，第8页。

继开设特殊教育学校。1784 年，法国人阿维（又译阿羽伊）在巴黎创设了世界上第一所教育学意义上的盲童学校，由此拉开西方国家特殊教育发展大幕，并为西方国家融合教育发展埋下了伏笔。

一、西方国家融合教育发展演变

自 18 世纪特殊教育兴起以来，特殊教育的隔离化弊端日益受到质疑和批评。人们开始探索减少教育隔离的方式方法，由此促进了融合教育的萌发。纵观西方融合教育的发展历程，大体经历了四个阶段："特殊教育的正常化""回归主流""一体化教育""融合教育"[①]，基本上每十年为一个阶段。

（一）特殊教育的正常化

1968 年，瑞典学者本格特·尼尔耶（Bengt Nirje）提出了特殊教育正常化原则，认为要通过对以前那些隔离封闭式的特殊教育、养护机构进行改革，来"保证智力落后者应尽可能使他们的日常生活的类型和状态与成为社会主要潮流的生活模式相接近"[②]。即让残疾人在与正常人相同或相近的条件下生活，改变原来的隔离封闭式的教育，以便残疾儿童在社会中不被排斥，能够融入与适应社会的正常生活。在正常化思潮的影响下，欧洲和北美地区几乎同时掀起了对传统的隔离式特殊教育的反思运动的序幕，作为反思的成果之一就是把正常化原则作为特殊教育改革取向，史称特殊教育正常化运动，也称"融合教育运动"。欧洲和北美地区对这场"融合教育运动"命名是不一样的，以英国为代表的欧洲国家称之为"一体化运动"。

---

① 陈光华：《基于服务学习的融合教师教育模式的研究》，中国铁道出版社 2020 年版，第 3 页。
② D. P. Hallahan, J. M. Kauffman, *Exceptional Children: Introduction to Special Education*, Boston: Allyn & Bacon, 1994, p.46.

（二）回归主流

在特殊教育正常化思潮的影响下，美国教育界也开始反思残疾儿童隔离教育的弊端，在20世纪70年代掀起了残疾学生回归主流学校上学的教育运动，直接促成了1975年《所有残疾儿童教育法》的正式出台。这场运动的目的是把残疾儿童最大限度地安置在正常学校的普通班级里，回归普通教育的主流中，并帮助残疾儿童在最少受限制的环境中与正常儿童一起学习生活，而不是在集中特殊教育学校里接受隔离式教育。改革的主要目的是促进残疾儿童享受平等的受教育权。

（三）一体化教育

一体化是指两个及以上事物融为一个整体。在特殊教育领域，"一体化教育"是特殊教育与普通教育两个系统合二为一，成为一个整体的教育系统或者一体化的全新教育模式，也就是我们今天所说的普特融合教育模式。它始自20世纪中叶教育平等权的思想启蒙，在20世纪70年代前后，北欧地区国家率先发起"一体化教育"运动，后来逐步扩展到英国、澳大利亚、美国、日本等发达国家，成为一种世界性的特殊教育发展浪潮。比如在20世纪80年代初，日本掀起以"将所有障碍儿童送入普通学校"的教育改革运动。"一体化教育"模式让所有有残障的儿童都能直接进入普通学校的普通教室里进行学习，在与正常学生一起学习成长中促进残疾儿童的社会性发展，以便其更好地走入社会、融入社区。我国台湾地区也提出类似的统合教育理念，主张"无论障碍的种类和程度如何，所有障碍儿童都可以直接进入中小学的普通班级接受教育"[1]。这一点与特殊教育的正常化改革有相似之处。

---

[1] 汪发荣：《论实施一体化教育的必然性与可行性》，《中国特殊教育》2001年第1期。

（四）融合教育

融合教育思想始于 1990 年世界全民教育大会，标志是 1994 年的《萨拉曼卡宣言》。《萨拉曼卡宣言》提出，融合教育是让所有儿童都能够接受教育，并且能够得到适合其的教育，使每个儿童都能在最正确的成长时机对社会生活有最正确的适应。《萨拉曼卡宣言》详细阐述了儿童权利的观点，即每个儿童都有基本的受教育权，教育者应该满足学生的不同需求。为了促进社会公平和正义，联合国的教育、科学及文化相关组织确定了包容性教育原则，即为所有儿童和青少年提供获得和完成义务教育的平等机会，并使有不同需求和残疾的学生融入社会进入正规学校和班级。因此，包容性教育可以为包容性课堂中的学生带来许多好处。第一，包容性教育尊重特殊儿童接受教育的权利，并使他们有平等的受教育机会。这种做法有助于促进机会公平和正义，构建和谐社会。第二，包容性教育制度也有助于维持这些有特殊教育需要的儿童的心理健康。它可以减少有特殊教育需要的儿童的自卑和孤立，培养其独立、健康、积极的人格，有助于他们更好地融入社会。第三，课堂中的包容性教育可以帮助其他正常学生更加包容地学习，形成一种相互支持的品格。可以说，《萨拉曼卡宣言》对特殊教育提出了改革的目的，为残疾儿童提供平等的教育机会，以及能够得到有质量的教育。这一点与回归主流的价值取向类似。

2019 年联合国教科文组织发布了《卡利宣言》。《卡利宣言》在联合国可持续发展目标和教育 2030 年行动框架背景下，对融合教育下一步发展方向与行动框架作出了更明确的倡议。它是 25 年前《萨拉曼卡宣言》的升级版，为世界各国推进融合教育提出了新的政策指南与行动指引。在《卡利宣言》中，联合国教科文组织结合理论界对融合教育的研究新成果，以及全球融合教育新实践，再次对融合教育的内涵做了新的界定，并把包容定义为：一种变革过程，确保所有儿童、青年和成年人充分参与和获得高质量的学习机会，尊重和重视多样性，消除教育中一切形式的歧视。应该说，联合国教科文组织对融合教育的新界定,更多地体现出强调人类发展权利的平等、公正与自由,更加突出了尊重多样、反对排斥的教育普遍价值。

二、融合教育的西方国家实践特点

自《萨拉曼卡宣言》发布以来,各国都把发展融合教育作为本国特殊教育发展的目标,并制定结合本国实际的政策措施,大力推动融合教育的实践,在国际上形成了融合教育推进浪潮。

(一)纳入政策

1. 单轨(向)纳入

以西班牙、意大利、葡萄牙、瑞典、冰岛和挪威等国家为代表,通过对主流学校的支持,旨在将几乎所有学生都纳入主流教育之中。

西班牙把有特殊教育需求的学生纳入主流教育,可以追溯到1985年的一项教育纳入实验方案。该方案内容包括每班安置不超过两名特殊学生,并保持20至25比1的生师比例,教育和心理教育指导小组给予具体指导,实验时长为三个学年。由于实验效果评估令人鼓舞,该方案被扩大到更多的学校,以满足有特殊教育需求的学生对教育的实际需求。1995年,纳入项目已不再是一项实验性方案,西班牙所有公立学校都有义务为有特殊教育需求的学生提供教育。1996—1997年,纳入范围扩大到义务教育与极有天赋的学生。为了促进融合教育,西班牙编制了关于包容性学校和可用资源的"包容性指南",比如涉及特殊教育方面的全国立法框架,包括1978年西班牙宪法,1982年《残疾人社会主流化法》(LISMI),1985年皇家法令监管特殊教育,1990年《教育系统一般秩序法》(LOGSE)和1995年《教育机构参与、评估和管理法》(LOPEG)。① 除了这些基本立法文本外，关于特殊教育的法律规定、政策条例也陆续颁布实施。这些条例规定明确了国家特殊教育模式，提出了特殊教育需要的教育措施。西班牙明确规定，在每个教育阶段结束时，要对在特殊教育学校和普通学校的学生受教育情况进行审查，以尽可能提高有特殊教育需求的学生在主流教育中的纳入水平。普通学校只要有能够接收有特殊教育需求的学生学习的可能，就要按照正常化的原则，让有特殊教育需求的学生在主流学校就读或在离其居住地区最近的教育机构就读。如果主流学校无法满足残疾学生的学习需要，而且因残疾原因妨碍到主流学校入学，有特殊教育需求的学生可以在特定的特殊教育机构或学校就读。为了确保为有特殊教育需求的学生提供适当的教育支持，西班牙各自治区都明确规定，即使学校没有现成的特殊设备或专业教师时，学校也应当确保某些残疾学生优先入学的权利。有特殊教育需求的学生的入学与接受教育，其父母或法定监护人需要全过程负责，这是西班牙关于特殊教育的核心理念。特殊教育学校向区域特殊教育资源中心转变，为普通学校特殊教育需要提供专业支持，这已成为西班牙融合教育发展的趋势。根据2020年欧洲特殊需求和包容性教育机构发布的数据显示，西班牙2018年主流学校的包容性入学率为99.28%，高于31个欧洲国家的平均水平(97.83%)。当然，西班牙在特殊教育融合方面也还面临一些挑战，比如2020年，联合国残疾人权利委员会认定西班牙侵犯了一名残疾儿童的全纳教育权，并呼吁该国结束特殊教育和主流学校中对残疾学生的任何教育隔离。

意大利政府通过出台将残疾学生纳入主流课程的先进监管政策框架，有力保证了特殊教育学生的完全入学。比如意大利宪法第3条规定人人享

---

① 参见赵向东、郝佳萍《西班牙高等教育中的残疾学生》，《中国特殊教育》2004年第10期。

有教育权,其目的在于支持将残疾的学生纳入主流班级。1994年,总统法令再次对该法律予以加强,明确规定了围绕特殊教育学生的个别化教育计划的编制,以及学校、地方保健单位和家庭之间的合作义务。还有相关法律规定要求所有教师要为残疾学生建立一条独立于其学科领域的替代途径,对残疾学生的多样化、个别化教育计划也作出明确规定,以帮助残疾学生的能力、技能和潜力的发展。进入21世纪以来,意大利政府进一步加大融合教育的政策保障力度,比如2003年的《国家关于普通教育标准、职业教育及其培训等级的规定》、2004年的《关于幼儿园和小学教育相关规则的定义》、2013年的《关于国家教育评价系统和教师培训的规定》、2015年的《改革国家教育结构和培训体系》等,都对保障有特殊需要的学生的教育权益做出了明确规定。① 根据2020年欧洲特殊需求和包容性教育机构发布的数据显示,意大利2018年主流学校的包容性入学率为99.95%,远高于31个欧洲国家的平均水平(97.83%),并排在首位。

20世纪70年代中期,葡萄牙明确规定将残障学生纳入主流教育。为此在教育部设立了特殊教育服务处,以支持主流学校的残障学生的学习。然而,直到1986年《全面教育法》和1991年《综合法》颁布之后,才健全完善了保障残障学生在主流学校入学和接受教育权利和方式的法律文书。《综合法》规定了义务教育以多样化的包容模式组织实施特殊教育,在某些复杂或残疾严重的情况下,可以在特定机构中进行特殊教育。从1990年起,葡萄牙教育一直强制普通学校里必须有接受特殊教育的学生,教育行政主管部门要把支持有特殊教育需要的学生接受教育作为工作责任。教育部门还与私立特殊学校签订了协议,共同推进在主流学校里开展特殊教育。在葡萄牙,学校和教师由五个区域教育理事会管理,这些教师越来越被视为对

---

① 参见贾利帅《意大利学校一体化政策发展的历史、经验与思考》,《外国教育研究》2018年第6期。

主流学校的教育支持和资源服务。葡萄牙第 319/91 号法令确立了特殊教育原则，规定有特殊教育需要的学生应该在限制最少的环境中学习。为了实施这一原则，普通学校必须开展如提高课程灵活性等的相关活动，以及完善特殊辅助设备或评估条件，促进有特殊教育需要的学生能够积极地学习。第 319/91 号法令还规定，由属于教育支持专家服务机构的支持教师与心理指导服务教师合作制定针对特殊教育学生的个别化教育计划（IEP）。1997 年，葡萄牙颁布了一项新的法律（第 105/97 号法律），支持教师成为以学校为基础的资源服务教师，直接与学校董事会合作，并与班级教师密切合作，采取区分普通教育的方法和策略，以改善所有学生的学习过程。葡萄牙目前建立了由数千名接受过特殊教育方面专业培训的教师组成的若干支联合团队，为主流学校提供支持服务，协调其学校区域的相关服务和资源，检测评估有特殊教育需要的学生，组织各种干预措施，以提高教学实践的差异化和调整课程。根据 2020 年欧洲特殊需求和包容性教育机构发布的数据显示，葡萄牙 2018 年主流学校的包容性入学率为 98.88%，高于 31 个欧洲国家的平均水平（97.83%）。

瑞典在特殊教育融合领域的发展历史悠久，自 20 世纪 50 年代末以来，越来越多的有特殊教育需要的学生被纳入主流学校，特别是在 20 世纪 80 年代就建立了较为完善的融合教育体制。[①]1985 年的《瑞典教育法》规定，不论性别、地理位置，以及社会和经济环境的差异，所有学生和年轻人都平等获得同等教育；学校要与家庭合作，必须给学生提供知识和技能，并促进他们的均衡发展，成为负责任的个人和社会成员。1994 年的《义务教育条例》进一步发展融合教育理念，规定了义务教育的标准和要求，强调有特殊教育需要的学生的融合教育。2006 年的《瑞典禁止歧视和其他侮辱性对

---

① 参见熊琪、雷江华《瑞典融合教育的发展特点及其启示》，《中国特殊教育》2013 年第 6 期。

待儿童或学生法令》，要求所有学校都要制定平等对待学生的方案，以确保所有学生不因性别、种族、宗教或残疾等因素而受影响。①2010年的《新教育法》强调教学应适合每个学生的能力和需要，大力实施个别化教育计划。②这些法令与政策文件体现了瑞典在特殊教育融合领域的法律基础和政策方向，强调了平等、融合和全纳的教育理念，初衷在于确保每个儿童都能获得包容、公平、高质量的教育服务。目前，瑞典大多数需要特别支持的学生在同一所义务基础学校中授课，主流化的概念已经不再提及。根据2020年欧洲特殊需求和包容性教育机构发布的数据显示，瑞典2018年主流学校的包容性入学率为99.09%，高于31个欧洲国家的平均水平（97.83%）。

冰岛的《教育法》规定，从学前教育到高中，有特殊教育需要的学生应与普通学生在同一所学校上学。冰岛《义务教育法》中尽管没有提及特殊教育，但是它明确规定无论性别、地理位置与残疾情况，所有儿童和年轻人享有同等的教育机会与权利。《义务教育法》指出，教育必须与家庭环境合作，提供知识和技能，并促进学生在一个民主社会中平衡地发展成为负责任的个人。其《教育法》《义务教育法》的补充规定，进一步明确了包括关于特殊需要教育和国家课程等规定如何付诸实施。2000年，为有特殊需要的高中学生开设了新课程，在学习中给予特别支持，随后新课程在主流学校中被广泛开设起来。根据2020年欧洲特殊需求和包容性教育机构发布的数据显示，冰岛2018年主流学校的包容性入学率为98.74%，高于31个欧洲国家的平均水平（97.83%）。

20世纪中叶，挪威引入了包容性教育，推动教育体系向更为包容的方式转变，目的是确保所有儿童都能在常规教育环境中接受教育。但是自

---

① 参见袁典典、刘吉涛《瑞典教育无障碍法律保障研究及启示》，《青少年学刊》2019年第3期。
② 参见王辉、王雁、熊琪《瑞典融合教育发展的历史、经验与思考》，《中国特殊教育》2015年第6期。

1975年以来，挪威政府并没有关于特殊教育领域的具体立法，包容性教育要求主要体现在《小学和初中教育法》中。《小学和初中教育法》规定，每个市负责为该市居民的所有学生提供教育，无论他们的能力如何、残疾与否。所有学生都在当地学校注册，所有人都有权接受适合其个人能力和情况的指导。尽管地方政府可以在主流学校内外组织特殊教育，有特殊教育需要的学生应被纳入主流学校，这是挪威学校政策的主要原则，并按照包容、参与和分权的原则提供特殊教育。《小学和初中教育法》还规定，地方政府必须提供教育心理服务。1991年，挪威政府出台《特殊教育改革法案》，进一步加大改革力度，并建立满足各种学习者需求的区域性教育服务网络，推动20所公办特殊学校转型为特殊教育资源中心。1996年和1997年，挪威对特殊教育重组效果进行了评估，决定从1999年8月起，减少国家特殊教育资源中心的人力资源，增加地方教育与心理办公室，以便为学生所在的城市主流学校提供特殊教育支持。1998年，挪威把"适性教育"（adapted education）原则写入《教育法》中，要求根据学生的能力与实际需求提供适性教育。2009年，挪威出台了《反歧视与无障碍法》，规定所有残疾人都有权在其学习环境中获得合理便利。2010—2011年，挪威政府发布"共同学习"（learning together）白皮书，强调了普通学校应主动招收社会背景、能力水平等不同的残疾人学生，并在课程与教学中充分考虑学生的差异，进一步推广适性教育。① 根据2020年欧洲特殊需求和包容性教育机构发布的数据显示，挪威2018年主流学校的包容性入学率为99.36%，高于31个欧洲国家的平均水平（97.83%）。

2. 双轨（向）纳入

对于大多数国家来说，都存在着普通教育与特殊教育两种并行的教育

---

① 参见徐添喜、高瑕、汪丽娇《"我们和其他大学生一样"——挪威残疾人高等融合教育保障机制研究》，《残疾人研究》2022年第4期。

安置系统。健康儿童被安置在普通学校里,残障儿童通常被安置在特殊学校或特殊班级。从欧洲的融合教育实践来看,许多正式注册的有特殊教育需要的学生虽然与非残疾的同龄人一起学习,但他们没有得到主流课程的同步教学与学习安排。这种情况的原因是一些国家的普通教育与特殊教育有着各自的立法或不同的教育政策,呈现出鲜明的二元特征。融合教育浪潮推动了两个教育体系之间的流动融合,由此形成了双轨(向)纳入的独特态势,瑞士、德国、美国、荷兰就是其中的代表性国家。

在瑞士,人们普遍支持包容,并通过完善相关法律,确保残障学生进入主流学校。20 世纪 70 年代,瑞士的一部分州特别是讲法语和意大利语的地区,已经引入了包容性教学。目前瑞士 26 个州中有 25 个州有包容性教学的法律依据。然而,只有少数几个州有明确规定招收残障学生的法律。瑞士的教育体系非常多元化。一方面,联邦系统的优势是学校结构可以适应本州、本地区的条件,缺点是各州教育可能因财政实力、政治方向或社会发展水平而不同,这就导致了不同州的教育部门提供不同的机会,教育系统纳入残疾学生有着不同的政策。通过巡回支援服务,普通班级、特殊班级与特殊学校中的特殊儿童获得额外的支持与帮助,但受教育方式大多是隔离式的,尤其是智力障碍学生仍然被排除在融合教育之外。① 根据 2020 年欧洲特殊需求和包容性教育机构发布的数据显示,瑞士 2018 年主流学校的包容性入学率为 96.14%,低于 31 个欧洲国家的平均水平(97.83%)。

1994 年 5 月,德国制定了关于学校特殊教育的建议,取代了 1972 年 3 月的关于特殊教育的指导方针,为德国的特殊教育发展提供了具体指南,对德国人在特殊教育需求方面的教育起点和条件、个人特殊需求现象及其诊断、提供特殊需要教育和可能的安置信息等做出了明确的规定,强调残疾学生与非残疾学生的平等教育权利,并推动了一体化教育的实施。1996 年德

---

① 参见张依娜《与普教共同发展的瑞士特殊教育》,《现代特殊教育》2010 年第 2 期。

国《反对歧视残疾人法》的实施，促使德国社会认识到，在语言、行为、学习等方面有问题的特殊教育需要学生，应该从学校生涯开始时就与普通学生待在一起。2000年，融合教育的国际浪潮在德国引发了广泛讨论。2006年《残疾人权利公约》的实施促使德国社会进一步关注残疾人平等受教育权问题。[①]2010年，德国教育和文化部出台《关于在学校教育中执行2006年12月13日联合国〈残疾人权利公约〉中在教育和法律方面的规定》，指导各州如何执行《残疾人权利公约》中的教育和法律方面的规定，进一步推动了融合教育的发展。需要指出的是，德国特殊教育学校与普通学校都为有特殊教育需要的学生提供了学习的机会和支持。然而，由于受预算资金的影响，把有特殊教育需要的学生纳入主流学校中的情况仍然相当有限，在主流班级中有特殊教育需要的学生数量基本上受到残疾和非残疾学生教育经费的限制。特别是普通学校在教师、辅助人员、教室和辅助手段不能满足特殊教育需要时，就无法满足残疾学生家长希望自己孩子能进入普通学校读书的愿望。2015年，德国中小学融合教育比例约为28%。"失败的德国融合教育改革"已经引发德国及国际融合教育学界的热烈讨论。[②]根据2020年欧洲特殊需求和包容性教育机构发布的数据显示，德国2018年主流学校的包容性入学率为96.91%，低于31个欧洲国家的平均水平（97.83%）。

1975年，美国的《所有残疾儿童教育法》强调残疾儿童应在最少受限制的环境中接受教育，并实行"零拒绝"原则，确保所有残疾儿童都能获得教育。[③]该法颁布后，加快了特殊教育的"回归主流"进程，标志着美国融合教育拉开帷幕。1983年、1986年和1997年，美国又先后三次对《所有残

[①] 参见贾利帅、刘童《德国融合教育改革何以失败及其引发的理论思考》，《外国教育研究》2023年第4期。
[②] 参见贾利帅、刘童《德国融合教育改革何以失败及其引发的理论思考》，《外国教育研究》2023年第4期。
[③] 参见黄建辉、李恒庆《〈共同核心州立标准〉背景下的美国特殊教育融合发展探析》，《外国教育研究》2014年第10期。

疾儿童教育法》进行修订，把二十多年残障儿童回归到主流学校的成功经验吸收到法案中，比如零拒绝原则、个别教育计划、最少受限制环境等，使融合教育更加适当和包容，使残疾人在最大程度上实现独立。2002年，美国颁布《不让一个孩子掉队法》，要求特殊教育课程设置要参照州统一课程标准进行，并规定了对特殊教育的评估和教师的绩效评估相关要求。2004年《残疾人教育促进法》颁布，强调特殊教育与普通教育之间的合作，要求有特殊需要的学生参与共同核心课程学习和基于研究的实践，并加大了联邦政府对特殊教育的资助力度。① 2015年，《让每一个孩子获得成功法》特别强调提高包括残疾学生在内的弱势学生群体的教育质量。这些法案的实施，有力地促进了美国融合教育的发展，许多残疾学生在普通学校中接受了主流教育。

自20世纪60年代以来，荷兰特殊教育已经发展成为一种无法适应主流学校的独立体系。这种高度分化和广泛的特殊教育体系被视为关注有特殊教育需要的学生平等受教育权的一种象征表达。推动荷兰特殊教育迈向包容的第一步是1985年颁布的《小学法案》。② 该法案规定，小学的主要目标是向所有4—12岁的学生提供适当的指导，并保证所有学生有不间断的学校生涯，力争确保每个学生都能接受符合他们的教育需求的指导。如果小学能够提供这种适应性教学，那么有特殊教育需要的学生数量就会或多或少地自发地减少。1990年，《再次一起上学》政策文件③，为每一所主流学校任命

---

① 参见刘纯君《美国特殊教育立法研究》，博士学位论文，云南大学，2019年，第21—23页。
② Tony Booth, Mel Ainscow, *From Them to Us*, London: Routledge, 1998, pp.123—148.
③ Joep T. A. Bakker, Eddie Denessen, Anna Bosman, Maria Krijger, R.A. Bouts, "Sociometric Status and Self-Image of Children with Specific and General Learning Disabilities in Dutch General and Special Education Classes", *Learning Disability Quarterly*, No.1, 2007.

了特殊教育协调员，促进了荷兰的主流学校和特殊学校破除界限、开始合作，标志着把有特殊教育需要的学生纳入主流学校迈出了新的步伐。1996年，荷兰实施"背包"政策，即由学生带着教育资助经费自由选择学校，而无论教育的类型如何，即从供给导向型资助转变为需求导向型资助的教育资金分配政策。[①]"背包"明确了停止为特殊小学和中学的残疾学生提供资金的计划，而支持将特殊服务的资助与所涉及的学生联系起来，保证了父母在为孩子选择学校方面有着重要的发言权。这些政策的实施，促使在普通学校就读的有特殊教育需要的学生人数上升。[②] 根据2020年欧洲特殊需求和包容性教育机构发布的数据显示，荷兰2018年主流学校的包容性入学率为96.80%，低于31个欧洲国家的平均水平（97.83%）。

3. 多轨（向）纳入

围绕有特殊教育需要的学生受教育权的保证，在主流教育系统和特殊教育系统两个系统之间设立了多种纳入办法，为特殊教育学生在这两个系统之间提供各种服务。奥地利、丹麦、芬兰、法国、卢森堡都属于这一类。

20世纪80年代，奥地利实施学校试点项目，探索残疾学生和非残疾学生联合教学的不同模式。1993年，在立法中规定，每个有特殊教育需要的学生原则上都被允许上小学，父母可以自由选择他们的孩子是上小学还是特殊学校。1997年以来，凡是达到义务教育年龄的有特殊教育需要的学生，都有权在普通中学或学术中学继续接受义务教育。这些措施帮助了残疾学生顺利进入奥地利社会。奥地利把学生规模在250人以上的特殊学校指定为州级特殊教育中心，其主要任务是为主流学校的学生在特殊教育领域提供协调措施。特殊教育中心与当地的学校董事会、该地区的义务学校和其他

---

① Sip J. Pijl, Dorien Hamstra, "Assessing Pupil Development and Education in an Inclusive Setting", *International Journal of Inclusive Education*, No.2, 2005.
② 参见熊琪、雷江华《荷兰融合教育的成效、问题及启示》，《外国教育研究》2013年第5期。

机构合作，收集关于发展特殊教育的专家意见，为教师和家长提供咨询，提供在职培训并与其他专家合作。并对特殊教育学生提出三种安置方式：第一种方式是全时安置在普通班级中（这些班级由4—6名有特殊教育需要的学生和17—20名正常学生组成，由1名专业教师担任班主任并提供全职的教育服务）；第二种方式是具有兼职支持的主流类（这种支持的程度取决于有特殊教育需要的学生数量、他们需求的类别和程度。与全职支持相比，包容的成功主要取决于课堂教师的技能和特殊教育所需的专门知识的传递）；第三种方式是合作类（特殊学校的班级与小学或初中的主流班级合作。他们组织联合活动，以一种有计划和结构化的方式一起工作，使社会包容成为可能）。根据2020年欧洲特殊需求和包容性教育机构发布的数据显示，奥地利2018年主流学校的包容性入学率为98.96%，高于31个欧洲国家的平均水平（97.83%）。

丹麦是特殊教育正常化思想的发祥地，1969年的《一体化教育决议案》要求，"小学和初中应开放到能够为残疾儿童提供教学的程度，并最大可能地使残疾儿童生活在普通的学校环境中"，让丹麦成为世界上较早开始融合教育实践的国家之一。受"一体化"教育思潮的影响，20世纪60—70年代还建立了特殊教育中心，附设在普通学校。1994年8月，关于小学和初中的新法案《福克斯科尔法》生效。这项法案的关键创新是要使有特殊教育需要的学生与从一年级到九年级的正常同学保持在同一组，与来自不同背景的同龄人分享相同的经验，实现各方面能力成长，确保学生离开后能够继续接受教育或就业。可以说，丹麦的融合教育实践起步较早，一体化教育体系特征鲜明。

芬兰[①]的融合教育起源于普通教育领域的综合学校改革。1968年颁布

---

① K. Joel and R. Kari , "Excellence through Special Education? Lessons from the Finnish School Reform", *Review of Education*, No.53, 2007.

的《综合学校法》，将原来的初等教育与初中教育整合成为统一的九年制基础教育，使得所有适龄儿童都能在综合学校中接受九年义务教育，从而为特殊教育与普通教育的融合提供了法律基础。1998年颁布的《基础教育法》规定，每个芬兰人按其年龄、潜力和社会经济地位接受教育，人人有权享有高质量的教育。在教育过程中与学生的父母合作是必要的，芬兰各级政府有义务为本区域所有达到义务教育年龄的学生提供综合学校的教育，并提出了"个别教育计划"，使得残疾儿童能够在普通教室中获得足够的教育支持，促进了融合教育的发展。在20世纪90年代的学校管理改革中，芬兰将教育决策权下放给地方政府，并通过在主流学校建立特殊班级，以减少特殊教育学校的数量，来保证残疾学生受普通教育的权利。在芬兰，接受特殊教育有两种选择方案，第一种选择是特殊教育学生纳入主流课程，并在必要时在小型教学团体中提供特殊教育。只有在第一种选择方案不可行的情况下，才考虑第二种选择：在特殊群体、班级或学校接受特殊教育。教育或社会主管部门有责任为残疾学生安排和实施两年学前教育安排，还可以为已经完成义务教育的有特殊教育需要的学生再安排一学年的额外教育。2000年，芬兰政府和教育部启动了教育发展计划2000—2004年项目，寻求改善综合性学校在内容和结构方面的灵活性，以实现高质量、平等机会和终身学习等方面的教育发展目标。该项目对特殊教育发展给予了重点关注，提出了提高对需要特殊帮助的学生等方面的识别能力，并增加他们获得适当支持和指导的机会，明确了改善地方、学校和学生在特殊教育方面实施主体、工作机制和纳入措施。2004年，《基础教育国家核心课程》明确提出"早期发现与干预"的教育原则，强调对学前儿童功能障碍的早期发现和义务教育阶段儿童的教学干预。根据2020年欧洲特殊需求和包容性教育机构发布的数据显示，芬兰2018年主流学校的包容性入学率为95.46%，低于31个欧洲国家的平均水平（97.83%）。

自20世纪70年代中期以来，法国的教育体系经历了一系列的变化，大致可分为三类。第一，在现行法国教育体系的法律和监管框架内，为主流班级发展了广泛的多样化的教学方法，这有效地促进了法国教育的包容性进程。第二，国家教育管理机构按照行政权力下放原则进行了彻底的重组，把教育行政职责从中央转移到地方主管部门，以使区域教育发展更好地适应地方的发展条件与水平。第三，1989年《教育指导法》颁布以来，所有学生接受教育权利的概念已经被重新定义，它不再局限于在义务学校上学，每个学生在三岁时都有权上幼儿园。1991年，由公共卫生部共同签署的一份备忘录规定，凡是距离残疾学生居住地最近的学校，原则上都应接纳残疾学生在学校里接受教育。而且特殊教育并不是只在教育部的管辖范围内，在很大程度上，它还受到社会事务和卫生部及司法部的监督，是建立在一个由班级、学校和特殊机构紧密联系的网络基础上的，形成了国家多部门和社会多机构协同推进的机制，在很大程度上提升了法国教育的纳入水平。根据2020年欧洲特殊需求和包容性教育机构发布的数据显示，法国2018年主流学校的包容性入学率为98.61%，高于31个欧洲国家的平均水平（97.83%）。

1994年，卢森堡政府对《区分教育法》进行了重大修订，做出了特殊教育需要学生可以被特殊学校或主流学校录取的新调整，被纳入主流学校的有特殊教育需要的学生可以从外部资源服务机构获得相关支持。因此，无论是否得到国家特别资源服务机构（SREA）的支持，特殊教育需要学生都有可能在特殊教育中心或者在主流学校接受教育。1994年，法律还允许父母在特殊学校与主流学校这两种学校之间为自己的孩子做出选择，而且学校及专业人士必须充分尊重父母为其孩子做出的教育选择意愿。从近年的发展趋势来看，越来越多的家长选择将有特殊教育需要的孩子纳入主流学校，并要求在义务教育学校系统中能够得到具体的支持。根据2020年欧洲特殊需求和包容性教育机构发布的数据显示，卢森堡2018年主流学校的包容性入学率为99.25%，高于31个欧洲国家的平均水平（97.83%）。

事实上，随着全民教育运动的推进，各国融合教育政策不断发生着新的变化，很难根据纳入政策的类型对一个国家进行分类。例如，德国和荷兰目前被定位为双轨系统，但现在正在向多轨系统发展。当然，各国在纳入问题方面的发展阶段差别很大。在瑞典、丹麦、意大利和挪威，在早期阶段就制定和实施了明确的包容性政策，并贯彻在立法之中。在其他国家，包容性教育政策也正在发生着巨大的立法变化，比如在20世纪80年代，一些国家将特殊教育体系定义为主流学校的资源。今天有更多的国家比如德国、芬兰、希腊、葡萄牙和荷兰正在采用这种方法。又比如父母的选择已经成为奥地利、荷兰和英国立法改革的一个话题；而芬兰、英国和荷兰则把包容性教育行政权力下放，作为教育立法的一个重要主题。在英国，越来越多的学校得到了当地教育行政主管部门的教育资金，它们可以自己决定分配总体预算，以满足包括有特殊教育需要的学生在内的所有学生的教育需求，荷兰也对特殊教育经费分配方式进行变革，瑞士在政治层面对特殊教育资助完全由地方政府负责的政策举措进行了充分讨论。

（二）融合教育典型样例[①]

以色列的社区综合教育。为了促进有特殊教育需要的儿童积极融入社区，帮助他们建立社会自信、减少焦虑，以色列社会非营利慈善组织AlumotOr在以色列南部的一个社区发起实施社区综合教育计划。该计划的对象包括34名特殊教育学校中7—10年级患有中高功能自闭症的青少年。由特殊教育教师、情绪治疗师、辅助医疗治疗师和助理组成的专业人员，立足包容、主动的核心价值观，以及以构建乐观、卓越、真诚伙伴关系为目标，通过组建联合班级、联合学习小组等方式创新学习组织形式，开发满足

[①] 本部分案例资料来源于联合国教科文组织和欧洲特殊需要和包容性教育机构共同开发的案例研究集，参见网址 https://www.inclusive-education-in-action.org/case-studies。

学习者特定需求的综合活动课程，如集体骑自行车活动、植树节植树活动等，为自闭症学生提供综合支持服务，让特殊教育的学习者通过与来自主流学校的同龄人的接触及与社区的互动，获得更多的信心并发展他们的社交技能，让他们感到受到尊重和平等对待。增强的自信和自我能力感也鼓励他们参加更多的联合活动。

希腊学校的残疾意识培养计划。为了帮助普通班级学生理解多样性、消除对残疾的无知、刻板认识，促进融合教育进程，建设一个无障碍和以权利为基础的包容性社会，希腊的儿童和青少年社会责任协会（SKEP）从2009年起在全国范围内的主流学校实施了"以人为本"的残疾意识计划。该计划以时长1—2个小时的讲座、研讨、对话等课程形式进行，由SKEP的励志演讲者（有身体障碍的年轻人）负责组织实施，以帮助普通学生认识残疾的概念、了解残疾人日常面临的障碍、促进有残疾的和无残疾的年轻人之间的交流，帮助有特殊教育需要的儿童少年提高自信心和增强克服障碍的能力。帮助所有学生形成共存、同理心、团结和接受的概念，激发团结和责任的反应，增强社会意识。希腊每所学校每周开展10个计划活动，从2009年以来，一直持续到现在。新冠疫情期间，SKEP还开发了在线残疾意识计划"要求学习"，要求普通学校要组织学生观看教育视频"Asking to Learn"，学生与SKEP的励志演讲者围绕视频通过在线视频会议进行公开讨论1个小时，并收集学生的收获，以在线调查方式进行反馈。

黎巴嫩的融合教育教师专业发展计划。为了帮助教师为融合教育做好准备，掌握课堂教学中多样性问题的解决技能。黎巴嫩Al-Mabarrat协会推出了可持续专业发展培训计划，通过举办培训班，由Al-Mabarrat协会学校的教授和工作人员提供教育指导，帮助所有教师接受多样性，并与有学习障碍的学习者打交道。计划包括两个部分，针对刚入职的新教师，开展融合教育入职培训计划，由协调员通过示范课、观摩课、合作学习、联合上课等形式进行辅导，通过大约一年的时间与学校、协调员和大学中经验丰富的教师合作，提升新教师的融合教育技能；对于时间较长、经验丰富的教师，通过定期的研讨会或学术研讨会来进行，以反思实践为主。

塞浦路斯的"Tesserae of Knowledge"项目。2011年，由塞浦路斯大学资助建立了"Tesserae of Knowledge"网页，主要收集、数字化和传播残疾人和慢性病患者制作的材料（如在线材料、印刷材料、CD、DVD及采访材料、简短传记等）和相关研究（主要是对收集的材料进行分析）；对国家课程中的如学科、单元、目标、年龄范围等进行分析，以促进在学校课程中使用此类材料，帮助在职教师认识到项目中收集的材料与其在日常教学实践中培养对残疾学生的积极态度的潜力之间的联系。"Tesserae of Knowledge"项目有27名残疾人和慢性病患者（16名男性和11名女性）的数字档案。材料包括视频、艺术作品、诗歌、采访、邀请函、海报等。项目成员在塞浦路斯的学前机构、小学和中学举办了大量研讨会，向教师介绍了与融合教育（例如重视多样性、尊重权利等）和残疾研究（医学和社会模式、女权主义对待残疾的方法等）相关的关键思想，讨论了"Tesserae of Knowledge"项目材料作为课程构成部分的潜力，促进了教师将残疾理解为社会问题，提高讨论残疾相关问题的信心，以及在提供国家课程时使用残疾人材料。

克罗地亚的幼儿园卓越中心计划。2011年，克罗地亚的索波特幼儿园提出了提高包容性实践质量的融合教育使命，主要通过对幼儿园教师（包括言语和语言治疗师、心理学家、教育康复师、教育家、幼儿园教师等）进行持续的融合教育培训，以增加对教育人员的专业支持。培训内容主要涉及早期和学前融合教育、将残疾儿童纳入学前教育系统、做好纳入残疾儿童的准备条件、与残疾儿童一起工作的个性化方法、特殊教育群体中的残疾儿童、儿童家庭的个性化方法、幼儿园在加强父母能力方面的作用、与当地社区的合作、参与者的案例研究等九个板块。在培训期间，参与者有权在儿童早期的教育工作中，进行旨在创新方式、提高质量的包容性内容教学实践。索波特幼儿园卓越中心项目的实践，推动了残疾儿童在普通小学接受教育，同时在普通幼儿园就读的残疾儿童越来越多，形成了适合儿童的个别教育方案，建设了具有融合性质的学习环境，父母或照顾者成为学校开展融合教育的合作伙伴。2017年，克罗地亚共和国科学和教育部对索波特幼儿园的卓越中心计划予以认证通过，产生了较大影响。

第三节 融合教育中国化命题的发展动因

西方作为工业革命的起源地，引领了世界工业化进程，推动人类社会的进步。自明末清初西方思想文化传入中国以来，在东方与西方、传统与现代、批判与创造、理论与实践的激烈碰撞与深度交融中，外来思想的"中国化"成为我国近现代化历史进程中的热点语词，历经上百年的变迁发展，关于外来思想的"中国化"的研究至今仍然方兴未艾，尤其是在包括教育在内的人文社会科学领域更是如此。

融合教育是特殊教育中的一种形式，论及融合教育中国化的研究，必然涉及教育理论的中国化道路追寻。

一、教育中国化命题的形成

（一）西学东渐拉开西方教育中国化的帷幕

明末清初之际，大量西方书籍传入中国，以利玛窦为代表的传教士来华传教，把西方科技、文化等知识与思想带入中国。这些西方的科技、文化、地理、政治、历史等知识，打开了西学东渐的历史窗口。清末魏源提出

"睁眼看世界",开启中国人向西方主动学习的序幕,这是自内向外的主动建构。中国传统知识文化与西方知识文化在明末清初的历史坐标点上相遇,由此产生东西方思想文化与知识的碰撞与冲突、交流与融合。在笔者看来,"中体西用",成为中西文化思想交流碰撞中结成的第一个中国化思想硕果。

就中国现代教育而言,从学校制度到课程结构,从教材内容到教育理论,受西方影响很大。西方的现代学制系统在清末民初传入中国,引发对中国私塾—书院学制系统的思考,旧中国的积弱积贫促使国人反思旧教育的弊端。这样的反思促使了新学制、新式教育的萌发。1862年,同文馆的正式开办,标志着中国新教育的兴起。而癸卯学制的颁布,拉开西方教育中国化的帷幕。自那以后,马克思主义教育理论、杜威个性化教育思想、苏联教育学等,相继在中国大地上被吸纳应用与本土化。

(二)反思新教育运动催生教育中国化问题的提出

西学东渐的大背景下,一味抄袭外来教育,丧失本土特色、民族属性,引发有识之士的高度关切,这也催生了教育中国化问题的提出。舒新城对新教育中国化有着深刻的理解,他在《论道尔顿制精神答余家菊》中说:"此时我们所当急于预备者,不在专读外国书籍,多取外国材料,而在用科学的方法,切实研究中国的情形,以求出适当之教育方法……使中国的教育中国化。"[①]他尖锐地批评当时的新教育照抄、移植日本及西方教育制度的做法,认为"此种不择土宜的移植政策,为我国新教育失败的总因"[②]。他在《民国十五年中国教育指南》的《序》中说,"望教育者对于本国之历史往

[①] 吕达、刘立德主编:《舒新城教育论著选》上,人民教育出版社2004年版,第388页。

[②] 吕达、刘立德主编:《舒新城教育论著选》下,人民教育出版社2004年版,第666页。

迹、社会现状多多留意，将随便仿袭之精力移用于独立创造之上"①。从这些观点中，可以看出舒新城强调从我国的历史传统、社会发展现状推进教育中国化，以让教育符合我国的实际。《中华教育界》的编辑陈启天从教育新闻舆论角度也对当时教育西化问题提出反思，他在《本志的新希望》中呼吁，"我们相信一个国家的教育应有特创、独立的精神才能真正有造于国家，绝不是东涂西抹，依样画葫芦地抄袭外国教育所能奏效。所以，我们希望教育界从今后应多多依据本国的历史与实况，建立本国的教育"②。庄泽宣对如何推动新教育中国化问题有着精辟的见解，并提出了四个方面的中国化标准，他说"现在中国的新教育不是中国固有的，是从西洋日本贩来的，所以不免有不合于中国的国情与需要的地方……要把新教育中国化，至少要合于下列四个条件：一是合于中国的国民经济力；二是合于中国的社会状况；三是能发扬中国民族的优点；四是能改良中国人的劣根性"③，认为"一种教育制度若确可称为'中国的'，决不是模仿任何国的陈规所可形成的，非自己去建设不可"④。吴冬梅把新教育中国化的动因归结于民族主义的情结，比如新教育制度将旧教育制度的书院制、私塾制、考试制一笔勾销，认为20世纪二三十年代的"新教育中国化"运动，其实质是对19世纪末中国"新教育"制度模仿移植外国教育造成的中国新教育外国化的反动，主张立足中国国情，提倡"中学为体，西学为用"⑤。

---

① 舒新城：《民国十五年中国教育指南》"序"，商务印书馆1928年版，第5页。
② 杨建华：《20世纪中国教育期刊史论》，浙江工商大学出版社2012年版，第151页。
③ 庄泽宣：《如何使新教育中国化》，转引自李景文、马小泉主编《中国教育事业·中国教育史》，大象出版社2015年版，第23页。
④ 庄泽宣：《中国教育制度改造的我见》，《中华教育界》1935年第9期。
⑤ 吴冬梅、俞启定、于述胜：《20世纪二三十年代"新教育中国化"运动研究——"新教育中国化"运动的兴起》，《河北师范大学学报（教育科学版）》2005年第3期。

事实上，在 20 世纪初期，教育的中国化问题是当时学术界的热议话题。比如当时国内著名教育学专家、美国哥伦比亚大学教育学院学生邱椿，1932 年在《独立评论》上发表了《关于教育崩溃的一个责任问题的通讯》的文章，对傅斯年《教育崩溃之原因》一文进行批评，他在文章中说："中国新的教育，最初抄袭日本……后来模仿法国……近三四年来，他们都觉悟纯粹抄袭的错误，而提倡中国化的教育。关于这类文章，已发表了好多，差不多成为烂调了。"①1933 年陈序经发表在《独立评论》上《教育的中国化和现代化》文章中也说："新教育的中国化，的确是数年来一般教育家的时兴口号，而且是国内一种很普遍的思想。"②

（三）教育中国化进程仍在路上

虽然教育中国化命题在 20 世纪初就提出来了，但教育的中国化进程却一直在进行中，时至当下，仍未结束。正如庄泽宣所说："如何能使新教育中国化，这是一件很大的问题，很复杂的问题，而且非经专家长期的研究与实验不可……数十年以后，中国的新教育或者可以完全中国化了。"③直到今天，教育中国化命题仍然是一个常说常新的话题，某种意义上说，我们仍然处于教育中国化的进程之中，尤其是在构建有中国特色、中国话语、中国气派教育学科体系、学术体系等方面，还任重道远。这里仅以中国教育学为例，现代教育学思想与理论在中国的百年历程，实际就是一个逐渐中国化的过程。郑刚、曹燕南、高宇翔、罗明东等学者从不同角度对教育学百年发展历程做出阶段性划分概括。比如郑刚把中国马克思主义教育学百年发展历程

---

① 梁由之主编：《梦想与路径 1911—2011 百年文萃》第 1 册，商务印书馆 2012 年版，第 304 页。
② 梁由之主编：《梦想与路径 1911—2011 百年文萃》第 1 册，商务印书馆 2012 年版，第 304 页。
③ 庄泽宣：《如何使新教育中国化》，转引自李景文、马小泉主编《中国教育事业·中国教育史》，大象出版社 2015 年版，第 23 页。

划分为四个阶段：马克思主义教育学的传入与萌芽阶段、强调马克思主义教育学的"马克思主义"属性阶段、侧重马克思主义教育学的"教育学"阶段、对"马克思主义"和"教育学"的辩证关系再发现阶段。①罗明东等学者从主体性视域，认为中国教育学的发展经历了"外国化""中国化""中国特色"三个发展阶段。②从这些专家学者关于教育学发展阶段的划分来看，教育中国化命题是近现代中国学人睁眼看世界广泛思考的一个问题，直到今天，这个命题仍然还在探索的路上。比如我国目前教育学科体系、知识体系、学校制度、教育理念、教学方法、班级形式等，都依然是学习西方、模仿西方的。

二、特殊教育中国化进程的影响因素

特殊教育作为教育一个重要的组成部分，一个多世纪以来，我国学者对特殊教育的中国化问题提出了许多真知灼见。朴永馨认为："没有一个国家可以为解决中国几百万残疾儿童教育准备好现成的药方，这需要中国人用自己的科研去探索，在特殊教育中随便提'与国际接轨'，过分强调国际化是不妥当的。要进一步探索中国特殊教育的规律，找到中国自己的发展模式，创建中国特色的特殊教育学科。"③郭卫东在《中国近代特殊教育史研究》中，结合对20世纪20年代后期至1952年特殊教育发展，用"中国化"对中国特殊教育的转型期进行了专门的描述。他指出从1835年到19

---

① 郑刚、甘婷：《探索与创新：中国马克思主义教育学的百年发展历程论析》，《海南师范大学学报（社会科学版）》2021年第2期。
② 罗明东、黄瑞：《从"外国化"、"中国化"到"中国特色教育学"——中国教育学发展主体性增强的历程》，《云南师范大学学报（哲学社会科学版）》2003年第3期。
③ 邓猛：《融合教育与随班就读：理想与现实之间》，华中师范大学出版社2009年版，第233—234页。

世纪末，是中国特殊教育的初创期。1900年到20世纪20年代是中国特殊教育的发展期。① 高宇翔把特殊教育学的中国化划分为六个阶段：前学科时期的文化奠基阶段、西方特殊教育经验的中国化阶段、特殊教育学的中国化创建阶段、特殊教育学的社会主义重构阶段、有中国特色的特殊教育学初现阶段、新时代特殊教育学中国化走向阶段。综观这些观点，可以得知在我国特殊教育发展历程中，学习西方、模仿西方加速了我国特殊教育近现代化进程，而特殊教育中国化问题则是伴随特殊教育近现代化进程而出现的。如果没有明末清初以来西方思想文化、科学知识的传入，没有西学东渐、新教育运动，那么我国的特殊教育就是另一番景象了。

特殊教育中国化的进程中，西方特殊教育知识的翻译介绍与中国特殊教育实践的研究，发挥了尤为重要的作用。

一是翻译介绍西方特殊教育知识。学习西方特殊教育知识，这是特殊教育中国化进程中的前提问题。在20世纪初期，国内外学者积极翻译西方特殊教育相关书籍，向国人宣传与推介。詹月光在《异常儿童教育问题》中，专门介绍了美国的特殊教育做法："教育当局正努力设法在各小城镇或乡间开设特殊学校或在公私立学校内附设特殊班级。为使教师们明了异常儿童教育起见，在每州都设了些观察人员，他们都是很有经验的教师同时又是心理学家，巡视各学校，与教师们保持密切的联系，随时辅导调整各校的计划，以便适合儿童的需要。"② 可以说，正是由于西方特殊教育知识翻译介绍，为我国特殊教育近现代化发展准备了足够丰富的西方国家理论与实践基础。

二是国内学者研究特殊教育。怎样把西方特殊教育理论应用于中国的具体实际，这是特殊教育中国化进程中的关键问题。20世纪初期，国内学

---

① 参见郭卫东《中国近代特殊教育史研究》，高等教育出版社2012年版，第332页。
② 詹月光：《异常儿童教育问题》，载顾定倩、朴永馨、刘艳虹主编《中国特殊教育史资料选》上，北京师范大学出版社2010年版，第458页。

者纷纷结合我国特殊教育实践中的问题开展研究,提出政策建议与应对措施,推动着特殊教育中国化进程。比如1928年,庄泽宣在编著的《教育概论》中,将"特殊教育"作为一个专门章节进行了介绍。他认为特殊教育有两类,"(一)特殊儿童教育,如聋盲哑残废教育;(二)通俗教育亦称社会教育或成人教育"[1]。由此可见,他对特殊教育的理解范围较大。庄泽宣还指出"中国残废教育尚无人提倡,残废之人虽智力甚高,亦无受教育之机会,流于乞丐者甚多"[2],揭露了民国时期残疾人教育名存实亡的现实。1929年,华林一编著《残废教育》,对聋哑儿童、盲童、跛童的教育史、教授法、学校实际问题进行了阐述,认为"残废教育可约分为三:一为聋哑儿童教育,一为盲童教育,一为跛童教育"[3]。难能可贵的是,他敏锐认识到,针对聋哑、盲童、跛童不同残疾程度,要用不同的方法来教授,"就智力之高下而论,聋哑儿童与常态儿童无异,亦有高才、常态、低能等之分别,其中低能者尤多,以常为致聋之疾病,同时产生之结果也。此等低能聋哑儿童,应与以特殊适当之处置,与其他聋哑儿童同级教授,与普通学校之将常态儿童与低能儿童同级教授,有同一之重大之弊害"[4]。就跛童教育,他提出"最近教育家始知多数跛童之教育需要,断非为常态儿童设立之普通学校所能满足,故有跛童学校或跛童特别班之设立"[5]。1929年,华林一还编著了《低能教育》,对低能教育的发展历史、班级组织、课程设置、教学方法、教师资格等进行了阐述。[6] 舒新城在《教育通论》中,把对于某一部分人民所施之特

---

[1] 庄泽宣著,《民国丛书》编辑委员会编:《教育概论》,中华书局1928年第1版影印(复旦大学馆藏),第221页。
[2] 庄泽宣著,《民国丛书》编辑委员会编:《教育概论》,中华书局1928年第1版影印(复旦大学馆藏),第223页。
[3] 华林一:《残废教育》,商务印书馆1929年版,第1页。
[4] 华林一:《残废教育》,商务印书馆1929年版,第2页。
[5] 华林一:《残废教育》,商务印书馆1929年版,第4页。
[6] 参见华林一《低能教育》,商务印书馆1929年版,第1页。

别教育统称为特殊教育,比如家庭教育、社会教育、平民教育、补习教育、职业教育、特种教育等,对特殊教育范围定义得比较宽泛。其中特种教育"系为特种人民而设:如盲哑学校、残废学校及低能儿学校之类"[1]。他还主张国家应该承担特种教育的举办职责,"这种生而盲哑残废低能或后天因故受损害之人其境遇至苦,但为国民之一份子则一,国家对于此种国民应当用特殊的方法教育之,使其能自食其力"[2]。1947年,南京市盲哑学校校长陈光煦在《中国盲哑教育之过去与未来》中,提出了"盲哑教育从寄生时期、胚胎时期、萌芽时期而到现在的发展时期"[3]的四个时期划分观点。1948年,陈鹤琴在《在上海国立幼稚师范专修科讲授低能儿童研究课程的讲稿(节录)》中表示:"我们且把历来社会对低能的态度,分成三个时期:一是愚昧期,二是发现期,三是教育期。""愚昧期是以18世纪末为界限,人们对低能的态度为迷信邪说所蒙昧。或者认为低能是受恶魔侵害的人,因此备受人们的轻卑、摧残。或者认为他们也是上帝的子孙,应有常人的平等待遇,于是得到发展。发现期是以1798年亚维隆野童的发现为中心,发现野童可以接受教育。教育期可以说开始于19世纪的中叶,随后西方特殊教育学校开始出现,低能儿的教育由此起步,特殊教育制度正式步入完备。"[4] 1930年,佟振家在《儿童愚傻问题》[5]中,对愚傻问题的意义、愚傻问题的成因、如何变得聪明等三个问题,以案例分析的方式进行了研究阐释。可以说,正是国内学者对特殊教育知识的理论与实践研究,为我国特殊教育近现代化发

---

[1] 舒新城:《教育通论》,上海三联书店2014年版,第182—183页。
[2] 舒新城:《教育通论》,上海三联书店2014年版,第183页。
[3] 陈光煦:《中国盲哑教育之过去与未来》,载顾定倩、朴永馨、刘艳虹主编《中国特殊教育史资料选》上,北京师范大学出版社2010年版,第788页。
[4] 北京市教育科学研究所编:《陈鹤琴全集》第一卷,江苏教育出版社1987年版,第491—551页。
[5] 佟振家:《儿童愚傻问题》,载顾定倩、朴永馨、刘艳虹主编《中国特殊教育史资料选》上,北京师范大学出版社2010年版,第584—589页。

展打下了坚实的理论基础。

三、马克思主义哲学视角下融合教育中国化的逻辑机理

融合教育中国化问题，涉及融合教育与中国化两个概念，组合在一起形成的我国的融合教育，应该要有我们国家自己的特色，"归根到底要看有没有主体性、原创性"①。习近平总书记2016年5月17日在哲学社会科学工作座谈会上指出，要"打造具有中国特色和普遍意义的学科体系"②，要形成哲学社会科学的中国学科体系、学术体系、话语体系。这是党和国家从构建具有中国特色的哲学社会科学体系、繁荣和发展哲学社会科学的战略高度，就新的历史条件关于哲学社会科学学术话语中国化问题，提出了新要求、做出了新部署，为我们开展融合教育的中国化研究提供了科学的方向指引。

理解与学习借鉴西方融合教育理论，应该从中国的社会制度、文化土壤与发展实际中去思考。正如毛泽东同志所说："我们既反对盲目接受任何思想也反对盲目抵制任何思想。我们中国人必须用我们自己的头脑进行思考，并决定什么东西能在我们自己的土壤里生长起来。"③ 正确认识西方融合教育理论，科学理解融合教育的中国化问题，一是要坚持用马克思主义立场观点与方法，客观认识理解西方融合教育的学术思想与学术知识；二是要运用系统思维，科学分析把握融合教育中国化问题的内部机理。

（一）运用马克思主义理解融合教育的中国化

我国是以马克思主义为指导的社会主义国家，马克思主义是我们认识

---

① 习近平：《论党的宣传思想工作》，中央文献出版社2020年版，第230页。
② 习近平：《论党的宣传思想工作》，中央文献出版社2020年版，第233—234页。
③ 中共中央文献研究室编：《毛泽东文集》第三卷，人民出版社1996年版，第192页。

世界、改造世界的锐利思想武器。因此，学习借鉴西方融合教育知识理论、理解认识融合教育的中国化，要以马克思主义为指导，运用马克思主义的实践观点、历史观点、辩证观点与发展观点，才能准确把握融合教育中国化问题的本质与内在机理，才能防止盲目地照抄照搬西方融合教育思想。

1. 运用实践的观点来学习理解与比较借鉴

"凡贵通者，贵其能用之也。"融合教育是西方特殊教育的发展思想，合理吸收西方融合教育有益经验，结合我国实际进行本土化转化，以此推动我国融合教育的发展，这就体现了马克思主义的实践立场、观点、方法。"'外来'形式中只有适应于中国本土环境的那一部分才可能被吸收和改造"[1]，同时也只有在具体实践活动中才可能吸收和改造，离开了实践活动无从谈起学习借鉴。

事实上，就作为思想理念与知识体系的融合教育而言，我们需要清醒地认识到，由于融合教育源自西方的人权思想，起步于西方的特殊教育实践，因此西方在融合教育发展过程中创立了一整套知识体系、学科体系与话语体系，比如"最少受限制环境""资源教室""个别化教育计划"等，从而在国际上确立了对融合教育的解释权、话语权。非西方国家在实施融合教育进程中，也就逐步接受了由西方国家所创立的融合教育知识体系与话语体系，而丧失了自己国家与传统在这方面的独立性。笔者把这个问题称作"融合教育的西方化陷阱"。因此，学习理解西方融合教育概念理论与知识体系，必须在思想上对"融合教育的西方化陷阱"保持足够的清醒。于泽元对此有着独到的见解，认为要科学把握三个警惕之处：一是失去中国学术话语的主体思考和理论原创，痴迷于对西方教育理论思想的信奉与尊崇。二是割裂中国融合教育与中国文化之间的关系，用西方融合教育理论、思想、原则、方法来评价中国的融合教育具体实践，或者虚构中国的融合教育现实。三是对

---

[1] 张建新：《英国高校学生的国际流动》，《比较教育研究》2003年第5期。

中国融合教育实践的不自信，认为不如西方融合教育发展水平。正如邢云文所说，"在西方的历史叙事中，传统和现代、东方和西方被分别贴上落后与进步的标签"①。

跳出融合教育的西方化陷阱，避免与西方国家亦步亦趋，是推进融合教育中面临的现实课题。只有用马克思主义的实践立场、观点与方法，才能回答好这一现实课题。用实践的观点来学习理解与比较借鉴西方融合教育知识，就要把鲜活的中国融合教育实践，视为融合教育研究的源头活水，在比较借鉴、消化吸收中，形成中国化、本土化的融合教育本土观念，也就是有中国特色的融合教育学术体系、学科体系与话语体系。比如我国的随班就读，体现了鲜明的实践立场，是具有中国特色的融合教育知识创新、理论创新与方法创新。因为随班就读体现着联合国提出的包容性教育的共同特征，吸收西方融合教育丰富知识，遵循教育改革的国际趋势，生动反映了在借鉴西方融合教育潮流上的中国实践。随班就读是我国普及残疾学生义务教育的主要策略，是具有中国特色的本土性教育创新，有效解决了现有特殊学校的数量无法满足残疾学生需求的难题，以及超大人口规模国家促进教育平等的发展难题。它不是西方包容性教育模式的盲目复制，而是立足于我国独特的历史、独特的文化与独特的国情基础上的本土化包容性教育模式，从借鉴西方国家的包容性概念而来，并考虑到中国独特的社会和文化条件。换言之，随班就读具有融合教育的特质，但它独具中国特色，属于中国创造，也是有别于西方模式的融合教育发展道路。从这个角度上看，我国的随班就读具有中国式融合教育的"范型"意义。

因此，运用实践的观点来学习理解与比较借鉴西方融合教育知识，构建具有中国特色的融合教育话语体系，需要以马克思主义为指导，结合我国

---

① 邢云文：《世界上不存在定于一尊的现代化模式》，载中宣部《党建》杂志社党建网编《学习二十大精神专家系列谈》，宁夏人民出版社 2022 年版，第 93 页。

政治制度、历史条件、文化传统和具体国情等实际,扎根中国大地办融合教育,立足中国土壤发展融合教育,在深度思考中坚持古为今用、洋为中用,在分析鉴别中学习吸收西方融合教育的有益理论观点与学术成果,在具体实践中进行具有中国特色融合教育的知识创新、理论创新与方法创新。

2. 运用历史的观点来学习理解与比较借鉴

历史是最好的教科书。从发生学上看,融合教育是一个历史范畴,是伴随着西方发达国家对残疾儿童少年隔离教育的反思与"回归主流""一体化"运动而进入特殊教育历史视野的。在全民教育、《萨拉曼卡宣言》等国际教育思潮与倡议的推动下,加速了融合教育在世界范围内的推广与自身演进。世界各国结合本国的实际与文化传统进行了丰富多样的融合教育实践,为国际融合教育提供了五彩缤纷的发展案例,也不断拓展西方融合教育的发展路径、模式与方法。必须认识到,虽然融合教育在西方国家最先起步,并且西方国家在国际融合教育发展中长期处于领先位置。但由于融合教育在思想理念、本质内涵、实践路径上的开放性,我们不能以一种固化的思维和封闭的标准去界定融合教育、去实践融合教育。世界各国在实施融合教育的进程中,存在着不同的道路选择和制度安排,存在着不同的文化传统与发展现实,没有一种标准化的、适合每个国家的融合教育发展通行模式。自20世纪90年代以来,世界各国在融合教育上进行了各具特色的实践探索,促进了融合教育成为国际教育的重要潮流,这本身也就说明了融合教育发展道路的多元多样性。

比如我国的随班就读就是中国式融合教育,因为它生长于中国特色社会主义道路与社会主义制度之中,深植于春秋战国以来就形成的尊师重教、有教无类的中华民族优秀文化传统之中。自1840年中国社会急剧变革,中国式融合教育也进入急速变化的阶段。在短短的不到两百年时间里,"有教无类"的融合教育思想从先哲圣人数千年恒久不变的理想观念追求中,步入急剧变幻的时代潮流。这之中有中学为体、西学为用的新教育运动的觉醒期,有社会主义教育改造期。在新中国成立后,在社会主义制度下,"有教无类"的融合教育思想转化为随班就读的探索实践。经过了大幅提升随班就读学生比例的扩张期，特殊教育提升计划、推动高质量发展的转型期。这些构成了我国融合教育发展的历史演变与生动实践。习近平总书记强调，"中华优秀传统文化的资源，这是中国特色哲学社会科学发展十分宝贵、不可多得的资源"[①]。学习理解与比较借鉴西方融合教育知识，就要从我国特殊教育的发展历史经验中寻找思想智慧，做到古为今用、不忘本来。

20世纪初关于教育中国化问题的认识看法，对于我们今天建设有中国特色的融合教育学术体系、学科体系与话语体系，仍然极具启迪借鉴价值。当时的教育中国化包括两个方面的含义：一是把外国教育理论与经验的学习借鉴一并应用到中国的教育实践中，比如新教育运动；二是用中国的实践来阐释观照教育理论，在中外比较借鉴中，生成中国特色的教育理论。对于第一层含义，陆有铨对此有独到见解，他说："20世纪中国教育发展最根本的特征是：马克思主义指导下的教育理论和实践，逐渐成为中国教育理论和实践发展的主流。"[②]对于第二个含义，胡绳更加关注中国实际与中国实践在中国化中的地位作用，他认为要"用现实的中国的具体事实来阐明理论，这应该是所谓'中国化'的意义的另一面"[③]。于泽元把两者结合起来，提出本土化、中国化是中国现有教育理论本土构建的主要路径。而舒新城敏锐地看到社会制度对教育中国化的影响。他说教育思想不能自由产生、独立进行，"支配着它的势力首推政治思想；次为社会思想；第三为世界思潮；第四为学术思想"[④]。指出了教育是受政治思想、意识领域影响的，不能独立于政治之外，由此也体现出舒新城高度的政治觉悟水平。"只有民族的，才是世界

---

① 习近平：《论党的宣传思想工作》，中央文献出版社2020年版，第227页。
② 陆有铨：《躁动的百年——20世纪的教育历程》，山东教育出版社1997年版，第693页。
③ 胡绳：《胡绳全书》第四卷，人民出版社1998年版，第162页。
④ 舒新城：《舒新城近代中国教育思想史》，吉林人民出版社2013年版，第10页。

的"名言也表达了两个观点：一是本土知识会融入国际知识体系之中并成为人类社会共有的具有普遍价值的知识；二是国际知识体系中那些被运用指导本土实践的合理部分，会被吸纳融入本土知识体系中，并最终成为本土知识体系中重要的组成部分，比如作为异质文化的佛教成为中华传统文化中一个重要组成，就是一个很好例子。应该说，20世纪初关于教育中国化问题的这些观点，是对我国教育的主体性、民族性、继承性等重大问题的深邃思考，其背后折射的是我们的文化自信与民族自觉，至今仍然熠熠生辉。这些非凡洞见为今天在中国特色社会主义制度下，如何学习借鉴西方融合教育理论，构建具有中国特色的融合教育话语体系提供了历史经验与思想启迪。

因此，运用历史的观点来学习理解与比较借鉴西方融合教育知识，构建具有中国特色的融合教育话语体系，需要从绵延几千年的中华文化中寻找知识智慧，从数百年的中西方教育交流互鉴历史中汲取经验教训，在对照比较中形成自己的融合教育特色和优势。

3. 运用辩证的观点来学习理解与比较借鉴

辩证的观点是马克思主义的基本观点，是认识万事万物、解决复杂问题的科学方法。马克思主义辩证观点强调，世界是一个普遍联系的有机整体，应当发展地而不是静止地、全面地而不是片面地、系统地而不是零碎地、普遍联系地而不是单一孤立地观察问题、研究问题、解决问题。就融合教育而言，融合、全纳、包容等词汇本身具有辩证思想意蕴，其在教育对象、教学方法、环境设施等方方面面，也都充分体现了马克思主义的辩证法思想观点与立场方法。比如在对受教育对象认识上，融合教育关注所有儿童，主张无论是特殊孩子还是普通孩子都有一起平等接受教育的权利，而不是只重视健全儿童而轻视忽略残疾障碍儿童。在教学方式方法上，主张把学生安排在同一班级同一课堂听课学习，并对残疾障碍儿童施以个别化的教育计划，以实现共同进步、共同成长的目的。在环境设施建设上，强调对每个学生都具有包容性、全纳性。在对老师的要求上，规定教育者要树立全纳融合的教育理念，遵循每个个体的身心特征、规律，运用辩证的思维开展有针对性的教育，激发学生的学习需求，帮助每个学生都能得到适宜的成长。

唯物辩证法告诉我们，任何事物的发展都是矛盾的普遍性与特殊性的辩证统一。具体到融合教育的发展，其发展规律也是普遍性与特殊性的辩证统一。世界上既不存在定于一尊的融合教育模式，也不存在放之四海而皆准的融合教育标准。用辩证的观点理解融合教育，就是要认识到虽然融合教育源于西方人权理念，兴起于西方发达国家，其价值成效研究主要是在西方世界进行的，融合教育相关研究成果大部分来自国外，也主要集中在欧美国家。但是由于国内外教师水平、学生接受教育的环境、经济文化发展水平、组织领导体制、政治制度等方面的巨大差异，西方融合教育理论是否可以应用于中国的社会文化环境中？是否与中国具体发展实践相契合？是否适合超大规模人口、区域发展不均衡的巨型国家的教育发展？要正确回答这些问题，需要我们运用辩证的思维观点，从整体、全面、系统的角度去比较、分析、辨别。要认识到西方的融合教育理论与方法在西方国家和西方历史文化中具有合理性，其融合教育实践研究成果为我们提供了可以借鉴的先进经验和策略，但在我国社会主义制度与中华优秀传统文化环境里就不能全套照搬。要打破固有思维模式，采用多元化的角度看待理解问题。由于社会制度、历史条件、文化传统和具体国情的不同，各国融合教育都有各自独特的内在逻辑和生成规律。比如我国的随班就读与西方国家的融合教育各有优缺点，通过交流互鉴能够实现各自更好的发展。尤其是要牢牢扎根中国土壤办融合教育，坚决反对不加分析地把西方融合教育学术思想和实践方法奉为圭臬，当成"唯一准则"，机械片面地学习借鉴。

因此，运用辩证的观点来学习理解与比较借鉴西方融合教育知识，构建具有中国特色的融合教育话语体系，需要坚持马克思主义的唯物辩证观，增强系统思维与全局观念，运用普遍联系与比较批判的方法，立足中国、借鉴国外、取长补短、互学互鉴。

4. 运用发展的观点来学习理解与比较借鉴

理论的生命力在于创新，创新是融合教育发展的永恒主题，也是必然要求。中国是人口大国，发展不充分、发展不平衡是典型特征。对于我国融合教育而言，仍然要用发展观点、创新的办法。正如朴永馨指出："没有一个国家可以为解决中国几百万残疾儿童教育准备好现成的药方，这需要中国人用自己的科研去探索，在特殊教育中随便提'与国际接轨'，过分强调国际化是不妥当的。要进一步探索中国特殊教育的规律，找到中国自己的发展模式，创建中国特色的特殊教育学科。"① 换句话说，就是要结合中国的实际，用发展的观点去学习理解与比较借鉴西方融合教育知识与理论。

比如在随班就读究竟是不是西方的融合教育这个问题上，就面临着如何用发展的观点去认识与理解的问题。

陈云英等学者认为，我国的随班就读与西方的融合教育没有什么本质上的不同，是在西方融合教育运动直接影响下开展起来的。1986年，金钥匙教育项目的实施标志着残疾学生融入普通教室的开始。1987年，为期五年的特殊教育教师培训计划为中国的随班就读工作奠定了重要基础。1994年，教育部提出了随班就读计划，并详细阐述了具体规则和细节。从那以后，随班就读运动在我国得到了广泛的实施。随班就读成为我国融合教育的主要形式，被视为中国的包容性教育。与西方国家的融合教育相比，随班就读与融合教育有相似之处和不同之处。它们具有相同的教育目的，即提升教育的公平性和平等性。两种形式的全纳教育都允许特殊儿童进入普通教室，享受与普通儿童相同的教育资源。不同之处在于教育形式的不同。西方国家发扬了《萨拉曼卡宣言》中提出的"人人受教育"的概念，采用"全面包容性教育"的概念，并倡导所有的孩子都应该在普通教室中接受教育而不受任

---

① 邓猛：《融合教育与随班就读：理想与现实之间》，华中师范大学出版社2009年版，第233—234页。

何歧视。然而，我国的随班就读与选择性包容性教育相似，主张应根据残疾障碍程度，分别安置在普通班级、特殊班级和特殊教育学校中。邓猛等学者还认为，我国的随班就读只包含智力残疾、听力残疾和视力残疾三种类型的残疾儿童，是有限安置。也就是说，我国的残疾儿童将根据残疾程度进行分类。轻度残疾儿童以随班就读方式安置，而障碍程度较严重的残疾儿童则安置在特殊教育学校。因此，西方的融合教育更加全面，我国随班就读是一种提供选择性特殊教育服务的教育模式。

朴永馨等学者对上述观点并不赞同，他们认为融合教育是1994年在《萨拉曼卡宣言》中才正式提出。我国早在20世纪80年代中期开始了随班就读实验，积极探索随班就读政策、方法、途径，并取得了丰硕成果。如果从时间上看，我国随班就读起步时间早于融合教育提出时间。因此，随班就读是立足我国现实提出的具有中国特色的融合教育。由于我国具有超大规模的特性，因此随班就读的出发点、实施形式、特点有着典型的中国特色，与西方融合教育有着明显的差异。

邓猛对这两派学者观点进行整合，认为我国随班就读模式在形成与发展过程中受到西方融合教育的影响，但它是结合中国实际的一种教育创新，与西方融合教育的价值哲学与理论基础有着本质的差异，两者的发展进程与程度也存在着差异，随班就读发展水平落后于西方融合教育。[①]

关于随班就读是不是中国式融合教育的争论，其实质是怎样用中国实践来观照检视西方教育理论问题。习近平总书记指出，"只有不断发掘和利用人类创造的一切优秀思想文化和丰富知识，我们才能更好认识世界、认识社会、认识自己，才能更好开创人类社会的未来"[②]。我们认为，关于随班

---

① 参见邓猛《融合教育与随班就读：理想与现实之间》，华中师范大学出版社2009年版，第234页。
② 习近平：《在纪念孔子诞辰2565周年国际学术研讨会暨国际儒学联合会第五届会员大会开幕会上的讲话》，《人民日报》2014年9月25日第2版。

就读是不是融合教育的争论，应当用发展的观点来理解，要从随班就读的出发点、价值作用与最终效果等方面来思考，在我国这样一个发展不平衡的大国，只要随班就读有利于尽快提高残疾儿童少年入学率，有利于残疾儿童少年平等接受优质教育，那它就是符合中国实际、具有中国本土化特点的融合教育，就是我国在国际融合教育发展方面做出的原创性贡献。

因此，构建具有中国特色的融合教育话语体系，需要立足我国不断发展变化的新情况，运用发展的观点来学习理解与比较借鉴西方融合教育知识，增强理论思维与创新思维，在解决问题与困难中形成我国融合教育的新思想、新理念、新办法。

（二）科学把握融合教育中国化视域的构成要素

那么，我们怎样来理解融合教育的中国化视域呢？中国化视域由哪些要素构成呢？这是中国化视域下四川融合教育路径研究的破题关键。众所周知，"视域"本义是人们视野所及的地方。在哲学概念里，"视域"不只是人们目光所及，还包括思之所及，也就是思想意识或精神层面的"观场"或"所观"。因此，作为哲学概念的"视域"就是物质与意识的"观场"。按照上述的理解，中国化视域就是用中国化来"观场""观看"，是面向中国化本身的观察与思考。虽然融合教育是一个舶来的学术思想，但在我国特殊教育发展史上很早就已经有融合教育思想的萌芽。所以中国化视域下的融合教育，其内涵包括了解释学意义上的中西方视域融合，以及用中国化、本土化的立场去"观看"融合教育。

当然，作为哲学概念的"视域"，其"观场"或"观看"的面域是很宽泛的。为了提高解释的精准度，我们认为可以把锚点理论引入"视域"解释中。锚点理论源于地理空间的认知，凯文·林奇认为地理空间的点状节点和地标具有航标效用，戈列奇（R. G. Golledge）提出了城市认知的锚点理论。随着研究的深入，锚点理论从过去的地理空间认知逐渐拓展到了心理学领域、教育学领域、社会学领域、经济学领域、生物学领域、信息科学领域等，成为一个跨学科领域的学术理论。比如在教育学领域，托尔曼（E. C. Tolman）发现了认知地图在个体学习行为中的价值。在心理学领域，加德纳提出了多元智能结构理论，认为"视觉—空间"智力就是认知地图能力。在经济学领域，托奥斯基提出了"价格锚点"理论。在计算机科学领域，锚点是网页中超级链接的一种形式。概括起来讲，锚点理论为理解人与环境提供了一个新的解释分析框架，有助于精确反映人与环境的系统性、整体性、生成性和交互性的复杂关系，具有良好的举旗定向价值。把"视域"与"锚点"连接起来，能够让人们对物质与意识的"观场"建立清晰准确的指向性，让人们对思维与存在的"所观"是集中聚焦的，而不是零乱散漫的。

融合教育本土化是一个复杂的系统问题，受制于社会制度、本土文化、演变历史、现实实践等诸多因素影响。其内部机理也是一个多因素影响、多模态交互、多环节作用的复杂发生机制。但在融合教育中国化视域锚点中，往往容易出现两种方向性错误。第一类错误是中国话语"失语"，即以西方主流学术理论观点作为中国融合教育问题研究结论的价值评判依据，没有了民族性、本土性。第二类错误是生搬硬套，即以对西方融合教育主流学术理论观点的验证或回应，来作为中国融合教育研究学术价值的锚点，失去了主体性、能动性。这两类错误观点的根源，在于没有用马克思主义这一科学理论来作为指导。我们所认为的融合教育的中国化视域，要以马克思主义作为指导与依据，通过马克思主义的本体论、认识论、方法论、实践论的视域锚点，对融合教育中国化的生成因素与内部机理进行科学分析与系统把握。

1. 运用本体论哲学视域，科学把握融合教育中国化的历史逻辑

本体论是西方哲学中的一个重要思想范畴，在东方哲学中同样是一个关键的哲学议题。古往今来，无数智者都不遗余力地探索宇宙的本原、事物的本真，试图从各自的角度理解和解释存在的本质。比如泰勒斯的水本原说、赫拉克利特的火本原说、阿那克西美尼的气本原说、柏拉图的理念说、

亚里士多德的实体说等，这些宛若繁星的观点闪耀着人类的理性智慧光芒。根据本体论哲学的观点，教育的本体论是关于教育的本原、本质问题，探究与回答教育从哪儿来与向何处去。与本体论哲学思想一样，在数千年教育发展历程中，由于时代主题的不同，人们关于教育的本质有着不同的理解与认识，形成了极为丰富多样的教育本体论思想。比如知识本位观、儿童本能观、社会需要观、教育实践观等，由此而产生了儿童教育观、进步主义教育、存在主义教育、建构主义教育、结构主义教育、永恒主义教育等教育思想流派。我国著名教育哲学家涂又光认为，"教育本体论的中心问题是教育自身"①，而"教育自身"问题的实质是关于教育在万事万物中的价值或位置。总的来看，教育的本体论始终围绕人的中心议题而展开，不论是知识本体论、思维本体论，还是生成性本体论，都是关于人的培养与人的发展。人既是教育的主体也是客体，这是教育本体论的起点，也是其旨归。

结合上述的阐释，我们认为是融合教育的起源、本原、本质问题，构成了融合教育本体论的基本问题。从融合教育本体论去把握融合教育中国化，就是要把融合教育的因何起源、演变、走向何方弄清楚，要对融合教育产生的历史语境及融合教育的演变历程等进行全面系统地分析，准确把握融合教育的本质主旨，搞清楚融合教育的内涵要义，弄明白融合教育的追寻目标。这样才能从本质原点处把握融合教育中国化的核心问题，避免出现失焦跑偏情况。

2. 运用认识论哲学视域，科学把握融合教育中国化的制度逻辑

认识论是关于人类的认识来源、认识方式、认识动力和认识检验标准的一般理论，是关于思维与存在是否具有同一性的哲学理论。马克思主义认

---

① 涂又光讲授，雷洪德整理：《教育哲学课堂实录》，华中科技大学出版社2020年版，第3页。

识论认为，人类的认识活动包含认识的主体和客体。认识的主体与客体之间的互动，是人类认识世界、改造世界得以展开的基本前提。对认识主客体之间相互关系的理解和安排，构成了认识论的基本特征。马克思主义哲学把党性原则作为一条基本原则，因此马克思主义认识论首先把阶级意识和国家意识形态作为思想基础，把唯物史观与自然辩证法作为马克思主义世界观的内核，以此把握思维与存在是否具有同一性，把握主体与客体之间的互动关系。习近平总书记进一步指出，"马克思主义是人民的理论……站在人民的立场探求人类自由解放的道路"①，其植根于人民之中。因此，马克思主义认识论首先体现出鲜明的党性原则，这个党性就是人民性。我们国家是社会主义国家，中国共产党把马克思主义作为根本指导思想。因此，马克思主义认识论在我们国家具体表现为实事求是等思想。

教育认识论是关于教育主体和客体及它们之间互动的哲学理论，在教育思想史上，众多的教育家提出了许许多多、形形色色的教育理论流派，从不同角度去认识理解教育。比如关于儿童发展的认识理论，就有心灵回忆说、心灵白板说、遗传决定论、环境决定论、认知发展理论、行为发展理论、社会心理发展理论、社会学习理论、依恋理论、社会文化理论等。关于教师的教学理论，就有布鲁纳（J. S. Bruner）的结构主义理论、布鲁姆（Benjamin S. Bloom）的掌握教学理论、卡尔·罗杰斯（Carl Ranson Rogers）的非指导性教学理论、H. 海姆佩尔（Hermann Heimpel）的范例教学理论、霍华德·加德纳（H. Gardner）的多元智能理论、赞科夫（Занков Леонид Владимирович）的发展性教育理论、巴班斯基（Юрий Константинович Бабанский）的教学过程最优化理论、阿莫纳什维利（Shalua Amonashvili）的合作教育理论、冯·格拉塞斯费尔德（von Glasersfeld）的建构主义教育理论、后现代主义教育理论。关于师生之间互

---

① 习近平：《论党的宣传思想工作》，中央文献出版社2020年版，第322页。

动关系的理论有主体性教育、主体间性教育、他者性教育、关系教育学、民主教育学，等等。融合教育的对象包括残疾儿童在内的全体儿童，除了上述关于儿童发展、教师教学、师生关系等教育理论是融合教育认识论的重要组成外，面向残疾儿童的康复理论、个别化教育计划、差异教学理论等，也是融合教育认识论中的重要内容。

由于融合教育面向全体儿童，追求每一个儿童都能平等公正地接受优质教育。从这个角度上理解，融合教育体现出了鲜明的马克思主义认识论特征，与我们国家作为社会主义国家的本质属性——人民性是相一致的，与中国共产党的宗旨是相一致的。运用马克思主义认识论去把握融合教育中国化，就是要深刻理解我们国家的制度逻辑，从人民至上的根本立场、以人民为中心的使命高度及社会主义制度优势，去把握我国融合教育的主体与客体，以及它们之间的互动关系，去辨别中国融合教育与西方融合教育的制度差异与本质区别。只有这样，才能做到理论上的透彻与认识上的清醒。

3. 运用方法论哲学视域，科学把握融合教育中国化的文化逻辑

方法论是人们用什么方式方法去认识世界改造世界的理论，解决的是怎么做、如何做的问题。事实上，人类文明发展史就是一部认识事物、改造事物的方式方法变革史。比如在如何确定病因上，我国战国时期的名医扁鹊，就根据民间经验与自己实践观察，总结形成了"望、闻、问、切"的四诊法，以此来确定疾病的类型与开具药方。而西方国家则通过实验、仪器检测的方法，确定病种及治疗方案。由此出现中医与西医在治病上的方法差异，但它们的目标都是相同的。中西医治病方法的差异，其背后源自中西方理解世界和事物的观点、认识的不同，也就是中西方世界观有着本质的区别。因此，方法论受制于作为主体的人的世界观，不同的世界观形成不同的观念体系，产生不同的方法论。"每一种方法论的形成都是建立在不断实践的累积上的。"① 因此，文化因素对方法论有着直接而重要的影响。把握方法论需要从积淀的文化传统中寻找智慧、获得启迪。

教育方法论是作为教育的主体与客体开展教育活动、达到教育目的的方式方法的理论。教育方法论可以分为哲学层面方法论、思维层面方法论与能力层面方法论，也可称为根本方法、一般方法和具体方法。比如本质主义、普遍论、进步主义、浪漫主义、社会重建主义、折中主义等教育哲学思想，就属于哲学层面的方法论。而灌输式教育方法观、启发式教育方法观，就属于思维层面方法论。在教育教学中，我们常见的讲授法、讨论法、演示法、练习法、指导法、实验法、启发法、实习法等方法，就是能力层面方法论。一些教育家在实践中总结出独特的教育方法，比如卡尔·威特的天才教育法、斯特娜的自然教育法、蒙台梭利的特殊教育法、铃木镇一的才能教育法、多湖辉的实践教育法、周弘的赏识教育法、刘京海的成功教学法等，这些教育教学方法带有综合性质，是哲学层面、思维层面与能力层面三种方法论的结合体。

就融合教育方法论来讲，也体现了哲学层面方法论、思维层面方法论与能力层面方法论。就哲学层面方法论来说，融合教育受到人文主义、建构主义与后现代主义思潮的共同影响。就思维层面方法论来说，个别化教育计划理念、零拒绝教育理念、最少受限制环境理念等是融合教育的一般方法。就能力层面方法论来说，主要体现在随班就读、分组教学、差异教学、课程调整、内容调整、教材调整、评价调整、通用设计学习、资源教室支持、教康结合、医教结合、普特融合等融合教育具体方法上。

不论是哲学层面方法论、思维层面方法论还是能力层面方法论，都是过去的实践累积与经验的总结，并融合在本土文化与文明之中。马克思主义方法论是如此，教育方法论是如此，融合教育方法论也同样如此。从融合教育方

---

① 金心瑜：《文化因素分析法在考古学研究中的应用——以〈龙虬庄：江淮东部新石器时代遗址发掘报告〉为例》，《文物鉴定与鉴赏》2018 年第 17 期。

法论去把握融合教育中国化，就是要深刻理解中华优秀传统文化，从天人合一的思想智慧、仁义和合的优秀文化、扶危济困的民族美德、养疾教疾的教育传统中，去把握我国融合教育的文化逻辑，去理解我国融合教育的民族自信。

4. 运用实践论哲学视域，科学把握融合教育中国化的现实逻辑

实践是马克思主义的鲜明品质。马克思主义实践论把本体论、认识论与方法论统一了起来，也就是说思维与存在、主观与客观、认识与实践都统一到实践那里。实践决定认识，但认识对实践具有反作用，实践具有客观物质性、社会历史性与主观能动性，而人是实践的主体，人民群众是历史的创造者、社会物质财富与精神财富的创造者。离开了实践，就会犯主观主义、经验主义、教条主义、本本主义等错误，也就脱离了实践的人民性，就不是真正的马克思主义。所以说，马克思主义的精髓全部在于实践。而实践不能脱离现实活动、现实基础而独立存在，直接现实性是实践的根本特点。作为实践主体的人，立足于现实物质条件、社会历史背景，开展主观能动活动，以实现自己的目的，并通过具体实践活动来检验自己的主观认识是否符合客观实际。因此，实践论是建立在现实逻辑上的。具体来说，就是立足于现实条件基础，从解决实际问题出发，带着问题去调查研究，把实践作为检验真理的唯一标准，在实践中解决现有的实际问题。

教育是一项实践性强的培养人、塑造人的活动。由于教师和学生是教育实践的主体，所以教育实践活动是在学校这一育人空间场所里发生，体现在老师教学与学生学习活动之中、教师与学生关系交互之中。而要达到教学相长的教育实践活动目的，老师必须立足于现有的教育教学条件，必须充分了解掌握学生智力因素与非智力因素、身心发展等现实情况，必须设计出符合学生实际的教学方案等。

由于融合教育面对更加多样化、个性化的学生，所以融合教育的实践特征更加明显。要求老师要科学评估每一名学生的学习需要，并据此为每名学生设计出个性化的教学方案与个别化的学习计划，要在教学内容、教学方法、教学目标、座位编排、支持辅助等方面做出精心周到的调整安排,以确保每个学生都能得到适宜、优质的教育。从融合教育实践论去把握融合教育中国化,就是要立足我国社会制度、经济社会发展水平、教育发展状况等国情,从客观物质性、社会历史性与主观能动性三个方面,去把握我国融合教育的现实逻辑与实践逻辑。

5. "四大支柱"把握融合教育中国化视域的内部机理

按照马克思主义的立场、观点与方法,本体论、认识论、方法论与实践论是观察、认识与把握融合教育中国化内部机理的四把钥匙,我们称之为理解融合教育中国化视域的"四大支柱"。其中本体论是回答融合教育中国化历史逻辑的哲学依据,认识论是回答融合教育中国化制度逻辑的哲学依据,方法论是回答融合教育中国化文化逻辑的哲学依据,实践论是回答融合教育中国化现实逻辑的哲学依据。本体论、认识论、方法论与实践论形成了一个复杂的系统,从整体上回答了融合教育中国化的生成逻辑。其运行机理如图1。

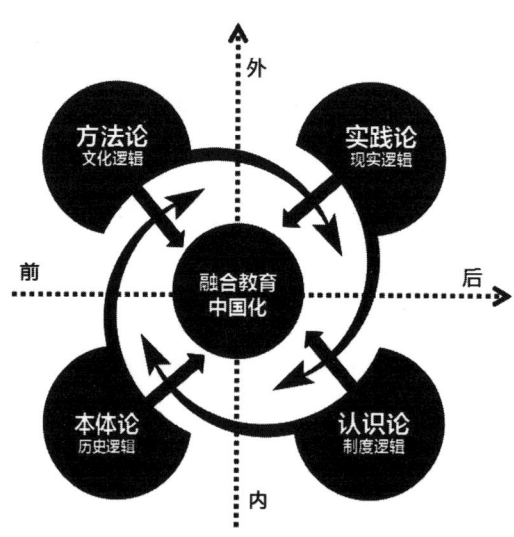

图1 融合教育中国化的"四大支柱"内部机理图

图1揭示了融合教育中国化的"四大支柱"内部机理关系。就理解融合教育中国化而言，可从时空尺度上进行综合分析。

在空间尺度上，本体论与认识论是内隐的，方法论与实践论是外显的。融合教育的现实逻辑、文化逻辑涉及实践层面、方法层面后，以现实的、活动的、具体的方式而存在，是融合教育外在直接的表现；而融合教育的制度逻辑、历史逻辑涉及观念层面、经验层面，它以潜藏内隐与抽象的方式存在，并通过融合教育的具体实践与方式方法呈现出来。因此，在融合教育中国化视域的组成中，本体论与认识论处于内隐位置，而方法论与实践论居于外显位置。

在时间尺度上，本体论与方法论关注过去经验知识的积累，实践论与认识论强调立足当下现实基础条件。本体论与方法论提示要运用历史文化方法去认识把握融合教育的中国化。具体来说，就是要立足中国的历史文化土壤去思考认识融合教育，运用历史逻辑与文化逻辑科学把握我国融合教育自身演进变迁与本土文化传统，从我国独特的中华优秀文化传统中去理解，从我国融合教育发展演变的历史进程中去理解，把民族性、文化性与历史经验结合起来思考。实践论与认识论提示要运用现实实践方法去认识把握融合教育的中国化。具体来说，就是要立足于我国经济社会发展水平的基本国情去思考认识融合教育，运用制度逻辑与现实逻辑科学把握我国融合教育的上层建筑特点与经济基础状况，从我国的社会主义制度巨大优越性去理解，从我国具体国情与现实基础去理解。

从全局上看，本体论、认识论、方法论与实践论不是彼此独立、互相隔离的，而是组成了一个互相交互、辩证统一的有机整体，共同发挥制度逻辑、现实逻辑、历史逻辑与文化逻辑四个层面的作用，从而构成了对融合教育中国化问题的整体认知与系统理解。

因此，我们认为，从中国化视域理解融合教育，需要从马克思主义的本体论、认识论、方法论与实践论四大哲学视域，从历史逻辑（历史语境）、制度逻辑（制度优势）、文化逻辑（文化图式）与现实逻辑（政策选择与实践进路）四个维度去把握分析。

第二章 中国化视域下融合教育的历史语境

从文化学上看，教育是一种具有双重文化属性的复杂活动。它既是文化的重要组成部分，又是文化传播、创造性实践活动。由于历史文化传统各不相同，所以各个国家的教育思想、理念也呈现出多样化的特征。理解我国的融合教育，离不开我国数千年的历史土壤，离不开中华优秀传统文化自觉。著名的人类学者费孝通深刻地指出："文化自觉是指生活在一定文化中的人对其文化有'自知之明'，明白它的来历形成过程所具的特色和它发展的趋向。"① 在五千多年的发展历史中，中华民族"皆有所养"的古老传统与养教文化，可以说是源远流长，为我国现代残疾人教育提供了丰厚的社会文化心理土壤与发展依据，也为当下中国式融合教育的推进实施，奠定了厚实的思想智慧与文化基础。

目前，学术界对我国奴隶社会与封建社会的分期问题，经过长达近百年的论争，至今尚未取得统一意见。为便于分析起见，我们采用郭沫若的"战国封建论"分期观点，王峰明从马克思主义形态理论角度，也认为"夏商周社会属于奴隶社会"②。从我国古代的养教文化发展来看，大体上可分为奴隶社会的养而不教、养教结合与封建社会的不养不教三个历史阶段。其中奴隶社会对残疾人的养教文化，可以说是今天我国融合教育的思想文化源头。

---

① 费孝通：《论人类学与文化自觉》，华夏出版社 2004 年版，第 188 页。
② 王峰明：《马克思社会形态理论的方法论意蕴——兼评"中国古代历史分期问题"的讨论》，《马克思主义研究》2020 年第 8 期。

第一节　我国融合教育的古代铺陈

一、我国古代奴隶社会的养疾、教疾思想文化

（一）养而不教

尊养残疾人是中国古代社会的主流意识，对残疾人提出了养疾、宽疾、救疾思想。《礼记·礼运》："大道之行也，天下为公。选贤与能，讲信修睦""使老有所终，壮有所用，幼有所长，鳏寡孤独废疾者皆有所养。"《礼记·王制》："凡三养老皆引年……八十者，一子不从政，九十者，其家不从政……废疾非人不养者，一人不从政……喑、聋、跛、躃、断者、侏儒、百工，各以其器食之。"《管子·入国》中也说："入国四旬，五行九惠之教。一曰老老，二曰慈幼，三曰恤孤，四曰养疾……所谓养疾者，凡国都皆有掌养疾。聋盲喑哑，跛躃偏枯握递，不耐自生者，上收而养之，疾。官而衣食之，殊身而后止。此之谓养疾。"由此可见，在夏商至春秋战国时期，古人对待残疾人是相当的厚待，春秋战国时期的国都和城镇，还专门设置了掌管养疾的官员，把残疾人收养事宜纳入官府工作内容，集中安排与统一掌管，一直到残疾人身死为止。这种设置类似今天的各地残联机构，可以说对残疾人的终身性照顾是十分到位的。

为了鼓励人们养疾、救疾，还从管理制度层面进行了设计，比如"废疾非人不养者，一人不从政"（《礼记·王制》）。也就是说，老百姓家里只要有残疾人需要供养的，那么可以免除一人服徭役。

可以说，关心残疾人、照顾残疾人是中华民族民本思想的具体体现，

数千年绵延不断的传承发展,已经熔铸为中华民族的传统美德,为今天中国式融合教育发展提供了宝贵的民族传统文化养料。

(二)养教结合

从夏朝开始,我国逐步有校、序、庠之类的正规学校出现,普通教育发展起来。对于特殊教育来说,周代宫廷、官府开设了残疾人的教育机构,如《周礼·春官·大师》记载了作为乐官之首的大师"掌六律、六同,以合阴阳之声",并明确大师同时也是宫廷官府乐师的老师,教瞽矇学习"风、赋、比、兴、雅、颂"六诗,"以六德为之本,以六律为之音",培养盲人音乐家,有的大师本身就是盲人。除大师外,乐官中的大祭祀也"帅瞽登歌,令奏击拊",大射"帅瞽而歌射节",小师负责教授瞽矇学习"鼗、柷、敔、埙、箫、管、弦、歌"等乐器的演奏技巧。瞽矇虽然是盲人,但他们却是周代宫廷、官府的乐官,同时也是大师、大祭祀、大射、大丧、小师等乐官的学徒。从教授的内容上看,大师主要负责教授六诗、六德、六律、六同等文化知识、乐理知识,大祭祀、大射、大丧负责教授合奏、合唱等集体演出配合技巧,小师主要负责教授乐器演奏基本技巧。考虑到瞽矇的视力残疾,因此大师、大祭祀、大射、大丧、小师在教授方法,应该有"大课讲授、小课讲解、个别指导"相结合的形式。①

除了要对残疾人进行教育、帮助他们能自食其力外,在上古社会里,人们还根据障碍类型的不同,对残疾人从事的职业作出了具体的设想与安排,而对残疾人的教育主要是发挥其独特的才能。《周礼·春官·大师》记载"瞽矇掌《九德》、六诗之歌,以役大师",指明了盲人主要从事演艺职业。《礼记·王制》也说"喑、聋、跛、躃、断者、侏儒、百工,各以其器

---

① 参见陆德阳、[日]稻森信昭《中国残疾人史》,学林出版社1996年版,第325—326页。

食之",意思是说残疾人因为各有技艺之能,所以官府提供食物把他们养起来。从这些记载来看,我国上古时期残疾人教育大多是职业技能的培训,而不是广泛意义的知识文化教育。对此,有人注释说:"古者乐人俱瞽目,使之笔画少则易记,汉乐家制氏所传,但晓铿锵而不传其义者也。"[1]这句话的意思是讲,在古时候,残疾人教育存在着实用取向与工具偏好,只教授盲人知晓声音高低与节奏,但却不告知音律的意思与道理。因此,我国古代把乐工也称为"娱人"[2]。

舒新城对周朝时期的残疾人养教结合做法给予了充分的肯定,他说:"周时每值春初,村中人民,无论男女老幼自早即往学校听讲,至晚方归,并注重普及教育。"[3]从教育学角度看,我国夏商周时期的养教结合,就是今天国际社会广泛推行的融合教育,不论残疾人的安置形式,还是上课内容、培养目标,都别无差异。从这个意义上讲,养教结合可以说是今天我国融合教育理念的原始萌芽。从这个意义上看,早在两三千多年前我国针对残疾人的养教结合活动,就已经具有现代意义上一同学习、一同生活的融合教育特点。

二、封建社会的排疾讽疾思想文化

书院是我国封建社会时期教育的普遍形制,自唐出现书院至清朝末年废书院、兴学堂,书院制度在我国存在长达一千多年,成为我国古时老百姓接受教育的重要场所。但除了那些带有启蒙教育或家族办的私塾外,老百姓的孩子要进入书院学习,都要进行入学考核,通过遴选方式录取。胡昭曦把

---

[1] 转引自郭卫东《中国近代特殊教育史研究》,高等教育出版社2012年版,第9页。
[2] 殷光熹:《殷光熹文集 第1卷 诗经论丛、诗骚并辉》,云南大学出版社2015年版,第506页。
[3] 舒新城:《教育通论》,上海三联书店2014年版,第51页。

入学考核归纳为甄别、考试、荐调三种方式。就甄别而言，就是进行入学资格审查，主要原因是报名人数众多。比如清乾隆十年的温江万春书院"远近诸生负笈来者日众，一一甄别而进之"①。就考试而言，就是进行入学考试，按成绩高低进行录取，比如汉州《讲道书院条规》明确，"每年正月下旬示期考试收录，应考生童预赴礼房报名造册，届期搜检扃试。再复试一二次，以定弃取"②。就荐调而言，相当于今天的推荐免试、保送入学，主要由下级书院地方官府推荐，调送上级书院肄业，或者把科举考试中成绩优异者，再送入书院学习。上述三种入学方式，对于身有残疾的孩子来说，都是艰巨的考验，难以被接纳。即便能入学，也难以应对月考、课考，更不用说层层科举考试。如《锦江书院条规》规定，"倘诗文庸劣接连三次俱考列后十名，正降为附，附降为外"，"文字平庸或限于学力所不逮……既不能于案上列等，即应于册内除名"。③北宋对残疾人的报名与录取进行了限制，如《文献通考·选举考》记载："进士文卷、诸科义卷、帖由，并随解文送贡院。其有残废笃疾并不得预解。或应解而不解，不应解而解，监官试官为首罪，停所任。"④在1504年，明孝宗更进一步排斥残疾人接受教育，规定残疾人不允许留在学中，若有违反规定的，将被免职究责，"弘治十七年，令提学官有徇情将老疾鄙猥之人滥容在学及克贡者，参究黜罢"⑤。在我国上千年的封建社会里，残疾人被排斥在科举之外。当然，融合教育、全纳教育也就不可能在当时出现。

正如杨贤江所说："人类社会入于文明期以来，一向没有过普及的教

---

① 胡昭曦：《四川书院史》，巴蜀书社2000年版，第240页。
② 胡昭曦：《四川书院史》，巴蜀书社2000年版，第240—241页。
③ 胡昭曦：《四川书院史》，巴蜀书社2000年版，第297—298页。
④ （元）马端临撰：《文献通考》，浙江古籍出版社1988年版，第283页。
⑤ 李东阳、徐溥等修撰：《礼部三十六·学校》，载《大明会典》卷七十八，中华书局1989年版（影印本），第1225页。

育，教育一向被一部分人所专有独享。"①

但必须指出，我国古时候的残疾人教育就其宗旨、范围、内容、范式、方法等而言，绝不是今天现代意义上的残疾教育，也不是真正意义上的特殊教育，只是一些原始理念的萌芽或个别无意识行为，它是零散的而不是集中的，是个别的而不是大众的，是被动的而不是自觉主动的，是被给予的而不是人人享有的基本权利。它更多地体现为"收养救济"型，而不是"平等参与"型。正如丁启文所说，"'平等、充分参与'的残疾人事业只能产生在现代社会而不可能产生在农耕社会"②。换句话说，特殊教育的形成与发展与人类社会的文明进步与科学技术的发展变迁相关联。在生产力水平极为落后的古代社会，特殊教育只是个别的、局部的。当然，也应看到尽管受制于生产力发展水平、社会发展程度等的制约，我国古代的残疾人教育事实上是与正常儿童一起学习、一同接受教育为主要形式。从这个意义上讲，我国古代残疾人教育具有今天融合教育的初步内涵与形式。

---

① 杨贤江:《新教育大纲》，人民教育出版社1961年版，第49页。
② 丁启文:《建构新文明：人道原则与新残疾人观》，华夏出版社2001年版，第12页。

第二节　我国融合教育的近代借鉴

郭卫东在《中国特殊教育史话》的序言中认为，中国特殊教育有四大转型，即"以养为主的古代残疾人教育向以教为本的近代特殊教育的转型；有外国来华教会主办向国人主办的转型；有慈善救济与职业培训向教育教学与缺陷补偿的转型；有私立学校向公立学校的转型"[①]。他的这句话比较准确地概括了我国近代以来残疾人教育的发展特征，为我们更好地理解中国式融合教育提供了思考视角。

事实上，1840年鸦片战争后，中国人开始睁眼看世界，大举向西方学习。进步主义教育、改造主义教育、要素主义教育、永恒主义教育、存在主义教育等西方教育思潮大举进入中国，打开了中国教育的近代化现代化大门。特殊教育作为整个国民教育体系中的一个重要组成部分，在向西方学习借鉴中，也开始了近代化现代化发展变迁。而1902年壬寅学制改革，成为中国教育向西方现代教育转轨的标志。

一、晚清时期学习西方加速特殊教育近代化进程

毛泽东在《论人民民主专政》中指出："自从一八四〇年鸦片战争失败那时起，先进的中国人，经过千辛万苦，向西方国家寻找真理。……国内废

---

① 马建强：《中国特殊教育史话》"序言"，新华出版社2015年版，第5页。

科学、兴学校，好像雨后春笋，努力学习西方。"① 舒新城在《近代中国教育思想史》中，把1862年（清同治元年）到20世纪初中国教育思想的演变概括为"模仿期"。就特殊教育而言，也进入向西方学习的模仿阶段。

（一）考察学习日本特殊教育情况

日本明治维新时期大力推行"富国强兵""文明开化"的基本国策，确立了"一切效仿欧美各国现行制度"的改革基本方针，由此开启日本快速近代化的进程。日本教育也先中国一步，加快了其教育的近代化进程，到1885年日本已经建立起"从初等教育、中等教育直至高等教育的比较完备的近代学校教育体系"②。1894年甲午中日战争，中国惨败的结局激起有识之士反思，并深刻认识到日本迅速强盛的原因在于破旧来之陋习、求智识于世界。因此，远学法德、近学日本，成为近代中国求存图强的有效办法，随后掀起了留学日本、赴日考察的高潮。在这一进程中，清末中国人赴日本教育考察对中国教育近代化影响巨大。

1904年，张百熙、荣庆、张之洞共同拟定的《奏定学堂章程·学务纲要》奏折中写道："各省办理学堂员绅，宜先派出洋考察。……目睹外国教习如何教，生徒如何习，管理学堂官员如何办理。……欧美各国道远费重，即不能多往，而日本则断不可不到。……若仅至日本考校半年，所费尚不甚巨。"③ 专门规定官员到海外特别是日本进行教育考察。

1898年，江西高安县经济学堂的邹殿书率该校教习等15人专程赴日本考察日本学校④，他们不仅考察了日本的寻常小学校、美术学校、音乐学校、

---

① 杨大明主编：《马克思主义著作选读》下，甘肃人民出版社2002年版，第280页。
② 吕顺长：《清末中日教育交流之研究——以教育考察记等相关史料为中心》，博士学位论文，浙江大学，2017年，第30页。
③ （清）张百熙撰，谭承耕、李龙如校点：《张百熙集》，岳麓书社2008年版，第41页。
④ 参见吕顺长《清末浙江与日本》，上海古籍出版社2001年版，第146页。

女学校，还考察了日本盲哑学校，这是近代中国最早以私费形式赴日学习考察的教育团。

1898年，湖广总督张之洞委派姚锡光率队赴日专程考察日本学校教育，开启近代中国官方派员赴日教育考察、学习日本教育先进经验的先河。① 同年，浙江安吉县知县张大镛与蒋嘉名赴日考察教育，对日本盲哑学校进行考察。在他所著的《日本各校纪略》中把盲哑学校作为日本学校系统的组成部分，从东京盲哑学校的办学宗旨、历史沿革、学校章程、教学内容、师生规模、办学经费、教学设施等方面进行了详细的介绍。比如在入校章程中写道："校分录常及技艺两科，来学者或专习或兼习均无不可。并另建寄宿舍以备学生住宿，惟须月纳房饭金四元束修洋五角，贫者酌减。五年毕业，如自愿补习准其留校肄业。"②

1901年，湖广总督张之洞、两江总督刘坤一委派江楚编译局襄办罗振玉赴日考察学务。经明治维新而富强起来的日本使罗振玉大开眼界，并提出在教育、实业、管理、银行、强兵等诸多"仿行""效法"的建议。对于日本发展盲哑教育，他深受感触，在《扶桑两月记》中写道："今日闻客言，日人某君为盲哑学校教习，其生子一盲一哑，观念之感应如此，亦异闻也。"③ 可以说日本的盲哑教育对罗振玉的思想震撼较大，以至于引发他从教育史的角度，思考了教育学作为独立学科的历史变迁，教育普及理论的来源，盲人教育、哑人教育的发展历程史。他在《扶桑两月记》中说："盲人教育，始于德国1783年，至1808年，遂遍及全国。哑人教育，始于谐尾开，至1818年以后乃大盛。废人教育（谓身体不全及有痴疾者），始于瑞

---

① 参见吕顺长《清末浙江与日本》，上海古籍出版社2001年版，第145页。
② 王宝平主编：《晚清中国人日本考察记集成：教育考察记》上，杭州大学出版社1999年版，第51页。
③ 刘学询、黄璟、罗振玉：《考察商务日记·考察农务日记·扶桑两月记·扶桑再游记》，岳麓书社2016年版，第107页。

士人顾孔必由,于1841年顷始专立学校。翌年,柏林哑人学校长冉爱格特仿行之,以后遂日普及矣。"①可以说,赴日本考察教育,对罗振玉打开了效法日本特殊教育之门,其至影响到《钦定学堂章程》和《奏定学堂章程》的制订与颁布。他在《学制私议》中把废人学校作为学制系统的内容单列出来,并说这"乃通国教育通制"。他对办特殊教育学校的目的意义作了进一步阐明:"废人学校,如教育哑者以音乐按摩及手工之类,令残疾之民亦得自食其力,以免冻饿。此校虽未能即办,然亟宜经始,以救无告之民。"②由此可见,罗振玉确实把日本教育尤其学制系统学习较深,对我国近代学制改革有着广泛的影响。

1902年5月,京师大学堂总教习吴汝纶率团至日本,花了近四个月时间考察了日本教育制度、学校运营,其中对盲哑等特殊学校进行了专门的考察。③在考察成果《东游丛录》中对日本聋哑等特殊教育做法进行了介绍,比如"普通学务局所管事务:……四高等女学校、五盲哑学校"④;"廿二日(1902年6月27日),赴盲喑学校,其喑可医者,已能作中国语,视吾辈不能作日本语者,不知谁喑谁不喑也。其盲者能扪纸识字,有为生理学者,有学音乐者,有体操者。其聋喑甚者,教师示以手势,即知其事。能书画,闻余至,皆作画赠余,而盲者作日本诗一首相赠。此等教育,可以弥补天地之所憾矣"⑤;"五日(1902年7月9日),赴盲喑学校,所观多西京已见之事。……闻其在盲喑学校,已廿余年,喑生中有中国人。……其盲生能音乐,校长挈至其讲堂,弹筝歌唱。请余演说,后代诸生作答词。用铅板使

---

① 刘学询、黄璟、罗振玉:《考察商务日记·考察农务日记·扶桑两月记·扶桑再游记》,岳麓书社2016年版,第107—108页。
② 王宝平主编:《晚清中国人日本考察记集成:教育考察记》上,杭州大学出版社1999年版,第240页。
③ 参见吕顺长《清末浙江与日本》,上海古籍出版社2001年版,第147页。
④ 吴汝纶:《东游丛录》,岳麓书社2016年版,第10页。
⑤ 吴汝纶:《东游丛录》,岳麓书社2016年版,第55页。

盲生以机器刻入板上，别以纸印之，皆盲生所习隆起之字形。吾请其以日本字注其旁，词意颇善。又观盲生用新法按摩治人疾病，此西京所无者"①。同时还收集了东京盲哑学校的图表（类似于今天的人才培养方案、教学方案）："教科：寻常科、技艺科二种，各生徒兼修寻常科及技艺科中之一科或二科。……盲生寻常科：国语、算术、讲谈及体操。技艺科：音乐、针治及按摩。哑生寻常科：读方、习字、作文、算术、笔谈及体操。技艺科：图画、雕刻、指物及裁缝。授业时间：寻常科专修生一日五时，针治按摩专修生一日三时，其他都为六时。修业年限：按摩专修者三年，其他凡五年。"②吴汝纶对日本教育考察，对当时清末的新教育改革和发展产生了巨大影响，当然也对特殊教育兴学启蒙产生积极影响。

1902年，严修自费到日本游览，考察借鉴日本发展教育的经验。10月1日，考察了东京聋哑学校，他在《壬寅东游日记》中有"东京盲哑学校见闻"，描述了当时重点考察理科教室、字母机器、传声皮袋、哑生教室、裁缝教室等情况。他在见闻中写道："延入，先以概览数笺见示，又引至理科教室（标本甚多），其中有大小地球各一。大者浑铜为之，小者纸制，皆依山川之高下而凹凸之。盖为盲者可以摸索而学也。……哑生之教室以诸色旗为识别，将课时，执旗之人摇向诸生。各辨己室之色追随而至，室门各插一旗。……盲师教盲生琴，一盲生摸字抄书（摸从左起，抄从右起）。"③

1903年，两江总督张之洞委派江南高等学堂总教习缪荃孙、提调徐乃昌赴日本考察教育。农历二月十九日（1903年3月7日），缪荃孙一行到东京盲哑学校参观考察，主要学习考察了东京盲哑学校的办学历史、学校图表、办学规模、教授之法、教室环境等，如教授之法"哑者以形济声，盲者

---

① 吴汝纶：《东游丛录》，岳麓书社2016年版，第60页。
② 吴汝纶：《东游丛录》，岳麓书社2016年版，第143页。
③ 严修撰，武安隆、刘玉敏点注：《严修东游日记》，天津人民出版社1995年版，第98—99页。

以声济形。校中传号盲生以铃，哑生以旗，标识分明丹黄数色。将课时，教员以手挥旗为导，众从之入室，则教员以手作势，或书石板示之。诸生解者，亦举手相效，或据案急书"①。

1906 年，直隶总督袁世凯委派井陉县知县郭钟秀、巨鹿县知县涂福田等人赴日本进行教育考察。涂福田一行在农历四月初九（1906 年 5 月 2 日）到东京盲哑学校考察，他在《东瀛见知录》中写道："盲哑分科教授有寻常科、技艺科，盲生技艺以音乐为重兼针治按摩，哑生则习图画雕刻裁缝等技艺。观成绩品，有哑生嵌雕长屏扇面等，具木嵌花草，细箸入骨，生活如画。各教室教法极善，训盲有凸体字、凸面地图。训哑则以手势者多，一室教十余人至二十四人而止。食室寝室必一盲一哑杂居，如食具不全或有不洁，则哑能见之，盲能言之，彼此相互为用，无异完人，可谓以缺补缺矣。"②

在向日本以及欧美国家学习特殊教育发展经验的同时，一批有识之士也积极著书立说，介绍宣传西方特殊教育发展做法与经验。比如王之春在《广学校篇》中说，"西学规例极为详备，国中男女无论贵贱……训瞽院、训聋喑院、训孤子院、养废疾院、训罪童院……"③，把西方在特殊教育方面的学校制度设计做法进行了宣介。

以上对日本的教育考察，直接影响到清末学制的制订与新式学校的开办。比如《钦定学堂章程》和《奏定学堂章程》的制订出台，就与吴汝纶、罗振玉等人的日本考察直接有关。④ 可惜的是，虽然清廷派员向日本学习，也了解到盲哑学校是当时"日本现行教育制度"的重要组成，但两个学堂章

---

① 缪荃孙、王景禧、双寿：《日游汇编·日游笔记·东瀛小识》，岳麓书社 2016 年版，第 40 页。
② 王宝平主编，刘雨珍、孙雪梅编：《日本政法考察记》，上海古籍出版社 2002 年版，第 126 页。
③ 舒新城：《舒新城近代中国教育思想史》，吉林人民出版社 2013 年版，第 41 页。
④ 参见吕顺长《清末浙江与日本》，上海古籍出版社 2001 年版，第 156 页。

程都没有对开设盲哑学校等特殊教育学校有明确规定，不论是官办还是民间，清末对特殊教育更多是一种学习考察借鉴，几乎没有落到办学实体上，也没有纳入新式教育的学校体系中，甚至《奏定初等小学堂章程》在第二节中明确写道"外国通例，初等小学堂，全国人民均应入学，名为强迫教育；除废疾、有事故外，不入学者罪家长"①，明确把残疾儿童的教育排斥在学校教育之外。后面来自西方的传教士在中国以教会学校形式兴办了盲哑等特殊教育学校，这不能不说是这一时期特殊教育发展的遗憾。

（二）模仿西方经验，制定我国特殊教育政策

光绪二十四年（1898），康有为向光绪皇帝陈奏《请饬各省改书院淫祠为学堂折》中说："奏为请改直省书院为中学堂，乡邑淫祠为小学堂，令小民六岁皆入学，以广教育，以成人才……"②可以说，维新变法、新教育制度，为融合教育的萌芽发展提供了思想基础，尤其是康有为提出凡是年满六岁的儿童都须进入学校接受教育，体现出鲜明的融合教育思想。就这一点来说，康有为可算是开启我国融合教育第一人。

光绪二十八年（1902），作为"废科举、兴学堂"的重大举措，清朝发布管学大臣张百熙所拟的《钦定学堂章程》，即"壬寅学制"。在《钦定学堂章程》中，把学堂分为初等教育（蒙学堂、小学堂、高等小学堂）、中等教育（中学堂）与高等教育（高等学堂、大学堂、大学院）的三等七级学堂③。但需指出的是，在《钦定蒙学堂章程》第三章"各种规则"中明确规定，"然间有气禀顽劣及身体孱弱过甚者，均可由教习辞退"，第八条规定

---

① （清）张百熙撰，谭承耕、李龙如校点：《张百熙集》，岳麓书社2008年版，第140页。
② 康有为：《请饬各省改书院淫祠为学堂折》，载陈谷嘉、邓洪波主编《中国书院史资料》下，浙江教育出版社1998年版，第2466页。
③ 参见胡昭曦《四川书院的发展与改制》，《中华文化论坛》2000年第3期。

"凡儿童痘症、时瘟、目疾、伤风一切病症，急宜暂出学堂以免传染"。① 在《钦定小学堂章程》中，对于小学入学条件明确规定："除试验功课之外，尚有须合格者四事：一、志趣端正，二、资性聪明，三、家世清白，四、身体壮健。以上入学"，在第十三条规定，"学生入学后，应随时别退出学者：一、资性太低，难期进益；二、困于疾病……"② 从这些条款内容来看，在近代中国第一个完整意义的学制安排中，是把残疾人排斥在学前教育与小学教育等普通国民教育系统之外的。

1903 年，张百熙、张之洞、荣庆修订的《奏定学堂章程》(又称《学务纲要》)颁布，史称"癸卯学制"，成为当时全国创办新式学堂的指导性法规。在《奏定初等小学堂章程》中"计年就学章第三"载明，"东西各国法律，以小学堂教育与国家有重要关系，定例：儿童有不就学者即罚其父母，或任保护儿童之亲族人"，"学龄儿童，如有患疯癫痼疾，或五官不具不能就学者，本乡村绅董可禀明地方官，经其查实，准免其就学。学龄儿童，如有届应使就学之期，或病弱，或发育较迟，不能就学者，本乡村绅耆可禀明地方官，经其查实，准暂缓就学"。③ 由此可见，1903 年的《奏定学堂章程》比 1902 年的《钦定学堂章程》有了质的进步与革新性变化，把残疾人纳入普通学校中并与普通学生一同接受教育，体现出鲜明的融合教育思想。从这个意义上讲，1903 年的《奏定学堂章程》可算作我国教育史上体现融合教育思想的第一个官方文件。

两个学堂章程的颁布与新式学校的诞生，是我国近代以来教育发展史上最具有标志性变革意义的大事件，把自隋唐以来存续上千年的科举制度抛

---

① 舒新城编：《中国近代教育史资料》中，人民教育出版社 1961 年版，第 397—398 页。
② 舒新城编：《中国近代教育史资料》中，人民教育出版社 1961 年版，第 407—408 页。
③ 舒新城编：《中国近代教育史资料》中，人民教育出版社 1961 年版，第 423 页。

入历史烟尘之中，旧式书院、社学、私塾等传统办学形式被改革，推动着我国教育迈入近代化进程之中。需要指出的是，伴随我国教育近代化转轨，我国残疾人教育也开始学习西方的学校制度、办学模式与教学方式，并在发展演变过程中逐步超越了"天下为公""养而不教"的旧时传统教育观念，推动我国残疾人教育走向近代化。

（三）打开国门允许外国人办特殊教育

在中国，最早明确提出保障残疾人受教育权的是清末的郑观应。1892年，郑观应在《盛世危言》第一卷的《学校》篇中提出要学习德国的教育："无论贵贱男女，自五岁以后，皆须入学，不入学者，罪其父母（即下至聋瞽瘖哑残疾之人，亦莫不有学，使习一艺，以自养其天刑之躯）。"[①] 康有为在其《大同书》（1902）中提出设立专门照料与教育盲哑等残疾人的特别院构想："生而盲哑者，有特别之院，以女子为保傅，看护而教育之。皆设小学、中学、大学，教之识字读书，专学一艺，俾得营生；于其二十岁后，听其自由执业。其有不能者，终身养于此院，官以所能督其作工，收其所入，以半予之，俾其快然生事之乐而无憾焉。然大同之世，生理甚精，当无复有盲哑废疾矣。"

从实践来看，我国特殊教育是外国传教士来华办学兴校开始真正起步的。1870年，英国传教士莫伟良（William Murray）在北京设立"瞽目书院"专收盲人，创造中国点字"瞽手通文"，教授盲童读书、算术、音乐等科。1874年，莫伟良在北京创建了中国历史上的第一所盲校"瞽叟通文馆"（北京市盲人学校），因而他被誉为中国盲人教育之父。[②] 1887年，美国传教士安妮塔·米尔斯与丈夫查理·米尔斯在山东登州（今蓬莱）共同创办

---

① 陈学恂主编：《中国近代教育文选》，人民教育出版社1983年版，第47页。
② 参见马建强《中国特殊教育史话》，新华出版社2015年版，第4页。

了启瘖学馆①,开学之初只招收到一名聋儿,并编写出我国聋人学校第一套教材《启哑初阶》(1907 年出版,烟台仁德印书馆代印,线装本,共四册、237 课)②,这是中国第一所聋校。自 1870 年开设"瞽目书院"以来,外国传教士纷纷在国内开设一批特殊教育学校。从这些外国传教士举办的特殊教育学校招收对象来看,以盲人学校居多。比如 1878 年的汉口训盲书院,1888 年的汉口大卫·希耳盲人学校,1889 年的广州明心瞽目学校,1896年的古田盲人学校,1898 年的福州灵光盲童学校,1907 年的韶州喜迪堪盲人学校等。值得一提的是,当时外国传教士特别关注女性盲人的受教育问题,设立了女子盲人学校来教授女子盲人学习知识、掌握技艺,比如 1900年的福州女子盲童学校、1908 年的长沙女子盲童学校、1909 年的肇庆女子盲童学校、1909 年的广州慕光瞽目学校及 1902 年的奉天盲人女子习艺所等。聋人学校次之,比如 1894 年由法国天主堂圣母院在上海的徐家汇创办聋哑学校。当然也有既招收盲生也招收聋生的学校,比如 1891 年的台南盲哑学校。当时外国传教士举办的这些特殊教育学校,除了教授残疾儿童学习知识文化外,也教授一些技能技艺,帮助残疾儿童能够以一技之长在社会上立足。

这些外国传教士打开了特殊教育在中国实践的大门。综观西方传教士来华办学的类型,"实在说来,教会与中国的近代特殊教育有着特别关系"③。当然,由于文化背景、教育理念、民众基础、管理体制等多方面因素的影响,外国传教士举办的这些特殊教育学校,并没有被纳入当时清廷的教育行政系统中。这些特殊教育学校的实践在本质上仍然属于隔离的特殊教育性质,并不是现代意义上的融合教育。正因为如此,在办学经费、办学质

---

① 参见教育大辞典编纂委员会编《教育大辞典》第 2 卷,上海教育出版社 1990 年版,第 316 页。
② 参见本社编《汉语手指字母论集》,文字改革出版社 1965 年版,第 96 页。
③ 郭卫东:《中国近代特殊教育史研究》,高等教育出版社 2012 年版,第 4 页。

量、条件保障上，外国传教士举办的特殊教育学校很难能够得到官方与民众的支持，这也注定了其兴学办学不可能长久。

需要指出的是，这一时期也是我国融合教育的萌发期。1872 年，清王朝接受"中国留学第一人"容宏的建议，选派第一批赴美国留学的 12—14 岁左右幼童 120 名，在这些派出的留学生中，就有 3 位盲人，这至少表明当时在中国已有融合教育的痕迹。而新教育制度改革与新学校制度变革，《钦定学堂章程》与《奏定学堂章程》的颁布，为我国融合教育的萌芽发端提供了学校制度与教育形式的准备。若没有把遍及全国的书院、社学、义学、塾学改制为现代学堂，融合教育则在制度与形制上无以立足。

客观地说，正是 1840 年以来主动考察学习西方发达国家特殊教育办学情况，打开了国人对特殊教育的全新视野，增加了对残疾人教育的全新认知与理解，为我国后来包括融合教育在内的特殊教育近现代化发展进行了思想启蒙，为开展残疾人教育做好了特殊教育知识准备与实践铺陈。但也必须清醒地认识到，这一时期重点任务是向西方学习，因此在《钦定学堂章程》与《奏定学堂章程》两个学校章程中，基本上是全盘模仿学习西方特殊教育的做法，而忽略了如何洋为中用、体现中国特点。这当然也为后来教育中国化命题的提出埋下了伏笔。

二、民国时期推动融合教育向近代化的转型

1912 年至 1948 年，民国政府加强了对残疾人教育的关注，在某种程度上，借鉴了西方特殊教育的隔离化做法。开始把残疾人教育与健全者教育划分开来，作为一种专门的教育领域，称作"特种教育""特殊教育""残废教育"。

（一）推进中国式特殊教育发展

1. 把残疾人教育纳入学校制度系统与国民教育体系

一是纳入教育行政部门的工作职责。1912年南京临时政府教育部成立，在教育部的内设机构中设立了普通教育司，并把"关于盲哑学校及其他残废等特种学校事项"作为普通教育司的职责范围。① 这是我国官方第一次把残疾人教育纳入普通教育体系，并明确专门的官方机构负责。1914年《教育部官制》中规定，"普通教育司掌事务如下：……四、关于盲哑学校及其他残废等特种学校事项"②。1928年《修正中华民国大学院组织法》中规定"社会教育处之职掌如左（下）……三、关于低能及残废者之教育事项"③，把原本由普通教育司掌管的特殊教育变更为社会教育处，把特殊教育与家庭教育、补习教育、社会教育、民众教育、公共体育、文化团体指导等社会教育事务相并列，标志着特殊教育从普通教育体系剥离出来，这也反映了民国政府对特殊教育的重视程度。

比如在1912年颁布的壬子癸丑学制中，并没有特殊教育纳入法令内容，相反在《教育部公布公立私立专门学校规程》（元年十一月十四日部令第二十四号）中还明确规定："学生有犯下列各款之一，校长得命其退学：一、性行不良、难望悛改者，二、成绩过劣、难期成就者……"④ 直接把低能学生排斥在学校教育之外。1912年9月在《教育部公布小学校令》中关于就学的规定，"小学校校长察知儿童中有患传染病及有可虞之情状者，或

---

① 参见钱曼倩、金林祥主编《中国近代学制比较研究》，广东教育出版社1996年版，第133页。
② 《教育部官制》（1914年7月），载舒新城编《中国近代教育史资料》上，人民教育出版社1961年版，第287页。
③ 《修正中华民国大学院组织法》，载蔡元培著，中国蔡元培研究会编《蔡元培全集》第18卷 续编，浙江教育出版社1998年版，第505—506页。
④ 《教育部公布公立私立专门学校规程》（1912年11月14日），载舒新城编《中国近代教育史资料》中，人民教育出版社1961年版，第643—644页。

性行不良、妨碍他儿童之教育者，得停止其出席"①。1915年7月，民国政府教育部颁布了《国民学校令》，1916年10月对其进行了修正，对"入学资格"进行了调整，明确"学龄儿童的父母或其监护人，有义务令学龄儿童（除病、弱、残、痴等不能就学者，特殊处理外）就学于国民学校"②。这里的"特殊处理"有两种情况，一是指"学龄儿童如以病癫、白痴或残废不能就学者，区董报经县知事认可后，得免除其父母或监护人之义务"，二是指"学龄儿童如以病弱或者发育不完及其他不得已之情事，达就学期而未能就学者，区董报经县知事认可后，得展缓其就学"③。这表明，残疾儿童是不能在民国学校读书的。

1918年的《县视学规程》第五条规定，"县视学之职务如下：……十、视察幼儿教育及特殊教育设施状况"④。至此，围绕残疾人教育，民国政府建立了自上而下的教育行政机构职责体系，实现有政府部门、工作人员负责残疾人教育工作，这在当时来说无疑具有重要的进步意义。

二是纳入学制系统中。1922年在《学制系统改革案》讨论稿中，民国政府教育部提出了在"注意"事项中明确"对于精神上或身体上有缺陷者，应施以特殊教育"⑤。1922年11月公布的壬戌学制系统中第29条（附则的第二条）吸纳了审读讨论时的意见，载明"对于精神上或身体上有缺陷者，

---

① 《教育部公布小学校令》（1912年9月），载舒新城编《中国近代教育史资料》中，人民教育出版社1961年版，第447页。
② 钱曼倩、金林祥主编：《中国近代学制比较研究》，广东教育出版社1996年版，第189页。
③ 《教育部公布国民学校令》（1915年7月公布，1916年10月修正），载舒新城编《中国近代教育史资料》中，人民教育出版社1961年版，第461页。
④ 《县视学规程》（1918.4.30），载江铭主编《中国教育督导史》，人民教育出版社1994年版，第291页。
⑤ 钱曼倩、金林祥主编：《中国近代学制比较研究》，广东教育出版社1996年版，第271页。

应施以相当之特种教育"①。不过在实际工作中,国民政府对特殊教育并不重视。1929年10月22日,朱衡涛和张维新在《申报》上发表《增加盲哑教育呈教部文》文章,指出"特种教育在教育行政上无相当的地位,行政当局未能尽量提倡辅助"等问题,并对国民政府无视特种教育进行了批评。②

三是提出灵活安置方式。对于特殊儿童的教育,邰爽秋1922年在《特殊教育之实施》中写道"当在小学校外,择一适当的地方另行设立,以供实用的家事训练和园艺的机会"③;对于口吃、讷舌的儿童,他认为应设立语言矫正班,"有些少数例外的儿童,语言非常杂乱,甚至影响到别的学生,这种儿童当归入语言矫正班,全天上课。但是最经济的方法,这种班级,可设在几个地址相近的学校之中央。各校语言缺陷的儿童,可以送来训练,每周两点钟,或两点钟以上不等"④。1936年,钱怀刚在《补救低能儿童的方法及其可能限度》中,认为"低能儿童应当是为一般提倡民主政治的人所重视的,民主政治要求全国国民的教育机会均等,所谓均等,当然是使各个人天赋的能力得到充分的发展,所以低能儿童也应当给他充分教育的机会"⑤。陈鹤琴在《关于特殊儿童教育》中认为:"过去的儿童教育,不是没有把特殊的儿童与普通的儿童分开施教,便是把特殊儿童丢在一旁不闻不问,这两者都不是适当办法。把特殊儿童硬生生地和普通儿童放在一起受教,结果,两方面都会感到难以适应,所以特殊儿童一定要特别分开,依据生理或心理的

---

① 钱曼倩、金林祥主编:《中国近代学制比较研究》,广东教育出版社1996年版,第282页。
② 参见陆德阳、[日]稻森信昭《中国残疾人史》,学林出版社1996年版,第350页。
③ 邰爽秋等著,教育杂志社编辑:《特殊教育之实施》,商务印书馆1925年版(四川大学馆藏),第3页。
④ 邰爽秋等著,教育杂志社编辑:《特殊教育之实施》,商务印书馆1925年版(四川大学馆藏),第13—14页。
⑤ 钱怀刚:《补救低能儿童的方法及其可能限度》,(《心理季刊》第2期,1936年),载顾定倩、朴永馨、刘艳虹主编《中国特殊教育史资料选》上,北京师范大学出版社2010年版,第652页。

研究，对他们施以适合其需要的特殊教育。"①这说明陈鹤琴是反对融合教育的，这显示出她在特殊教育上的局限性。她的这种局限性是受到了西方国家隔离教育的影响。比如她说一些特殊儿童，在国外都是把他们分开来教的。②

综上所述，尽管民国政府把残疾人教育纳入教育行政部门的工作职责，也纳入国民教育学制系统之中，提出了较为灵活的安置方式。但从实际执行来看，效果不尽人意。究其原因，在于当时军阀割据、社会思想观念僵化陈旧、经济社会发展水平落后。

2. 改进完善残疾人教育政策措施

一是完善残疾儿童就学资格。民国政府已经对残疾儿童的融合教育实行强制入学的政策，比如在1935年《实施义务教育暂行办法大纲施行细则》中，明确规定："学龄儿童之有疾病或其他一时不能入学之原因者，得由其家长或保护人具结请求缓学；其有痼疾不堪受教育者，得由其家长或保护人具结请求免学。"③

而在1937年的《学龄儿童强迫入学暂行办法》，对残疾儿童入学作出的规定，已经初步体现部分融合安置的制度安排。比如"凡学龄儿童体弱，或发育不完全；经指定医师证明并经当地强迫入学执行人员证明属实者，得准其缓学；但经过相当时期，儿童身体状况认为足以入学时，仍应督令入学""凡儿童身有痼疾或肢体残疾，经指定医师证明不堪入学，并经当地强迫入学执行人员证明属实者，得准其免学；如当地或邻近各地有特殊教育机关，得将上项儿童送入肄业"④。这些规定表明了民国时期残疾儿童的入学政

---

① 徐桃坤主编：《陈鹤琴特殊教育文选及研究》，华夏出版社2005年版，第17页。
② 徐桃坤主编：《陈鹤琴特殊教育文选及研究》，华夏出版社2005年版，第18页。
③ 《实施义务教育暂行办法大纲施行细则》(节录)，载顾定倩、朴永馨、刘艳虹主编《中国特殊教育史资料选》上，北京师范大学出版社2010年版，第60—61页。
④ 《学龄儿童强迫入学暂行办法》(节录)，载顾定倩、朴永馨、刘艳虹主编《中国特殊教育史资料选》上，北京师范大学出版社2010年版，第61页。

策比较灵活，尤其是充分考虑到残疾儿童的学习程度，做出了有弹性的入学安排，对于不能入学的，在医师证明的情况可以缓学或免学，若有特殊教育机构的，则送到特校上学，这些做法在今天看来也是有远见的做法。

二是完善特殊儿童诊断分类。1916 年，周维城著《特别教育》一书，从"特别教育之情形""特别儿童之分类""体质上之特别""精神上之特别""发情期之特别""神经质之特别""儿童身心发育之纲"[①]等方面，对特殊教育基本知识进行了介绍阐释。1926 年，甘豫源对特殊儿童的界定及标准、普通智力、学习心理、本能及情绪、感觉、筋肉动作及其他能力、留级问题、训育问题、社会问题、教育设施等进行了详细的介绍。[②]1926 年，汪德全在《儿童智愚之研究》[③]中对智愚的义解和类分、生理基础、测定、心理历程、遗传、特殊教育进行了研究。

三是改进盲哑教育。1947 年，教育部交议的《改进全国盲哑教育案》提出了扩大盲哑学校、改进盲哑教育的要求。"若仅以现在至四十二校办理其教育事宜实过嫌不足，且复设备简陋，师资缺乏，盲字繁多，以及课程之未能合乎要求，无不有碍盲哑教育之进展！是故改进盲哑教育实属刻不容缓"[④]，并从学校管理、学校设置、社会办学、课程设置、统一盲字、师资培训、提高待遇、教育研究、国际合作等方面，提出盲哑教育改进措施。

四是完善残疾人教育教学方法。1941 年，章大年在《低能儿童及其教育》中的教学方法中，认为要"替儿童介绍好朋友，因为低能儿童，最难

---

① 周维城：《特别教育》，商务印书馆 1916 年版（陕西师范大学馆藏），第 1 页。
② 参见顾定倩、朴永馨、刘艳虹主编《中国特殊教育史资料选》上，北京师范大学出版社 2010 年版，第 511—540 页。
③ 汪德全：《儿童智愚之研究》，载顾定倩、朴永馨、刘艳虹主编《中国特殊教育史资料选》上，北京师范大学出版社 2010 年版，第 541—573 页。
④ 《改进全国盲哑教育案》，载顾定倩、朴永馨、刘艳虹主编《中国特殊教育史资料选》上，北京师范大学出版社 2010 年版，第 70 页。

结交好友"①。1935年，曹日昌在《低能儿童的机械能力与低能教育》中，提出"低能儿童的个别差异至少也是和常态儿童一样大，现在低能教育上对低能儿童都一律对待，施以同一的训练，也不合理，为低能儿童自身计为社会计，今后低能教育上都该注意于个别训练"②。可以说曹日昌是我国个别化教育计划提出的先驱。

3. 兴办特殊教育学校

民国政府通过政府官办、民间私立、收回教会学校转办等方式，举办特殊教育学校，招生残疾儿童接受教育。

政府官办。虽然1922年《学制系统改革案》中提出要办特殊教育，事实上国民政府教育行政部门对特殊教育并不重视。吴学信编著的师范小丛书《社会教育史》中说："民国二十五年教育部奉令接办特种教育，于四月公布赣鄂皖豫等省特种教育委员会组织规程，随即成立赣鄂皖豫等省特种教育委员会……五月教育部始开特教会议，议定确定今后特教工作动向……。扩充巡回教育团，中止另设特教实验区，由国立编译馆编订特教课本，各省编订补充教材等要案三十一件。"③ 由此算来，国民政府事实上是1936年才正式明确开办特殊教育。据国民政府教育部统计室编纂的《全国社会教育统计》④显示，1934年全国设有盲聋哑学校26所，占学校总数0.03%；特殊学校2所，占学校总数0.01%；其中公立盲聋哑学校有12所（省市区2

---

① 章大年：《低能儿童及其教育》，载顾定倩、朴永馨、刘艳虹主编《中国特殊教育史资料选》上，北京师范大学出版社2010年版，第665页。
② 曹日昌：《低能儿童的机械能力与低能教育（节录）》，载顾定倩、朴永馨、刘艳虹主编《中国特殊教育史资料选》上，北京师范大学出版社2010年版，第639页。
③ 吴学信编著：《社会教育史》，载杜学元主编《民国时期社会教育史料续编》第1册，国家图书馆出版社2020年版，第436—437页。
④ 教育部统计室编纂：《全国社会教育统计（中华民国二十三年度）》，载杜学元主编《民国时期社会教育史料续编》第1册，国家图书馆出版社2020年版，第122—126页。

所、县市 10 所）、私立 14 所，公立低能学校 1 所、私立 1 所。盲聋哑学校有 165 名教师、77 个学生班级、955 名学生，低能学校有 14 名教师、5 个学生班级、111 名学生。1931 年，南京实验小学创设了特殊学级，招收该校及南京市各小学的特殊儿童，组成一个班，因材施教。在入学前先进行家访，了解情况，教学方法与普通班级不同，重在个别指导，发展儿童的才力，也注意团体活动的开展，养成团体生活的习惯。[①]

民间私立。实业家张謇于 1903 年赴日本考察教育，回国后于 1915 年开设了狼山盲哑学校师范科。1916 年 11 月 25 日，我国历史上第一所由中国人自己办的特殊教育学校——通州狼山私立盲哑学校（简称为狼山盲哑学堂[②]）正式开学。张謇也因此成为中国特殊教育本土化的开拓者、实践者。

收回教会学校转办。20 世纪 20 年代的"非基督教运动"和"收回教育权"之后，教会兴办的特殊教育机构渐次转型。民国政府收回教会学校后将其转办为特殊教育学校，为残疾儿童提供受教育机会。教会学校一方面积极促进了中国传统教育向近代教育的发展过渡，另一方面也为我国特殊教育的近现代化发展发挥了重要而独特的作用。

（二）在关注特殊儿童教育中开启中国式融合教育的初步探索

1. 随班就读安置萌芽

1932 年，国立北平师范大学在《附属第一小学之过去与将来》中说，"关于学级编制方面。……（乙）特别班之改设，以试验特殊儿童之教育"[③]。这可以说是我国现在学校以附设班形式开展随班就读的最早雏形。1934 年，

[①] 参见庞君博《特殊儿童教育法》，载顾定倩、朴永馨、刘艳虹主编《中国特殊教育史资料选》上，北京师范大学出版社 2010 年版，第 284 页。

[②] 参见张兰馨《张謇教育思想研究》，辽宁教育出版社 1995 年版，第 194—197 页。

[③] 《附属第一小学的过去及将来》，载邓菊英、李诚编《北京近代小学教育史料》下，北京出版社 1995 年版，第 1436 页。

曹刅千对江苏省松江县31所学校的特殊教育开展情况进行了调查，在他撰写的《教师估计下的异常儿童之调查》文章中分析说，"31所学校中只有2所有特殊教师，绝大多数的学校都是由普通教师兼教'异常儿童'的"①，在教学方式上"用个别教学者最多，也有用特殊辅导与分组教学者。设特别班者仅有两校。我们试想一想，在学校中，既无特殊教师与特别班，则所谓个别教学，特殊辅导与分组教学者，必仍在普通班上举行"②。由此可见，松江早在民国时期就已经开始现在的融合教育探索了，只是那个时候不叫融合教育，而是纳入特别教育中。1936年，国立北平师大教育系组织一九三七班开展参观见习与实习活动，学生冯光华在开津私立南开大学附属中学的参观报告中记录："本校从前曾采用能力分组制，但结果快慢悬殊，能力低组，往往届期不能毕业，不若混合班，互相比较观摩，进步迅速，因此已取消。"③1947年，李麒增在《怎样指导特殊儿童》中说，"教导特殊儿童，多以限于人力财力，不能另设班级训练，亦无专师负责，因而在一群普通儿童的编级中，同一教材，同时施教"④。

2. 探索普特融合学习

胡颜立在《特殊儿童的训练》中，对于低能儿童的训练，他认为要"充分鼓励优等生帮助低能儿童，和低能儿童为友，绝对禁止他们对于低能儿童加以讪笑、鄙视或侮辱"⑤。1922年，邰爽秋在《特殊教育之实施》中

---

① 曹刅千：《教师估计下的异常儿童之调查》，载顾定倩、朴永馨、刘艳虹主编《中国特殊教育史资料选》上，北京师范大学出版社2010年版，第226页。
② 曹刅千：《教师估计下的异常儿童之调查》，载顾定倩、朴永馨、刘艳虹主编《中国特殊教育史资料选》上，北京师范大学出版社2010年版，第226页。
③ 《师大教育系一九三七班参观见习与实习实况纪要》(节录)，载顾定倩、朴永馨、刘艳虹主编《中国特殊教育史资料选》上，北京师范大学出版社2010年版，第319页。
④ 李麒增：《怎样指导特殊儿童》，载顾定倩、朴永馨、刘艳虹主编《中国特殊教育史资料选》上，北京师范大学出版社2010年版，第422页。
⑤ 胡颜立：《特殊儿童的训练》，载顾定倩、朴永馨、刘艳虹主编《中国特殊教育史资料选》上，北京师范大学出版社2010年版，第403页。

写道"若仅与以普通教育，与健全的儿童一同上课，必致发生教授上的障碍"①。对于智力在人群中位于 65% 到 90% 之间的儿童，他认为应设立智慧实验班，"在寻常小学校里设立这种班级，可以两班或两班以上做一个中心"②；对聋儿他认为应设立聋儿班，在"普通小学校里可设几个单班，使这些儿童在课业及社会作业里多有与能听的儿童接洽的机会。这种班级或可设于中央小学，以便教授上格外易于分班"③。对于盲儿，他认为应设立盲儿班，"普通学校里可设几个单班，使这些儿童在课业及社会作业里与视觉完全的儿童有接触的机会。这种班级或可设于中央小学，以便教授上易于分班"④。由此可以看出，邰爽秋已经意识到把特殊儿童纳入普通学校普通班级接受教育的重要性，甚至他提出对于聋儿、盲儿这类残疾儿童，要通过课程作业的方式让他们有多与正常儿童接触交流的机会，这可以说是融合教育思想的具体体现了。庞君博在《特殊儿童教育法》中说，"在能力不能办到建设特殊学校的情形之下，还是就原有的普通学校中间，增设特殊学级，较为轻而易举"⑤。高君哲在《残疾儿童福利》中，也体现了对融合教育的思想。他在"残疾儿童的教育设施"中说，"需要有特殊的设置，在可能范围内尽量在国民学校中设特别班，不另外设收容所或学校"，"其原因有三：（一）凡残疾情形不需要离开家而过机关生活的，仍希望他们在家里住。（二）凡残疾情形不妨碍他们与一般儿童往来的，仍希望他们过普通国民学校生活，

---

① 邰爽秋等著，教育杂志社编辑：《特殊教育之实施》，商务印书馆 1925 年版（四川大学馆藏），第 1—2 页。
② 邰爽秋等著，教育杂志社编辑：《特殊教育之实施》，商务印书馆 1925 年版（四川大学馆藏），第 7 页。
③ 邰爽秋等著，教育杂志社编辑：《特殊教育之实施》，商务印书馆 1925 年版（四川大学馆藏），第 9 页。
④ 邰爽秋等著，教育杂志社编辑：《特殊教育之实施》，商务印书馆 1925 年版（四川大学馆藏），第 11 页。
⑤ 庞君博：《特殊儿童教育法》，载顾定倩、朴永馨、刘艳虹主编《中国特殊教育史资料选》上，北京师范大学出版社 2010 年版，第 270 页。

与一般儿童混合在一起。(三)则在国民学校中加特殊班,较比另设学校或机关既易办又可节省经费,易于普设而应需要"[1]。1936年,孙邦正在《智力迟钝儿童的特征及其教育》一文中,提出了"参加常态儿童的工作,学习迟缓的儿童……在求学时代他们就应当与常态儿童共同参与学校中各种活动,学校也应当给予他们以参加各种会议、俱乐部,及其他团体活动的机会"[2]。由此可见,融合教育是有利于特殊需要学生接受教育的,能够节省办学成本,而且易于开展。从这个意义上讲,在民国时期,我国教育界已经认识到融合教育的积极意义。

3. 探索融合教育方法

1947年,杨骏如在《班级教育下的愚笨儿童教育法》中,对实施融合教育提出了自己的设想:"如四级之国民学校,为救济愚笨儿童,可于一、二、三、四年级单式学级之外,抽取各级愚笨儿童,组设一、二、三、四年级复式学级之特殊单级以教导之。若具有完全小学之中心国民学校,则于六个年级的单式学级之外抽取六个年级的愚笨儿童,组设六年复式之特殊大单级以教导之。……唯是一般的学校,班级无多,儿童数少……不得已只有与常态儿童及中才以上的儿童混合编组学级……维持按龄升级的办法,俾愚笨儿童能与年龄相当的儿童在一班而不顾其差劣性。"[3] 在座次编排上,"使愚笨儿童与优秀儿童等同座,使他有学习优良的伴侣和他亲近,借能得到诱掖和帮助,俾他的学业得到进步",在作业任务上,"应依照其智力和作业能力,分配适当的工作材料,不可希望其与其他常态以上的儿童,有同时的进

---

[1] 高君哲:《残疾儿童福利》,载顾定倩、朴永馨、刘艳虹主编《中国特殊教育史资料选》上,北京师范大学出版社2010年版,第412页。

[2] 孙邦正:《智力迟钝儿童的特征及其教育》,载顾定倩、朴永馨、刘艳虹主编《中国特殊教育史资料选》上,北京师范大学出版社2010年版,第651页。

[3] 杨骏如:《班级教育下的愚笨儿童教育法》,载顾定倩、朴永馨、刘艳虹主编《中国特殊教育史资料选》上,北京师范大学出版社2010年版,第676—677页。

步和成绩,只求其有作业的兴趣和最低的成就"。① 难能可贵的是,詹月光在《异常儿童教育问题》中,提出"儿童教育的目的是使每个小孩都能受教育,没有例外,也就是说对异常的儿童要有异常的教育方法去适应他们的需要"②。这已是十分明显的融合教育思想了。而且他还专门介绍了美国的特殊教育做法,"教育当局正努力设法在各小城镇或乡间多多开设特殊学校或在公私立学校内附设特殊班级。为使教师们明了异常儿童教育起见,在每州都设了些观察人员,他们都是很有经验的教师同时又是心理学家,巡视各学校,与教师们保持密切的联系,随时辅导调整各校的计划,以便适合儿童的需要"③。詹月光的这些介绍,已经可以看到今天我国在推进随班就读工作中普遍采用的巡回指导、附设班级等做法了。

4. 制定融合教育政策

1948年,凌铁庵等在《凌代表铁庵等四十人提请积极提倡盲哑教育确定盲哑专业迅定实施计划并制定法令以保障其福利案》中说,"设立大中学盲哑师范学校,或就普通大中学内附盲哑教育系,或盲哑教育科"④。这应该是官方最早关于融合教育的政策构想了。1929年《卫生教育实施方案》中规定,"二、活动及课程……健康保护……4、缺陷之矫正"⑤,这说明国民政府已经注意到学校健康教师在残疾人教育中的作用,体现出"医教结合"的

---

① 杨骏如:《班级教育下的愚笨儿童教育法》,载顾定倩、朴永馨、刘艳虹主编《中国特殊教育史资料选》上,北京师范大学出版社2010年版,第678—680页。
② 詹月光:《异常儿童教育问题》,载顾定倩、朴永馨、刘艳虹主编《中国特殊教育史资料选》上,北京师范大学出版社2010年版,第455页。
③ 詹月光:《异常儿童教育问题》,载顾定倩、朴永馨、刘艳虹主编《中国特殊教育史资料选》上,北京师范大学出版社2010年版,第458页。
④ 《凌代表铁庵等四十人提请积极提倡盲哑教育确定盲哑专业迅定实施计划并制定法令以保障其福利案》,载顾定倩、朴永馨、刘艳虹主编《中国特殊教育史资料选》上,北京师范大学出版社2010年版,第85页。
⑤ 《卫生教育实施方案(节录)》,载顾定倩、朴永馨、刘艳虹主编《中国特殊教育史资料选》上,北京师范大学出版社2010年版,第60页。

初步尝试。在《学校卫生实施方案》中，对学校卫生服务人员的工作职责明确"处理学生畸形疾病之矫治事宜"①，并对学校卫生服务人员关于学生畸形疾病矫治程序、办法等进行了明确的规定。这应当是融合教育"教康结合"的官方政策发端。

实事求是地讲，民国政府在发展残疾人教育方面进行了有益的探索，一些工作举措与做法在今天看来仍然具有很好的启迪价值。比如把残疾人教育纳入学校制度系统与国民教育体系、兴办特殊教育学校、制定特殊儿童诊断分类、提出随班就读的灵活安置方式、明确残疾儿童就学资格、个别训练的教育教学方法、倡导普特融合学习与互助学习、改进盲哑教育、"医教结合"初步探索，等等。更为重要的是，这一时期，不少学者已经敏锐地认识到西方的特殊教育方式方法不一定完全适应中国，反思模仿西方教育的利弊，加速了教育中国化问题的思考，直接催生了新教育运动的出现，一场教育民族化、本土化、中国化的思想启蒙由此拉开，并深刻地影响着我国教育的近现代进程。从这个意义上理解，民国时期的特殊教育完全不同于清末时期不加辨别的全盘模仿，体现出了一定意义的本土化特征。这在当时来说，无疑具有划时代的意义。

也需要指出的是，民国时期尽管把特殊教育事业纳入社会福利事业之中，但是民国政府对此不热心，特殊教育发展处于低水平放养状态。比如1935年，廷柱就对民国政府国民教育忽视特殊教育的现象十分不满，他在《低能儿童的管教问题》中说："低能儿童，在古代的时候，极受人们的轻视与厌恶，不但没有教养的义务，甚至竟把他弃诸深山，任其饿死。""说到中国，近几年来小学教育的发展，的确有惊人的进步……到了现在，仍视小学教育是普通儿童和优秀儿童的教育，至于劣等儿童，似非他们所注意，所以

---

① 《学校卫生实施方案（节录）》，载顾定倩、朴永馨、刘艳虹主编《中国特殊教育史资料选》上，北京师范大学出版社 2010 年版，第 59 页。

劣等儿童的教育法,从来少有人拿来讨论,这显见他们对低能儿童如何冷淡与忽视,对这样特别重要的问题,是何等的冷淡、无知,甚至误解。"[1] 对1909年到1922年22种教育刊物的统计显示,发表涉及广义特殊教育文章只有35篇,仅占全部文章0.5%。[2] 可见当时少有人关注特殊教育的研究,当然也反映了近代中国特殊教育发展更多停留在政策文件的设想描述上,没有在各级政府与基层学校中得到有力的贯彻落实。著名教育家杨贤江在论及"教育万能论"的错误时,也举例盲哑教育来证明。他说:"盲哑教育是盲哑者所应受的教育,谁也知道是该积极提倡的。但据民国十八年十月间《申报》载朱冲涛、张维新二君为编制教育方案应增加盲哑教育呈教育部文中说:'查我国盲哑之众……当在百万以上。……又查我国盲哑教育已有二十余年之历史。但现时全国盲哑学校,据最近调查,哑校仅有南通、北平、烟台、上海、南京五校(内私立三、公立一、教会设立者一),哑生总数不满三百;盲校约三十所,大半为教会设立,学生总数亦仅千数百人。……'本来一般的普通的教育尚未普及,像这种特殊的教育自然益发未能普及了。……有百万以上之众的盲哑,而只有千数百人受到盲哑教育,这简直是宣告教育无能。"[3] 从杨贤江这段话中可以看出,包括融合教育在内的特殊教育,在民国时期并未纳入基层政府的视野,发展水平处于落后状态。

三、四川融合教育的近代历程与发展

四川特殊教育的近现代发展轨迹与全国情况相一致。由于四川地处内

---

[1] 廷柱:《低能儿童的管教问题》,载顾定倩、朴永馨、刘艳虹主编《中国特殊教育史资料选》上,北京师范大学出版社2010年版,第623—624页。
[2] 参见顾明远主编《中国教育大百科全书》第4卷,上海教育出版社2012年版,第2549页。
[3] 杨贤江:《新教育大纲》,人民教育出版社1961年版,第61—62页。

陆地区，经济发展、社会开放、交通状况等落后于江浙、广东沿海一带。受制于地理位置、交通环境等因素的影响，四川特殊教育的近现代发展状况迟滞于东部沿海地区。

（一）考察学习日本的特殊教育办学经验

1899年，四川省总督奎俊委派文官沈翊清、武官丁鸿臣到日本考察，农历十月二十五日（1899年11月27日），沈翊清考察盲哑学校，参观了盲生识字教室、历史地理教室、按摩教室、琴教室、讲堂、校长室、哑生学语室、哑生识字教室、图书教室、裁缝教室、雕刻指物教室、制物标品陈列室，他在《东游日记》中写到，哑生学语"教法，详辨五音，书一字母，动唇、喉、齿、舌以教之，必音合而后已。每教一字音，使对镜视唇、喉、齿、舌动形而自习，久之，识字多知音亦多，知并字亦知并音，是以能语"[①]。1904年，四川省一次性就派出160余名学生赴日本学习师范，为此，日本宏文学院还专门成立了"四川速成师范科班"[②]。

（二）外国教会开启四川特殊教育发展

与全国特殊教育发展历程同步，现代意义的四川特殊教育始于1922年，是从教会学校发端的。1922年9月，基督教浸礼会牧师、美国人夏时雨在成都南打金街创办中西慈善团盲哑学校，这是四川最早的具有现代意义的特殊教育学校。

从1922年到1949年底，民国政府对特殊教育发展不关心不过问，让其自生自灭。由于四川地处西部，经济发展落后，因此，当时的特殊教育学校大多为教会性质或私立性质，政府官办的学校屈指可数（表2-1）。

---

① 沈翊清、周学熙：《沈翊清东游日记·周学熙东游日记》，岳麓书社2016年版，第65页。
② 王桂主编：《中日教育关系史》，山东教育出版社1993年版，第495页。

表 2-1 民国时期部分四川省特殊教育学校设立一览

设立时间	学校名称	举办性质	地址
1918 年	社会服务盲校	教会	绵阳涪城区
1921 年	汉州盲校	教会	广汉
1922 年	中西慈善团盲哑学校	教会	成都
1938 年	明声聋哑学校	私立	成都
1942 年	国民政府社会部重庆实验救济院盲哑学校	公立	重庆
1943 年	资阳县立聋哑学校	公立	资阳
1944 年	扶青聋哑学校	私立	重庆
1946 年	聋哑补习学校	私立	自流井

另据民国教育部的全国社会教育统计，1934 年四川省全省仅有盲聋哑学校、低能学校各 1 所，都是国民政府官办的（实质上是教会办的，后来收回），其中盲聋哑学校有 5 名教师、4 个学生班级、60 名学生，特殊学校有 8 名教师、1 个学生班级、45 名学生。① 到 1946 年，四川的特殊教育学校有 3 所。② 一是 1923 年由罗蜀芳在成都昭忠祠街设立的成都基督教盲哑学校盲部，江治川 1943 年在四川资阳城内设立的资阳县立聋哑学校，以及安龙章 1946 年在重庆市公园路青年会设立的重庆私立聋哑学校。三所学校共计在校特殊教育学生 110 人。也就是说，12 年的时间，四川全省特殊教育学校只增加了 1 所，这说明四川的民国政府是不重视残疾人教育的，作为特殊教育学校的举办者是缺位的。以至于 1948 年，中国聋哑协会留渝会员陈未云、李有庆，在给重庆市教育督学蔡而新的建议书中说到，希望重庆

---

① 参见教育部统计室编纂《全国社会教育统计（中华民国二十三年度）》，载杜学元主编《民国时期社会教育史料续编》第 1 册，国家图书馆出版社 2020 年版，第 248—251 页。
② 参见刘英杰主编《中国教育大事典：1840—1949》，浙江教育出版社 2001 年版，第 565—566 页。

市政府举办一所市立聋哑学校，实施免费的教育，以减轻学生负担，并达到普及教育的效果；无条件帮助聋哑学生学习生产技能，以教育推动生活、以职业安定教育；聋哑学生对美术、劳作等实际功课十分感兴趣，但对历史、地理等抽象科目印象感觉渺茫，因此教学以技能为主，文字次之。

（三）抗战烽火时期四川融合教育发端

1939年，因日军空袭成都，四川省立成都女子师范学校附属小学从成都迁到彭山，以前的学生大都离开了学校，因此新学期开学的时候，300多名新到校的学生中有一些特殊学生。为了对这些特殊学生进行教育，四川省立成都女子师范学校附属小学专门编制了特殊儿童训导办法，以补充一般教育方法的不足。[①] 可以说，省立成都女子师范学校附属小学对特殊儿童的训导实践，是真正意义上的四川融合教育实践发端。

第三节 我国融合教育的当代发展

一、新中国成立后我国特殊教育发展概述

（一）我国特殊教育发展概述

新中国成立后，党和国家高度重视残疾人教育，把特殊教育纳入普通

---

① 参见《如何实施特殊儿童训导》，载顾定倩、朴永馨、刘艳虹主编《中国特殊教育史资料选》上，北京师范大学出版社2010年版，第398—399页。

教育体系之中，进行同规划、同部署、同落实。比如在1951年，政务院颁布的《关于改革学制的决定》明确指出，"各级人民政府应设立聋哑、瞽目等特种学校，对有生理缺陷的儿童、青年和成年，施以教育"[①]，标志着残疾人教育被正式纳入党和政府的政策之中。随后教育部设立盲哑教育处，推动全国特殊教育工作的开展。为了贯彻国家学制改革要求，教育部先后在1955年、1956年、1957年连续颁布了"《1955年小学教学计划在盲童学校中如何变通执行的通知》《关于聋哑学校使用手势教学的班级的学制和教学计划问题的指示》《关于聋哑学校口语教学班级教学计划（草案）的通知》"[②]三个特殊教育文件。从这些政策规定与文件表述中，我们可以看到，新中国成立后，党和国家在发展特殊教育上已经有了全纳与融合教育思想。与此同时，国家也对当时保留下来的40多所聋盲哑学校进行社会主义整顿改造与改革，促进了特殊教育的较快发展。到1965年，全国已有盲聋学校266所，学校数量是1949年的6倍多。

20世纪80年代以来，随着党和国家工作重点转移到以经济建设为中心，我国经济与社会都呈现出朝气蓬勃的发展势头，人民精神面貌与生活水平发生了翻天覆地的变化。科教兴国、教育优先等理念相继提出，推动特殊教育发展进入一个快速发展时期。1982年，《中华人民共和国宪法》第二章第四十五条规定："国家和社会帮助安排盲、聋、哑和其他有残疾的公民的劳动、生活和教育。"[③]这是我国第一次从国家根本大法的战略高度，把保障残疾人受教育权上升为国家意志、人民意志，由此掀开了全面推进特殊教育发展的新篇章。1986年，《中华人民共和国义务教育法》第九条规定：

---

① 张福娟、马红英、杜晓新主编：《特殊教育史》，华东师范大学出版社2000年版，第212页。
② 秦枫：《建国以来我国残疾人教育保障研究——以改革开放后为重点》，硕士学位论文，安徽师范大学，2010年，第12页。
③ 法律出版社编：《中华人民共和国宪法》，法律出版社1986年版，第16页。

"地方各级人民政府应当合理设置小学、初级中等学校，使儿童、少年就近入学。地方各级人民政府为盲、聋哑、弱智儿童、少年举办特殊教育学校（班）。"①这条规定是对我国宪法对残疾人教育规定的具体贯彻落实，并从法律层面把残疾人教育明确为各级政府的法定职责，在保障残疾人受教育权上实现了国家根本法律与普通法律两个层面的衔接贯通。在上述两个国家法律的指引下，1989年国家教委等八部门制定了《关于发展特殊教育的若干意见》，国务院办公厅随后转发到全国各省市区，这是国家第一次专门就特殊教育发展出台的政策文件。该文件的颁布实施具有里程碑意义，标志着我国特殊教育事业正式迈入蓬勃发展的新阶段。1991年，国务院发布了《中国残疾人事业"八五"计划纲要》，要求各级政府和教育主管部门要切实把残疾儿童、青少年的教育纳入义务教育的轨道，力争在"八五"期间普遍开展随班就读。可以说，改革开放以来，党和国家关于支持特殊教育发展的一系列法律法规与政策措施的颁布实施，为我国随班就读的提出与实施奠定了坚实的法律基础、政策支持，并且指明了改革方向。

（二）我国推进融合教育的实践

对于我国来说，融合教育是一个来自西方的教育思想、教育理念、教育理论。目前我国的融合教育以随班就读的形式展开。

1. 推进融合教育的政府进程

20世纪80年代中后期，我国以随班就读的方式推进融合教育，就是把有特殊需要的学生安排在普通班级接受教育。1988年召开全国第一次特殊教育工作会议，提出残疾儿童随班就读，这成为特殊教育"多种形式办

---

① 全国人大常委会法制工作委员会审定：《中华人民共和国全民普法法律及法律案说明1979—1991》，法律出版社1992年版，第453页。

学"政策中的重点教改方案。①1993 年,《中国教育改革和发展纲要》明确提出各级政府要把残疾人教育作为教育事业的组成部分,采取单独举办或普通学校招收残疾人入学等多种形式,使残疾儿童和其他儿童同步接受义务教育,让残疾儿童与普通学生一起学习,教材一般与普通学生相同,对视听、语言残疾学生教学要求一般与普通学生相同,实施个别教学计划、加强个别辅导,不简单套用对普通学生的考试方法,由此拉开残疾儿童纳入义务教育同步实施的教育改革进程。1994 年,国家教委发布《关于开展残疾儿童少年随班就读工作的试行办法》文件,对随班就读教育改革工作给予了充分的肯定,对残疾儿童少年随班就读工作指明了方向,提供了政策指引。1994 年,中国特殊教育界的代表人士参加了在西班牙萨拉曼卡召开的特殊教育国际研讨会,把中国的随班就读经验正式与国际的一体化教育和全纳性教育联系起来,引起了国内外特殊教育界对这个发展趋势的广泛关注。可以说,随班就读这一具有中国特色的教育形式,是我国立足国情实际、融合教育中国化、本土化的首创性实践。2007 年,我国签署并于 2008 年批准了《联合国残疾人权利公约》,2010 年递交了首次全面履约报告,开始把全面推进融合教育作为中国政府的一项法定义务而全面推进。2014 年、2017 年和 2021 年,国家先后制定实施了三期特殊教育提升计划,进一步推动融合教育快速发展。义务教育在我国教育发展中具有基础性、普惠性特点,涉及面宽、影响面大,国家历来把发展义务教育作为重要的民生工作予以加强。为此,2020 年教育部把义务教育阶段的融合教育确定为工作重点,专门制定了《教育部关于加强残疾儿童少年义务教育阶段随班就读工作的指导意见》,从国家层面对义务教育阶段的融合教育质量提出了新要求,为新时代我国融合教育发展做出了政策性规定,指明了发展方向。

---

① 参见陈云英、华国栋主编《特殊儿童的随班就读试验:农村的成功经验》,教育科学出版社 1998 年版,第 1 页。

2. 推进融合教育的全国性实验

为了推进残疾人教育尽可能纳入普通学校系统，从 1987 年开始，国家教委借鉴先行先试、摸着石头过河的改革办法，历时五年在全国的 15 个县、市有计划、有组织地开展了三个类别（听力障碍、视力障碍、智力障碍）大规模随班就读的实验研究[①]，积极探索具有中国特色的融合教育发展模式与路径。

一是开展盲童随班就读实验。1987 年，徐伯伦提出了"金钥匙盲童教育计划"，先后在江苏、河北、山西、黑龙江和北京等省市，实施"让视障儿童在本村就近进入小学随班就读"试点工作，开展视力障碍儿童一体化教育实验。其主要做法是开展普及性人道主义宣传教育、班主任担任辅导教师进行个别化教育、建立巡回指导制度等。1990 年，国家教委在江苏省无锡市召开了现场会，充分肯定了这项民间实验的必要性和可行性，决定向全国推广盲童随班就读工作模式；1992 年又在河北、北京开展了低视儿童随班就读实验，并获得成功。1992 年，联合国教科文组织亚太地区有特殊教育需要儿童、青少年教育政策、规划和组织研讨会在哈尔滨市召开，进一步促进了盲童随班就读在全国的推广。

二是开展聋童随班就读实验。1987 年，国家教委在黑龙江省海伦县进行了小学聋童随班就读实验，在山东的济南市十亩园小学开展了聋童在普通小学的"聋健合一"实验。随后，国家教委在北京、河北、江苏、辽宁等市也开展了类似的实验工作。1989 年，教育部在黑龙江省海伦市召开了全国聋童随班就读现场经验交流会，总结并推广聋童随班就读实验成果。1992 年，国家教委"委托北京、江苏、黑龙江和湖北等省市进行听力语言残疾儿童少年的随班就读实验，使得随班就读的对象从原来的两类变为三类"[②]。

---

① 参见赵小红《近 25 年中国残疾儿童教育安置形式变迁——兼论随班就读政策的发展》，《中国特殊教育》2013 年第 3 期。

② 肖非：《中国的随班就读：历史·现状·展望》，《中国特殊教育》2005 年第 3 期。

三是开展智力障碍儿童随班就读实验。1987年,黑龙江省在桦南县较早进行了小学弱智儿童随班就读教育试验,1988年聋童和弱智儿童随班就读实验推广至黑龙江省10个市县。为了探索我国农村地区推行随班就读的可行办法,以有效解决广大农村地区残疾儿童接受义务教育问题,1989年,国家教委就随班就读的对象、随班就读的师资和随班就读的教育教学安排等三个方面的问题,又"委托北京、河北、江苏、黑龙江、山西、山东、辽宁、浙江等省市,分别进行视力和智力残疾儿童少年的随班就读实验"[①]探索。1992年,国家教委在山东省昌乐县召开弱智儿童随班就读现场研讨会,明确随班就读的目的和意义。

盲、聋、智力障碍三个类别的大规模随班就读实验表明,在有限的财力投入下,随班就读能够较快大幅度提高适龄残疾儿童入学率,能够有效解决残疾人教育尽可能纳入普通学校系统的难题,是符合我国基本国情的特殊教育发展新形式,也是融合教育在我国的具体实践与创造。

历时5年的大规模随班就读实验,开展了普及性人道主义宣传教育,探索班主任担任辅导教师进行个别化教育制度,建立了巡回指导制度,有效解决残疾儿童尽可能纳入普通学校系统难题,在有限的财力投入下,较快提高适龄残疾儿童少年入学率,积累了比较成熟完备的政策制度、可操作性强的工作举措及丰富多样的实践经验、典型案例,为在全国大面积开展随班就读工作奠定了良好而坚实的基础。

3. 提出高质量融合教育的发展目标

自20世纪90年代以来,我国随班就读工作取得长足的进步。根据2020年全国教育事业发展统计公报[②],2020年,全国有随班就读在校生43.58万人,占特殊教育在校生的比例49.47%。

---

① 肖非:《中国的随班就读:历史·现状·展望》,《中国特殊教育》2005年第3期。
② 参见中华人民共和国教育部《2020年全国教育事业发展统计公报》,2021年8月,中华人民共和国教育部网站。

党的十八大以来，随着国家连续启动实施三期特殊教育提升计划，继续加大推进中西部地区特殊教育学校建设规划，以及出台《教育部关于加强残疾儿童少年义务教育阶段随班就读工作的指导意见》等相关政策，融合教育越来越受到社会各界的重视。比如2020年《教育部关于加强残疾儿童少年义务教育阶段随班就读工作的指导意见》，2021年国务院办公厅转发教育部、中国残联等部门《"十四五"特殊教育发展提升行动计划》，这两个文件都进一步明确了推动融合教育高质量发展的新目标。《教育部关于加强残疾儿童少年义务教育阶段随班就读工作的指导意见》明确了普通学校随班就读主体责任，强化随班就读专业支持服务，完善随班就读政策保障，切实构建随班就读支持保障运行机制，提出推动我国随班就读工作向更高层次发展的目标，为新时代随班就读工作指明了发展方向。"十四五"特殊教育发展提升行动计划对持续提升特殊教育质量、维护残疾人公平享有受教育权利作出部署，明确提出"推进融合教育，全面提高特殊教育质量""普通教育、职业教育、医疗康复、信息技术与特殊教育进一步深度融合"等具体举措①，为未来五年我国融合教育高质量发展指明了具体路径。

二、新中国成立后四川特殊教育发展概述

新中国成立后，四川省也按照国家的部署，积极推进教育的社会主义改造。把以前由教会办的聋哑学校、盲聋哑学校都收归政府，由国家公办。政府也创办了一些特殊教育学校，特殊教育学校的增加，让残障儿童少年的平等受教育权得到保障。到1991年，全省特殊教育学校达54所②，学校数

---

① 参见国务院办公厅《关于转发教育部等部门"十四五"特殊教育发展提升行动计划的通知》，2022年1月，中华人民共和国中央人民政府网站。
② 参见四川年鉴编辑委员会编辑《四川年鉴1992》，四川年鉴编辑委员会1992年，第416页。

量是新中国成立之初的十几倍。

表 2-2　四川现代特殊教育学校设立一览（部分）

设立时间	学校名称	举办性质	地址
1951 年	成都市盲聋哑学校	公立	成都
1956 年	重庆市聋哑学校	公立	重庆
1959 年	自贡市聋哑人教学工厂（自贡市聋哑人社会福利工厂）	公立	自贡
1959 年	宜宾市聋哑学校	公立	宜宾
1960 年	重庆市盲童学校	公立	重庆
1982 年	自贡市聋哑学校、渡口市聋哑学校	公立	自贡、渡口
1984 年	乐山市聋哑学校、宜宾市聋哑学校	公立	乐山、宜宾
1983 年	开县聋哑学校	公立	开县
1985 年	合川县聋哑学校	公立	合川
1985 年	江津县白沙聋哑学校	公立	江津
1985 年	江津县杜市聋哑学校	公立	江津
1985 年	江津县几江聋哑学校	公立	江津
1985 年	内江市聋哑学校	公立	内江
1985 年	简阳县聋哑学校	公立	简阳
1986 年	南充市聋哑学校	公立	南充
1987 年	贡井区弱智儿童辅读学校	公立	自贡
1987 年	涪城区聋哑学校	公立	绵阳
1988 年	宜宾市弱智教育学校	公立	宜宾
1990 年	船山区特殊教育学校	公立	遂宁
1992 年	巴州区特殊教育学校	公立	巴中
2004 年	广安市特殊教育学校	公立	广安

四川省特殊教育在不断发展中，积极探索多种形式的残疾人教育模式

与方法。比如 1956 年，重庆市聋哑学校的半工半读模式。① 当时重庆市聋哑学校鉴于在校学生年纪大（约 20 岁），加之农村学生增多。为了让年龄大的学生毕业后有一技之长，重庆市聋哑学校把高年级学生分为四个班，到烈士福利二分厂校半工半读，即一边学文化，一边参加二分厂车间劳动，受到上级和学生家长的好评。1966 年，鉴于半工半读取得了很好的效果，重庆市聋哑学校又将中年级六个班学生迁到歌乐山校半农半读。学生用三分之二的时间学文化，三分之一时间学农业知识，到田间地头学习。

三、四川融合教育发展概况

（一）国际助力四川融合教育发展

1980 年，中国成为联合国儿童基金会执行局成员，开始接受儿童基金会的援助。随后我国政府参与了联合国《关于残疾人的世界行动纲领》的制定工作并成立了"联合国残疾人十年中国组织委员会"，接受了联合国儿童基金会的资助，与国际社会开展特殊教育国际合作。比如联合国儿童基金会第二周期（1982 年至 1984 年）项目，主要用于支持我国特殊教育、学前教育等项目发展。在第四周期（1990 年至 1994 年）项目中，对我国残疾儿童康复、儿童发展研究等进行了援助，其中用于残疾儿童的援助经费达 200 万美元，占第四期项目总经费的 3.2%。1990 年，四川省成为联合国儿童基金会第四周期项目援助省份，参与联合国儿童基金会和国家教委联合开展的"加强贫困地区小学教育"实验项目与"女童入学和特殊教育"援助项目。

四川省在联合国儿童基金会和国家教委的指导下，认真贯彻执行国家教委召开的全国残疾儿童少年随班就读工作会议精神和《关于开展残疾儿童

---

① 参见王文庄《（重庆）市聋哑学校教学情况》，载杜学元主编，郭明蓉、余万斌、汪红烨副主编《四川特殊教育史料集成》上，西南财经大学出版社 2021 年版，第 534 页。

少年随班就读工作的试行办法》，省教委制定下发了《四川省残疾儿童少年随班就读工作实施方案》《关于大力推进残疾儿童少年义务教育工作的函》，组织培训弱智儿童鉴定人员 80 人，培训残疾儿童少年随班就读师资 75 人。1994 年全省特教班由 1993 年的 384 班增加到 415 班。盲聋弱智学生由 1993 年的 5192 人增加到 6808 人。1994 年联合国儿童基金会对四川"女童入学和特殊教育"的援助项目，顺利通过了国家教委的检查验收。

（二）四川融合教育全面开展

通过智障、盲童随班就读试点工作，并在"三类残障儿童"实验与联合国儿童基金会的助推下，四川融合教育发展取得了明显的进步。到 1992 年，全省随班就读的盲童有 58 人、智障儿童有 1360 人。到 1995 年，全省随班就读点近 50000 个。1997 年，全省设立随班就读点 10701 个，1998 年随班就读点增至近 2 万个。2000 年，四川全省残疾儿童入学率达 75.5%，比 1990 年提高 3.1 个百分点。①

随后四川各地开始广泛推广随班就读工作。比如犍为县 1994 年在全县小学推行随班就读模式，当年有 464 名特殊儿童随班就读，残疾适龄儿童入学率达 69.6%，1996 年提高到 83.5%。②1995 年，省教委在宣汉、巴中、仪陇三县三类残疾儿童随班就读试点工作的基础上，随后在邛崃、江津、重庆市市中区、绵阳涪城区等县市区推广试点经验，实现实验县的特殊教育入学率达到 90% 以上。以特殊教育学校为骨干、特教班和随班就读为主体的特殊教育格局开始形成。

从四川年鉴中可以看出，特殊教育没有被单列词条，而是纳入基础教

---

① 参见国务院妇女儿童工作委员会办公室、国家统计局人口和社会科技统计司《〈九十年代中国儿童发展规划纲要〉终期监测评估报告汇编》，2001 年，第 297 页。
② 参见四川省犍为县地方志编纂委员会编纂《犍为县志 1986—2000》，四川科学技术出版社 2004 年版，第 546 页。

育中，并在年鉴内容上做了大幅度的削减。由此可见，1996 年至 2002 年，四川特殊教育进入发展的低谷期。

（三）四川融合教育快速发展

近年来，国家和四川省大力推进特殊教育改革发展，2014 年国务院办公厅转发了教育部等部门特殊教育提升计划（2014—2016 年），省政府办公厅转发了教育厅等部门《关于特殊教育提升计划（2014—2016 年）的实施意见》（简称"第一期特教提升计划"）。"第一期特教提升计划"实施以来，四川省特殊教育事业快速发展，特殊教育普及水平显著提高，2016 年全省特殊教育在校生达 4.78 万人，在校就读残疾学生总规模位居全国第一；全省特殊教育学校由 2010 年的 100 所发展到现在的 125 所，在校残疾学生超过 100 人的特殊教育学校达 61 所，全省残疾儿童少年受教育权益得到了有力保障。全省特殊教育学校数量从 1990 年的 22 所增长到 2020 年的 133 所，在校残疾学生数从 1990 年的 1422 人增长到 2020 年的 64900 余人；抓好普通学校随班就读保障体系建设，至 2020 年底，全省共建成特殊教育资源教室近 3000 间，全省普通学校随班就读残疾学生 4.09 万人[1]，占已入学残疾学生数约 65%。

成都平原地区。从成都市的情况来看，2003 年成都市有随班就读点 1387 个，随班就读学生 4227 人，其中盲生 171 人、聋哑生 211 人、智障生 3076 人、其他残疾学生 769 人。2005 年，成都市有随班就读班（点）2249 个。2008 年，成都市有随班就读班（点）676 个，小学随班就读学生 2459 人，初中随班就读学生 1130 人。2009 年，成都市有附设随班就读点的小学校点 677 个，随班就读学生 4269 人。2010 年，成都市有附设随班

---

[1] 参见丹童《我省残疾人获得感、幸福感、安全感持续提升》，2021 年 5 月，四川省人民政府网站。

就读班（点）602个。成都市金牛区实施"圆梦"行动项目，通过普特融合、特职融合、康教结合三种方式创新推进融合教育。从绵阳市的情况来看，1995年绵阳市智障儿童随普通班就读实验班18个，盲童随普通班就读实验班1人。1996年随班就读已成为绵阳市特殊教育的主要形式，全市共新办随班就读实验班32个，在班学生1787人，占在校残疾儿童少年人数的92.5%。到2011年，绵阳全市残疾儿童少年随班就读人数达到2443人，充分保障残疾人受教育的权益。2013年，绵阳市随班就读学生达2025人。2014年，绵阳市小学、初中阶段特殊教育随班就读在校生人数为1449人，当年毕业538人、招生215人。2015年，绵阳市小学、初中阶段特殊教育随班就读在校生人数为1358人，当年毕业400人、招生259人。从德阳市情况来看，2020年德阳市特殊教育体系也得到进一步完善，各类适龄残疾儿童共2543人就读，其中在特殊教育学校就读665人、在普通中小学随班就读1577人、301名重度残疾儿童实现送教上门，"三残"适龄儿童少年入学率达98%。从乐山市的情况来看，2004年乐山市随班就读班（点）223个，有随班就读学生786人。2005年，乐山市随班就读班（点）229个，有随班就读学生820人。从资阳市的情况来看，2012年资阳市随班就读学生1253人，2016年资阳市在校随班就读学生1552人。从雅安市的情况来看，2010年雅安市建立特殊教育中心8个，随班就读学生917人，基本满足残障学生随班就读需要。从眉山市的情况来看，眉山市建立0至18周岁残障儿童少年信息库，对全市残疾学生进行教育信息监测和动态管理，实现义务教育阶段"全覆盖、零拒绝"。比如，2022年青神县采取普通学校随班就读、落实"一人一案"等方式，确保145名残疾儿童接受义务教育，残疾儿童入学率96.67%。①

---

① 参见青神县教育和体育局《青神县多举措关爱特殊群体学生》，2022年3月，中共四川省委教育工作委员会、四川省教育厅网站。

攀西地区。2013年，攀枝花全市随班就读学生621人，并在攀枝花经贸旅游学校开办中职聋教办学点，开设全日制3年制的中餐烹饪与膳食营养专业，打开融合教育中职教育的新局面。2015年，攀枝花全市随班就读学生551名。

川南地区。泸州市江阳区推进送教点与资源教室资源整合，探索出"1+15+N"（1个区特教指导中心，15个镇街教管中心，各镇街下属的中心校送教点）送教模式。

川东北地区。2017年，南充市接受残疾儿童少年进入学校接受教育4041人，视力、听力、智力三类适龄残疾儿童入学率达90%以上。[①]2017年，广安市落实残疾儿童"一人一案"[②]，采取特殊学校就读、随班就读、送教上门等方式保障残疾儿童受教育权利，全市适龄残疾儿童入学率达93.4%，三残儿童入学率91.1%。

川西北地区。2010年，阿坝州有随班就读生134人。2017年，阿坝州对随班就读的残疾学生和送教上门的残疾学生，做到了"一人一案"，分类教学。2020年，阿坝州对随班就读和送教上门的义务教育阶段学生，按6000元/生标准核发补助。2017年，甘孜州有随班就读生275人。2020年，甘孜州实现全州所有招收5人以上残疾学生随班就读的义务教育阶段普通学校均设立特殊教育资源教室。

总体来看，就融合教育起步时间、发展水平来看，其与区域经济发展状况高度关联。成都平原在随班就读工作上起步时间最早、发展水平也最好，川西地区与成都平原在这方面存在着十分明显的差距。

---

① 参见南充市人民政府《南充市扎实推进义务教育均衡发展》，2017年11月，四川省人民政府网站。
② 广安市人民政府《广安市五举措统筹推进县域内城乡义务教育一体化改革发展》，2017年11月，四川省人民政府网站。

第三章 中国化视域下融合教育的制度优势

显而易见，由于发展水平、国家制度、历史传统、政策环境等的差异性，没有一个放诸四海而皆准的融合教育公式，也没有一套能在世界各地都有效的融合教育方案。我国是社会主义国家，根本制度是社会主义制度。社会主义是以生产资料公有制为基础的社会制度。王建均认为："社会主义制度是人类历史迄今为止最先进的社会制度，它继承和吸收了包括资本主义制度文明在内的人类一切制度文明的优秀成果，能够克服包括资本主义制度在内的一切旧制度的弊端，代表着人类社会的发展方向。"[1]《共产党宣言》声明："代替那存在着阶级和阶级对立的资产阶级旧社会的，将是这样一个联合体，在那里，每个人的自由发展是一切人的自由发展的条件。"[2]在马克思那里，无产阶级革命的终极目标是人的复归、人的自由发展和人的真正解放，即实现共产主义。因此，在消灭人剥削人的制度、把人从奴役和异化中真正解放出来的社会主义国家里，融合教育发展显然有着比资本主义国家更为显著的制度优势。

---

[1] 中央社会主义学院马克思主义教研部编：《马克思主义中国化研究》第1辑，中国言实出版社2018年版，第241页。

[2] ［德］马克思、恩格斯：《共产党宣言》，中共中央马克思恩格斯列宁斯大林著作编译局译，人民出版社1997年版，第50页。

第一节 理论依据：马克思主义人学理论

一、马克思主义人学理论的哲学根源

回溯残疾人教育发展的历程，伴随人文主义思想兴起与残疾人的社会福利增多，促使残疾人受教育权利日益被重视。

14—16世纪欧洲文艺复兴宣告人文主义思想的兴起，提出以人为中心的世界观，提倡"人权"，否定"神权"，尊重人的价值、人的尊严、人的自由意志，反对禁欲主义，提倡世俗教育和科学知识。17—18世纪的思想启蒙运动把人文主义原则具体化为"自由、平等、博爱"的口号，人成为至高无上的主体。尼采发出了"上帝死了"的惊呼，宣告人本主义、人文主义思想的勃兴，也引发人们对人的理想道德、价值观念的深邃思考。正如《共产党宣言》说："一切等级的和固定的东西都烟消去散了，一切神圣的东西都被亵渎了，人们终于不得不用冷静的眼光来看他们的生活地位、他们的互相关系。"①

弗洛姆认为，马克思的哲学是"以人为中心、人作为历史存在唯一目的的人本主义哲学"②，马克思的人道主义来源于自斯宾诺莎以来的西方人道主义传统，"这个传统的本质就是对人的关怀，对人的潜在才能得到实现的关

---

① ［德］马克思、恩格斯：《共产党宣言》，中共中央马克思恩格斯列宁斯大林著作编译局译，人民出版社1997年版，第30—31页。
② 张一兵：《另一个马克思：一种人本主义化的诠释——弗洛姆〈马克思关于人的概念〉解读》，《马克思主义研究》2003年第5期。

怀"①。马克思在《1844年经济学哲学手稿》中把自己的理论叫作"彻底的人道主义""实践的人道主义",并借助异化劳动理论,对资本主义社会的非人化与反人道性质进行猛烈的批判,"异化劳动把自主活动、自由活动贬低为手段,也就是把人的类生活变成维持人的肉体生存的手段"②。他发现了劳动者生产能力、所生产的财富与劳动者的贫困程度之间是反比关系,把人的片面发展与全面发展问题考察置于商品二重性和创造价值的劳动二重性的理论前提下。由此可见,马克思的异化理论体现出强烈的人道主义精神与人学立场。在《神圣家族》中,马克思把对历史现实的认识转向生产方式的基础上,分析资本主义生产方式自身的矛盾,捍卫"真正的人道主义"。因此,马克思主义人学理论具有鲜明的人道主义特质。

二、马克思主义人学理论的核心命题

马克思主义人学理论的中心议题是人,研究对象是现实的人,关心人作为真正的存在,关心人的自由解放。事实上,"人"的发展问题始终是马克思哲学中最重要的理论问题之一,"完整的人"的生成问题始终是贯穿于马克思哲学的一条红线,马克思主义研究的基本问题是人和世界的关系问题。

什么是人或者人是什么?这是一个古老而复杂的话题,众多哲学家对这个问题进行了深刻的剖析,众说纷纭。在黑格尔那里,人同动物的本质区别在于人是认识自我的"会思维"的精神。马克思在考察人时,借鉴了黑格尔的思想,但摒弃了人拥有超自然的本质的观点,立足于现实中的人与现实中的实践,认为人"直接地是自然存在物",是社会的、实际能动的存在物,

---

① 复旦大学哲学系现代西方哲学研究室编译:《西方学者论〈一八四四年经济学—哲学手稿〉》,复旦大学出版社1983年版,第15页。
② [德]马克思:《1844年经济学哲学手稿》,人民出版社1985年版,第54页。

人的自我意识是社会的产物。马克思把"自由自觉的活动"作为人的类特性，认为人在积极实现自己本质的过程中创造、生产人的社会联系，在此基础上提出"在其现实性上，人的本质是一切社会关系的总和"的伟大论断，并批判费尔巴哈把宗教的本质归结于人的本质的"单个人所固有的抽象物"观点。所以，马克思主义人学理论基石在于人是社会实践的生成物，由此衍生出现实存在论、具体人性论、自我塑造论、实践生成论、生存价值论、自由解放论、全面发展论等七个方面的马克思主义人学理论思想。

马克思主义把实践作为一切科学认识的来源、基础和检验真理的标准，人与动物的根本区别就在于自由性的创造性实践活动。因此，实践是马克思主义人学首要的、基本的观点。通过人类现实生活中大量的创造性劳动，人类连续不断地超越"已知世界"，并向着"未知领域"前进，也就是从此岸世界奔向彼岸世界、从必然王国走向自由王国。如果没有自由创造的实践活动，那么人类就无法生存和发展下去，人类社会也将不复存在，所以说劳动创造了人本身，也推进人类社会向前发展。人的全面发展是历史的产物，是一个漫长的历史过程。"个人的全面性不是想象的或设想的全面性，而是他的现实关系和观念关系的全面性"①，在马克思那里，人的全面发展是与社会实践活动相关联的一个历史过程，是"人向自身、向社会的（即人的）的复归"②，始终体现了理性与价值的辩证统一，这是马克思主义人学理论中最重要的观点。

三、马克思主义人学视域下对残疾人的理解

马克思从人类特性、社会特性和个人特性三个方面本质特征来考察

---

① ［德］马克思、恩格斯著，中共中央马克思恩格斯列宁斯大林著作编译局编：《马克思恩格斯全集》第 42 卷，人民出版社 1979 年版，第 36 页。
② ［德］马克思：《1844 年经济学哲学手稿》，人民出版社出版 1985 年版，第 77 页。

"人之为人",指出现实的个人不同于人的个体,是人类(人类特性)、社会群体(社会特性)和人的个体(个人特性)的三者统一。马克思主义关于人的现实存在的观点,对于认识理解残疾人提供了深刻的理论视角。人性论和人道主义都赞同人的价值同一性,即所有的人无论种族、性别、年龄及其他先天的或后天的差别,其作为人的存在价值是完全一样的,既无高下之分,也无贵贱之别。也就是说,在马克思主义那里,"人"是普遍意义上的人,即包括残疾人在内所有的人,人的类特性就是人性的抽象。换句话讲,残疾人是人类社会中一个重要的组成,残疾人不是"孤立的个人",而是"社会个人",他们不仅以个体形态存在着,而且更为重要的是以社会群体形态与人类全体形态存在着。关心残疾人,就是关心人类社会的发展。

人的本质是多种规定性的统一,有着"应然"与"实然"的划分。人性是人满足需要、追求幸福、实现自我的本性,只有承认人性,才有必要追求每个人的平等和幸福,才会有每个人自由而全面发展的要求。马克思主义关于具体人性观点提示这样一个道理:理解残疾人的人性必须看到"应然人性"与"实然人性"的区别,要用矛盾辩证法来分析把握残疾人这种具体的人性及其本质,要看到残疾人的本性和发展性,而不是用偏狭、固化的思维来理解残疾人的本性。

人能够自我塑造与自我生成,理想信念在人的自我塑造、自我生成中起着重要作用。通过自主自由的活动,"创造着具有人的本质的这种全部丰富性的人,创造着具有丰富的、全面而深刻的感觉的人作为这个社会的恒久的现实"[①]。马克思主义关于人的自我塑造观点,有助于我们全面准确地理解残疾人的自我塑造和自我生成,充分认识到残疾人不断地完善自我、改造社会的能动性。不能理解到这一点,就不能正确认知残疾人。

实践是人自我塑造的基础,也促进人的自我生成——即现实的"有血

---

① [德]马克思:《1844年经济学哲学手稿》,人民出版社出版1985年版,第83页。

有肉的人"。马克思主义关于实践生成的观点,是马克思主义哲学的基本观点,也是马克思主义人学的根本观点。实践活动是能动的、历史的,也是自由自觉的、自由的有意识的活动,对人的生成起着决定性意义。换句话说,人的认识是从实践中产生的,并随着实践的发展而发展,反过来又为实践服务,并在实践中得到检验和证明。马克思深刻地提出,"整个所谓世界历史不外是人通过人的劳动而诞生的过程"①。恩格斯也说,"生产劳动给每一个人提供全面发展和表现自己全部的即体力的和脑力的能力的机会"②,指出了实践活动对人的发展的重大价值。残疾人在实践活动过程中通过不断解决一系列矛盾问题实现自我塑造、自我生成,当然也促进残疾人的自我发展及社会的文明进步。

现实个人的自我价值在于他能够创造价值,自我价值是个人价值与社会价值统一,而社会价值是自我价值的核心关键。马克思、恩格斯在《共产党宣言》中说,"每个人的自由发展是一切人的自由发展的条件"③,揭示了个人价值与社会价值辩证统一的关系。马克思主义关于人的生产价值观点,意味着残疾人也可以为社会做贡献,也可以为他人服务、为社会服务。

人的自由解放是自我实现的条件,也是人类社会从必然王国走向自由王国的前提,是一个实践生成的运动。马克思、恩格斯在《德意志意识形态》中对"人的解放"进行阐述,指出:"当人们还不能使自己的吃喝住穿在质和量方面得到充分保证的时候,他们就根本不能获得解放。'解放'是一种历史活动,不是思想活动。"④这说明人的自由解放活动是一种能动的、

---

① [德] 马克思:《1844年经济学哲学手稿》,人民出版社出版1985年版,第88页。
② [德] 马克思、恩格斯著,中共中央马克思恩格斯列宁斯大林著作编译局编:《马克思恩格斯选集》第3卷,人民出版社1995年版,第644页。
③ [德] 马克思、恩格斯:《共产党宣言》,中共中央马克思恩格斯列宁斯大林著作编译局译,人民出版社1997年版,第50页。
④ [德] 马克思、恩格斯著,中共中央马克思恩格斯列宁斯大林著作编译局编:《马克思恩格斯选集》第1卷,人民出版社1995年版,第74—75页。

历史的实践活动。恩格斯在《共产主义信条草案》中写道："共产主义者的目的是'把社会组织成这样：使社会的每一个成员都能完全自由地发展和发挥他的全部才能和力量，并且不会因此而危及这个社会的基本条件'。"① 很显然，恩格斯所指的社会的每一个成员是包括残疾人在内的。马克思主义关于自由解放的观点告诉我们，要充分尊重残疾人、充分关心残疾人，创造条件帮助他们自由成长与个体解放。

针对大工业时代造成的人的"片面性"发展的人性困境，马克思提出了人的全面发展思想，指出人的全面发展是个体性、社会性和人类性的全面发展与统一协调，是人的自我实现的社会目标。在人的全面发展中，这里的"人"包括残疾人在内的所有个体。正如他在《哥达纲领批判》中所说的，体现了马克思对残疾人的关照。恩格斯把人的全面发展同教育联系起来，他指出"所有的儿童……由国家机关公费教育。把教育和工厂劳动结合起来"②，从这里可以看出恩格斯对教育在促进人的全面发展中的重要作用的深刻理解。马克思主义人的全面发展学说指出了残疾人的发展目标与方向，就是要促进残疾人在个体、社会性和人类性三个层面之间的统一、协调、全面发展，也指出了教育在促进残疾人的全面发展中的重要作用。

正是由于马克思主义把人作为中心议题，关注人的解放，关注人的发展，体现出高度的人性主义与人本主义色彩，才让人们对残疾人的理解有思想认识上的本质性改观，残疾人教育也才有可能得到充分保障。陈鹤琴在1935年发表的《对于儿童年实施后的宏愿》中提出："愿全国儿童从今日起，不论贫富，不论智愚，一律享受相当教育，达到身心两方面最充分的可能发展""愿全国盲哑及其他残废儿童，都能够享受到特殊教育，尽量地发

---

① ［德］马克思、恩格斯著，中共中央马克思恩格斯列宁斯大林著作编译局编：《马克思恩格斯全集》第42卷，人民出版社1979年版，第373页。
② ［德］马克思、恩格斯著，中共中央马克思恩格斯列宁斯大林著作编译局编：《马克思恩格斯选集》第1卷，人民出版社1995年版，第240页。

展他们天赋的才能,成为社会上有用的分子,同时使他们本身能享受到人类应有的幸福。"① 这句话充分展现了陈鹤琴作为我国伟大的儿童教育家,在对待有特殊需要的儿童受教育上的非凡远见与育人情怀。她关于残疾儿童接受教育的愿望,也只有在以马克思主义理论为指导思想的社会制度里,才能得以实现。

第二节　制度依据:中国特色社会主义制度

有了社会主义制度,才能使包括残疾人在内的全体人员享有当家作主的政治权利;有了中国共产党的领导,才能充分保证包括残疾人在内的所有人的受教育权利、医疗康复权利、劳动权利。

一、社会主义制度的以人为本特性真正关照残疾人发展

人民性是马克思主义的最鲜明的品格,马克思主义第一次创立了人民实现自身解放的思想体系,"以科学的理论为最终建立一个没有压迫、没有剥削、人人平等、人人自由的理想社会指明了方向"②。中国共产党以马克思主义为指导,在为中国人民谋幸福、为中华民族谋复兴的历史进程中,树立全心全意为人民服务的根本宗旨,以伟大的建党精神,团结带领全国各族人民建立了社会主义新中国,建设了有中国特色的社会主义制度。社会主义制

---

① 陈鹤琴:《陈鹤琴全集》第 4 卷,江苏教育出版社 2008 年版,第 330 页。
② 习近平:《在纪念马克思诞辰 200 周年大会上的讲话》,《人民日报》2018 年 5 月 5 日第 2 版。

度是最广大人民群众拥护的制度，是服务最大多数人民群众利益的政治制度，坚持人民的主体地位。社会主义制度"要求社会对个人以及人们相互之间的关心和同情，尊重个人对社会作出的贡献，尊重人格，维护社会成员的基本权利，促进人的自由全面发展"①。所以社会主义制度是真正尊重人、关心人的制度，是充分尊重和保障人权的制度。

残疾人是人民群众的组成部分，是社会主义大家庭中的一员。社会主义制度以人为本，全面确认残疾人对国家和社会的全面福祉和多样性做出的宝贵贡献，为残疾人自身的发展提供了良好的条件。比如1990年12月28日颁布实施《中华人民共和国残疾人保障法》，从立法角度对维护残疾人的合法权益、发展残疾人事业、保障残疾人平等地充分参与社会生活、共享社会物质文化成果进行了明确规定，这是我国通过的第一部保护特殊群体的专门法律，对于其他特殊群体权利立法具有借鉴意义，后历经两次较大修改。自那以后，保护残疾人权益就有了专门的国家法律保证，各类侵犯损害残疾人权益的行为都将受到严厉的法律惩处，我国8500多万残疾人可以有尊严地融入社会，自由平等地参与各项社会生活。例如在无障碍环境保障上，《中华人民共和国残疾人保障法》的第七章用了一个章节七个条款的篇幅，从无障碍设施、无障碍条件、无障碍服务、无障碍设备研发等方面，专门对无障碍环境作出具体的法律规定，从法律上强制无障碍环境建设，为残疾人作为平等社会成员走出家门、参与社会生活、开展信息和交流等方面保证提供法律支撑，确保残疾人能够充分享有一切人权和基本自由。又比如《中华人民共和国残疾人保障法》第六十四条，规定"在职工的招用等方面歧视残疾人的，由有关主管部门责令改正；残疾人劳动者可以依法向人民法院提

---

① 林坚：《马克思主义与中华优秀传统文化的结合点探析》，《中国延安干部学院学报》2021年第6期。

起诉讼"①。这些法条充分保证了残疾人就业等方面的平等权,充分保障残疾人不受歧视地充分享有这些权利和自由,也充分体现了以人为本理念真正落实在保障残疾人权益上。

二、社会主义制度的人民民主属性充分促进残疾人平等

全过程人民民主是社会主义民主政治的本质属性。邓小平指出,"没有民主就没有社会主义,就没有社会主义的现代化"②。社会主义民主其主要内涵是人民作为国家和社会的主人的地位和权利得到真实实现,其根本要求是坚持以人民为中心,体现人民意志,保障人民权益,激发人民创造活力,保障人民当家作主。社会主义民主是建立在集体主义基础上的民主,是代表最大多数人民群众的民主,是历史上最广泛、最全面、最真实的民主。习近平总书记深刻指出:"在中国社会主义制度下,有事好商量,众人的事情由众人商量,找到全社会意愿和要求的最大公约数,是人民民主的真谛。"③以人民代表大会制度为核心的选举民主,以人民政协制度为载体的协商民主,以民族区域自治为核心的民族政策,以工会、共青团、妇联等人民团体为基础的参政议政等,构成了具有中国特色的社会主义人民民主丰富内涵。中国特色社会主义制度优势体现在其科学的制度结构体系上。中国特色社会主义制度包括根本制度、基本制度、具体制度、法律体系四个层次,每一层次的制度都有其各自的优势并相互作用、相得益彰,形成合力,共同作用,成为一个特色明显、架构合理、科学严密的制度体系。

---

① 中国残疾人联合会编:《残疾人工作基本知识读本》,华夏出版社2009年版,第20页。
② 邓小平:《邓小平文选1975—1982年》,人民出版社1994年版,第168页。
③ 中共中央组织部党建研究所编:《党的建设大事记:十八大—十九大》,党建读物出版社2018年版,第199页。

残疾人是人民群众中的一员，当然充分享受人民民主权利。社会主义制度通过立法促进残疾人充分享有其人权和基本自由，以及促进残疾人充分参与，增强其归属感，从而大大推进整个社会的人的发展和社会经济发展。《中华人民共和国宪法》第二章第四十五条规定"国家和社会帮助安排盲、聋、哑和其他有残疾的公民的劳动、生活和教育"；"国家和社会保障残废军人的生活，抚恤烈士家属，优待军人家属"；"中华人民共和国公民在年老、疾病或者丧失劳动能力的情况下，有从国家和社会获得物质帮助的权利。国家发展为公民享受这些权利所需要的社会保险、社会救济和医疗卫生事业"。[1]作为国家的根本大法《中华人民共和国宪法》，对残疾人的生活、康复方面给予特殊帮助的规定十分明确，这在其他国家是不多见的。由此也可以看出，我们国家对残疾人权益的高度重视。

除了国家宪法对残疾人权益保护做出了规定外，在国家其他普通法律中也从不同方面进行了规定。比如在保障残疾人的选举权与被选举方面，《中华人民共和国全国人民代表大会和地方各级人民代表大会选举法》第一章第三条就明确规定"中华人民共和国年满十八周岁的公民，不分民族、种族、性别、职业、家庭出身、宗教信仰、教育程度、财产状况和居住期限，都有选举权和被选举权"；在第六条中规定了"全国人民代表大会和地方各级人民代表大会的代表应当具有广泛的代表性"；第七章第二十六条第二款规定"精神病患者不能行使选举权利的，经选举委员会确认，不列入选民名单"，第九章第三十九条第二款规定"选民如果是文盲或者因残疾不能写选票的，可以委托他信任的人代写"[2]。这些法条对保护残疾人选举权与被选举权给予了特殊规定，为残疾人积极参与政策和方案的决策过程，包括与残疾

---

[1] 翟继光主编：《纪检监察依法依纪办案常用法律法规全书》第1卷，中国民主法制出版社2019年版，第362—363页。

[2] 翟继光主编：《纪检监察依法依纪办案常用法律法规全书》第1卷，中国民主法制出版社2019年版，第482—487页。

人直接有关的政策和方案的决策过程，提供了平等机会。

在保障残疾人受教育权方面，《中华人民共和国教育法》第九条第二款规定"公民不分民族、种族、性别、职业、财产状况、宗教信仰等，依法享有平等的受教育机会"，第十条第三款规定"国家扶持和发展残疾人教育事业"，第三十九条规定"国家、社会、学校及其他教育机构应当根据残疾人身心特性和需要实施教育，并为其提供帮助和便利"[①]，这些法律条款从受教育平等机会、残疾人教育由国家、学校和社会提供帮助支持等方面，对残疾人教育权利予以保护与落实。

在保障残疾人的民事权利方面，《中华人民共和国民法典》中直接涉及残疾人权益保障的法条近30条，让残疾人的民事权利得到了更好的保护、实现和彰显。比如"法律对未成年人、老年人、残疾人、妇女、消费者等的民事权利保护有特别规定的，依照其规定"[②]，是对残疾人民事权利的特殊保护。"建筑物及其附属设施的维修资金……经业主共同决定，可以用于电梯、屋顶、外墙、无障碍设施等共有部分的维修、更新和改造"[③]，是对残疾人无障碍生活环境权利的特殊保护。"经过公证的赠与合同或者依法不得撤销的具有救灾、扶贫、助残等公益、道德义务性质的赠与合同，赠与人不交付赠与财产的，受赠人可以请求交付"[④]，是对残疾人受赠权利的特殊保护。"婚姻家庭受国家保护。……保护妇女、未成年人、老年人、残疾人的合法

---

① 翟继光主编：《纪检监察依法依纪办案常用法律法规全书》第1卷，中国民主法制出版社2019年版，第605—608页。
② 全国人大常委会办公厅供稿：《中华人民共和国民法典》，中国民主法制出版社2020年版，第42页。
③ 全国人大常委会办公厅供稿：《中华人民共和国民法典》，中国民主法制出版社2020年版，第86页。
④ 全国人大常委会办公厅供稿：《中华人民共和国民法典》，中国民主法制出版社2020年版，第196页。

权益"①,是对残疾人婚姻自由、婚姻家庭权利的特殊保护,确保残疾人及其家庭成员获得必要的保护和援助,让家庭能够为残疾人充分和平等地享有权利做出贡献。"收养孤儿、残疾未成年人或者儿童福利机构抚养的查找不到生父母的未成年人,可以不受前款和本法第一千零九十八条第一项规定的限制"②,是对残疾人被收养权利的特殊保护。"对生活有特殊困难又缺乏劳动能力的继承人,分配遗产时,应当予以照顾。……对继承人以外的依靠被继承人扶养的人,或者继承人以外的对被继承人扶养较多的人,可以分给适当的遗产。……遗嘱应当为缺乏劳动能力又没有生活来源的继承人保留必要的遗产份额。……分割遗产,应当清偿被继承人依法应当缴纳的税款和债务;但是,应当为缺乏劳动能力又没有生活来源的继承人保留必要的遗产"③,是对残疾人的继承权的特殊保护。"造成残疾的,还应当赔偿辅助器具费和残疾赔偿金"④,是对残疾人的追究侵权责任权利的特殊保护。

在打击侵犯残疾人权益的犯罪及给予残疾人司法救济方面,国家也出台了相关的法律,做出了明确的规定。比如《中华人民共和国刑法》规定"又聋又哑的人或者盲人犯罪,可以从轻、减轻或者免除处罚"⑤,体现对残疾人的司法救济的特殊规定。"对未成年人、老年人、患病的人、残疾人等负有监护、看护职责的人虐待被监护、看护的人,情节恶劣的,处三年以下有期徒刑或者拘役。……对于年老、年幼、患病或者其他没有独立生活能力

---

① 全国人大常委会办公厅供稿:《中华人民共和国民法典》,中国民主法制出版社2020年版,第305页。
② 全国人大常委会办公厅供稿:《中华人民共和国民法典》,中国民主法制出版社2020年版,第323—324页。
③ 全国人大常委会办公厅供稿:《中华人民共和国民法典》,中国民主法制出版社2020年版,第334—342页。
④ 全国人大常委会办公厅供稿:《中华人民共和国民法典》,中国民主法制出版社2020年版,第347页。
⑤ 翟继光主编:《纪检监察依法依纪办案常用法律法规全书》第4卷,中国民主法制出版社2019年版,第2761页。

的人，负有扶养义务而拒绝扶养，情节恶劣的，处五年以下有期徒刑、拘役或者管制"①，是对残疾人的监护人、看护人法定义务的规定。"以暴力、胁迫手段组织残疾人或者不满十四周岁的未成年人乞讨的，处三年以下有期徒刑或者拘役，并处罚金；情节严重的，处三年以上七年以下有期徒刑，并处罚金"②，是对残疾人免受违法侵害的特殊保护。《中华人民共和国刑事诉讼法》也有专门的法条保护残疾人的合法权益，比如"犯罪嫌疑人、被告人是盲、聋、哑人，或者是尚未完全丧失辨认或者控制自己行为能力的精神病人，没有委托辩护人的，人民法院、人民检察院和公安机关应当通知法律援助机构指派律师为其提供辩护"③，是对残疾人诉讼权利的特殊规定。

国家对残疾人在服兵役上给予特别照顾，比如《中华人民共和国兵役法》第三条第二款"有严重生理缺陷或者严重残疾不适合服兵役的人，免服兵役"④，专门规定免除残疾人的兵役义务，这充分体现了国家对残疾人的特殊保护。此外，在《中华人民共和国兵役法》的第五十七条第一款、第二款、第三款、第四款及第六十一条第四款、第六十三条第二款等法条，专门对残疾军人各项优待权利作出了特殊规定，充分关心帮助残疾军人。

以上仅仅列举了一些重要的国家法律中对残疾人各项权利的保护，这些法律法规都充分体现了在社会主义制度下，国家对残疾人的生命健康权、自由权（包括人身自由、婚姻自由、通信自由等）、财产所有权、使用权、经营权、债权、继承权等权利的保护。

---

① 翟继光主编：《纪检监察依法依纪办案常用法律法规全书》第4卷，中国民主法制出版社2019年版，第2799页。
② 翟继光主编：《纪检监察依法依纪办案常用法律法规全书》第4卷，中国民主法制出版社2019年版，第2799页。
③ 翟继光主编：《纪检监察依法依纪办案常用法律法规全书》第4卷，中国民主法制出版社2019年版，第2857页。
④ 翟继光主编：《纪检监察依法依纪办案常用法律法规全书》第2卷，中国民主法制出版社2019年版，第776页。

三、社会主义制度的共同富裕要求全面增进残疾人福祉

社会主义制度真正把共同富裕作为社会价值目标，并为之而努力奋斗。正如当代马克思主义理论家柯亨所说，"真正意义上的社会主义有两个平等思想，一个是社会主义机会平等，一个是共同体共享互惠的平等理想"[①]。在共同富裕中，"共同"是目标要求，"富裕"是基础前提，前者表明全体社会成员既是主体也是受益者，后者表明共同富裕是建立在先进生产力基础上的。邓小平指出，"贫穷不是社会主义，社会主义要消灭贫穷"[②]；"社会主义与资本主义不同的特点就是共同富裕"[③]；"我们允许一些地区，一些人先富起来，是为了最终达到共同富裕"[④]，把共同富裕的内在逻辑关系讲得十分清楚明白，开辟了一条通往共同富裕的可行的现实道路。特别是党的十八大以来，党中央高瞻远瞩，"把握发展阶段新变化，把逐步实现全体人民共同富裕摆在更加重要的位置上，推动区域协调发展，采取有力措施保障和改善民生，打赢脱贫攻坚战，全面建成小康社会，为促进共同富裕创造了良好条件"[⑤]。"一个时期有一个时期的问题"[⑥]，站在富起来的新的发展起点，向着第二个百年奋斗目标迈进，扎实推动共同富裕成为满足人民日益增长的美好生活需要的着力点。在如何推进共同富裕上，习近平总书记在2021年中央财经委员会第十次会议上做了精辟深刻的阐述："共同富裕是社会主义的本质要求，是中国式现代化的重要特征。我们说的共同富裕是全体人民

[①] 赵海洋：《马克思主义思想研究》，上海人民出版社2016年版，第298—299页。
[②] 邓小平：《建设有中国特色的社会主义》(增订本)，人民出版社1987年版，第104页。
[③] 中共中央文献研究室编：《邓小平论教育》，人民教育出版社2000年版，第126页。
[④] 《邓小平文选》第3卷，人民出版社2009年版，第195页。
[⑤] 习近平：《习近平谈治国理政》第4卷，外文出版社2022年版，第141页。
[⑥] 习近平：《论坚持全面深化改革》，中央文献出版社2018年版，第53页。

共同富裕,是人民群众物质生活和精神生活都富裕,不是少数人的富裕,也不是整齐划一的平均主义。"①共同富裕是人类历史上尚未出现的社会状态,在古今中外都没有真正合适的样板可资借鉴。促进共同富裕,真正需要帮助的还是低收入群众,把抓发展与惠民生统筹起来,形成橄榄型分配格局。

残疾人是社会生活中处境困难的群体,大部分收入较低。国家一直关心帮助支持残疾人发展。2007年,国务院颁布的《残疾人就业条例》第八条前两款规定:"用人单位应当按照一定比例安排残疾人就业,并为其提供适当的工种、岗位。用人单位安排残疾人就业的比例不得低于本单位在职职工总数的1.5%。"②2015年,国务院发布了《国务院关于全面建立困难残疾人生活补贴和重度残疾人护理补贴制度的意见》,开始在全国范围内建立普及型的福利体系,这是共同富裕在残疾人群体上的具体体现。2018年新修订的《中华人民共和国残疾人保障法》把"按比例(引者按:指用人单位安排残疾人就业的最低比例不得低于本单位在职职工总数的1.5%)安排残疾人就业"③上升为国家法律,并在第四十六条做出总括性规定的基础上,又做出了社会保险补贴、社会救助、护理补贴和政府供养等细化规定。这是残疾人作为我国公民,享有作为中国公民所能享有的全部社会保障权利基础上,国家根据残疾人为特殊群体,对其一些特殊的社会保障权利给予明确保证。

四、中国共产党的人民立场坚决保证残疾人的发展权益

人民立场是马克思主义立场,是中国共产党最鲜明的底色。毛泽东说

---

① 习近平:《习近平谈治国理政》第4卷,外文出版社2022年版,第142页。
② 中国残疾人联合会教育就业部等编著:《残疾人就业条例释义》,华夏出版社2007年版,第3页。
③ 翟继光主编:《纪检监察依法依纪办案常用法律法规全书》第3卷,中国民主法制出版社2019年版,第1630页。

"人民、只有人民,才是创造世界历史的动力"①,并把"全心全意为人民服务"作为中国共产党的宗旨写入党章。习近平总书记把党和人民的利益高度统一起来,强调坚持党性和人民性相统一,坚决站稳党性立场和人民立场②,《人民日报》在"四论学习贯彻习近平总书记8.19重要讲话精神"评论员文章中指出:"从本质上说,坚持党性就是坚持人民性,坚持人民性就是坚持党性,党性寓于人民性之中,没有脱离人民性的党性,也没有脱离党性的人民性。"③江山就是人民、人民就是江山,中国共产党是一个人民型政党,是一个为人民利益而产生的政党,是应人民解放之呐喊、民族独立之需要、国家富强之召唤而诞生的。中国共产党的根基在人民、血脉在人民、力量在人民,中国共产党的立党、兴党、强党的全部理由都是为了人民。始终同人民在一起、为人民利益而奋斗,这是中国共产党同其他政党的最根本区别。

人民立场体现在中国共产党是一个没有私利的政党。马克思、恩格斯在《共产党宣言》中强调,无产阶级政党是"没有任何同整个无产阶级的利益不同的利益"④。中国共产党作为马克思主义执政党,是全心全意把为人民谋幸福、为民族谋复兴作为自己的初心使命,并为之而不懈奋斗,《中国共产党章程》中旗帜鲜明地写道,"党除了工人阶级和最广大人民群众的利益,没有自己特殊的利益。党在任何时候都把群众利益放在第一位"⑤,这充分彰

---

① 《毛泽东选集》第3卷,人民出版社1991年版,第1031页。
② 参见杜尚泽《习近平在党的新闻舆论工作座谈会上强调:坚持正确方向创新方法手段 提高新闻舆论传播力引导力》,2016年2月,中国共产党新闻网。
③ 中共中央宣传理论局编:《指导新时期宣传思想文化工作的纲领性文献:学习习近平总书记在全国宣传思想工作会议上的重要讲话章选》,学习出版社2013年版,第18页。
④ [德] 马克思、恩格斯:《共产党宣言》,中共中央马克思恩格斯列宁斯大林著作编译局译,人民出版社1997年版,第40页。
⑤ 张福俭、张绍元编著:《党的报告辅导读本 党章必修课》,中国言实出版社2017年版,第97页。

显了中国共产党人民至上的价值导向。

人民立场体现在中国共产党把为人民服务作为党的宗旨，作为立党之本与执政之源。马克思主义认为，"社会主义必须由最先进、最大公无私的工人阶级政党来领导"①。没有这样的政党领导，就不能建设社会主义。中国共产党为了人民的利益，总揽全局、协调各方，是一个有着强大执政能力的政党。从制定五年发展规划到"两个一百年"奋斗目标，彰显着中国共产党善于长远谋划、科学决策、统筹兼顾、综合平衡，有着强有力的行动能力。从抗震救灾、脱贫攻坚战到抗击新冠疫情，展现着中国共产党汇聚各族人民思想智慧，形成全国一盘棋、人民一条心，集中力量资源、统一思想意志办大事的卓越领导能力，取得了"中国之治"的非凡成就，与"西方之乱"形成了鲜明对比。

人民立场体现在中国共产党把人民放在心中最高位置的忠诚。马克思主义认为，无产阶级政党是"不同于其他所有政党并与它们对立的特殊政党，一个自觉的阶级政党"②。马克思主义建党学说对这个特殊而自觉政党的特征做了清晰的阐释，即有科学的理论作为指导，有严密的组织体系作为武器，有集中统一领导作为履职的支柱，有强有力的核心作为引领示范，有严明的纪律作为保障。这个特殊而自觉的政党始终保持同人民群众的血肉联系。正如列宁强调："先锋队只有当它不脱离自己领导的群众并真正引导全体群众前进时，才能完成其先锋队的任务。"③ 毛泽东也指出："在我党的一切实际工作中，凡属正确的领导，必须是从群众中来，到群众中去。"④ 中国

---

① 吴德慧编著：《党纪红线与问责底线》，中国言实出版社2020年版，第42页。
② ［德］马克思、恩格斯著，中共中央马克思恩格斯列宁斯大林著作编译局编：《马克思恩格斯选集》第4卷，人民出版社2012年版，第592页。
③ 中共中央马克思恩格斯列宁斯大林著作编译局编：《列宁选集》第4卷，人民出版社1995年版，第646页。
④ 人民教育出版社编：《毛泽东同志论教育工作》，人民教育出版社2000年版，第165页。

共产党善于把各方面优秀的人才汇集起来,善于激发人民的首创精神,吸纳人民群众的智慧;善于向一切文明学习借鉴,并吸纳合理因子转化为自己所用,做到问政于民、问需于民、问计于民,不断造福人民。这个特殊而自觉的政党始终保持先进性和纯洁性,具有强大的纠错能力与变革能力,以"打铁还需自身硬"行动自觉推进自我革命、自我学习与自我完善,把不负人民作为共产党人心系人民的鲜明特质与强大的道德优势,恪守为人民谋幸福、为民族谋复兴、为世界谋大同的伟大理想,全面从严加强党的自身建设,确保党不变质、不变色、不变味,让社会主义制度永葆生机与活力。

教育为人民服务、优先发展教育、办好人民满意的教育、教育为人人出彩提供支撑,这些教育的高频热词里,透射出鲜明的人民立场。2013年9月,习近平主席在联合国"教育第一"全球倡议行动一周年纪念活动上庄严承诺:"努力让每个孩子享有受教育的机会,努力让13亿人民享有更好更公平的教育,获得发展自身、奉献社会、造福人民的能力"①,充分展现了中国共产党以人民为中心的教育情怀与宗旨立场。

中国共产党的人民立场让残疾人权益得到了有力的保证。2007年颁布实施的《残疾人就业条例》第十五条规定"县级以上人民政府应当采取措施,拓宽残疾人就业渠道,开发适合残疾人就业的公益性岗位,保障残疾人就业","县级以上地方人民政府发展社区服务事业,应当优先考虑残疾人就业"。②第二十一条规定:"各级人民政府和有关部门应当为就业困难的残疾人提供有针对性的就业援助服务,鼓励和扶持职业培训机构为残疾人提供

---

① 习近平:《习近平谈治国理政》,外文出版社2016年版,第191页。
② 中国残疾人联合会教育就业部等编著:《残疾人就业条例释义》,华夏出版社2007年版,第4—5页。

职业培训,并组织残疾人定期开展职业技能竞赛。"① 这些规定明确了政府在促进残疾人就业工作中具有主导作用,各级政府及残疾人联合会在促进残疾人就业中负有重要职责。《中华人民共和国残疾人保障法》从残疾人的康复、教育、劳动就业、文化生活、社会保障、无障碍环境等方面,对政府的职责做出了明确规定,比如第四条规定"国家采取辅助方法和扶持措施,对残疾人给予特别扶助,减轻或者消除残疾影响和外界障碍,保障残疾人权利的实现",第五条规定"县级以上人民政府应当将残疾人事业纳入国民经济和社会发展规划,加强领导,综合协调,并将残疾人事业经费列入财政预算,建立稳定的经费保障机制"②,等等。2010年,中国政府签署联合国《残疾人权利公约》,表明中国政府作为该公约的缔约国,将通过法律手段与政策措施,保护残疾人的平等合法权益,禁止任何形式的歧视行为。在新修订的《中华人民共和国残疾人保障法》中,中国政府全面履行该公约中关于缔约国的要求,比如第三条明确规定:"残疾人在政治、经济、文化、社会和家庭生活等方面享有同其他公民平等的权利。残疾人的公民权利和人格尊严受法律保护。禁止基于残疾的歧视。禁止侮辱、侵害残疾人。禁止通过大众传播媒介或者其他方式贬低损害残疾人人格。"③ 这从法律角度把"禁止基于残疾的歧视"纳入写入法条,充分体现了党和政府对残疾人权益的保护。事实上,从把对残疾人权益的保护纳入国家《中华人民共和国宪法》《中华人民共和国刑法》《中华人民共和国教育法》《中华人民共和国民法典》等国家基本法律中,颁布《中华人民共和国残疾人保障法》,实施《残疾人就业条例》,中国政府是真正切实履行联合国《残疾人权利公约》的政府,是真正

---

① 中国残疾人联合会教育就业部等编著:《残疾人就业条例释义》,华夏出版社2007年版,第6页。
② 翟继光主编:《纪检监察依法依纪办案常用法律法规全书》第3卷,中国民主法制出版社2019年版,第1627页。
③ 翟继光主编:《纪检监察依法依纪办案常用法律法规全书》第3卷,中国民主法制出版社2019年版,第1627页。

采取一切适当的立法、行政、政策措施等，全方位促进并确保充分实现所有残疾人的一切人权和基本自由，使其不受任何基于残疾的歧视，是中国共产党人民立场在残疾人事业上的生动体现。

综上所述，社会主义制度在充分保证残疾人受教育权利上具有天然的优势，西方资本主义制度完全不可比拟。1948 年，古楳在《残不废教育》中说："解决一切中国教育问题，都要看社会经济有没有转变，转变到什么程度而定。假如社会经济是转变到平等的，自由的，自然容易走繁荣的道路，教育当然也要向这方面走。残不废教育有各种力量协助，一定可以不成问题，成了问题，也容易解决。"① 可以说，古楳这句话十分准确，没有一个良好的社会制度，残疾人教育平权就无法得到真正的保证。

第三节　价值依据：社会主义核心价值观

一、对教育核心价值的多维认识

（一）教育核心价值的主观性理解

教育的核心价值，这是自有教育以来，人们一直追问的问题。由于人们的价值立场、价值观点不同，对教育的核心价值也会有不同认识和看法，形成不一样的教育理想、教育目标与教育行为。换句话说，主观性是教育的核心价值的表现特征。

---

① 古楳：《残不废教育》，载顾定倩、朴永馨、刘艳虹主编《中国特殊教育史资料选》上，北京师范大学出版社 2010 年版，第 452 页。

1. 专家观点

由于价值观的差异，专家学者对于教育的核心价值的认识也不一样。张芸直接把"成人"作为教育的核心价值，提出了"成人"就是"在生理素质、心理素质、社会素质等方面都得到相对全面而充分发展的人"的观点。①刘建琼、罗慧也表达了相同观点，指出从教育的基本价值上说，"育人成才是教育的核心价值"②。储朝晖指出"育人成才是教育的核心价值，是上述所有价值得以实现的前提，它和教育的其他价值构成一个有机联系的价值系统"③。但在储朝晖看来，在现实中，育人成才这一教育的核心价值被严重扭曲与异化，并进一步阐释分析了六种扭曲异化表现形式："突出政绩"说，把教育当作政绩，以分数、排名作为教育发展好坏的价值取向；"经济中心"说，把教育看作产业，要求教育以经济建设为中心；"文化至上"说，把教育简单当作传承传统文化；"物质决定"说，把办教育视作为建设更现代更豪华的学校；"政策文牍"说，把教育看作发文件，发文件就是办教育；"工具"说，把教育当成一种工具，而不是育人。班建武进一步指出，教育的核心价值是使人成为真正意义上的人，让人不仅活着，而且让人活得有滋有味，活出生命的精彩。④

著名儿童教育家于漪基于人的发展角度，指出育人是最根本的，也是核心价值所在，主张教育要"为了每一个学生的终身发展"⑤。严华根也认为有教育理想、教育责任的学校，永远会坚守教育的核心价值观"一切以孩子

---

① 张芸：《高中英语教学探索：走向个性化的人文素养培育》，上海教育出版社2016年版，第11—12页。
② 刘建琼、罗慧：《基于文化自信的区域教育史志研究》，湖南教育出版社2018年版，第137页。
③ 储朝晖：《教育改革行知录》，南京师范大学出版社2007年版，第3页。
④ 参见班建武《校长如何抓德育》，世界图书出版公司2019年版，第207页。
⑤ 于漪：《于漪全集：基础教育卷》，上海教育出版社2018年版，第270页。

的发展为目的"①。时伟主张，教育的核心价值在于"关注并潜心促进人的发展"②。日本教育家池田大作把人的健全发展作为教育的核心价值，认为"教育的目的在于使人更好地规划人生，发展人的德性，创造人生的价值"③。

华东师范大学叶澜教授从生命视域出发，认为"培育生命自觉、学生立场、成事成人"是教育的核心价值。④胡义秋、朱翠英立足于人的幸福生活，主张教育应该培养"富而有礼、智而有德、力而有道、敏而有节，懂得尊重人、关心人、爱护人，有教养、有责任感的'理性人''道德人'和'幸福人'"⑤。张莉也看到了教育与幸福的关系，认为这是触及教育本源的重要命题，教育应当培养学生的幸福能力，教育过程也应该是幸福过程，对于幸福的追寻应该是教育永恒的主题与追求。⑥何良仆从思维能力角度来看教育的核心价值，认为"智慧，是比知识更上位的概念……智慧才是教育所应当追求的根本"⑦。薛法根指出，教育的意义在于发现人的智慧潜能，教育的核心价值在于实现人的价值，也就是"解放人的创造力"⑧。罗宝鸿从儒家思想的"仁爱"思想中获得启发，主张教育的核心价值不外乎"爱与

---

① 严华银主编：《综合实践活动课程：重要的是"合"》，世界图书出版公司2018年版，第196页。
② 时伟主编：《教育学》，安徽大学出版社2020年版，第72页。
③ 黄富峰：《池田大作教育伦理思想研究》，山西人民出版社2020年版，第18页。
④ 参见李政涛《"新基础教育"研究传统》，福建教育出版社2015年版，第83页。
⑤ 胡义秋、朱翠英：《积极心理 幸福生活 大学生幸福教育》，湖南师范大学出版社2018年版，第13页。
⑥ 参见张莉《为了师生生命的幸福绽放：御桥小学的教育变革之道》，上海三联书店2019年版，第2页。
⑦ 吉色方森、杨琼主编：《让每朵花儿都灿烂——四川省昭觉县生本教育纪实》，电子科技大学出版社2016年版，第15页。
⑧ 薛法根：《为言语智能而教：薛法根与语文组块教学》，教育科学出版社2014年版，第3页。

尊重"①。

2. 学校见解

学校是实施教育的主阵地、主要场所，教育的核心价值往往体现在学校的精神文化传统之中、教育教学活动行为之中。事实上，每所学校都有自己的校训或精神文化符号。不同的校训反映着学校不同的教育核心价值理念，当然，校长对学校的核心价值、办学行为有着直接的影响。比如周恩来的母校天津南开中学，把爱国主义教育放在学校教育价值体系的首位。严修要求南开学子要"志为爱国志士"，张伯苓强调学生"第一当知爱国"，周恩来早年立志"为中华之崛起而读书"，在南开中学读书时提出"青年为斯世将来之主"。辽宁省大连经济技术开发区第七中学把"卓越教育"作为学校的核心价值，提出"卓越品质成就卓越人生"的德育理念、"培养良好习惯、铸就卓越品格"的德育目标②。北京海淀区的七一小学提出以美丽教育为统领，以幸福与和谐为切入点，把学校的教育核心价值确定为"为学生的美丽人生奠基、为教工的美丽人生添彩"③。广州市广大附中黄埔实验学校把教育的核心价值确定为"诚信与责任"④，要求学生"做最好的自己"。浙江绿城教育集团从儒家的"仁爱"思想中获得思考，把"仁爱、求真"作为办学的核心价值⑤，认为教育应该是有温度、有爱心的。深圳市帝企鹅教育，"把教育精英的教育理念和教学方法向广大教师传播出去，为提高全民族的教育

---

① 罗宝鸿：《规矩和自由：蒙台梭利专家帮你教出自律又快乐的孩子》，北京理工大学出版社 2018 年版，第 9 页。
② 王晓丽主编：《大连经济技术开发区第七中学校史》，辽宁师范大学出版社 2018 年版，第 41 页。
③ 张建芬主编：《七彩课程　美丽人生：北京市海淀区七一小学课程建设的"知与行"》，现代教育出版社 2019 年版，第 183 页。
④ 李学明主编：《崛起　创新：广东民办教育春华秋实辉煌 35 年纪（1979—2014）》，广东人民出版社 2015 年版，第 439 页。
⑤ 沙德安主编：《精英 2019：我与祖国同辉煌》，浙江工商大学出版社 2019 年版，第 11 页。

水平不遗余力"① 作为公司办教育的核心价值。英国的北门高中（Northgate High School），把"鼓励学生活泼成长，获得学业成功，享受快乐学习，掌握健体和娱乐技能"作为办学目标。美国哈佛大学也把"独立思想、学术规范、注重人文、教学与科研紧密结合"作为办学理念，把"努力创造知识、开放学生对这些知识的思想、并使学生充分利用他们的教育机会"作为教育目标。

（二）教育核心价值的主体性视角

人是教育的对象，是教育的出发点，也是教育核心价值的承载体。以此推论，培养人成为教育的最高目标，换句话说，教育的出发点与归宿都是直接指向人的，教育关乎人的发展，指向人的未来，这是教育领域关于教育价值的共识。

对教育的核心价值的探讨，都必须回到人本身、人的本性。关于人的本性，是一个复杂的问题，自古以来，众多先贤哲人对此不懈探寻，试图找到答案。孔子发现了人的个性差异，说"性相近，习相远"（《论语·阳货》）。孟子则把人性与动物区别开来，说"无恻隐之心，非人也；无羞恶之心，非人也；无辞让之心，非人也；无是非之心，非人也"（《孟子·公孙丑上》），进而把"仁""义""礼""智"作为人的本质的道德良知，提出"四端说"，认为"恻隐之心，仁之端也；羞恶之心，义之端也；辞让之心，礼之端也；是非之心，智之端也。人之有是四端也，犹其有四体也"（《孟子·公孙丑上》），并把仁善作为人的本性，指出"人性之善也，犹水之就下也；人无有不善，水无有不下"（《孟子·告子上》）。荀子认识到人性的邪恶，并对孟子的性善论进行批判，说"人之性恶，其善者伪也"（《荀子·性恶》），主

---

① 马国忠、华小克编著：《帝企鹅教育：名师高效教育启示录》，东方出版社2015年版，第217页。

张"求贤师""择良友"以改恶为善,也就是要"化性"。墨子则看到了环境对人性的影响作用,说"人性如素丝,染于苍则苍,染于黄则黄"(《墨子·所染》),也就是什么样的环境与教育造就了什么样的人,所以他不赞同告子"生之谓性"的观点。《中庸》指出"天命之谓性,率性之谓道,修道之谓教"。也就是说人的本性与天没有截然的区别,所以不能用善恶来分辨,遵循圣人之道就能达到内外和谐一致的状态。《三字经》中说:"人之初,性本善。性相近,习相远。苟不教,性乃迁。教之道,贵以专。"这几句话指出了教育的基础与教育的准则。《说文解字》对教育的解释是"教,上所施,下所效也;育,养子使作善也",指出了教育的核心价值就是培养对社会有用的人。

在西方,对人性的追问也一直未停止,并提出了一系列的人性假设理论。美国行为科学家道格拉斯·麦格雷戈(Douglas McGregor)提出了 X 理论、Y 理论的管理人理论,X 理论是基于大多数人生性都是懒惰的、缺乏进取心和责任心的假设,提出了控制管理模式,Y 理论是基于大多数人愿意对工作、对他人负责的假设,提出了激励管理模式。亚当·斯密提出了著名的"经济人"假设,梅约提出了"社会人"假设,马斯洛以"需求层次理论"为基点提出了"自我实现人"假设,沙因从"权变"角度阐发的"复杂人"假设,巴纳德、西蒙又提出了"决策人"的人性假设。随着知识经济的发展,"知识人"假设又被提出来。纵观西方对人性假设认识的演进,背后都是基于如何有效地管理人、激发人的活力的意图。随着教育权成为人权的核心组成,个人主义、自由主义价值立场对教育的核心价值产生了重要的影响。美籍华人教育家柯领从人的主体性出发,认为"道德教育的核心价值在于培养有主体性的人,即培养有自主性、能动性与创造性的富有责任感的现代公民"[①]。阿伦特认为,教育的核心价值体现在对传统完好地继承以保障

---

① [美]柯领:《培养"野性而又高贵"的孩子:父母、教师、学生的教育手册》,中国广播电视出版社 2014 年版,第 132 页。

"世界"的持存,对"新人"的引导与保护以确保"世界"的开放性。①

(三)教育核心价值的制度分野

在马克思那里,教育属于上层建筑。社会制度对教育的核心价值有着根本的影响,决定着核心价值的取向。目前世界各国在社会制度上,主要分为资本主义社会制度与社会主义社会制度。两种社会制度并存决定了教育基本价值取向也存在两个方向之争:个体本位还是社会本位?

1. 个体本位取向

就西方教育而言,由于其主要的社会制度是资本主义制度,核心价值观是自由主义、个人主义、功利主义。这决定了主流的西方教育的核心价值是个体本位取向。西方教育的核心价值主要体现在自由主义、个人主义、功利主义。英国近代教育受文艺复兴与思想启蒙运动的影响,体现出自由教育理念。英国的《2004年儿童法案》中把"每个孩子都重要"写进法律,明确要求"身心健康、处世安全、乐享成功、积极奉献、自持独立"作为教育的核心价值,吉布斯和艾利把"同情、勇敢、礼貌、公正、诚实、善良、忠诚、坚毅、尊重、负责"②作为教育的核心价值。美国针对不同学段的学生提出不同的核心"价值目标",比如幼儿园到小学五年级的核心"价值目标"是"成为可信赖的人、学会尊重、学会负责、学会公正、学会关心、做合格公民、控制怒火、解决冲突、倾听别人、不恃强欺弱、避免偏见、学会合作";中学的核心"价值目标"是"可信、尊重、负责、正直、做合格公民、诚实、勇敢、公正、关心、勤奋"。③芬兰把"平等"作为教育的核心

---

① 参见马成慧《行动与人的存在:阿伦特的行动思想研究》,西安交通大学出版社2015年版,第164—165页。

② L. Gibbs, E. Earley, *Using Children's Literature to Develop Core Values*, *Phi Delta Kappa Fastback*, (Whole NO.362), Phi Delta Kappa Educational Foundation, 1994, pp.1-40.

③ 参见丁锦宏《品格教育论》,人民教育出版社2005年版,第169—170页。

价值，认为每个孩子都是不一样的，成绩排名与学习竞争是"不公平"的，也没有意义，因此强调"无竞争"教育，要"给孩子一个美好的人生"。① 全球生活价值教育项目提出重点培养儿童、青少年的十二种核心价值观，即合作、幸福、自由、谦卑、诚实、爱心、和平、责任、尊重、朴素、容忍、团结。②

2. 社会本位取向

马克思指出，人是一切社会关系的总和。因此，社会性成为人的本质中的关键属性。教育的核心价值就是要培养对社会有用的人。我国有着悠久的"立德树人"教育文化与教育传统，注重教育在教化人的德性中的作用，注意教育在协调个人与社会、民族、国家之间关系，比如《大学》中就提出"物格而后知至，知至而后意诚，意诚而后心正，心正而后身修，身修而后家齐，家齐而后国治，国治而后天下平"，把教育关于培养人与服务社会的价值功能整合为一体，形成了中国的教育核心价值体系。以人为本、有教无类、因材施教、不愤不启、不悱不发、学思结合、兼济天下，这些构成了中国传统教育的核心价值、内容，并随着时代的发展在内涵上不断地丰富。目前，社会主义核心价值体系构成了我国教育的核心价值。有学者对社会主义核心价值体系进行了深入分析，认为从国家层面看，富强、民主、文明、和谐是价值目标，从社会层面看，自由、平等、公正、法治是价值取向，从个体层面看，爱国、敬业、诚信、友善是价值准则。③ 由此构成了我国教育核心价值的三层体系。

---

① 章慧蓉、郭立、杨静编著：《开启创新之门：创新人才素质教育与实践》，冶金工业出版社 2016 年版，第 61 页。
② 参见孙德玉《传统儒家人格教育思想资源的当代转化研究》，安徽师范大学出版社 2019 年版，第 230 页。
③ 参见李静《中华民族共同体意识结构的心理学分析》，《民族研究》2021 年第 5 期。

（四）教育核心价值的类型差异

1. 分科差异

思想品德教育。张洪高指出在当代道德生活、调整人际关系、建构当代道德教育、保障个体利益、平衡道德权利与道德义务关系等方面，正义发挥着主导性功用与引领性作用，因此他提出用"正义取代仁爱"①的观点，认为正义起着统摄其他品质或德性的作用，是当代中国道德教育的核心价值。

英语教育。束定芳认为英语教育的核心价值，是培养一个好的沟通者、好的交流者。②林琳认为，跨文化教育的核心价值在于"接受文化差异，欣赏文化差异，重视非主流文化，重视不同文化的独特性，强调不同文化之间应该相互尊重与学习"③。张茂君也认为跨文化教育的核心价值是对文化差异有着欣赏并且接受的态度，尊重人权。④

历史文化教育。刘道梁认为，人的本质在于创造，所以历史教育的核心价值在于创造。⑤

生命教育。陈爱录指出，教育的根本目的在于尊重每一个学生的生长规律，创设一个适应每个学生成长的教育环境，激发每一个学生自主生长的动力，实现每个学生每天健康快乐地成长，生长教育的核心价值是"尊重生

---

① 张洪高：《从仁爱到正义：中国道德教育核心价值转变研究》，山东人民出版社2011年版，第119页。
② 参见束定芳主编《英语教育与教学研究》，上海外语教育出版社2021年版，第1页。
③ 林琳：《跨文化教育视阈下的大学英语教学研究与实践》，中国原子能出版社2019年版，第1页。
④ 参见张茂君《当代大学英语教学与文学的融入探究》，吉林大学出版社2019年版，第150页。
⑤ 参见刘道梁《中学历史教学伦理研究》，中国言实出版社2018年版，第119页。

命、尊重规律、尊重个性"①。

信息技术教育。肖希明指出，满足人的信息需求，一直是 LIS 教育（iSchools）的核心价值。② 娄小韵认为，跨学科式教育是 STEM 教育的核心价值。③

艺术教育。李靖认为，艺术教育的核心价值是培养正确的审美能力，反映一定时代的核心价值观。④

创新创业教育。项勇等认为，创新创业教育的核心价值在于引领创新技术增加社会价值，将知识转化为生产力。⑤ 陈寿灿认为双创教育的核心价值是培养具有创新精神和创新能力的创业人才。⑥

2. 类型差异

学前教育。步社民等学者认为，学前教育的核心价值是幼儿为本和幸福从教。⑦ 梅纳新认为，幼儿科学教育的核心价值是使幼儿乐学、会学，培养他们获取知识的兴趣和能力。⑧

---

① 陈爱录主编：《践行生长教育　奠基幸福人生：测鱼镇中心小学学校文化建设纪实》，河北人民出版社 2019 年版，第 44 页。
② 参见肖希明等《iSchools 运动与图书情报学教育的变革》，武汉大学出版社 2017 年版，第 37 页。
③ 参见娄小韵《STEM 教育视域下的幼儿科学素养发展研究》，东北师范大学出版社 2019 年版，第 22 页。
④ 参见李靖编著《一起成就大师：新人类早期教育的理论与实践》，新时代出版社 2016 年版，第 46 页。
⑤ 参见项勇、黄佳祯、王唯杰《大学生创新创业素质培养机制研究》，中国经济出版社 2017 年版，第 214 页。
⑥ 参见陈寿灿等《解构与重建基于"一体多元"的大商科人才培养体系建构与实践》，浙江工商大学出版社 2017 年版，第 167 页。
⑦ 参见步社民、姬生凯、李园园《幼儿园教师专业伦理》，复旦大学出版社 2019 年版，第 35 页。
⑧ 参见梅纳新主编《新编幼儿园教育活动设计与指导》，复旦大学出版社 2016 年版，第 168 页。

高等教育。王建华认为，高等教育的核心价值一直是维系于学术与职业、通识与专业之间的微妙的平衡，除了结构和规模的显著不同外，高等教育系统无论在过去还是在现在，都至少履行着专业训练、普通教育、生产新知识三种完全不同的职能。①

研究性教育。大连海洋大学主张，研究生教育核心价值理念就是创新。②

社区教育。张琪、李娟认为，"以人为本"是社区教育的核心价值理念，"促进社区人的终身发展并进而推动整个社区的发展是社区教育的根本目标"③。刘文清认为，社区教育的核心价值是实现知识增值。④

素质教育。宋洪峰、余晶莹认为，素质教育的核心价值体现在它所要达到的目标是实现人的能力素质的全面提升，其中包括专题知识、专业技能、关键能力和核心特质四个方面的内容。⑤

乡村教育。李森、崔友兴等认为，乡村教育的核心价值在于"给乡村儿童提供合适的教育，促进乡村儿童和谐健康地发展，为乡村儿童的发展做好奠基工程"⑥。

---

① 参见王建华《重估高等教育改革》，南京师范大学出版社 2018 年版，第 37 页。
② 参见张瑜《我国专业学位研究生培养模式研究：农业硕士做法及经验》，东南大学出版社 2017 年版，第 186 页。
③ 张琪、李娟：《数字化学习社区：信息时代社区教育发展的方向》，首都师范大学出版社 2013 年版，第 39 页。
④ 参见刘文清主编《终身教育理论与实践探索》，世界图书出版广东有限公司 2019 年版，第 385 页。
⑤ 参见宋洪峰、余晶莹《全面发展视域下高校第二课堂素质育人新解》，光明日报出版社 2020 年版，第 37 页。
⑥ 李森、崔友兴主编：《社会变迁中的乡村教育》，福建教育出版社 2017 年版，第 89 页。

(五)把握教育核心价值的时代变迁

不可否认,教育是时代的反映,那么教育的核心价值也必然反映着时代特征。周洪宇指出,教育的核心价值会随着社会主要矛盾的转移而发生变化①,不断地回应人民关于美好生活的向往。

全球化时代,对教育的核心价值提出了培养有跨文化意识的国际人才的要求。2010年,《国家中长期教育改革和发展规划纲要(2010—2020年)》中明确指出:"培养大批具有国际视野……能够参与国际事务和国际竞争的国际化人才。"② 这就是时代对教育的核心价值的影响。

知识时代与技术社会的到来,对教育的核心价值提出了要培养具有信息素养的创新型人才的要求。知识经济时代突出了知识在经济发展中的决定性作用,突出了创新在知识经济发展中的决定性作用。创新是民族进步、国家发展的不竭动力。而教育的水平关涉国家的创新能力,因此,创新成了知识时代各国教育的核心价值。

在网络时代,教育的核心价值不可避免地会增加信息化、数字化相关要求。在虚拟世界中,教育的核心价值必然成为一个新的话题。

二、我国融合教育的价值依据:社会主义核心价值观

前已述及,尽管融合教育源于西方国家特殊教育"回归主流""一体化运动",但是各国在推进融合教育进程中,往往都是植根于本国独特的历史文化和发展水平,对融合教育进行了本土化的改造,以便更好地推进实施。就我国而言,某种程度上,随班就读是具有中国特色的融合教育实践。由于

---

① 参见周洪宇主编《长江教育论丛 二○一七年 第二辑》,湖北教育出版社2018年版,第138页。
② 教育部思想政治工作司组编:《加强和改进大学生思想政治教育重要文献选编1978—2014》,知识产权出版社2015年版,第410页。

社会制度的不同、国情的差异、历史文化传统的迥异,我们对融合教育的核心价值比西方国家有着更为丰富更为多元的理解。

我国是社会主义国家,社会主义制度是最根本的制度。因此,社会主义核心价值观是我国融合教育的核心价值。尽管自由、民主、平等、公正等社会主义核心价值观与西方价值观在词语上相同,但是在内涵上却有着本质的差别。

(一)制度层面

富强。全面建成社会主义现代化强国是我国发展的目标,这意味着对融合教育的发展目标提出了高质量的、高水平的要求。另外,教育是上层建筑,它受制于经济基础,高质量高水平的融合教育需要国家强大的经济发展水平作支撑。没有国家的富强,不可能有教育的高质量发展。当然教育又推进着国家发展,高质量的融合教育也助推国家繁荣进步。从这个意义上看,国家富强理应成为融合教育发展的核心价值。

民主。社会主义强调共同、集体、社会的意义,主张基于平等和正义的原则。圣西门、傅立叶等早期社会主义者对资本主义所谓的人权给予了无情的嘲讽,比如圣西门指出"被人们认为可以解决社会自由问题的《人权与公民权利宣言》,事实上也仅止于宣言而已"[①]。傅立叶也说"凡是不能实现的权利,都是幻想的权利"[②],所以资本主义民主是虚伪的民主,也是不真实的民主。社会主义的先行者欧文认为"任何政府的目的都是要使被管理者生活幸福",最好的政府形式就是实现"最大多数人的最大幸福"的政体[③],对社会主义民主给予了热情赞扬。社会主义民主是一种全过程的民主,"在于

---

① 朱高正:《中华文化与中国未来》,华东师范大学出版社2004年版,第247页。
② 蔡冬梅:《世界社会主义五百年历史人物传略:圣西门、傅立叶、欧文》,中国工人出版社2014年版,第86页。
③ 参见朱高正《中华文化与中国未来》,华东师范大学出版社2004年版,第250页。

人民的全过程参与,在于人民是不是能真正说话算数、当家作主"①,体现了社会主义的本质属性,彰显着社会主义的制度优势。这里的人民当然包括了残疾人。新中国成立以来,党和国家始终关心残疾人教育。尤其是党的十八大以来,党和国家对特殊教育事业发展从"支持"调整为"办好",虽然是一词之差,但直观地反映出党和国家对发展特殊教育事业的政策取向与目标要求发生了重大的变化,背后是党和国家对特殊教育事业的殷切期望。

文明。人类社会的发展史,从本质上说就是人类文明演进的历史。文明是衡量人类社会发展进步水平的标尺,是全人类社会的共同价值。残疾人事业是人道主义的事业,对残疾人的重视和残疾人事业的崛起,使社会文明进入一个新境界。融合教育是现代文明社会发展的必经之路,融合教育的发展水平是一个国家教育水平的反映。对融合教育的重视程度,也是一个国家文明程度的标志。我国是一个有着五千多年文明的古国,中华民族是一个有着"人类正义心的伟大民族",中华文明从未间断过。融合教育离不开全社会的支持,自20世纪80年代以来,中国政府把推动融合教育作为保障残疾人受教育权的人道主义目标,并积极加入"联合国残疾人十年"计划,把延续了几千年的"残废人"改为"残疾人",充分体现出我国努力建设现代文明社会的决心,更是我国发展公平公正教育的有力佐证。从这个意义上讲,融合教育与文明价值存在着直接联系,融合教育发展水平反映着一个国家或地区社会文明程度。

和谐。残疾人作为社会成员的一个重要组成,关心帮助残疾人是促进社会和谐的重要措施,正如习近平总书记指出,"让广大残疾人安居乐业、衣食无忧,过上幸福美好的生活,是我们党全心全意为人民服务宗旨的重要体现,是我国社会主义制度的必然要求"②。融合教育具有包容性的特征,有

---

① 张岩:《"全过程人民民主"是怎样的民主?》,《中国报道》2022年第4期。
② 习近平:《习近平致信祝贺中国残疾人福利基金会成立30周年——要格外关心格外关注残疾人群体》,《中国青年报》2014年3月22日第1版。

助于促进社会和谐。

（二）社会层面

自由。不同时代、不同国家、不同社会制度对于教育的核心诉求都是不同的。我们国家是社会主义国家，我国教育的政治属性是社会主义性质。在新时代，实现中华民族的伟大复兴是全体中国人的共同使命。因此，我国教育的根本目的就是要培养民族复兴的时代新人。自由是人类文明共同的价值追求，但在西方资本主义国家那里，自由被狭隘理解为个人自由，导致其社会里人人在实际上都不自由。我们国家强调了人民自由的至上位置，个人自由服从服务于人民自由，从而实现人人自由的生动活泼局面。与资本主义国家不同，在社会主义制度下国家利益与人民利益是高于一切的，因此教育也要以人民利益作为根本标尺，人民性是教育的第一属性。自由作为社会主义核心价值观的社会向度，对教育提出了要培养出以人民为中心、以集体利益为重、生动活泼自由发展的人的要求。

平等。从人类社会发展历程来看，平等是人们数千年孜孜以求的价值追寻，是具有普遍意义的人类理想价值。早在秦朝末年，陈胜就发出"王侯将相，宁有种乎"的呐喊，表达着对封建特权、等级制度的强烈抗议。法国启蒙思想家卢梭打破中世纪经院哲学对人性的桎梏，把人类的不平等分为自然条件与政治上的两类不平等，他说"在人类中有两种不平等：一种，我把它叫作自然的或生理上的不平等……第二种不平等包括某一些人由于损害别人而得以享受的各种特权"①，在《社会契约论》中他进一步提出了实现社会平等的理想。但是，源于私有制的资产阶级平等理论只是商品经济交往过程中的交换平等，是一种形式平等、假平等。而马克思主义认为，形式上的平

---

① ［法］卢梭：《论人类不平等的起源和基础》，李常山译，商务印书馆1962年版，第70页。

等是一种表面上的平等,而不是事实上的平等,"平等应当不仅仅是表面的,不仅仅是在国家的领域中实行,它还应当是实际的,还应当在社会的、经济的领域中实行"①。因此,社会主义的平等不仅仅是形式上的平等,其核心在于事实上的平等,让每一个社会成员都有人生出彩的机会,都能共享社会发展的成果,这是社会主义与资本主义在平等价值上的根本区别。对于残疾人来说,在社会主义制度下,当然有出彩的机会与共享发展成果的权利。正如习近平总书记指出,"健全人可以活出精彩的人生,残疾人也可以活出精彩的人生"②,这是对包括融合教育在内的特殊教育提出的更高要求。侯雨佳、颜廷睿认为"在融合教育诸多价值观中,'平等'是其中最核心、最基本的价值观"③。平等是指入学机会平等,即融合教育面向所有适龄儿童,不以学生的性别、年龄、残疾与否、信仰等为由不予接纳,具有人人生而平等的人权诉求,每个人都有享受平等教育权的机会。平等是接受优质教育上的平等,即为所有学生提供有质量的融合教育,不忽略其特殊需要或降低质量要求。平等是教育过程中无歧视、无壁垒,教育政策与规则都是平等的,体现为受教育全过程平等。

公正。罗尔斯认为,"一个公正社会的决定性标准在于社会中处境最差的那些人的位置如何"④,保障弱势群体权利,才有社会长治久安。换句话说,只有当社会中最差的人的处境得到改善时,这个社会才具有公正性。在人类社会数千年发展历程中,残疾人长期属于社会中处境最差的群体,在一个公正社会里,理应充分重视与保障残疾人的权利。根据罗尔斯关于正义原

---

① 中共中央马克思恩格斯列宁斯大林著作编译局编译:《马克思恩格斯文集》第 9 卷,人民出版社 2009 年版,第 112 页。
② 中共中央党史和文献研究院编:《习近平关于尊重和保障人权论述摘编》,中央文献出版社 2021 年版,第 125 页。
③ 侯雨佳、颜廷睿:《可行能力理论视阈下融合教育平等内涵的深化与扩展》,《现代特殊教育》2021 年第 3 期。
④ 刘其文主编:《自由、权力与权利》,河南人民出版社 2007 年版,第 114 页。

则的理解，保障残疾人受教育权是社会公平正义的评判依据。社会主义社会是公平正义的社会，当然把关注残疾人、保障残疾人的合法权益作为社会建设的重要内容。平等公正是社会主义和谐社会的核心价值和目标追求。教育过程的公平是指在融合教育中每个学生都能充分参与到教学活动中，每个学生都有与其能力相适配的学习任务，教育系统真正接纳、尊重并理解学生的个体差异性。在社会生活中平等和公正主要体现在无障碍设施的建设、包容性城市的打造及企业招收残障人士。平等公正包括程序公平正义（起点、机会、结果层面的公平正义）。这一点也诠释了融合教育所呼吁的给所有儿童公平的起点、平等的受教育机会。融合教育强调让有特殊需要的儿童进入普通的教育环境接受教育，强调为有特殊需要的儿童制定适宜其需求和发展的个别化教育计划等措施都是在践行社会主义核心价值观中的理念。所以，融合教育在社会主义视域下是对"平等""正义"的一种传承与发展。

法治。在融合教育维度，要保障有特殊需要的儿童受教育的权力，目前，残疾儿童教育相关的法律有待进一步完善，有特殊需要的儿童的教育需求还没有得到满足等情况仍有发生。融合教育的发展一定程度上也是一种促使相关法律不断补充和完善的力量。所以，融合教育在社会主义视域下更加强调对于法治建设的完善，更多关注目前法治建设需要不断完善及发展的地方。

（三）公民层面

爱国。爱国是国家认同、民族认同的直接体现。热爱祖国，是每个公民义不容辞的义务，也是人类最伟大最高尚的情感。自有人类就有残疾人。残疾人是广大人民群众中一个重要的组成部分，也是国家的主人。爱国理所当然是每个残疾人自觉履行的责任和义务。近代著名教育家马相伯曾说"读书不忘救国，救国不忘读书"①，指出了教育的目的就是要培养具有深厚爱国情怀的人。融合教育应当把爱国作为残疾人教育的价值内容，要引导每位残疾人都对祖国有着深沉的热爱。

敬业。教育是一个缓慢的过程，而对于障碍学生的教育来说，更需要持续的耐心与专业的态度，久久为功方能见效。敬业是社会主义核心价值观中对公民个体层面的要求，是职业道德的基础和前提，也是对教师职业的本质要求。而对于融合教育教师来说，敬业不仅仅体现在爱心，更直接体现在耐心细心。敬业是老师的标签，需要每位融合教育教师树立"一切为了学生、为了学生的一切、为了一切的学生"的育人意识，既关注全体学生，又照顾每个学生的个体需求。事实上，残疾人顽强拼搏、艰苦奋斗、乐观进取的精神，自尊、自信、自强、自立的性格品质，本身就是社会主义精神文明的重要内容，是激励社会前进的重要力量源泉。

诚信。我国自古以来就把诚信作为君子圣人的标准之一，并有许多关于诚信信条的经典论述。如"誉存其伪，诡者以誉欺人。名不由己，明者言不自赞。贪巧之功，天不佑也"（《止学》），等等。教育是关乎人的灵魂的事业，诚信作为中华优秀传统文化与传统美德，理应把培养有诚信品质的人作为教育的主要任务。融合教育当然要把残疾人培养成讲诚信、重诚信、有诚信品质的人，以帮助他们顺利地融入社会生活之中。

友善。由于残疾的磨炼，残疾人往往更加珍惜友善和平的生活，更加渴望社会安定、公平与和谐。在人类社会发展的历程中，在安宁和平的社会里，残疾人往往能得到关注与照料，而在战乱纷争的社会里，残疾人往往承受更大的痛苦。融合教育具有"友善"的特征。陈光华认为，理解和看重学

---

① 宋维红：《马相伯教育思想述评》，《苏州大学学报（哲学社会科学版）》1992年第3期。

习者的多样性是融合教育的核心价值。[①] 社会上的个人应该不歧视特殊儿童，真正地接纳特殊儿童，与他们互帮互助，共同进步，让特殊儿童真正感受到被包容、被接纳。

[①] 参见陈光华《基于服务学习的融合教师教育模式的研究》，中国铁道出版社2020年版，第75页。

第四章 中国化视域下融合教育的文化图式

认知心理学认为，图式即构成认知能力的建筑基料，是"人脑对过去反应和经验的积极构建，即对大脑中长期记忆的组织和唤起，是大脑中连接新知识和背景知识的框架"[①]。也就是说，图式是人们认知事物、感知外在环境的心理模型，人们运用这个心理认知模型去理解外界纷繁复杂的信息，并对信息进行认知加工，从而对外界信息形成具有鲜明个体风格、个性色彩的理解、看法与观点。人们的心理认知图式包括语言与文化两个层面。对于文化图式，有学者将其定义为，关于文化的背景知识，具体指"人脑通过先前的经验已经存在的一种关于'文化'的知识组织模式，可以调用来感知和理解人类社会中的各种文化现象"[②]。因此，文化图式理论揭示了人类文化认知的规律，具有强大的解释力。人们在面对外部文化信息时，往往是运用自己已存的文化图式框架，包括概念及概念逻辑、运行机理等知识，对外部文化信息进行心理认知加工处理，以便把外部文化信息吸收转化为已有文化图式中的一部分，以此实现对外部信息的吸收与内化。

在教育的认知过程中，文化图式理论有着重要解释意义。在不同的文化传统、政治制度背景里，对融合教育的理解与认知是不同的。比如邓猛就认为，融合教育是直接起源于美国20世纪50年代的民权运动，更早可追溯至文艺复兴、启蒙运动对平等、自由追求的一系列社会运动[③]；而中国特殊教育发展生长于儒家思想文化传统里，并体现在社会主义的政治与教育理

---

① 柴明颎主编：《口译的专业化道路：国际经验和中国实践》，上海外语教育出版社2006年版，第451页。
② 转引自云南师范大学马克思主义学院编《马克思主义理论研究论丛》，云南大学出版社2016年版，第67页。
③ 参见邓猛《融合教育与随班就读：理想与现实之间》，华中师范大学出版社2009年版，第228页。

念中，社会主义人道价值观念是特殊教育的价值尺度。① 这反映出文化图式对于人们认识理解融合教育的巨大差异性。

前面已经述及，从方法论哲学视域来看，本土的历史文化传统对于保持民族性、本土性发挥着具有独特作用。面对西方融合教育学术思想与实践经验，如何保持中国特色的融合教育，需要我们从中华优秀传统文化中去挖掘思想智慧，运用中国文化图式去观察认知融合教育，从传统文化层面形成对融合教育的知识。

思想是行为的先导。就融合教育而言，具有融合教育的思想意识是实施融合教育行为的前提。若论及融合教育的思想意识，可以追溯到我国古代。

第一节　我国古代"仁爱"思想

"仁爱"作为儒家思想的核心范畴，自先秦以来历经多维度的诠释与发展，构成中华文明的核心价值体系。关于"仁"的哲学阐释，历代思想家呈现出多元的理解。

一、"仁爱"思想的多元理解

孔子站在人是天地之间最为尊贵的人本立场，确立"仁"的伦理内核，提出"仁者，爱人"(《论语·颜渊》)，构建起以"忠恕"为核心的价值体

---

① 参见邓猛《融合教育与随班就读：理想与现实之间》，华中师范大学出版社 2009 年版，第 234 页。

系。按照今天的理解,"仁爱"就是建立在平等基础上的互助互爱的人际关系。孔子主张"克己复礼为仁"(《论语·颜渊》),以实现礼制规范与道德自觉的相统一。他用"己欲立而立人,己欲达而达人"(《论语·雍也》)来进一步阐释"仁爱"思想内涵,主张大家要互相尊重、互相帮助;提出"己所不欲,勿施于人"(《论语·卫灵公》)的换位思考、将心比心的伦理准则,奠定儒家伦理的实践理性。他还提出"志士仁人,无求生以害人,有杀身以成仁"(《论语·卫灵公》)的伦理目标,并希望人人都应当追求这个理想目标。

孟子对"仁爱"思想内涵做了新的拓展。他提出"仁者爱人,有礼者敬人。爱人者,人恒爱之;敬人者,人恒敬之"(《孟子·离娄下》)的交互伦理,通过"仁,人心也"(《孟子·告子上》)的命题,完成了道德本体论的建构。

对于"仁"的理解,墨家学派提出了"兼即仁矣,义矣"(《墨子·兼爱下》)的新观点,描绘了一个"兼相爱"《墨子·兼爱》的公平社会理想。在墨子看来,"仁爱"不应该有亲疏远近之分,应该是无差别公平的,主张"爱无差等"的兼爱说,与儒家"爱有差等"形成了鲜明对比。

汉代大儒董仲舒整合先秦伦理思想,系统阐述了"仁义"。强调"以仁安人,以义正我"(《春秋繁露·仁义法》),指出仁与义的不可分割性,把仁与义的关系向前推进了一步。而且董仲舒将"仁"列为"仁义礼智信"五常之首,认为"仁"在约束老百姓的日常行为上具有首要关键的指引作用,形成了以"仁"为核心的封建社会"五常"伦理思想体系。

唐宋以来,"仁"的思想内涵有了新的丰富变化。韩愈继承了董仲舒"以仁安人"的思想,看到"仁爱"有差等的不足,提出"博爱之谓仁"(《原道》)的观点,拓展了"仁爱"的伦理实践场域。张载提出"大其心,则能体天下之物"(《正蒙·大心》),把"仁"从孔子与孟子那里有远近、亲疏的差别提升到"天下一家"的高度,达到"视天下无一物非我"(《正蒙·大心》)的认知境界,构建了"仁"的宇宙论伦理维度。王阳明提出了"其心之仁,本若是其与天地万物而为一也……是其一体之仁也……是乃根于天命之性,而自然灵昭不昧者也。是故谓之明德"(《大学问》),在"知行合一"中实现伦理与宇宙论的统一,为儒家生态哲学提供了基础。清代的戴震把"仁爱"思想与"日用"实践联系起来,主张"仁者,生生之德也"(《孟子字义疏证》)。

近代转型中,魏源提出"东海西海,圣各出而心理同"[1],把"仁"的范围扩展到了天下,赋予了仁学的现代性视野。孙中山融合传统与现代,将"博爱"阐释为"为四万万人谋幸福"[2],主张"博爱云者,为公爱而非私爱"[3],超越了对传统"仁爱"的狭隘理解,完成仁学思想的现代转化。

纵观其发展,"仁"始终作为价值本体,统摄着儒家伦理的理论建构与实践指向,在差序格局与普遍伦理的张力中不断实现创造性转化。在协调处理日常伦用关系中,"仁"起着关键的导向作用。

二、"仁爱"思想为尊重残疾人提供实践智慧

"仁爱"思想蕴含的人道主义精神,在儒家政治伦理中体现为"仁政"理念,要求执政者践行"民为贵"(《孟子·尽心下》)的治理原则。就残疾人关怀而言,《礼记·礼运》"矜寡孤独废疾者皆有所养"的救济思想,为古代社会保障提供了伦理基础。孔子率先垂范,《论语·子罕》载其"见齐衰者、冕衣裳者与瞽者,虽少必作,过之必趋",以及《论语·乡党》载其"见冕者与瞽者,虽亵,必以貌",强调孔子对位尊者与残障者的礼敬态度。这种"以礼待残"的实践,将道德同情升华为制度性尊重。

---

[1] 魏源:《海国图志》,岳麓书社 2011 年版,卷首第 2 页。
[2] 广东省社会科学院历史研究院等合编:《孙中山全集》(第九卷),中华书局 1986 年版,第 247—248 页。
[3] 广东省社会科学院历史研究院等合编:《孙中山全集》(第九卷),中华书局 1986 年版,第 243 页。

孟子通过舜事瞽瞍的典故，在孝道维度延伸到"仁爱"思想，"舜尽事亲之道而瞽瞍厎豫，瞽瞍厎豫而天下化"(《孟子·离娄上》)。到了汉代，《王杖诏书令》明确规定对"盲、喑、跛躄"者的优抚政策，标志着"仁爱"思想向制度层面的转化。

我国近代特殊教育理念的形成，既受西方的影响，也内含中华传统文化基因。1947年的《改进全国盲哑教育案》指出："早年我国一般人士均视盲哑为残废，对之仅报怜悯和同情，即故当时所设立之机构，如安济坊、救济院等等，亦系本慈善之宗旨以收容为目的。"[①] 这种批判性的继承，恰好显示了我国传统"仁爱"思想与现代人道主义的对话。儒家"立人达人"(《论语·雍也》)的伦理要求，通过创造性转化，为当代特殊教育提供了"尊重差异，全纳发展"的文化因子。

"仁爱"思想通过"推己及人"的伦理机制，构建起从个体德性到制度关怀的价值链条。其"矜不能"(《论语·子张》)的伦理自觉与"天下为公"(《礼记·礼运》)的政治理想相贯通，虽然受到时代局限，没有能形成现代特殊教育体系，但它为我们理解残疾人权益保障提供了"人皆可以为尧舜"(《孟子·告子下》)的哲学基础与文化基因。

第二节　我国古代"大同"思想

"大同"思想是我国传统文化中的珍宝，体现了古代先贤对理想社会的

---

① 《改进全国盲哑教育案》，载顾定倩、朴永馨、刘艳虹主编《中国特殊教育史资料选》上，北京师范大学出版社2010年版，第70页。

追求和向往。

一、"大同"思想的多维解读

《诗经》中的《硕鼠》勾勒了"适彼乐土""适彼乐国""适彼乐郊"的大同社会。老子强调"生而弗有，为而不恃，长而不宰"（《道德经·第十章》）的无私无争境界，认为这种境界体现了道家"玄德"（《道德经·第十章》）的核心要义。主张"玄同"境界的关键在于消除对立与偏见，通过"上善若水，水善利万物而不争，处众人之所恶，故几于道"（《道德经·第八章》）的自我修养，"和其光，同其尘"（《道德经·第四章》）的实践路径，达到"物我玄同"的和谐状态，最终指向构建一个"甘其食，美其服，安其居，乐其俗"（《道德经·第八十章》）的理想社会。孔子提出"老者安之，朋友信之，少者怀之"（《论语·公冶长》），表达对理想社会的期待。这一思想在《礼记·礼运》中得到了完整发展，提出了著名的"大同"社会构想："大道之行也，天下为公。选贤与能，讲信修睦。故人不独亲其亲，不独子其子；使老有所终，壮有所用，幼有所长，矜寡孤独废疾者皆有所养；男有分，女有归。货恶其弃于地也，不必藏于己；力恶其不出于身也，不必为己。是故谋闭而不兴，盗窃乱贼而不作，故外户而不闭，是谓大同。"这一构想不仅体现了对弱势群体的关爱，更展现了古人对"天下为公"的理想社会的朴素追求。

《列子·黄帝篇》描述了一个无为而治、顺应自然、无欲无求的"华胥国"，陶渊明在《桃花源记》中描绘了一个自给自足、避世而居的"世外桃源"，《太平御览》中鲍敬言提出了彻底否定君主制、主张无政府状态的"无君论"，邓牧在《伯牙琴》中向往了一个没有剥削压迫、人人平等、自给自足的社会，李汝珍在《镜花缘》中勾勒了一个礼仪至上、道德自觉、人人谦让的"君子国"。这些关于理想社会的中国式乌托邦意象，可以说部分吸纳或重构了"大同"理想的核心元素。

在我国农民革命史上,不同起义中提出了关于理想社会的诉求,反映了农民阶级对公平与富足生活的追求。陈胜吴广起义中提出的"王侯将相,宁有种乎"(《史记·陈涉世家》),展现了对反抗压迫、打破阶级固化的期待。北宋时期的王小波在起义中提出"吾疾贫富不均,今为汝辈均之"(《宋史》),体现了对土地分配与财富平等的向往。南宋起义领袖钟相则明确喊出"等贵贱,均贫富"(《三朝北盟会编》)的口号,表明了对社会等级制度的反抗与对财富公平分配的追求。到了近代,太平天国在《天朝田亩制度》中提出"凡天下田,天下人同耕"及"有田同耕,有饭同食,有衣同穿,有钱同使,无处不均匀,无人不饱暖"的理想,系统地勾画了均产均利、人人自足的平等社会图景。这些诉求集中体现了中国农民阶级对"大同"社会的向往,反映了他们在不同历史时期对公平与共同富裕的追求。

康有为把《春秋公羊传》"三世"说、《礼记·礼运》的"小康""大同"观与资产阶级历史进化论结合起来,形成了一套系统的"大同"学说,集中反映在他撰写的《大同书》中。哲学家熊十力对大同世界有着深刻的见解,他说:"《春秋》三世义归趣太平,国界种界终于泯除,人类一切平等,互相生养,犹如一体,无有相陵夺相侵害者。"[1] 孙中山吸收了康有为的"平等博爱"思想与"天下为公"精神,从民族、民权、民生的"三民主义"出发,提出"民生主义就是社会主义,又名共产主义,即是大同主义"[2]。早年时期,毛泽东明确说:"大同者,吾人之鹄也。立德、立功、立言以尽力于斯世者,吾人存慈悲之心以救小人也。"[3] 后来他接受了马克思主义,扬弃了过去大同思想的空想性,他说:"康有为写了《大同书》,他没有也不可能找

---

[1] 《熊十力全集》(第5卷),湖北教育出版社2001年版,第212页。
[2] 《孙中山选集》,人民出版社1981年版,第104、859、802页。
[3] 中共中央文献研究室、中共湖南省委《毛泽东早期文稿》编辑组编:《毛泽东早期文稿》,湖南出版社1990年版,第89页。

到一条到达大同的路……唯一的路是经过工人阶级领导的人民共和国。"①

二、"大同"思想为残疾人教育平权提供文化基因

　　公正、无私、平等、博爱,作为"大同"思想的核心,对我国古代教育尤其是残疾人教育有着非常深远的影响。比如孔子提出了著名的"有教无类"(《论语·卫灵公》)办学方针,主张不分贵贱贫富、是否有残疾,都应该平等地接受教育。这可以说是我国融合教育的思想源泉与最早实践。孔子还提出"学而不厌,诲人不倦"(《论语·述而》),实际上与我们今天对特殊教育教师的耐心、恒心要求是一致的。康有为把教育作为通往大同世界的关键手段,构建了大同教育体系,他说"太平世以开人智为主,最重学校。自慈幼院之教至小学、中学、大学,人人皆自幼而学,人人皆学至二十岁,人人皆无家累"②,这句话里充满着教育平等思想,闪耀着全纳教育、全民教育光芒。梁启超在《康有为传》中说"欲使人类备大同之人格,则教育为第一义矣,自六岁至二十岁,皆为受教育之时期,无论何人,皆当一律。……若大同之制,则世界自教其后进,凡任公家教育之职者,皆有全权以主持之,必不可使有畸轻畸重"③。这句话也充分说明了在康有为的大同世界里,教育平等是充分的。舒新城评价康有为这一全纳教育思想是乌托邦社会主义的教育理想。民国时期教育家高一涵,在《一九一七年预想之革命》中说,"教育者,以合宇宙万汇有形无形、有生无生之全体为范围者也"④,也体现出纯粹的全纳教育思想。常乃德在《全民教育论发凡》中说,"要实现真正的社

---

① 毛泽东:《论人民民主专政》,人民出版社1949年版,第6页。
② 康有为:《大同书第七(1902年后)》,载姜义华、张荣华编校《康有为全集》(第7集),中国人民大学出版社2007年版,第179页。
③ 舒新城:《舒新城近代中国教育思想史》,吉林人民出版社2013年版,第132页。
④ 舒新城:《舒新城近代中国教育思想史》,吉林人民出版社2013年版,第134页。

会平等，必先使社会上各个人，都有受平等教育的机会"①。上述的观点中蕴含了丰富的融合教育思想，尽管有些是理想的、乌托邦的。

作为我国传统文化的重要思想资源，"大同"思想所蕴含的教育平权理念，为我们理解当前高度分化社会背景下的融合教育与全民教育提供了重要的理论原型支撑。这种思想不仅植根于中华文化的深厚土壤之中，更在全球化背景下展现出独特的历史价值与现实意义。从社会发展的视角来看，"大同"思想所体现的"天下为公"理念与融合教育提倡的平等、包容、多元价值取向具有内在一致性。尤其是在新时代背景下，"大同"思想与融合教育的结合，能够为培养全面发展的社会主义建设者和接班人提供思想资源。

第三节　我国古代辩证思想

我国的辩证思想，萌芽于周朝，到先秦时期基本成型，形成了包括阴阳思想、五行思想、天地人相统一思想等在内的较完整、较系统的体系。

一、辩证思想体系的演进

儒家从实践的角度来认识把握人伦关系的辩证性，比如"满招损，谦受益"（《尚书·大禹谟》），以损益对立关系喻示道德实践中的自我节制原

---

① 舒新城：《舒新城近代中国教育思想史》，吉林人民出版社2013年版，第136页。

则。孔子在观看鲁桓公庙的"欹器"时,借其"虚则欹,中则正,满则覆"(《荀子·宥坐》)的特性,警示"持满之道"(《荀子·宥坐》),提出"恶有满而不覆者哉"(《荀子·宥坐》),延伸为对"物极必反"(《周易·丰卦》)规律认知的比喻,如"日中则昃,月盈则食"《周易·丰卦·彖传》,强调以"中庸"规避极端状态。"君子知微知彰,知柔知刚,万夫之望"(《周易·系辞下》),强调在动态实践中把握矛盾双方的平衡(如微与彰、柔与刚),体现儒家对辩证思维的实践性转化。

老子建构了中国哲学史上首个系统化的辩证思想体系—本体论辩证法,提出了"故有无相生,难易相成,长短相较,高下相倾,音声相和,前后相随"(《道德经》第二章)的对立统一观点,否定绝对化的判断;"祸兮福之所倚,福兮祸之所伏。孰知其极?其无正邪?"(《道德经》第五十八章)的祸福转化观点,强调转化条件的不确定性,主张以"无为"顺应自然;"反者道之动,弱者道之用"(《道德经》第四十章)的逆向运动观点,以"复归"为道的根本法则,消解人为干预。《淮南子·原道训》继承老子"柔弱胜刚强"(《道德经》第三十六章)思想,提出"约而能张,幽而能明,弱而能强,柔而能刚",但更强调"转化推移"的能动性。

此外,"君臣之交,计也"(《韩非子·饰邪》),揭示君臣之间权力关系的矛盾性,主张通过"法""术""势"的制衡实现统治稳定。"知予之为取者,政之宝也"(《管子·牧民·四顺》),将"予"与"取"视为政治权术的对立统一,体现法家实用主义对辩证思维的策略化运用。

汉代思想家贾谊看到了对立双方的统一,"万物变化兮,固无休息……忧喜聚门兮,吉凶同域"(《鵩鸟赋》),揭示了自然与人事的对立统一性,强调矛盾双方(如忧喜、吉凶)共生于同一场域,体现了汉代早期对动态辩证关系的文学化表述。董仲舒指出了阴阳相合的普遍性,他在"凡物必有合,合必有上,必有下……物莫无合,而合各有阴阳"(《春秋繁露·基义》)中,将"合"视为万物存在的基本形式,以"阴阳"范畴建构天人感应的辩证体系，但其逻辑终归于"阳尊阴卑"的等级秩序。

宋代大儒张载以"气"为本体，阐释了虚实、动静、聚散等对立面的共存与互动，他关于"一物两体，气也。一故神，两故化"（《正蒙·参两》）的观点，奠定了理学"气一元论"辩证观基础。程颐将道家辩证思想与理学体系结合，强调"物极必反，其理须如此。有生便有死，有始便有终"（《河南程氏遗书》），将矛盾转化（如泰极否来）纳入"天理"必然性框架，强调"理"对现象变化的支配性，主张"物极必反"是自然规律的必然性，为理学辩证思想注入本体论维度。后来南宋理学家朱熹把这句话收录到《近思录》。明末清初的思想家王夫之批判性继承张载思想，他在《思问录·内篇》中否定绝对静止，强调动静皆"气"之不同状态。其说以"絪缊生化"（《张子正蒙注》）为核心，将辩证运动观推向传统气论高峰。

二、辩证思想为理解残疾人提供认知框架

我国古代辩证思维体系为认知身心障碍群体提供了超越二元对立的哲学框架，为客观、理性地认识残疾人提供了有益的视角。比如老子提出的"万物负阴而抱阳"（《道德经》第四十二章）"道法自然"（《道德经》第二十五章）思想，将残疾人视为自然秩序的必要组成部分，在消解污名残疾人上发挥了重要的认知功能。《淮南子·人间训》中的"塞翁失马"故事，正是老子"祸福相依"（《道德经》第五十八章）、"正反相成"（《乾卦·文言传》）辩证观的具象化。这种思维模式使社会形成"残疾非绝对缺陷"的认知。汉代《二年律令》规定"笃癃免老"，免除残疾人的赋税劳役，汉代设立的"养疾院"，宋代设立"福田院"收养残障孤老。这些"宽疾"政策蕴含着"强弱转化"的儒家思想辩证逻辑，也暗合老子"天之道，损有余而补不足"（《道德经》第七十七章）的阴阳平衡观，有利于推动社会的和谐有序。

我国古代辩证思想体系中的阴阳转化、矛盾统一等核心理念，深刻塑造了社会对残疾人的认知模式与应对方式。比如《周礼·地官》设"瞽矇"掌乐教，盲人凭借听觉优势担任乐师。"刖者使守囿"（《周礼·秋官·掌戮》）则让走路不便的人负责园林守卫。唐朝军队常常把聋哑士兵编入密信传递部队，因其生理特征反而具备天然的保密优势。明代手工业行会吸纳肢体残疾者从事雕刻、纺织等精细化工作。这些基于五行"各司其职"思想的人才配置和"化弊为利"的用人智慧，将认知焦点从形体完整转向功能实现，从静态分类转向动态发展，体现了对生理差异的功能化认知，蕴含着"难易相成""长短相较""高下相倾""先后相随"（《道德经》第二章）的辩证观，也有助于形成在矛盾转化中发掘残疾人的特殊价值的正确认知。

北宋张载"两不立则一不可见"（《正蒙·太和》）的命题，深化了常态与非常态的对立统一认知，为理解人类身心多样性与残疾人康复治疗提供了本体论依据。比如《黄帝内经》运用"五行生克"理论治疗残疾，运用"水生木"原理指导肢体康复训练。针对心智障碍者，《素问》提出"五志相胜"理论和"悲胜怒、恐胜喜"调节原则，宋代《洗冤录》记载假肢制作技术，明代《景岳全书》还记载用角音（属木入肝）治疗抑郁、宫音（属土入脾）改善自闭的康复方法，这些方法蕴含着"残缺中求完整"的辩证法哲学追求。

可以说，我国古代并非简单将残疾视为"异常"，而是通过辩证思维构建了包含医学干预、社会适应、精神超越的多维认知体系。这种以动态平衡观为核心的认识论，至今仍对现代残障观念重构具有启示意义。中国式融合教育的推进，正可汲取这种"和而不同"（《论语·子路》）的辩证智慧，在差异共生的哲学基础上完善教育伦理建构，从而消除对残疾人的歧视和偏见，促进他们与健全人在教育环境中的共生发展。

第四节　我国古代进取思想

进取思想是中华民族生生不息的文化基因与精神源泉，对现代中国人有着深远的人文价值与意义。在我国古代哲学中，特别是儒家思想中，"自强不息"是一种核心的进取精神。

一、"进取"思想的价值意蕴

"天行健，君子以自强不息；地势坤，君子以厚德载物"（《周易·象传》）的思想，集中体现了中华民族刚健有为、自强不息的精神特质。这种精神在儒家经典中得到了进一步的阐释与发扬。"譬如为山，未成一篑，止，吾止也；譬如平地，虽覆一篑，进，吾往也"（《论语·子罕》），孔子以生动的比喻说明为人处世应当持之以恒，不能半途而废。同时，孔子自身也践行这一理念，他"发愤忘食，乐以忘忧，不知老之将至云尔"（《论语·述而》），展现了其矢志不渝、积极进取的精神风貌。孟子继承并发展了孔子的这种精神，提出"穷则独善其身，达则兼善天下"（《孟子·尽心上》）的人生理想，体现了儒家学者在不同境遇下的责任担当意识。其"如欲平治天下，当今之世，舍我其谁？"（《孟子·公孙丑下》）的豪迈之语，则彰显了其以天下为己任的使命感与责任感。在"士不可以不弘毅，任重而道远。仁以为己任，不亦重乎？死而后已，不亦远乎？"（《论语·泰伯》）这句话中，曾子强调了士人应当胸怀远大理想，不懈奋斗，直至生命终结。而荀子则以"锲而舍之，朽木不折；锲而不舍，金石可镂"（《荀子·劝学》）的对比，形象地诠释了自强不息、坚持不懈的重要性，为后世树立了奋斗不止的精神标杆。

在宋明理学家中，自强不息的进取精神得到了进一步的阐释和发展。北宋理学家张载提出"为天地立心，为生民立命，为往圣继绝学，为万世开太平"（《横渠语录》）的理念，深刻体现了其重建儒家价值体系的决心。程颐则将孔子"逝者如斯夫，不舍昼夜"（《论语·子罕》）的生命感悟与《周易》中"天行健，君子以自强不息"的哲学思想相融合，强调君子应当效法天道，通过不懈的自我修养与实践，最终达到"纯亦不已"（《礼记·中庸》）的理想境界。朱熹继承并发展了张载和程颐的理学思想，指出"圣人为学，亦是从生至死，只是如此，无止法也"（《四书集义精要》），强调通过"穷理以致其知，反躬以践其实"（《朱文公行状》）的方法论，将自强不息的精神落实到具体的道德修养与知识追求中。

自强不息的精神传统不仅体现在文学创作、政治理念之中，更是塑造了民族品格和精神风貌。王勃在其名句"穷且益坚，不坠青云之志"（《滕王阁序》）中，深刻体现了即使身处困境，依然坚守远大志向的精神品格。范仲淹的"先天下之忧而忧，后天下之乐而乐"（《岳阳楼记》），更是将个人的进取精神与天下情怀相结合，展现了知识分子的社会责任感和理想主义精神。而文天祥在"人生自古谁无死，留取丹心照汗青"（《过零丁洋》）的诗句中，展现了以死明志的崇高品质，彰显了家国情怀与民族气节。这些典范人物的言论和行为，无不体现了中华文化中自强不息的进取精神，这种精神既是对传统价值观念的传承，也是对民族品格的塑造。

二、进取思想为残疾人自立自强提供精神动力

中华民族自强不息、刚健有为的进取精神，激励着一代又一代仁人志士在困境中奋发向前、在挫折中永不言弃。司马迁说："左丘失明，厥有

《国语》；孙子膑脚，《兵法》修列。"(《报任安书》)左丘明和孙子这两位古人虽然身有重大生理缺陷，但在困境中并未消沉，而是以顽强的毅力继续追求学问，实现了精神境界的超越。更有甚者，司马迁本人继承了这一精神，他虽然遭受残酷的"腐刑"之痛，却仍以坚韧不拔的意志完成了《史记》这一传世巨著，为中华文化留下宝贵遗产。这些史实无不彰显着中华文化中"残而不废、残而弥坚"的精神特质，展现了在困境中自立自强的价值追求，是一种超越肉体局限、追求精神境界的伟大传统。

第五节 我国古代包容思想

包容思想是中华传统文化中的重要组成，构成了中华民族的鲜明品格。包容一词可追溯至"万物并育而不相害"(《礼记·中庸》)的理念，经演化凝练为"上不宽大包容臣下，则不能居圣位"(《汉书·卷二十七·五行志下》)的文明基因，呈现为多元互补的包容思想谱系。

一、包容思想的哲学特质

儒家传统从伦理维度发展出"中和"范式，形成儒家差序包容的伦理。在孔子的思想体系里，通过"忠恕之道"建构了包容的人伦基础，即"己所不欲，勿施于人"(《论语·卫灵公》)。这一观点体现了孔子对人际关系的深刻把握。他确立了推己及人的交互理性，认为社会的和谐可以通过避免将自己不愿承受的事强加给别人来实现，正如"躬自厚而薄责于人，则远怨矣"(《论语·卫灵公》)，形成了"严己恕人"的实践准则。孔子的这些人伦思想与他提出的"君子和而不同"(《论语·子路》)的处世之道相呼应,成为中国人处理人际和社会关系的重要指导原则。董仲舒深化了儒家的人伦思想理路,强调"德莫大于和,而道莫正于中"(《春秋繁露·循天之道》),通过阴阳五行学说,将包容精神本体化为"天道→人道"贯通的宇宙运行法则。韩愈认为"古之君子,其责己也重以周,其待人也轻以约"(《原毁》),在"严己宽人"的实践伦理中注入"推己及人"的恕道精神。朱熹运用理气论框架,强调"阳中有阴,阴中有阳;阳极生阴,阴极生阳,所以神化无穷"(《朱子语类》),进一步阐释矛盾的转化协调,推导出差异共生的必然性。清初唐甄也主张"与人当宽,自处当严"(《潜书·取善》)的论点,这是在人伦经世层面对宋明理学"万物一体"观的具体实践。

道家哲学体系中体现了鲜明的自然包容思想,老子通过"水善利万物而不争"(《道德经》第八章)建构"玄同"境界,其"善者吾善之,不善者吾亦善之"(《道德经》第四十九章)并非简单道德宽容,而是基于"道法自然"的认知,将差异视为"万物负阴而抱阳"(《道德经》第四十二章)的必然存在样态。庄子提出"常宽容于物,不削于人"(《庄子·天下篇》),将包容提升作为"齐物"的认识论原则,主张消解"成心"带来的价值偏执,并把"齐物"认识论与"庖丁解牛"实践论结合,形成"因其固然"的包容方法论。从老子的自然包容到庄子的认知包容,展现了中国哲学从宇宙论向主体性探索的转向。

兼容并蓄是中华文化中的伦理特质,体现了思想文化互鉴的实践包容。东晋史学家袁宏把道家的自然观与生命智慧和儒家的社会关怀进行融合,提出"宽以济猛,和以化人"(《后汉纪》),体现乱世中对社会包容的实践性思考。特别是他"非宽无以容众,非平无以制事"(《后汉纪》),既吸收道家"宽容"理念,又强调儒家"中庸"的实践智慧,将包容作为社会治理的技术性策略。他提出"形器不存,方寸海纳"(《三国名臣序赞》)的论点,李周翰对其注释为"方寸之心如海纳百川"(《三国名臣序赞》),把空间的包容性转化为精神境界的语义。王维"人闲桂花落,夜静春山空"(《鸟鸣涧》)展现的天人玄同之境,张志和"西塞山前白鹭飞,桃花流水鳜鱼肥。青箬笠,绿蓑衣,斜风细雨不须归"(《渔歌子》)的人与自然和谐一体的诗性图景,以及李东阳"草木有情皆长养,乾坤无地不包容"(《怀麓堂集》)的宇宙情怀,把这种生态包容的智慧上升到精神性的高度。张之洞"中体西用"(《劝学篇》)的调适智慧,虽然存在理论局限,但也折射出传统文化应对异质文明的调适机制,其本质是"和而不同"(《论语·子路》)理念与"兼容并包"(《后汉纪》)思想的具体实践。事实上,从东汉以来,中华文化对佛教、基督教、伊斯兰教等异质文化的吸纳和创新,到近代以来不论是西学东渐还是中体西用,都无不体现着中华文化的包容特质。①

二、包容思想为融合教育提供文化心理基础

儒家"中和"说建构差异共生的伦理空间,道家"玄同"观消解身心二元对立,儒道融合的社会性包容,向我们清晰地展现了我国传统包容观的历时性演化图景。其核心在于通过消解对立、超越局限,实现不同层级的和谐共生。这些"万物并育而不相害"(《礼记·中庸》)的包容思想谱系,为我们接纳残疾人种下了源远流长的传统文化基因,为融合教育中国化提供了极为珍贵的本土土壤与思想养分。正如罗素所说:"中国至高无上的伦理品质中的一些东西,现代世界极为需要。这些品质中我认为和气是第一位的。"② 可以说是对我国包容思想给予了极高的评价。

仁爱、大同、辩证、进取、包容等这些中华优秀传统文化思想智慧,与融合教育思想有着共通性、相融性,在思想观念、价值理念等方面存在着

---

① 参见张占仓、牟虹、蔺斯鹰、刘晓龙《中国包容文化的历史贡献与创新发展》,《中原文化研究》2018年第2期。
② [英]罗素:《中国问题》,秦悦译,学林出版社1996年版,第167页。

天然的文化亲近性与思想内核的一致性。可以说，以儒家伦理道德为主要内容之一的中华优秀传统文化，为融合教育提供了最适宜的文化土壤，创设了良好的文化生态。因此，辉煌灿烂的中华优秀传统文化为我国融合教育发展提供了丰厚独特的文化因子，为推进实施中国式融合教育奠定了坚实的文化心理基础。

第五章

中国化视域下四川融合教育的政策选择

相对于国家而言，省域发展往往由于发展基础、自然条件、发展水平等的差异，而呈现出鲜明的地域特色与个性。对于融合教育而言，也不例外。四川融合教育的发展之路，充分发挥我国社会主义国家的制度优势，突出了政府在融合教育中的主体责任。立足于不让任何一个学生落下的教育平等观，突出融合教育面向全体学生的人民性特征。立足于包容性、高质量的教育是充满活力和公平的社会的前提基础，突出融合教育的实践性特色。

习近平总书记指出，"残疾人是一个特殊困难的群体，需要格外关心、格外关注"①。教育是残疾人实现美好生活的战略性支撑。1990年以来，四川省委、省政府坚持依法治教的理念，通过出台一系列法律法规与政策举措，从法律制度与政策层面加强对残疾人平等受教育权的充分保障，走出了一条具有四川特色的融合教育法治建设之路。

第一节 四川融合教育的法制轨迹

相较于普通教育，融合教育需要投入更多的人、财、物，需要更长时间的强力推进。从国际融合教育发展进程来看，把融合教育纳入法治化轨道，以立法的形式明确和强化政府的责任，这是世界各国实施融合教育的通

---

① 习近平：《习近平致信祝贺中国残疾人福利基金会成立30周年 要格外关心格外关注残疾人群体》，《中国青年报》2014年3月22日第1版。

行做法与成功经验。比如 1975 年 11 月，美国政府颁布《所有残疾儿童教育法》（PL94-142 公法），创造性提出融合教育的"最少限制环境"、"零拒绝"、残疾儿童安置原则、个别化教育计划，这部法案标志着美国融合教育以法律的形式正式起步，这在美国乃至全球教育发展史上都具有划时代的意义。1978 年英国的《沃纳克报告》提出了"必须最大限度地使'有特殊教育需要的儿童'在主流学校和正常社区生活中接受融合教育"[①]，1981 年英国教育法充分吸纳《沃纳克报告》精神，并促进了融合教育的法律化。因此，推进融合教育的法治化进程，把融合教育纳入立法之中，以法律的形式强力有序持续推进，这是融合教育能否有效实施的前提。

从四川省融合教育的立法进程来看，主要体现在两个方面，一是在相关省级法律法规条款里对实施融合教育做出了具体规定，二是在相关省级发展规划里对融合教育发展措施做出了前瞻性战略谋划。

一、出台省级相关文件

1994 年以来，四川省先后出台了 4 部涉及随班就读方面的文件，对残疾人平等受教育权利进行了保障。省级相关文件涉及融合教育的条款主要如下。

（一）《四川省〈中华人民共和国残疾人保障法〉实施办法》[②]

1994 年 5 月 28 日，四川省第八届人民代表大会常务委员会第九次会议通过《四川省〈中华人民共和国残疾人保障法〉实施办法》。该《办法》

---

① 张海燕：《中、美、加、英四国基础教育研究》，人民教育出版社 2005 年版，第 609 页。
② 四川省人民代表大会常务委员会：《四川省〈中华人民共和国残疾人保障法〉实施办法》，《四川政报》1994 年第 19 期。

第十八条规定:"各级人民政府应采取特殊措施发展残疾人教育事业,保障残疾人受教育的权利。"第二十条规定:"普通教育机构应当接收具有接受普通教育能力的残疾人入学,不得因其残疾而拒绝接收。"第二十一条规定:"县级教育行政部门根据本地区生源情况,在普通小学、初级中等学校附设特殊教育班或安排残疾儿童、少年随班就读。"

(二)《四川省义务教育条例》①

1995年10月19日,四川省第八届人民代表大会常务委员会第十七次会议通过《四川省义务教育条例》。该《条例》第六条规定:"凡年满六周岁的适龄儿童,不分性别、民族均须入学,接受规定年限的义务教育","残疾学生不得超过18周岁。"第七条规定:"县级人民政府应当建立残疾儿童鉴定和登记制度,组织残疾儿童进入特殊教育学校(班)就读或在普通学校随班就读。"

(三)《四川省〈中华人民共和国残疾人保障法〉实施办法》②

2012年7月27日,四川省第十一届人民代表大会常务委员会第三十一次会议修订通过《四川省〈中华人民共和国残疾人保障法〉实施办法》。该《办法》第七条规定,"县级以上地方人民政府应当将残疾人事业经费列入本级财政预算"。第十三条规定,"保障残疾人享有平等受教育的权利"。第十四条规定,"对具有在普通教育学校接受教育能力的残疾人,可在普通教育学校附设特殊教育班或者随班就读"。第十八条规定,"对已建特殊

---

① 四川省人民代表大会常务委员会:《四川省义务教育条例》,2002年6月,四川省人民代表大会常务委员会网站(http://www.scspc.gov.cn/flfgk/scfg/200206/t20020625_12546.html)。
② 四川省人民代表大会常务委员会:《四川省〈中华人民共和国残疾人保障法〉实施办法》,《四川日报》2012年7月31日第7版。

教育学校和开办特殊教育班或者残疾人随班就读普通学校，应当按照当地义务教育生均公用经费3倍以上的标准拨付残疾学生的生均公用经费，确保特殊教育教学工作正常运转"。

（四）《四川省〈中华人民共和国义务教育法〉实施办法》①

2014年5月29日，四川省第十二届人民代表大会常务委员会第九次会议审议通过《四川省〈中华人民共和国义务教育法〉实施办法》。该《办法》第十八条规定："县级以上地方人民政府应当根据各类残疾适龄儿童、少年的数量和分布状况，按照国家和省有关规定设置特殊教育学校（班），改善办学条件，提高办学水平，保障残疾适龄儿童、少年接受并完成义务教育。""普通学校应当接收具有接受普通教育能力的残疾适龄儿童、少年随班就读，并为其学习、生活、康复提供帮助。"

就我国教育立法来看，目前已有《中华人民共和国教育法》《中华人民共和国学前教育法》《中华人民共和国义务教育法》《中华人民共和国高等教育法》《中华人民共和国职业教育法》《中华人民共和国民办教育促进法》等，但特殊教育作为一个重要的教育类别，却没有制定特殊教育法，与目前我国8500万残疾人口的受教育权利保障不相适应。为了切实保障残疾儿童少年公平平等的受教育权，确实需要在国家层面思考特殊教育法的立法问题，以便更好地指导省级层面加快特殊教育、融合教育的立法进程。就四川省而言，也面临着特殊教育、融合教育相关法律条例有待完善的情况，迫切需要加大立法力度。

---

① 四川省人民代表大会常务委员会：《四川省〈中华人民共和国义务教育法〉实施办法》，2014年6月，四川省教育厅网站（http://edu.sc.gov.cn/scedu/c100494/2014/6/16/fd00c3e6aa9e4ecc96b2a37004249d9e.shtml）。

二、列入全省事业发展规划

为了贯彻落实《中华人民共和国义务教育法》关于举办残疾人教育是各级政府法定职责的要求，自1992年以来，四川省把发展残疾人教育事业纳入省级规划中。三十多年来，先后出台了《四川省残疾人事业"十一五"发展规划（2006年—2010年）》《四川省中长期教育改革和发展规划纲要（2010—2020年）》《四川省残疾人事业"十二五"发展纲要》《四川省"十二五"教育事业发展规划》《四川儿童发展纲要（2011—2020年）》《四川省贯彻落实〈国家贫困地区儿童发展规划（2014—2020年）〉实施方案》《四川省残疾人事业"十三五"发展规划》《四川省"十三五"基本公共服务均等化规划》《四川省教育事业发展"十三五"规划》《四川儿童发展纲要（2021—2030年）》《四川省"十四五"残疾人保障和发展规划》《四川省人口发展中长期规划》《四川省"十四五"教育发展规划》等多个省级相关事业发展规划。在这些文件中，纷纷对包括随班就读在内的残疾人教育事业发展做出安排部署，提出具体发展目标与政策措施。从颁布实施的时间与数量上看，最近十年是相关规划出台的密集期，先后有《四川省"十四五"残疾人保障和发展规划》《四川省"十四五"教育发展规划》等11个规划中提及随班就读内容。这彰显了四川省委、省政府贯彻落实党中央关于"支持""办好"特殊教育战略的坚定决心，也充分体现了四川省委、省政府加快发展特殊教育事业的工作力度。

（一）教育发展规划文本中关于随班就读的部署

自20世纪90年代以来，四川省在教育发展规划方面先后制定出台了《四川省教育发展"十五"计划和2010年规划纲要》《四川省中长期教育改革和发展规划纲要（2010—2020年）》等多部具有战略规划性质的政策文件。纵观三十多年来这些四川教育发展规划文本关于残疾人教育的表述内容，可以清晰地发现 2010 年是一个重要的时间分界点。

2010 年以前，四川教育发展规划（计划）文本中，把残疾人教育放在义务教育之中，主要从处境困难群体受教育权的保障问题做出了比较概略的规定，并未提及随班就读。比如在 1995 年 3 月 9 日，《中共四川省委 四川省人民政府关于贯彻实施〈中国教育改革和发展纲要〉的意见》（川委发〔1995〕7 号）中，提出："确保占全省人口 85% 的地区、力争占全省人口 90% 的地区基本普及九年义务教育（包括初中阶段的职业技术教育和特殊教育）……积极发展幼儿教育和特殊教育。"①把特殊教育纳入九年义务教育之中，并与幼儿教育相并列。在 2001 年《四川省教育发展"十五"计划和 2010 年规划纲要》中，提出了"努力提高残疾儿童、农村女童入学率"②。从关照弱势儿童群体角度，对残疾儿童与农村女童受教育权利的保障提出要求。2007 年 6 月，在四川省教育厅印发的《四川省教育事业发展"十一五"规划》（川教〔2007〕176 号）中，把残疾人教育纳入义务教育均衡发展的重要内容，提出"确保……残疾儿童少年完成九年义务教育"要求。

2010 年以来，四川教育发展规划文本中，对残疾人教育以单列专章专节的形式，进行了目标明确、内容充实、措施具体的谋划安排，而且都把随班就读作为特殊教育部分的重要内容而做出了具体部署。比如在 2010 年《四川省中长期教育改革和发展规划纲要（2010—2020 年）》（川委发〔2010〕18 号）中，以"第九章 推进特殊教育发展"为题，专章对特殊教育进行了规划部署。明确提出"把特殊教育事业作为教育事业的重要组成

---

① 《中共四川省委 四川省人民政府关于贯彻实施〈中国教育改革和发展纲要〉的意见》，《四川政报》1995 年第 13 期。
② 教育部发展规划司编：《教育事业"十五"计划汇编》，人民教育出版社 2002 年版，第 281 页。

部分","完善以特殊教育学校为骨干,以普通学校附设特教班和随班就读为主体的特殊教育体系","逐步实施残疾学生高中阶段免费教育"①等要求,这是四川融合教育及至特殊教育发展史上第一次被纳入全省教育中长期发展格局中,这充分体现出了四川省对融合教育的高度重视。2011年12月19日,《四川省"十二五"教育事业发展规划》(川办发〔2011〕86号)颁布实施。该《规划》提出,"鼓励和支持接收残疾学生的普通学校为残疾学生创造学习生活条件,使所有具备一定学习能力的残障儿童能够就近入学"②。2017年9月5日,四川省教育厅印发《四川省教育事业发展"十三五"规划》,对特殊教育发展目标进行了单列,作出"为每一位残疾儿童少年提供更加适合的教育""建立和完善布局合理、学段衔接、普职融通、医教结合的特殊教育体系。因地制宜发展残疾儿童学前教育,全面普及残疾儿童少年义务教育,逐步提高非义务教育阶段残疾人接受教育的比例,努力扩大残疾人接受高等教育机会。……为家庭经济困难的残疾儿童和残疾青少年提供包括义务教育、高中阶段教育在内的12年免费教育,并将学前教育阶段残疾儿童全面纳入保教减免范围"③等战略谋划,切实加快发展特殊教育。2022年3月14日,《四川省"十四五"教育发展规划》正式印发,提出"以适宜融合为目标办好特殊教育,实施特殊教育发展提升行动计划。……全面实施融合教育,推进特殊教育学校实行十五年一贯制办学,推动'教育教学+康复',推行国家通用手语和国家通用盲文,全面提升特殊教育质量。落实

---

① 中共四川省委、四川省人民政府:《四川省中长期教育改革和发展规划纲要(2010—2020年)》,《中国教育报》2010年12月13日第6—8版。
② 四川省人民政府办公厅:《关于印发〈四川省"十二五"教育事业发展规划〉的通知》,2012年2月,四川省人民政府网站(https://www.sc.gov.cn/10462/11555/11563/2012/2/21/10199591.shtml)。
③ 四川省教育厅:《关于印发〈四川省教育事业发展"十三五"规划〉的通知》,2022年7月,四川省教育厅网站(http://edu.sc.gov.cn/scedu/c102589/2022/1/28/af6a047b1f14472e94841c6cc2989431.shtml)。

《四川省基本公共服务标准（2021版）》，健全应助尽助、应享尽享的救助机制"①，切实保障特殊群体受教育权利。

从总体来看，随着四川经济社会的快速发展，随班就读工作在四川教育中的重要性也日益凸显，在教育事业发展规划文本内容中出现的频次也越来越多，关键词从早期的"积极发展""努力提高入学率"演变到"全面实施""适宜融合"，发展取向逐步从"有没有"转变到"好不好"，充分表明在四川省教育发展总体谋划中，随班就读工作的分量与地位在不断提升，呈现出向上向好的发展态势。

（二）儿童发展规划文本中关于随班就读的部署

三十年来，四川省先后出台了《九十年代四川儿童发展规划纲要》《四川儿童发展纲要（2001—2010年）》《四川儿童发展纲要（2011—2020年）》《四川儿童发展纲要（2021—2030年）》等4部儿童发展事业规划，以及《四川省贯彻落实〈国家贫困地区儿童发展规划（2014—2020年）〉实施方案》。在这5部儿童发展规划中，都对随班就读等残疾人教育事业进行了具体部署。在宁和平、杨宜武撰写的《四川省儿童发展纲要（1990—2000年）终期评估报告》中指出，"2000年，全省残疾儿童入学率达75.5%，比1990年提高3.1个百分点"②。2001年9月3日，四川省人民政府《关于印发四川妇女发展纲要和四川儿童发展纲要的通知》，对"儿童与教育"进行专章单列，提出"适龄残疾儿童义务教育入学率在已经通过普及九年义务教育验收的地区，达到或接近当地健全儿童水平，尚未通过

---

① 中共四川省教育工作委员会、四川省教育厅：《关于印发〈四川省"十四五"教育发展规划〉的通知》，2022年3月，四川省教育厅网站（http://edu.sc.gov.cn/scedu/c102589/2022/4/2/3812dea3ed23459cac8391e3b98e65d1.shtml）。

② 国务院妇女儿童工作委员会办公室、国家统计局人口和社会科技统计司：《〈九十年代中国儿童发展规划纲要〉终期监测评估报告汇编》，2001年，第297页。

普及九年义务教育验收的地区，入学率要有大幅度提高。……确保残疾儿童与其他儿童同步享受义务教育"①。2011年12月28日，四川省人民政府印发《四川妇女发展纲要（2011—2020年）和四川儿童发展纲要（2011—2020年）》，提出"保障残疾儿童接受义务教育，扩大残疾儿童随班就读、普通学校特教班和寄宿制残疾学生的规模，逐步实行残疾学生高中阶段免费教育，提高残疾儿童受教育水平"②。2021年12月28日，四川省人民政府印发《四川妇女发展纲要（2021—2030年）和四川儿童发展纲要（2021—2030年）》，提出"残疾儿童等特殊群体受教育权利得到根本保障。残疾儿童义务教育入学率达到97%以上。……坚持以普通学校随班就读为主体，以特殊教育学校为骨干，以送教上门和远程教育为补充，全面推进融合教育，切实保障残疾儿童同等接受教育的权利"③。结合新的形势和任务，四川省委、省政府每隔十年出台一部儿童发展规划，充分体现了对儿童发展事业的高度重视。

上述4部四川儿童发展规划中对随班就读工作的战略谋划，生动反映了30多年来四川随班就读政策与目标的发展变迁。单就残疾儿童义务教育入学率上看，从1992年的"使多数适龄残疾儿童接受义务教育"到2001年的"达到或接近当地健全儿童水平"、2011年的"提高残疾儿童受教育水平"，再到2021年的"残疾儿童义务教育入学率达到97%以上"，生动呈现出四川残疾儿童义务教育在30多年里的快速发展轨迹。又比如关于随班就

---

① 四川省人民政府：《四川儿童发展纲要（2001—2010年）》，2017年6月，国务院妇女儿童工作委员会网（http://www.nwccw.gov.cn/2017-06/15/content_161994.htm）。

② 四川省人民政府：《关于印发四川妇女发展纲要（2011—2020年）和四川儿童发展纲要（2011—2020年）的通知》，2012年2月，四川省人民政府网站（https://www.sc.gov.cn/10462/11555/11562/2012/2/16/10199138.shtml）。

③ 四川省人民政府：《关于印发四川妇女发展纲要（2021—2030年）和四川儿童发展纲要（2021—2030年）的通知》，2021年12月，四川省人民政府网站（https://www.sc.gov.cn/10462/zfwjts/2021/12/29/e1bb36fe071f49c4aa9db449b24b1ca2.shtml）。

读的表述，1992年提出把随班就读作为"使多数适龄残疾儿童接受义务教育"的一种方式，2011年提出"扩大残疾儿童随班就读的规模"，2021年提出"以普通学校随班就读为主体，全面推进融合教育"，反映30年来四川融合教育从数量到质量的发展变迁。而2021年把融合教育写入儿童发展规划之中，也体现了四川在残疾人教育理念、随班就读工作发展上的开放态度。

尤其值得肯定的是，2015年6月3日，四川省政府按照国家部署与推进脱贫攻坚战略需要，结合四川省实际，颁布了《四川省贯彻落实〈国家贫困地区儿童发展规划（2014—2020年）〉实施方案的通知》。这在四川儿童发展史上，是第一份关于对贫困地区儿童发展作出的专项规划。该《通知》提出，"保证适龄孤残儿童进入相应的学校就读……将所有残疾学生纳入城乡义务教育'三免一补'政策覆盖范围……将义务教育阶段的孤残寄宿生全面纳入生活补助范围。……研究制定残疾儿童随班就读、特校就读、送教上门等帮扶方案，确保到2016年，基本普及残疾儿童少年义务教育，视力、听力、智力残疾儿童少年义务教育入学率达到90%以上"①。残疾人是社会的弱势群体，而贫困地区的残疾人更是弱势群体中弱势人群，更加值得给予特殊的关心帮助与政策支持。该《通知》中对残疾儿童义务教育的明确规定，充分体现了党委政府对处境不利的残疾儿童的关心厚爱。

（三）残疾人事业发展规划文本中关于随班就读的部署

除了上述教育发展与儿童发展规划中对残疾人教育做出谋划外，残疾人事业发展规划中也对残疾人教育做出了部署安排。自20世纪90年代以

---

① 四川省人民政府办公厅：《印发四川省贯彻落实〈国家贫困地区儿童发展规划（2014—2020年）〉实施方案的通知》，四川省人民政府网站（http://zcwj.sc.gov.cn/xxgk/NewT.aspx?i=20170302105707-483752-00-000）。

来,四川省先后出台了《四川省残疾人事业"八五"计划纲要》《四川省残疾人事业"九五"计划纲要(1996年—2000年)》《四川省残疾人事业"十五"计划纲要(2001年—2005年)》《四川省残疾人事业"十一五"发展规划(2006年—2010年)》《四川省残疾人事业"十二五"发展纲要》《四川省残疾人事业"十三五"发展规划》《四川省"十四五"残疾人保障和发展规划》等7个五年规划。这些规划文本中都对残疾人教育、随班就读等做出了谋划。

比如,1993年3月颁布的《四川省残疾人事业"八五"计划纲要》,这是四川省第一部关于残疾人事业的五年规划。该《纲要》中首次明确把残疾人特殊教育纳入全省基础发展规划、义务教育轨道,并作为普九检查验收的硬指标,要求"普遍开展随班就读"。有力地推动了随班就读工作在四川全省扎实开展。1996年10月17日,四川省人民政府批转了《四川省残疾人事业"九五"计划纲要(1996年—2000年)》,在总结"八五"计划实施成效的基础上,提出"可以接受普通教育的残疾少年儿童与当地其他儿童少年义务教育水平同步,视力、听力、语言和智力残疾少年儿童义务教育入学率分别达到65%。……推行随班就读,推行盲和低视力生、聋和重听生、轻度和中度弱智生的分类教学……基本形成以随班就读和特教班为主体……的残疾少年儿童义务教育格局"①。对随班就读对象作出了中度及以下的设定,同时提出了分类教学、分组教学的要求,同时第一次提出残疾儿童少年的入学率指标,以便于对各地"普九"任务的考核。可以说这些举措有力地推动了随班就读工作。2001年7月7日,四川省人民政府印发《四川省残疾人事业"十五"计划纲要(2001年—2005年)》,要求"大力推广随班就读,残疾儿童少年义务教育入学率达到85%……将残疾儿童少年教育纳入义务

---

① 四川省人民政府:《批转四川省残疾人事业"九五"计划纲要的通知》,《四川政报》1996年第36期。

教育体系,以特殊教育学校为骨干、随班就读为主体,使适龄残疾儿童少年义务教育入学率……达到当地健全儿童少年水平"。[①] 明确了随班就读在保障残疾儿童少年教育中的主体地位,并把入学率指标从"九五"期间的65%提高到85%。2006年6月6日,《四川省残疾人事业"十一五"发展规划(2006年—2010年)》颁布实施,明确提出:"基本普及残疾儿童少年义务教育,发展残疾人学前教育和职业教育,积极创造高中阶段及以上教育发展的必要条件。……从政策上和机制上鼓励和扶持普通中小学校设立特教班或开展随班就读。……形成以随班就读和普通学校附设特教班为主体、特教学校为骨干的残疾儿童少年义务教育体系。"在残疾儿童少年义务教育基本普及的基础上,对随班就读工作向两端延伸做出了谋划,标志着四川省特殊教育迈向了一个新的发展阶段。2011年12月颁布实施的《四川省残疾人事业"十二五"发展纲要的通知》中,提出了"适龄残疾儿童少年入学率达到西部领先水平"的发展目标。要求任何学校必须按照规定依法接收残疾人接受教育,达到零拒绝,不得歧视,确保没有一个适龄残疾儿童少年因贫而失学,并建立拒绝残疾人接受教育的举报和问责制度。[②] "零拒绝""禁止歧视"等体现融合教育国际共识的原则,被吸纳到"十二五"规划。在2017年2月颁布实施的《四川省残疾人事业"十三五"发展规划》中明确,"为残疾儿童、青少年提供包括义务教育、高中阶段教育在内的12年免费教育,并将学前教育阶段残疾儿童全面纳入保教费减免范围。……建立随班就读支持保障体系,制定出台针对重度和多重残疾儿童少年送教上门政策,建立完

---

① 四川省人民政府:《关于印发四川省残疾人事业"十五"计划纲要的通知》,《四川政报》2001年第23期。
② 参见四川省人民政府《关于批转四川省残疾人事业"十二五"发展纲要的通知》,2011年12月,四川省人民政府网站(http://www.sc.gov.cn/10462/10883/11066/2011/12/30/10194897.shtml)。

善残疾学生特殊学习用品、教育训练、交通费等补助政策"[1]。在2022年3月7日正式印发的《四川省"十四五"残疾人保障和发展规划》(川府发〔2022〕9号)中,提出使适龄残疾儿童少年义务教育入学率始终保持在97%以上,确保义务教育阶段适龄残疾儿童少年入学"一个都不能少"。"健全普通学校随班就读支持保障体系,全面落实残疾人教育专家委员会工作制度,做好适龄残疾儿童少年'一人一案'教育安置评估,提升随班就读教育教学质量。……全面推进融合教育,进一步加快推进各学段融合教育的实施,开展残疾人融合教育示范区、示范校和优秀教育教学案例遴选,支持高校开展残疾人融合教育。""鼓励普通幼儿园招收具有普通教育能力的残疾幼儿,鼓励普通学校招收具有接受普通教育能力的残疾儿童少年,同等条件下在招生片区内优先安排残疾儿童少年就近就便入学。"[2]

从上述规划文本内容来看,残疾人事业发展规划对随班就读工作做出了比较详细的谋划部署,而且也充分体现出与国际融合教育发展的接轨,对四川融合教育的持续推进发挥了重要的作用。

(四)其他事业发展规划文本中关于随班就读的部署

四川省还在《四川省"十三五"基本公共服务均等化规划》《四川省人口发展中长期规划》等规划文本中,对包括随班就读工作在内的特殊教育提出了要求。比如2017年2月17日颁布的《四川省"十三五"基本公共服务均等化规划》,把发展残疾人教育作为残疾人的基本公共服务,提出要"健全残疾人教育体系,为残疾人提供12年免费基础教育。……完善特殊

---

[1] 四川省人民政府:《关于印发四川省残疾人事业"十三五"发展规划的通知》,2017年4月,四川省人民政府网站(https://www.sc.gov.cn/10462/11555/11562/2017/4/26/10421091.shtml)。

[2] 四川省人民政府:《关于印发〈四川省"十四五"残疾人保障和发展规划〉的通知》,2022年3月,四川省残疾人联合会网站(http://www.scdpf.org.cn/zwgk/zcfg_161/202203/t20220310_30808.html)。

教育体系，积极创造条件保障完成义务教育且有意愿的残疾学生有机会接受适宜的高中阶段教育"①。2022年2月15日，正式印发的《四川省人口发展中长期规划》，把发展残疾人教育作为保障残疾人合法权益的重要内容，提出"健全残疾人教育体系，为家庭经济困难的残疾学生提供15年免费教育，落实从学前到研究生教育全覆盖的资助政策。完善特殊教育体系，提高特殊教育质量。"②这些规划文本内容虽然对残疾人教育体系建设的谋划比较宏观，但也客观地说明四川省委、省政府从全局与统筹的角度，加强了对残疾人教育事业的支持。

从上述21个发展规划的内容来看，融合教育更多是纳入特殊教育之中，相关规划内容比较原则性、宏观，表述内容也较简略。在教育发展规划与残疾人事业发展规划中，涉及融合教育相关规划内容较多，措施也较具体，这值得充分的肯定。但也必须看到，一些东部教育发达省份近年来纷纷制定各级各类教育发展专项规划，加强教育发展的总体部署。比如浙江省出台了《浙江省职业教育"十四五"发展规划（2021—2025年）》。从四川省的情况来看，遗憾的是尚无特殊教育发展的专门规划。从融合教育发展新的要求来看，确有必要在省级层面制定出台特殊教育中长期发展规划或融合教育五年规划，这样可以从宏观战略层面对融合教育做出长远谋划，有利于融合教育更可持续地健康发展。

联合国《残疾人权利公约》第四条"一般义务"第一款中，对缔约国的义务提出了明确要求，"采取一切适当的立法、行政和其他措施实施本公约确认的权利；采取一切适当措施，包括立法，以修订或废止构成歧视残疾

---

① 四川省人民政府办公厅：《关于印发四川省"十三五"基本公共服务均等化规划的通知》，2017年10月，四川省残疾人联合会网站（http://www.scdpf.org.cn/zwgk/ghjh/201710/t20171009_26684.html）。

② 四川省人民政府办公厅：《关于印发〈四川省人口发展中长期规划〉的通知》，2022年3月，四川省人民政府网站（https://www.sc.gov.cn/10462/11555/11563/2022/3/31/1d001c516b5d4b88ab5f6f35b3432518.shtml）。

人的现行法律法规、习惯和做法；在一切政策和方案中考虑保护和促进残疾人的人权"①。从其他国家对融合教育立法实践来看，主要从法律文本角度对融合教育的实施做出了硬性规定与强制性要求，但对于本国融合教育中长期发展战略谋划明显不足。从四川省把融合教育纳入立法程序、制定政策法规、进行战略谋划来看，应该说是真正全面履行了联合国《残疾人权利公约》关于缔约国的相关义务条款。就具体条款表述内容，在四川省的融合教育法治化进程中，不仅包括强制性的法律规定，也包括对融合教育制定出中长期发展战略与长远谋划。四川省对融合教育作出深谋远虑的战略谋划和顶层设计，既确保了四川省融合教育能够得到几十年如一日久久为功、强制推进，又聚焦设定的远景目标和长期使命能够实现接续推进。对于融合教育进行清晰而明确的战略谋划，"能够坚定地向一个方向持续推进，终积小胜为大胜、积跬步至千里"②，这既是四川融合教育能够取得显著成就的根本原因，也是四川乃至我国在融合教育法治化上有别于其他国家最鲜明的特征，并与"西方国家在政党轮替或政府换届之后就会出现另起炉灶、左右摇摆、政策反复等现象"③形成鲜明的对比。从这个角度上讲，四川将融合教育纳入立法程序、制定发展规划，充分彰显了中国共产党独特的治理优势。

---

① 柳华文：《人权知识：联合国核心人权公约与机制》，湖南大学出版社2016年版，第194页。
② 王若磊：《战略规划：中国共产党治国理政的重要优势》，《国家治理》2021年第10期。
③ 王若磊：《战略规划：中国共产党治国理政的重要优势》，《国家治理》2021年第10期。

第二节　四川融合教育的政策演进

2019年9月11日至13日，联合国教科文组织在哥伦比亚卡利举行的国际教育包容和公平问题论坛上发布了《卡利声明》，重申对联合国可持续发展目标（SDG）和教育2030行动框架中的国际人权议程的承诺，并倡议各国要采取跨部门的办法进行立法规划与制定融合教育政策，明确各个部门与系统在实施融合教育中的角色和责任，确保每个人在整个生命周期中都能获得高质量的包容性学习机会，包括幼儿护理和教育、义务教育和正规教育以外的培训。《卡利声明》特别强调"各国政府必须领导融合教育政策，并在各级支持足够的资金，确保资金得到公平和有效利用"[1]。制定清楚明晰、可操作性强的融合教育政策，是融合教育有效实施的国际共识。从四川省党委政府出台的融合教育政策来看，主要分为两大类，一是制定强制性与宏观性较强的政策规章与文件制度，二是制定可操作性强的具体工作方案。不论是政策文件还是工作方案，都是对前面述及的关于融合教育的法律条款与发展规划的具体实施。

一、出台政策文件

1990年以来，四川省政府开始出台政策，对以随班就读为主体的特殊

---

[1] UNESCO：*Cali Commitment to Equity and Inclusion in Education*，2019-10，UNESCO Website（https://unesdoc.unesco.org/ark:/48223/pf0000370910）.

教育给予了大力支持。三十多年来，先后有12个政策文件涉及随班就读工作，其中关于特殊教育发展专门政策文件有2个，纳入义务教育均衡发展、检查验收、困境儿童、民族教育、城乡教育、中西部教育、残疾人权益等政策文件有10个。这从侧面反映出四川省政府对特殊教育的关心重视。

（一）特殊教育政策文件中关于随班就读工作措施

自1990年以来，四川省先后制定出台了《关于发展四川特殊教育若干意见》《关于推进特殊教育改革和发展的意见》等省级层面政策文件，在这些政策文件中均对随班就读工作提出了具体措施办法。比如1990年，省政府为执行和落实《中华人民共和国义务教育法》《中华人民共和国残疾人保障法》和《国务院办公厅转发国家教委等部门关于发展特殊教育若干意见的通知》，出台了《四川省人民政府批转省教委等部门关于发展四川特殊教育若干意见的通知》，对到20世纪末四川特殊教育事业发展的方针和奋斗目标等做了明确规定，将特殊教育事业发展纳入九年制义务教育轨道，进行统一规划、统一领导、统一实施和统一检查验收。[①]1993年，省教委转发了国家教委《关于开展残疾儿童少年随班就读工作的试行办法》和《全国残疾儿童少年随班就读工作会议纪要》两个通知文件，要求各地结合实际做好残疾儿童少年随班就读工作。2002年12月，四川省人民政府出台的《关于推进特殊教育改革和发展的意见》，这是四川省级文件中第一次对随班就读工作格局、发展目标、配套政策等做出了明确的规定。该《意见》明确"切实将残疾儿童少年教育纳入义务教育体系……普通中小学校、职业学校要依法接受本校服务范围内能够在校学习的残疾儿童少年随班就读。……对在普通中小学校就读的家庭经济困难的残疾学生予以减免杂费、书本费……对普通

---

① 参见四川省人民政府主办，四川年鉴编辑委员会编辑《四川年鉴》，1992年，第416页。

学校承担特殊教育和随班就读工作的教师安排一次比较正规的短期培训。加强特殊教育学校和招收残疾儿童少年随班就读的普通学校校长的培训工作,提高其对特殊教育的管理水平……把特殊教育知识作为普通中小学教师继续教育的内容"①。应该说,川府函〔2002〕359号文件的出台,直接促使四川各级地方政府纷纷采取有力措施推动随班就读工作,比如开展随班就读实验工作,探索建立随班就读支持保障体系,建设随班就读资源教室等,在全省各地形成了随班就读工作蓬勃发展的良好态势,为后来的办好特殊教育奠定了坚定的政策基础。

(二)义务教育政策文件中关于随班就读工作措施

前已述及,在特殊教育发展中,有相当长的一段时间把残疾人教育纳入义务教育体系之中,一并部署,一同检查。从20世纪90年代以来,四川省在义务教育发展政策中,都对残疾人教育发展情况做出了明确的规定。比如1995年4月,四川省人民政府印发了《关于印发〈四川省普及义务教育基本要求及检查验收办法〉的通知》,这是四川省级文件中第一次把随班就读率纳入教育评价指标体系,明确规定"各类残疾(即视力、听力、语言和智力三类)适龄儿童、少年的入学率,在'八五'期间,城市和经济文化发达的县(市、区)分别达到80%左右(含在普通学校随班就读的学生),其他地方分别达到60%左右;在'九五'期间,城市和经济文化发达县(市、区)分别达到85%以上,其他县分别达到65%以上";在"办学条件"中规定,"特殊教育的校点(盲、聋哑、弱智儿童的校、班、随班就读等),按规划设置,办学条件除达到一般普通小学要求外,还要具有特殊教育需要的教学辅助用房和生活用房";"对2000年前只能普及初等义务教

---

① 四川省人民政府:《关于推进特殊教育改革和发展的意见》,《四川政报》2003年第3期。

育县的基本要求"中规定,"县城和集镇的适龄残疾儿童、少年的入学率达到60%"。① 由此可见当时随班就读入学率是根据区域发展水平来进行政策设计的,而且是按照五年规划的方式进行分步设计的,体现了实事求是的务实作风。2013年9月6日颁布的《四川省人民政府关于深入推进义务教育均衡发展的实施意见》,明确"保障特殊群体平等接受义务教育……完善普通学校接受残疾儿童、少年就学办法,支持在普通学校开办特殊教育班或提供随班就读条件,接收具有接受普通教育能力的残疾儿童少年学习"②。对随班就读接受对象做出了符合实际的规定,即必须是具有接受普通教育能力的残疾儿童少年,而不是一刀切,体现出政策制定的可操作性。2014年7月7日,四川省人民政府办公厅正式印发《均衡配置义务教育资源促进教育公平专项改革方案》,提出要"到2018年,全省基本实现县域内义务教育基本均衡的目标,义务教育公共服务体系全面形成,人人享有更好更公平的教育。……实施《特殊教育提升计划(2014—2016年)》……力争经过3年努力,基本普及残疾儿童少年义务教育"③。2016年2月29日,四川省人民政府颁布了《关于进一步完善城乡义务教育经费保障机制的实施意见》,提出要"特殊教育学校和随班就读残疾学生按每生每年6000元标准补助公用经费"④。加强了对随班就读工作的经费支持力度,有效防止了对随班就读

---

① 四川省人民政府:《四川省普及义务教育基本要求及检查验收办法》,《四川政报》1995年第18期。
② 四川省人民政府:《关于深入推进义务教育均衡发展的实施意见》,2014年4月,四川省人民政府网站(https://www.sc.gov.cn/10462/11555/11562/2014/4/17/10298954.shtml)。
③ 四川省人民政府办公厅:《关于印发均衡配置义务教育资源促进教育公平专项改革方案的通知》,2014年7月,四川省人民政府网站(https://www.sc.gov.cn/10462/10883/11066/2014/7/15/10307401.shtml)。
④ 四川省人民政府办公厅:《关于进一步完善城乡义务教育经费保障机制的实施意见》,2016年3月,四川省人民政府网站(https://www.sc.gov.cn/10462/c103044/2016/3/2/3f76691edb5047058a5b791608a842c1.shtml)。

学生出现辍学情况。2017年3月19日,在颁布实施的《四川省人民政府关于统筹推进县域内城乡义务教育一体化改革发展的实施意见》中,明确要求要"通过多种方式确保适龄儿童、少年不因上学不便而辍学。……通过特教班、随班就读、送教上门等方式,保障农村残疾儿童平等接受义务教育。……完善由'县长、乡(镇)长、校长、村长、家长'共同负责的'五长责任制',建立目标责任制和联控联保机制。县级教育、公安等部门(单位)要会同乡(镇)政府、街道办事处和村(居)委会建立动态监测机制……督促监护人送适龄儿童、少年入学并完成义务教育"①。这些举措进一步把政府举办残疾人教育的法定职责落到实处,同时也通过随班就读工作机制的健全完善,保证了随班就读工作沿着正确的方向前进。

(三)其他政府文件中关于随班就读工作措施

除了上述特殊教育与义务教育政策文件中对随班就读工作措施进行明确设定外,在其他的省级政府文件中也有对随班就读工作的表述。比如2011年6月17日印发实施的《四川省人民政府办公厅关于加强孤儿保障工作的实施意见》中,提出要"落实孤儿教育保障政策。……切实保障残疾孤儿受教育的权利,对具备条件的残疾孤儿,安排落实在普通学校随班就读"②。2016年12月23日,在四川省人民政府《关于加强困境儿童保障工作的实施意见》中也提出,要"对于残疾儿童,要建立随班就读支持保障体系,为其中家庭经济困难的提供包括义务教育、高中阶段教育在内的12年

---

① 四川省人民政府:《关于统筹推进县域内城乡义务教育一体化改革发展的实施意见》,2011年6月,四川省人民政府网站(https://www.sc.gov.cn/10462/10883/11066/2011/6/21/10166234.shtml)。
② 四川省人民政府办公厅:《关于加强孤儿保障工作的实施意见》,2011年6月,四川省人民政府网站(https://www.sc.gov.cn/10462/10883/11066/2011/6/21/10166234.shtml)。

免费教育"①。这两份关于困境儿童的政策文件,专门对困境残疾儿童受教育权保障问题给予了特殊的照顾,比如随班就读支持保障体系的建立、12年免费教育等,都充分体现了四川省委、省政府对残疾人教育的高度重视与有力支持。在四川省人民政府《关于加快推进残疾人小康进程的实施意见》中,提出"推行全纳教育,建立随班就读支持保障体系,确保所有适龄残疾儿童少年接受义务教育。……随班就读、特教班和送教上门等义务教育阶段生均预算内公用经费参照上述(每生每年6000元——引者注)标准执行"②。在《四川省人民政府关于加快发展民族教育的实施意见》中,提出要"改善普通学校残疾学生学习和生活条件,提高随班就读和特教班教学质量"③。在《四川省贯彻落实〈国务院办公厅关于加快中西部教育发展的指导意见〉的实施方案》中,明确要求"在残疾学生较多的普通中小学和中等职业学校设立特教资源教室,对残疾学生实施特殊教育和康复训练。支持中等职业学校招收残疾学生,帮助学生掌握一技之长。鼓励高校招收残疾学生,扩大残疾学生接受高等教育机会。……对普通中小学承担特教任务的教师,在绩效工资分配上给予倾斜。……随班就读残疾学生按不低于每生每年6000元标准补助公用经费"④。上述的几个政策文件更多是从经费保障、资

---

① 四川省人民政府:《关于加强困境儿童保障工作的实施意见》,2016年12月,四川省人民政府网站(https://www.sc.gov.cn/10462/c103044/2016/12/27/bdd7af4a810c42f4b025ba4bee980160.shtml)。
② 四川省人民政府:《关于加快推进残疾人小康进程的实施意见》,2017年10月,四川省残疾人联合会网站(http://www.scdpf.org.cn/zwgk/zcfg_161/201710/t20171008_26622.html)。
③ 四川省人民政府:《关于加快发展民族教育的实施意见》,2016年12月,四川省人民政府网站(https://www.sc.gov.cn/10462/c103044/2016/12/1/889bb97710b54bc8b9ec5218181141b3.shtml)。
④ 四川省人民政府办公厅:《四川省贯彻落实〈国务院办公厅关于加快中西部教育发展的指导意见〉的实施方案》,2016年12月,四川省人民政府网站(https://www.sc.gov.cn/10462/c103044/2016/12/27/bdd7af4a810c42f4b025ba4bee980160.shtml)。

源支持的角度,对随班就读工作给予了明确的政策支持。比如随班就读学生每年6000元的公用经费补助标准,在很大程度上解决了各普通学校开展随班就读工作的经费难题,有效地提高了推进随班就读工作的积极性。因此,这些政策对随班就读工作发挥了重要的补充作用。

上述带有较强规制性的政府文件,把融合教育作为某一方面的工作而做出了明确的政策规定,21世纪初以来尤其是党的十八大以来,四川省包括融合教育在内的特殊教育实现了快速跃升,不论是特殊教育学校新增建设数量、残疾儿童入学率、普通学校资源教室建设数量等,都实现了超常规的跨越式发展。融合教育越来越受到世界各国的高度重视,确有必要在省级层面专门制定出台关于融合教育发展的意见,以更好地推进实施融合教育的发展,并与国际融合教育发展潮流相适应。

二、制定工作方案

1994年以来,围绕特殊教育的发展,四川省政府与省教委(省教育厅)持续出台具体的实施方案、工作方案,加快省委、省政府关于特殊教育战略部署的落地落实。如制定特殊教育实施方案、特殊教育提升计划、特殊教育资源室建设要求、特殊教育经费安排、随班就读方案、创业就业扶持,等等,保证了融合教育得到强有力的推进。

(一)特殊教育实施方案中有关随班就读的安排

自20世纪90年代以来,在《特殊教育实施方案》《四川省贯彻落实〈国务院办公厅关于加快中西部教育发展的指导意见〉的实施方案》《四川省进一步调整优化结构提高教育经费使用效益实施方案》《四川省教育领域省与市县财政事权和支出责任划分改革方案》《新时代深化改革推进基础教育高质量发展实施方案》等5个实施方案中,涉及随班就读、特殊教育的内容。

比如，为做好随班就读工作，四川省领导小组1994年制定了《特殊教育实施方案》，提出了明确的随班就读目标。要求掌握适龄（0—17岁）残疾儿童少年的人数、分类和分布情况，并附有残疾儿童、少年在普通学校就读的方案，要求特殊教育入学率在60%以上，其中盲童、聋童入学率达50%以上，智力落后儿童入学率达60%以上，特殊儿童在校巩固率达80%，另外随班就读班级整体教学质量不能降低，还应有所提高。明确了残疾学生学业进步目标，明确了教师上岗要经过特殊教育培训，掌握一定的特殊教育理论，在教学中不断积累经验。各方人士（教委办公室人员、校长、教师、家长、社区、学生等）对特殊教育的认识要有所提高，能给予积极支持与帮助。《特殊教育实施方案》结合四川省宣汉县等地方特点，为项目县、乡、学校制定了一套管理制度，明确了县、乡、校三级管理职责，健全地方性法规制度，严格依法治教。具体职责内容如下。一是县级管理。组织调查、了解、掌握本地区残疾儿童基数。根据上级制定的特殊教育计划，结合本地区的实际，制定县残疾儿童随班就读实施方案；制定保障实施方案落实的有效措施，并提供必要的物质条件；组织残疾儿童随班就读的师资培训工作；设立巡回辅导教师，负责对残疾儿童随班就读的教师工作给予咨询指导；组织评估、视察工作；定期向上级主管部门汇报工作；按照省项目领导小组制定的项目经费管理和使用分配原则，制定本地区项目经费的使用和管理办法。二是乡级管理。负责政策、法规的宣传，制定本地区义务教育实施方案；组织调查、了解、掌握本地区残疾儿童基数，制定残疾儿童随班就读方案；组织确保办学条件的改善，为残疾儿童就学提供物质条件；组织项目的自查、评估，监督学校的教育工作。三是学校管理。认真落实县、乡教育行政部门制定的残疾儿童随班就读实施方案；负责接收本学区符合条件的残疾儿童入学；做好随班就读的学籍管理工作；检查、指导、评估承任残疾儿童随班就读任务的教师的工作，帮助总结经验；确保教师接受本地区残疾儿童随班就读的业务培训；联系本地区的残疾人联合会，共同做好残疾儿童随班就读工作；做好随班就读残疾儿童家长工作；总结残疾儿童随班就读方面的经验，收集、积累有关资料。

再比如，在2016年11月28日四川省人民政府办公厅《关于印发〈四川省贯彻落实《国务院办公厅关于加快中西部教育发展的指导意见》的实施方案〉的通知》中，进一步明确了保障残疾人受教育权利的具体办法，"确实不能到校就读的重度残疾儿童少年，提供送教上门服务"。"鼓励有条件的康复机构、儿童福利机构增设学前教育、义务教育特教班……支持中等职业学校招收残疾学生……鼓励高校招收残疾学生"①。针对不同类型的残疾儿童少年，提出了随班就读的相关要求。在2019年1月15日四川省人民政府办公厅《关于印发四川省进一步调整优化结构提高教育经费使用效益实施方案的通知》中，提出要"单独核定并落实义务教育阶段特殊教育学校和随班就读残疾学生公用经费，确保经费落实到学校（教学点），确保学校正常运转。现有经费补助标准高于基准定额的，要确保水平不降低，同时鼓励各地结合实际，提高公用经费补助标准"②。对随班就读学生的经费保障进行了具体规定。在2020年10月9日四川省人民政府办公厅《关于印发四川省教育领域省与市县财政事权和支出责任划分改革方案的通知》中，也提出要"特殊教育学校和随班就读残疾学生公用经费补助所需经费，按照生均公

---

① 四川省人民政府办公厅：《四川省贯彻落实〈国务院办公厅关于加快中西部教育发展的指导意见〉的实施方案》，2016年12月，四川省人民政府网站（http://zcwj.sc.gov.cn/xxgk/NewT.aspx?i=20161201082800-146467-00-000）。
② 四川省人民政府办公厅：《关于印发四川省进一步调整优化结构提高教育经费使用效益实施方案的通知》，2019年1月，四川省人民政府网站（https://www.sc.gov.cn/10462/c103042/2019/1/25/2da5fa0af5c84c14afd9ce34b44eb3eb.shtml）。

用经费国家基准定额分担规定执行"①。在2020年12月28日四川省人民政府办公厅《关于印发新时代深化改革推进基础教育高质量发展实施方案的通知》中，提出要"加大投入力度，加强特殊教育学校和资源教室建设，不断提高残疾儿童少年入学率。……进一步扩大高中阶段特殊教育资源和办学规模"②。确定了把随班就读工作拓展到高中阶段、加强资源教室建设的工作方向，成为随班就读高质量发展的重要保障。

应该说，这些实施方案提出的措施都十分具体实在，对于推动落实随班就读工作无疑发挥了基础性、可操作性的价值与作用。

（二）特殊教育行动计划中有关随班就读的安排

关于特殊教育的专项行动计划主要集中在党的十八大以后，近十年来四川省先后出台了四份行动计划，其中包括三期特殊教育提升计划，以及妇女儿童工作专项行动计划。四份行动计划中都对随班就读工作的重点与难点进行了专门的部署。比如在2014年出台的《特殊教育提升计划（2014—2016年）实施意见》中，积极吸纳国际融合教育发展理念，提出要"全面推进全纳教育，使每一个残疾孩子都能接受合适的教育。……建立以普通学校随班就读为主体……的残疾儿童少年义务教育体系。……所有义务教育阶段学校都要创造条件依法接收具有接受一定普通教育能力的残疾儿童少年随班就读。……鼓励和支持有条件的普通幼儿园开设残疾儿童学前班……开

---

① 四川省人民政府办公厅：《关于印发四川省教育领域省与市县财政事权和支出责任划分改革方案的通知》，2020年10月，四川省人民政府网站（https://www.sc.gov.cn/10462/c103046/2020/10/10/cf2779a15ee3403eb76618ab842a5135.shtml）。

② 四川省人民政府办公厅：《关于印发新时代深化改革推进基础教育高质量发展实施方案的通知》，2020年12月，四川省人民政府网站（https://www.sc.gov.cn/10462/zfwjts/2020/12/29/4453038ab11a42ddb740588d7a42fc56.shtml）。

展随班就读的实验和探索"①。既强调了残疾儿童少年义务教育体系的建立，也提出了推动随班就读向学前教育延伸的要求。2018年1月，四川省教育厅等七部门联合出台了《四川省第二期特殊教育提升计划（2017—2020年）》，提出了"到2020年，各级各类特殊教育普及水平全面提高……保障能力显著提高，教育质量全面提升"。其中一个关键指标是，"全省残疾儿童少年义务教育入学率达到95%以上"。"研究制定推进残疾儿童少年融合教育的相关政策。以县（市、区）为单位统筹规划，分片区选择部分普通学校建立资源教室，配备专门从事残疾人教育的教师。"要求有5人以上在校就读残疾学生的所在普通学校，"也要逐步建立特殊教育资源教室，配备专兼职'资源教师'。各地要依托乡镇中心学校建立资源教室，加强对农村随班就读工作的指导"。②关注的焦点集中在随班就读资源教室的建设与资源教师的配备上，重点攻坚随班就读支持保障体系的建设。在2022年6月9日四川省教育厅发布的《四川省"十四五"特殊教育发展提升行动计划实施方案（征求意见稿）》中，提出"以适宜融合为目标，促进残疾儿童少年自尊、自信、自强、自立，实现最大限度的发展"的总体要求，明确"全面推进融合教育……促进普通教育、职业教育、医疗康复、信息技术与特殊教育进一步深度融合"等主要任务，出台"压实义务教育阶段普通学校接收残疾儿童随班就读的主体责任，确保区域内有学习能力的适龄残疾儿童应随尽随、就近就便优先入学……扩大招生规模，完善残疾学生就读普通高校措施……建立普通教育和特殊教育联盟发展机制……积极推进融合教育实施，探索适应残疾儿童和普通儿童共同成长的融合教育模式，推动残疾儿童和普

---

① 四川省人民政府办公厅：《转发教育厅等部门关于特殊教育提升计划（2014—2016年）实施意见的通知》，2014年6月，四川省人民政府网站（https://www.sc.gov.cn/10462/10883/11066/2014/6/26/10305836.shtml）。
② 四川省教育厅等：《四川省第二期特殊教育提升计划（2017—2020年）》，2018年2月，四川省人民政府网站（https://www.sc.gov.cn/10462/12771/2018/2/1/10444213.shtml）。

通儿童融合"①等措施。首次把融合教育写入特殊教育提升行动计划，第一次把我国使用多年的"随班就读"一词转换为融合教育，体现出与国际融合教育发展的接轨。该《实施方案》关注的焦点主要集中在随班就读高质量发展上，从表述内容上看也更加具体详细，可行性与可操作性十分强。此外，2017年5月27日四川省人民政府办公厅发布了《关于印发四川省妇女儿童工作专项行动计划（2017—2020年）的通知》。该《通知》提出"残疾儿童少年义务教育入学率≥95%"的发展目标，要求"针对残疾儿童实际，通过特教班、随班就读、送教上门等多种方式，做到'一人一案'，切实保障适龄残疾儿童平等接受义务教育权利"②。

（三）残疾人工作意见中有关随班就读的安排

在一些残疾人工作意见省部级文件中，也对随班就读工作提出了具体要求。比如2018年以来，先后有《关于建立残疾儿童康复救助制度的实施意见》《教育部关于加强残疾儿童少年义务教育阶段随班就读工作的指导意见》《关于进一步做好残疾人就业创业工作的若干政策措施》《关于深化教育体制机制改革的实施意见》等4份文件，从发展残疾人事业的角度出发，对随班就读等特殊教育作出了相关部署。例如在2018年《四川省人民政府关于建立残疾儿童康复救助制度的实施意见》，从残疾人救助角度做出教育救助方面的具体规定，明确"救助对象为符合条件的0—6岁视力、听力、言语、肢体、智力等残疾儿童和孤独症儿童。脑瘫儿童年龄放宽至12

---

① 四川省教育厅：《关于面向社会征求〈四川省"十四五"特殊教育发展提升行动计划实施方案（征求意见稿）〉意见的公告》，2022年6月，四川省教育厅网站（http://edu.sc.gov.cn/scedu/c100495/2022/6/9/e19b2be49ccf44bba3e01d17f43c02e0.shtml）。
② 四川省人民政府办公厅：《关于印发四川省妇女儿童工作专项行动计划（2017—2020年）的通知》，2017年6月，四川省人民政府网站（https://www.sc.gov.cn/10462/c103046/2017/6/3/68da85c56bb44c92b773e8d23ba4ec1a.shtml）。

岁;在非特殊教育学校随班就读听障儿童申请人工耳蜗植入年龄放宽至12岁;肢体残疾儿童申请矫治手术年龄可放宽至14岁。……实施残疾儿童康复手术的,每名不超过3万元/年。开展康复训练的,每名不超过2万元/年。给予辅助器具适配的,基本辅助器具适配不超过0.5万元/人、人工耳蜗不超过6万元/人、助听器不超过1万元/人、普及型假肢安装每具不超过1万元/人,辅助器具适配后,两年内不得再救助同一类型辅助器具"①。充分体现了对残疾人的关心照顾。在2019年1月6日出台的《省委办公厅省政府办公厅印发关于深化教育体制机制改革的实施意见》中,提出"要完善特殊教育融合发展机制,改进特殊教育育人方式,强化随班就读,健全特殊教育经费保障机制、专业支持体系,加强特殊教育教师队伍建设,探索建立适合残疾学生发展的考试评价体系,强化残疾学生职业教育。……改进特殊教育学校教师管理制度……落实特殊教育津贴等工资倾斜政策"②。对特殊教育发展机制、保障机制、评价机制、管理机制进行了部署安排。在2019年12月12日四川省残疾人联合会等17个单位联合出台的《关于进一步做好残疾人就业创业工作的若干政策措施》中,规定"绩效工资分配向特殊教育教师(含随班就读资源教师)倾斜,按照不低于当地中小学教师平均绩效工资水平15%的幅度提高特殊教育教师绩效工资水平"③。从薪酬与绩效工资分配角度,给予了随班就读教师特殊的政策支持。在2020年7月7日四川

---

① 四川省人民政府:《关于建立残疾儿童康复救助制度的实施意见》,2018年10月,四川省人民政府网站(https://www.sc.gov.cn/10462/c103044/2018/10/13/e32af547feb145cdbc408bf84064aab0.shtml)。
② 中共四川省委办公厅、四川省政府办公厅:《关于深化教育体制机制改革的实施意见》,2019年1月,四川省人民政府网站(https://www.sc.gov.cn/10462/10464/10797/2019/1/6/f7af839edecd4dddb00b517022c02342.shtml)。
③ 四川省残疾人联合会:《关于进一步做好残疾人就业创业工作的若干政策措施》,2020年1月,四川省残疾人联合会网站(http://www.scdpf.org.cn/zwgk/zcfg_161/202001/t20200107_29323.html)。

省教育厅转发的《教育部关于加强残疾儿童少年义务教育阶段随班就读工作的指导意见》中，从"高度重视，强化统筹力度；强化举措，提高教育质量；完善体系，强化资源配置"三个方面，提出了贯彻落实要求，并明确"要将随班就读纳入当地普及义务教育的整体工作中……足额拨付生均公用经费……要将普通学校实施融合教育情况、随班就读学生发展情况纳入当地教育行政部门对学校的年度综合考评以及对校长个人的年度考评……要将随班就读工作作为重要内容"①，不断加大义务教育均衡发展督导评估认定力度和地方政府履行教育职责督导评价力度。突出了对随班就读工作评估考核与督导检查要求，形成了比较具体实在的督导评价办法与机制。

（四）其他工作通知中有关随班就读的安排

除了上述与残疾人教育、特殊教育、随班就读工作直接相关的政策文件外，散见于其他一些省级文件通知中，也有对随班就读提出工作要求的。比如2018年1月2日，四川省人民政府办公厅《关于进一步加强控辍保学提高义务教育巩固水平的通知》，提出要"各地要保障残疾儿童少年特别是残疾孤儿的受教育权利，改善特殊教育学校办学条件，配备专业教师，提高普通学校随班就读质量"②。2018年7月30日，在《四川省教育厅关于进一步做好特殊教育资源教室建设工作的通知》中，也要求"到2020年前，所有招收5人以上数量残疾学生随班就读的普通学校，应设立特殊教育资源教室，不足5人的，由所在市（州）教育行政部门统筹，县（市、区）具体负责，在对区域内随班就读学生数量和残疾类型摸清情况的基础上，按片

---

① 四川省教育厅：《转发〈教育部关于加强残疾儿童少年义务教育阶段随班就读工作的指导意见〉的通知》，2020年7月，四川省教育厅网站（http://edu.sc.gov.cn/scedu/c100495/2020/7/8/1f381c17a76343a6a71d1be35bbeb1f4.shtml）。

② 四川省人民政府办公厅：《关于进一步加强控辍保学提高义务教育巩固水平的通知》，2018年1月，四川省人民政府网站（https://www.sc.gov.cn/10462/11555/11563/2018/1/24/10443437.shtml）。

区设置能辐射所有随班就读学生的资源教室。……要保障特殊教育资源教室建设经费投入，将所需资金纳入本级年度教育部门经费预算，确保资源教室建设规划按期实施完成，并有计划地更换、更新和丰富相关资源。省将统筹资金，对部分地区予以支持。各地要认真落实普通学校随班就读残疾学生享有的不低于每年6000元的特殊教育生均公用经费。加大对残疾学生的资助力度，提高资助水平，确保残疾学生从义务教育到高中阶段教育的12年免费教育。……普通学校应将资源教室纳入学校统一管理，配备好专兼职资源教师，在开放时间、经费投入、日常管理以及职能职责等方面建立完善的管理制度，保障资源教室正常发挥作用。资源教师承担的资源教室管理、随班就读教师和家长咨询和指导服务等工作，应计入其工作量，并在绩效考核、评优评先和职务（职称）评聘中给予倾斜。区域内特殊教育学校或特殊教育资源中心应加强对资源教室的业务指导和评估，对区域内资源教室的运行及成效进行考核评价，并将结果上报主管教育行政部门，充分发挥特殊教育资源中心对普通学校残疾学生随班就读工作的指导服务、辐射带动作用"①。这些通知文件的相关规定，是对残疾人教育有关政策文件的有益补充，对随班就读工作起到了助推的积极作用。

  上述涉及融合教育推进实施的工作方案，从体制机制改革、职责分工、质量建设、条件建设、经费保证、扶助救助等方面进行了系统地规定与安排，可以说涵盖了融合教育发展的方方面面，而且这些方案聚焦融合教育发展中存在问题的解决，具有很强的针对性。需要指出的是，从2014年起，省教育厅会同相关省级单位连续颁布实施三期特殊教育提升计划，每期执行时间为三年。这在四川省融合教育及至特殊教育史上具有划时代的意义，以此为标志显示出四川融合教育进入从数量规模发展为主调整到内涵质量建设轨道。

---

① 四川省教育厅：《四川省教育厅关于进一步做好特殊教育资源教室建设工作的通知》，2018年8月，四川省教育厅网站（http://edu.sc.gov.cn/scedu/c100540/2018/8/1/3d0d711721ee4d9ab493dfdd47829545.shtml）。

众所周知，政策具有导向、管制、调控、分配的功能。由于融合教育的特殊性，更需要政府通过制定完善而明确的政策，积极引导并调动各方力量协同推进融合教育，对促进融合教育发展的积极因素给予正向激励，对消极或不利因素加以负向约束，调控不同系统、不同部门之间在融合教育上的利益关系，基于促进公平公正原则，对融合教育给予倾斜性的照顾，从而保证融合教育的有效推进。自20世纪90年代初正式推行随班就读以来，四川省结合随班就读工作推进实际，及时制定出台了一系列政策文件与工作方案，有力地推进了随班就读工作沿着设定好的发展轨迹前进。尤其是党的十八大以来，可以看到四川省融合教育政策出台的密集程度在加强、频率在加快、改革创新在加速，显示出四川融合教育政策制度进入了快速发展、不断完善的新阶段，这从侧面也反映出四川融合教育进入了一个快速发展的跃升时期，也促进了四川融合教育从确保数量向提升质量的转轨。

综上所述，自20世纪90年代初以来，四川省近四十年的随班就读工作历程清晰地显示，通过纳入规划、制定政策文件、出台工作方案等方式，不断地健全完善融合教育发展的制度规章与政策举措，推动四川融合教育走出一条法治化、制度化的可持续发展之路。尤其是与其他国家融合教育立法实践相比较来看，四川省委发挥我们党善于战略谋划这一治国理政的突出优势，从四川实际省情与教育现状出发，接续谋划、科学制定融合教育中长期发展战略。正是历届党委政府持续不懈地发展融合教育，才使得今天的四川省残疾儿童少年入学率保持在97%左右，在西部欠发达的省份中取得了不俗的融合教育发展成绩，快速缩短与发达国家的差距。因此，在中国化视域下理解四川融合教育发展，制定融合教育中长期发展战略，是四川推进融合教育发展的典型经验，也彰显着中国式融合教育发展的显著优势，值得在今后的融合教育发展中不断继承、发展与创新。

第六章

中国化视域下四川融合教育的实践进路

根据《四川省"十四五"残疾人保障和发展规划》，四川省有622.3万残疾人[①]，约占全省总人口的7.4%，涉及近2000万家庭人口。前面已对四川融合教育的政策演变进行了详细而深入的分析，发现在四川融合教育实践进程中，运用战略思维对融合教育发展进行长远谋划，并一以贯之地接续推进落实，这是四川融合教育的显著优势，凸显了社会主义制度优势转化为融合教育治理效能的鲜明特点。有了好的融合教育政策，那么如何在政策的指导下抓好融合教育的实施，这是把政策转化成发展成效的关键环节。从总体上看，四川融合教育在充分发挥社会主义制度优势与中华优秀传统文化的天然优势的前提下，根据党和国家的决策部署，充分结合四川融合教育发展的实际，探索走出了一条先行先试、统筹推进、典型牵引的实践路径，把党和政府关于融合教育的战略谋划、政策安排，转化为四川融合教育飞速发展的实践样态，促使四川融合教育在短短的三十余年时间里取得了令人瞩目的成就。

第一节　先行先试：四川融合教育的试点实验

党的十一届三中全会做出了改革开放的伟大部署，马克思主义理论中

---

① 参见四川省人民政府《四川省"十四五"残疾人保障和发展规划》，2022年4月，四川省人民政府网站（https://www.sc.gov.cn/10462/11555/11562/2022/4/11/21d37f5edb6c4eb5bd749aa27344dfd8.shtml）。

国化有了新的突破。围绕以经济建设为中心的战略部署，设立经济特区、确定对外开放试点城市等一系列改革政策相继出台，加快了我国经济蓬勃发展。试点改革、试水先行成为各行各业竞相发展的典型措施。就保障残疾人平等受教育权利而言，试点改革也在全国各地铺展开来。比如自20世纪80年代中期以来，我国开展了残障学生随班就读实验，为在全国全面推行随班就读工作奠定了坚实的思想基础、理论基础与实践基础。正如丁启文评价说，"（20世纪）80年代对残疾人事业具有里程碑意义，许多对残疾人事业的历史进程和整体发展具有重大影响的事情、奠基性的事情完成于这个年代"，"是残疾人事业由收养救济向劳动福利向平等参与转型的十年"[1]。残疾人教育在这十年间也发生了翻天覆地的变化。从扩大残疾儿童少年入学率来看，我国的融合教育是从随班就读政策实验开始起步的。

在国家重视特殊教育发展的形势下，如何扎根四川大地办融合教育，这是萦绕在四川特教人脑海中的一个问题。在当时国家教委的部署下，四川参与全国残障学生随班就读实验，为四川融合教育发展提供实践依据与经验借鉴。

一、开展智力障碍儿童随班就读实验

1984年，省教育厅积极响应国家教育部关于智力障碍学生随班就读实验号召，在乐山师范学校附属小学试办了全省第一个智力障碍儿童辅读班。乐师附小的老师们通过自拟教学计划，自编语文教材，积极开展智力障碍儿童教育探索。这是目前有文献资料可查的四川省现代意义上的融合教育的发端。

---

[1] 丁启文：《建构新文明——人道原则与新残疾人观》，华夏出版社2001年版，第112—113页。

表6-1 乐山市随班就读学生情况（1991—2001）

年份	普校随班数（聋哑）	普校随班学生数（聋哑）	普校随班数（智障）	普校随班学生数（智障）
1991			1	
1992		11		65
1993	1	19	6	122
1994			4	146
1995			2	139
1996	14	17	7	182
1997		8	35	204
1998		8	37	213
1999		8	60	182
2000		6	56	172
2001		2		

1985年在成都、重庆等市地开办了智障儿童辅读班8个，招收学生102人。在成都市锦江区、新都县、重庆市市中区（今渝中区）开始对智障儿童随普通班就读进行试点，使近200名轻度智障儿童在普通学校的普通班接受教育。随后在普通小学附设智障儿童辅读班，招收轻度智障儿童随班就读。到1988年全省有24所小学附设智障儿童辅读班29班，在校接受智障儿童332人。1985年，重庆市市中区、沙坪坝区、江北区、巴县、江津县的普通小学试办了5个智障儿童辅读班。随后重庆市教育局及时总结推广5个智障班的经验，积极创造条件发展智障教育。南岸区、九龙坡区、北碚区、合川县、璧山县相继增办了智障儿童辅导班，到1989年，全市共有智障班13个，在校学生134人。

根据《中华人民共和国义务教育法》的要求，双流县从1989年开始落实残疾人教育工作，当时，除部分智障儿童在普通学校随班就读以外，主要在华阳、永安两地开设了智障儿童辅读班,并动员部分盲童生到市盲哑学校学习。1991年,省教委在成都锦江区、新都县、重庆市市中区开展智障儿童随普通班就读试点,近200名轻度智障儿童在普通学校的普通班受到特殊教育。1992年,智障儿童随班就读工作在部分县(如邛崃县、重庆市中区、成都市锦江区等)进入全县(区)推开试点阶段。随着残疾人教育工作的逐步深入,双流县1992年又在东升镇开设了一个智障儿童辅读班,强调随班就读的重要性,并于1994年5月在文星镇开办了双流县第一所聋哑学校。

二、开展盲童随普通班的试点实验

根据国家教委关于随班就读试点工作的统一部署,四川省教委1991年在江津、邛崃、新都、江油和犍为5个县(市),组织开展全省盲童随普通班的试点,当时共招收8名盲童就近进入普通学校普通班就读,为全省农村盲童入学开辟了一条新路。通过五县的盲童随普通班试点实验,形成了四川省农村地区门类比较齐全、工作协调发展的特殊教育网络,受到当时国家教委的表扬。在1991年试点经验基础上,1992年四川开始在全省普通学校广泛开展盲童随班就读工作。

三、残障儿童随班就读试点工作

1994年至1995年,受国家教委委托,中央教育科学研究所陈云英教授在四川、贵州等6个西部省份的15个贫困县开展"贫困地区开展特殊教育"项目研究。通过"普通小学对残疾儿童的合理安置,适当调整课程,改进教育教学方法,并提供其他必要的支持……进一步提高贫困地区残疾儿童的入学率和巩固率"①。当时陈云英教授在四川省选取了仪陇县、巴中县和宣汉县作为实验县，开展了对听力障碍、视力障碍和智力障碍三类残疾儿童的测查、安置，在普通小学提供特殊教育、师资培训等几个方面工作。省教委选派孔令太作为项目干部，配合特殊教育专家和特殊教育老师，推动四川省农村特殊儿童随班就读工作的开展。

根据陈云英的调查②，这一时期教育工作者、学校管理者、残疾学生家长及社会对随班就读工作认识不足。有的干部认为"健全儿童、少年接受教育还抓不过来，哪有精力管残疾儿童"。有的普通学校校长认为，"残疾儿童接受义务教育，应是特殊教育学校的事情"。有的教师担心残疾儿童与正常儿童一起学习，不仅要加重教师负担，也会影响正常的教学质量。有的家长认为残疾儿童上学没有用。仪陇县的部分群众曾有一种陈旧的观念，认为家中有残疾儿童是一件不光彩的事，不愿让孩子出门。巴中市为项目学校举行隆重的挂牌仪式，在会上对随班就读作了动员，让残疾儿童随班就读工作成为人民生活中的一件大事。宣汉县干部、教师挨家挨户进行动员，帮助残疾儿童家庭排忧解难，为残疾儿童入学提供条件。比如该县聋生向松、向丽的家长说："随班就读解决了我们家长的后顾之忧，上学免交学杂费、书本费，再加上教师的爱心、同学之间的照顾，使我们家长很受感动。"据北京盲人学校韩萍在《赴四川省项目县随班就读点工作报告》中指出，广安县借助项目的东风，也广泛宣传特殊教育的意义和作用，提高广大干部和群众的思想认识，建立组织管理系统，加强项目工作的管理指导，深入开展残疾儿童的筛查工作，积极开展随班就读教师的培训，推动了特殊教育的发展，残疾儿

---

① 陈云英、华国栋主编：《特殊儿童的随班就读试验：农村的成功经验》，教育科学出版社1998年版，第2页。
② 参见陈云英、华国栋主编《特殊儿童的随班就读试验：农村的成功经验》，教育科学出版社1998年版，第4页。

童的入学率已达 70.1%。①

李振、王浩瑜认为，政策试验是中国政策过程中一种极其重要的创新模式。② 政策试验具有鲜明的实践特征与马克思主义实践立场。通过政策试验为国家政策制定提供大量地方性认识，有利于提高政策的科学性、针对性与可操作性，有利于增强政府决策的纠偏能力，避免全国性决策出现重大失误，降低政策执行带来的危害风险。因此，政策试验是我们党治国理政的重要方式，也是不断被实践证明的成功经验，具有鲜明的中国治理特色。

教育治理体系与治理能力是国家治理体系与治理能力建设的重要组成。具有鲜明的中国治理特色的政策试验也被广泛运用在教育治理之中，20世纪80年代开展的随班就读实验，就是最好的例证。从国际融合教育发展来看，我国当时的随班就读试验就是具有中国特色的融合教育政策试验。四川随班就读三大试点实验，仍然十分鲜明地体现了这一点。20世纪80年代在乐山、成都等地进行的辅读班实验，90年代中央教育科学研究所在仪陇、巴中、宣汉等地开展的随班就读实验，以及21世纪初省教育厅在双流、井研等地实施的随班就读实验项目，都是具有明确意图的融合教育试点实践，为全省正式出台普遍适用的融合教育政策，提供可选择、经得起实践检验的经验。

应当看到，从1984年到1994年残障儿童的随班就读十年试验，扩大了融合教育的社会宣传，提升了思想认识，积累了工作经验，做好了政策准备，确立了四川全面推进实施融合教育的政策逻辑与实践逻辑，指明了融合教育发展路径与前进方向。十年的随班就读政策试验与实践，使四川全省教育工作者认识到，必须坚持党的领导，充分调动各方面资源力量来实施融合

---

① 参见华国栋主编《特殊教育师资培养问题研究》，华夏出版社2001年版，第122—123页。
② 参见李振、王浩瑜《容错机制落地难：地方政府的创新困境》，《文化纵横》2022年第2期。

教育；必须坚持以人民为中心、教育公益性原则，充分发挥能够集中力量办大事的制度优势来推进融合教育；必须立足四川历史实际、省情实际和时代实际制定融合教育政策，不能脱离四川经济社会发展现状盲目推进；必须把大力促进教育公平与提高教育质量并重，确保每名学生都能得到适宜的教育实现全面发展。这些随班就读的试点经验，为四川在全省范围内实施融合教育提供了科学合理、可复制推广的政策与工作方式方法，通过优化政策设计，把推进实施过程中的不确定性因素转为可调控因素，把潜在的风险降低到最小。四川融合教育获得了历史性发展机遇，进入一个快速发展的崭新时期。因此，中国化视域下的四川融合教育发展、先行先试的随班就读政策试验，是四川推进融合教育发展的典型经验，也彰显着中国式融合教育发展的显著优势。

第二节 统筹推进：四川融合教育的工作举措

融合教育的实施是一个复杂的系统工程，涉及政治体制、社会制度、行政管理、学校组织、师资队伍、经费投入、条件保障、物资设备等诸多方面要素。管理学理论告诉我们，越是复杂的工作，越是需要系统思维与统筹能力。正如习近平总书记指出，"我国改革已经进入攻坚期和深水区，进一步深化改革，必须更加注重改革的系统性、整体性、协同性，统筹推进重要领域和关键环节改革"①。统筹兼顾是中国共产党的科学方法论，也是在长期

---

① 中共中央文献研究室编：《习近平关于全面深化改革论述摘编》，中央文献出版社2014年版，第30页。

革命、建设、改革中形成的重要经验。[①] 对于比普通教育还要强调多系统协调、多部门合力的融合教育来说，其推进实施很显然更加需要用系统思维来统筹推进。从四川近四十年的融合教育实践来看，运用系统思维来统筹推进的特点十分鲜明，比如摆在优先位置系统集成推进、构建"以县为主"多方紧密配合机制、以第一资源意识培养融合教育师资、秉承"因材施教"传统实施个别化教育计划、基于实践立场探究融合教育四川路径、打造多层次全要素融合教育保障支持体系、聚焦全纳优质目标鼓励地方基层与群众创新实践等，从组织领导、师资队伍、教育方式、教学研究、保障支持等不同层面，对融合教育健康有序地实施做出了统筹安排，也体现出中国式融合教育实践路径的特征。

一、摆在优先位置系统集成推进

我国是社会主义国家，党和政府从教育的人民立场出发，以办好人民满意的教育为目标，坚持把教育摆在优先发展的位置上，全面贯彻落实党的教育方针，不断增强发展教育的责任意识。由于特殊教育的特殊公益属性，党和政府对于发展特殊教育给予更多的特别关注，坚持"政府主导、特教特办、重点扶持，统筹安排资金，有效配置资源"[②]，努力办好人民满意的特殊教育。就四川省而言，在发展融合教育上，党和政府系统集成推进主要体现在两个方面，一是置于优先推进，二是韧性推进实施。

[①] 参见胡琳《强化审计工作统筹 高质量推进审计全覆盖》，《现代审计与会计》2021年第11期。

[②] 国务院办公厅：《关于转发教育部等部门"十四五"特殊教育发展提升行动计划的通知》，《中华人民共和国国务院公报》2022年第5期。

(一)优先推进

教育是历史和社会的产物,同时教育又是培育人的一个主要因素。社会在变革,教育只有不断地创新,才能适应时代发展的要求。由于科学技术的日新月异,尤其是信息技术革命带来的信息无障碍的跨国界交流,知识的创造与更新加快,教师不再是知识的唯一传授者,学校从单纯的知识保存和传递场所转变为知识创造、技术创新的知识工厂,终身教育、学习型社会成为现代社会的显著特点。对知识与技术带来的社会新变化,教育的未来性功能日益凸显。为适应日益变化的社会对教育的新需求,联合国教科文组织在《学会生存——教育世界的今天和明天》中提出了著名的"教育先行"的观点:"现在,教育在全世界的发展正倾向先于经济的发展,这在人类历史上大概还是第一次。……教育在历史上第一次为一个尚未存在的社会培养着新人。"[1] 面向21世纪教育国际研讨会在《圆桌会议报告》中进一步指出:"过去,全世界的教育制度总是成为各种趋势的追随者,而不是这些趋势的创造者。现在,教育应当领先于变革,而不是只是对变革作出反映;应当在帮助塑造一个人们期望的21世纪的过程中发挥重要作用。"[2] 邓小平也反复讲"我们国家,国力的强弱,经济发展后劲的大小,越来越取决于劳动者的素质,取决于知识分子的数量和质量"[3]。教育是具有公益属性的公共服务事务,《中华人民共和国教育法》明确规定了政府对教育行使管理的职权,在现代国家中,都是由国家向公民提供学前教育和义务教育服务,所以,发展教育是政府的重要职责。邓小平就说过"忽视教育的领导者,是缺乏远见的、

---

[1] 联合国教科文组织国际教育发展委员会编著:《学会生存——教育世界的今天和明天》,华东师范大学比较教育研究所译,职工教育出版社1989年版,第38—39页。
[2] 国家教委国家教育发展研究中心、中国教科文组织全委会秘书处编:《未来教育面临的困惑与挑战——面向21世纪教育国际研讨会论文集》,人民教育出版社1991年版,第17页。
[3] 邓小平:《各级党委和政府要把教育工作认真抓起来——在全国教育工作会议上的讲话(1985年5月19日)》,《人民日报》1985年5月20日第1版。

不成熟的领导者，就领导不了现代化建设"①。并进一步指出"我们要千方百计，在别的方面忍耐一些，甚至于牺牲一点速度，把教育问题解决好"②。充分体现了邓小平对发展教育的重视。1992年10月12日，在党的十四大报告中，明确提出把教育摆在优先发展的战略地位。因此，教育优先发展，是党和国家关于我国经济社会发展的一项长期战略决策。十八大以来，党和国家始终坚持把教育放在社会主义现代化建设优先发展的战略地位。习近平总书记在不同场合讲话中多次强调要优先发展教育，比如2020年9月22日，在教育文化卫生体育领域专家代表座谈会上指出，"教育是国之大计、党之大计。……坚持优先发展教育事业，坚定为党育人、为国育才，努力办好人民满意的教育"③。

四川省委、省政府及省教委（厅）深入贯彻落实党中央关于教育优先发展战略的决策部署，把融合教育放在重点位置与优先地位给予高度重视。比如四川省人民政府《关于推进特殊教育改革和发展的意见》，明确提出"坚持将残疾儿童少年义务教育作为特殊教育事业发展的重点，按照分区规划、分类指导、分步实施的原则，推进残疾儿童少年义务教育的持续发展"④。《四川省教育厅关于编制并报送特殊教育事业发展规划和特殊教育学校建设规划的通知》要求"以党的十七大精神为指导，进一步关心和重视特殊教育发蔚县，以特殊教育的义务教育、职业教育为重点，注重加强建立特殊教育政策保障体系建设，大力推进特殊教育可持续发展"⑤。而在四

---

① 邓小平：《各级党委和政府要把教育工作认真抓起来——在全国教育工作会议上的讲话（1985年5月19日）》，《人民日报》1985年5月20日第1版。
② 邓小平：《邓小平文选》第3卷，人民出版社1993年版，第275页。
③ 习近平：《习近平谈治国理政》第4卷，外文出版社2022年版，第339页。
④ 四川省人民政府：《关于推进特殊教育改革和发展的意见》，《四川政报》2003年第3期。
⑤ 杜学元主编：《四川特殊教育史料集成》上，西南财经大学出版社2021年版，第35页。

川省人民政府办公厅转发教育厅等部门《关于特殊教育提升计划（2014—2016年）实施意见的通知》中，进一步要求"各级财政支持的残疾人康复项目优先资助残疾儿童……全省各级财政要进一步优化教育经费支出结构，安排支持特殊教育发展的专项资金，切实加大对本地特殊教育经费的投入力度。……在中小学校和中职学校中从事特殊教育的教师竞聘高一级专业技术岗位时，同等条件下优先"[1]。2022年6月，《四川省"十四五"特殊教育发展提升行动计划实施方案（征求意见稿）》明确提出要坚持特教特办、重点扶持的要求，并规定"各地应落实学前、高中阶段生均公用经费拨款政策，继续向特殊教育倾斜。……优先将符合条件的义务教育阶段和普通高中阶段残疾学生纳入生活补助和助学金范围。高校残疾学生优先获得国家助学金。……优化公费师范生招生结构，倾斜支持特殊教育公费师范生培养。……在内部绩效工资分配中应对直接承担残疾学生教育教学工作、作出突出贡献的人员给予适当倾斜……教师职称评聘和表彰奖励向特殊教育教师倾斜"[2]，等等。

除省级层面加大融合教育的优先保障、重点支持、倾斜照顾外，各市州也通过出台政策文件等方式，给予融合教育以重点支持。比如井研县人民政府《关于进一步推进特殊教育改革和发展的意见》提出："特殊教育是义务教育的重要组成部分，各级、各部门要高度重视残疾人事业发展，坚持将

---

[1] 四川省人民政府办公厅：《转发教育厅等部门关于特殊教育提升计划（2014—2016年）实施意见的通知》，2014年6月，四川省人民政府网站（https://www.sc.gov.cn/10462/10883/11066/2014/6/26/10305836.shtml）。

[2] 四川省教育厅：《关于面向社会征求〈四川省"十四五"特殊教育发展提升行动计划实施方案（征求意见稿）〉意见的公告》，2022年6月，四川省教育厅网站（http://edu.sc.gov.cn/scedu/c100495/2022/6/9/e19b2be49ccf44bba3e01d17f43c02e0.shtml）。

残疾儿童少年义务教育作为特殊教育事业发展的重点。"[1] 雅安市《关于特殊教育提升计划（2014—2016年）实施方案的通知》规定，"坚持统筹规划和改革发展的原则，优先发展残疾儿童少年义务教育，全面落实政府责任，完善投入保障，夯实特殊教育的发展基础"[2]。《达州市第二期特殊教育提升计划（2017—2020年）的通知》提出"普惠加特惠，特教特办"的目标要求，强调："落实各级政府及相关部门发展特殊教育的责任，倾斜支持特殊教育。……在安排学前、高中阶段和高等教育财政预算时，重点向特殊教育倾斜。……优先将符合条件的义务教育阶段和普通高中阶段残疾学生纳入生活补助和助学金范围。……把特殊教育师资培训纳入教师继续教育规划并予以优先支持。"[3]

综上所述，四川省各级党委、政府把融合教育作为教育发展的重要组成，摆在优先发展的战略位置，牢固树立责任政府意识和教育优先思想，从思想认识、发展规划、资金投入、资源配置、工资待遇、评优评奖等多方面，给予了重点倾斜与优先照顾，有力地促进了融合教育快速发展。

（二）韧性推进实施

四川省委、省政府及省教委（厅）运用统筹兼顾的工作方法，统筹融合教育与全省经济社会协调发展，统筹融合教育与全省各级各类教育协调发展，统筹全省各方面力量合力推进融合教育，保持融合教育政策的连续性，先后经历了思想认识提高期、试点实验探索期、全省推动发展期、内涵质量建设期4个阶段，一以贯之地接续推进融合教育向前发展，展现出四川各

---

[1] 杜学元主编：《四川特殊教育史料集成》上，西南财经大学出版社2021年版，第57页。

[2] 杜学元主编：《四川特殊教育史料集成》上，西南财经大学出版社2021年版，第124页。

[3] 杜学元主编：《四川特殊教育史料集成》上，西南财经大学出版社2021年版，第130—133页。

级党委、政府在融合教育上的工作韧性，体现出鲜明的系统集成推进特点。

1. 思想认识提高期（1980—1989）

因应国家关于发展特殊教育的要求，四川省委、省政府和省教委（厅）这一时期开始关注特殊教育的发展。比如，省教育厅1985年在乐山召开了全省特殊教育经验交流会，1987年省教委在自贡市召开全省弱智教育座谈会。1989年，在全省特殊教育工作会议上，副省长韩邦彦做了题为"各级政府要把发展特殊教育事业作为一件大事来抓"的讲话。这几次全省性会议，为四川加强特殊教育发展奠定了较好的思想认识基础与组织领导基础。

2. 试点实验探索期（1990—1999）

20世纪90年代开始，省教委高度重视包括随班就读在内的特殊教育发展，并以试点实验方式，开展融合教育的政策制度、发展道路、保障支持等方面的探索，在纳入法治化轨道、出台政策举措、给予经费保障等方面，加强了融合教育的组织领导。

比如1990年，省教委首次把特殊教育列入对市地州基础教育目标管理的内容，进行年度考核评估，并首次明确要求50万人口以上、1988年以前基本普及初等教育的县（市、区），要在1991年兴办特殊教育校（班），消灭特殊教育空白点。1995年，省政府把特殊教育纳入"普九"轨道，对特殊教育入学指标做了更加明确的规定，把特殊教育的入学率作为普及义务教育检查验收的重要指标之一，探索依法保障残疾儿童少年的受教育权。融合教育自此进入法治化发展轨道。

再如，1991年6月，省教委在江油市召开了全省盲、聋教育经验交流会，促进了特殊教育发展，形成了以特殊教育学校为骨干、以特教班和随班就读为主体的特殊教育格局。[1]1993年，省教委、省残联联合召开了四川省

---

[1] 参见四川省人民政府主办，四川年鉴编辑委员会编辑《四川年鉴》，1992年，第416页。

特殊教育工作暨表彰会。这是省级教育系统与残联系统首次合作推进特殊教育工作，邛崃县、江津县、绵阳涪城区等县市区被评为"全国特殊教育先进县"。1994年，为了支持中央教育科学研究所陈文英教授在宣汉县等地开展随班就读实验，省教委还出台了具体的工作制度，比如建立残疾儿童教育卡，其内容包括残疾儿童的基本情况、未入学或辍学原因、何时到校就读、教育措施、每学期完成教育目标情况及校内外表现。还有流失学生报告制度、考核评估制度、学额巩固奖惩制度。对残疾儿童实行免费入学制度，残疾儿童应承担的杂费、书本费均由地方政府负责；改善办学条件，为残疾儿童创造良好的学习环境。对从事随班就读教师加发原来工资的8%至15%，作为特殊教育津贴，在教师转正、定级、评定职称、评先进等方面予以优先。为路途远、行动不便、家境困难的残疾儿童解决食宿问题。

还如，1991年在财政预算内教育事业费支出中，省教委用于特殊教育经费494.6万元，同比增加11.7%，是全国当年预算支出经费增加比例最高的。1994年，四川省领导小组在《特殊教育实施方案》中明确："对残疾儿童实行免费入学制度，残疾儿童应承担的杂费、书本费均由地方政府负责；改善办学条件，为残疾儿童创造良好的学习环境。对从事随班就读教师加发工资的8%—15%作为特殊教育津贴，在教师转正、定级、评定职称、评先进等方面予以优先。"

由于省教委加大了随班就读工作发展力度，各市州也纷纷行动起来，通过支持实验县建设、出台政策文件等方式，积极推进随班就读工作。比如1999年，宜宾市教委出台了《宜宾市残疾儿童少年随班就读基本要求》，对全市残疾儿童少年随班就读工作进行了明确规范。

3. 全省推动发展期（2000—2009）

经过20世纪90年代的特殊教育大力发展，全国随班就读学生从1993年的6.88万人增加到2001年的23万人，为残疾学生在特殊教育学校人数的三分之二。为了加大随班就读工作力度，2002年12月，在全国随班就读工作经验交流会上,教育部提出了"'建立随班就读工作的支持保障体系'的要求"①,并将组织管理、教育管理、业务支持、学校支持、社会支持在内的七个方面列为随班就读必要的支持保障。2003年,在教育部的指导下,全国100个县开始探索开展随班就读支持保障体系建设实验。

为了贯彻落实第三次全国特殊教育工作会议精神和《国务院办公厅转发教育部等部门关于"十五"期间进一步推进特殊教育改革和发展意见的通知》要求,四川省人民政府制发了《关于推进特殊教育改革和发展的意见》,明确要求"全省各普通中小学校、职业学校要依法接受本校服务范围内能够在校学习的残疾儿童少年随班就读","义务教育阶段特殊教育的主要责任在县(市、区)政府","三类残疾儿童少年入学率、巩固率未达到规定要求的,实行一票否决制,不予宣布实现'普九'"。这标志着始于20世纪80年代末、90年代初的随班就读试点实验成果在全省范围内得到普遍推广,也标志着随班就读工作进入全省推动发展期。

为了切实落实"随班就读建立支持保障体系"②的部署要求,2003年四川省教育厅启动随班就读支持保障体系实验工作,在全省选取了基础比较好的13个县开展试点工作,成立了全省随班就读指导小组,建立行政支持体系和技术支持体系,加强试点实验的组织领导。省教育厅随后还召开了全省第三次特殊教育工作会议,会议主题聚焦残疾儿童少年随班就读工作,出台了《随班就读项目实验县(市区)基本要求》和《随班就读项目实验县(市区)督导评估标准》。这些试点实验工作,让四川随班就读工作得到了前所未有的加强。

---

① 许家成:《以个别化教育计划为抓手,发挥随班就读资源支持体系的支撑作用》,《现代特殊教育》2021年第7期。
② 中华人民共和国教育部基础教育司:《关于开展建立随班就读工作支持保障体系实验县(区)工作的通知》(教基司函〔2003〕11号),2003年3月,中华人民共和国教育部网站(http://www.moe.gov.cn/srcsite/A06/s3331/200303/t20030310_82025.html)。

在前期试点实验的成果基础上，2004年6月3日，四川省教育厅又发布了《关于扩大建立随班就读支持保障体系省级实验县的通知》①，启动了第二批随班就读支持保障体系实验县试点工作。该《通知》要求，凡没有参加2003年省上开展随班就读实验工作的市（州），可申报一个县（市、区）作为省级实验县。该《通知》还发布了《四川省2004—2005年建立特殊教育随班就读支持保障体系项目实验责任书》，提出省教育厅与市（州）教育局、县（市、区）教育局共同签订三方责任书要求，以明确和落实实验责任。通过为期一年的实验，实验县要达到"随班就读支持体系基本建立，形成随班就读的管理和教研、指导两个网络，切实保证随班就读的管理工作和教学研究两个方面层层抓、层层落实"，"出台支持和鼓励发展特殊教育、开展随班就读的具体政策和措施；制定并实施对接受义务教育的残疾儿童的'两免一补'政策""兴办特教班和随班就读的普通学校明显增加，义务教育示范学校（含示范幼儿园）积极开展随班就读实验"，"适龄三类残疾儿童入学率和保留率比实验前有明显提高。大中城市和经济发达的实验县（市、区）适龄三类残疾儿童入学率达到95%以上，其他地区达到85%以上"②。

为了响应省委、省政府在全省推动发展特殊教育的要求，各市（州）、各县（市、区）也纷纷行动起来，通过出台政策文件、加强学校建设、大力支持保障等方式，推动本市（州）、本县（市、区）域全面开展融合教育工作。比如2003年，成都市政府出台了《关于进一步加强特殊教育工作的意见》，明确提出"三类残疾儿童少年义务教育入学率达到95%以上，使入学率、保留率分别达到或接近义务教育水平"③。2005年，都江堰市教育局在

---

① 杜学元主编：《四川特殊教育史料集成》上，西南财经大学出版社2021年版，第10页。
② 杜学元主编：《四川特殊教育史料集成》上，西南财经大学出版社2021年版，第13页。
③ 杜学元主编：《四川特殊教育史料集成》上，西南财经大学出版社2021年版，第42页。

《关于建立随班就读工作支持保障体系的通知》中明确,"形成行政管理和教研指导两个网络""建好1个一级资源室、4个二级资源室,配备特殊教育资源室教师10名""'三类'残疾儿童少年入学率、巩固率分别达95%""跟班就读质量有明显提高"4个工作目标,对随班就读教师,学校可以"按主要学科给予补助,如小学语文、数学每生每月给予教师10—15元补助或计算机相应课时津贴"。[①]2007年,双流县人民政府出台了《关于推进特殊教育改革和发展的实施意见》。明确提出随班就读工作同步实施和零拒绝的原则,要求各公办幼儿园和各镇(街道)中心幼儿园要带头招收残疾儿童入园,积极探索早期融合教育模式。通过完善残疾儿童、少年随班就读保障体系,确保残疾儿童、少年随班就读。县财政专项资金设立特殊教育专项补助经费,主要用于全县随班就读支持体系资源室的建设及随班就读兼职教师的补助。明确规定凡接受残疾儿童少年随班就读的普通学校,在单位内部分配时,应对承担残疾儿童少年教育任务的教师予以岗位补助;对从事特殊教育工作的教师在评职、晋级、评优等方面予以优先考虑。2004年井研县教育局下发《关于开展随班就读实验工作的通知》,明确要求"全县各校要成立随班就读工作领导小组,由校长任组长,乡(镇)民政员、分管教学的副校长任副组长,教导主任、团(队)干部及班主任等为成员,共同推动随班就读实验工作"[②]。在《井研县随班就读支持保障体系实验方案》中,进一步提出构建"县随读领导小组—乡镇随读领导小组—村随读领导小组"与"县教育局—中心校—随读点"两类管理保障体系,建立"教研室—特教中心(资源室)—片区随读指导小组—各学校随读点"的科研、技术指导保障体系。苍溪县从2003年起,对在普通中小学就读的家庭经济困难的残疾学生,由

---

① 杜学元主编:《四川特殊教育史料集成》上,西南财经大学出版社2021年版,第46页。
② 杜学元主编:《四川特殊教育史料集成》上,西南财经大学出版社2021年版,第67页。

所在学校减免学费、书本费，明确"将随班就读工作在全县各级各类学校中全面推开"[1]，并在《苍溪县残疾儿童随班就读实验工作方案（试行）》中提出"分片区建好随班就读实验学校，以点带面，加强研究，全面提升随班就读质量"[2]。泸州市人民政府在《关于推进特殊教育改革和发展的实施意见》中明确提出，普通中小学本着就近入学的原则开展"三类残疾儿童少年"随班就读工作，建立和完善随班就读工作支持保障体系。宜宾市人民政府在《关于推进特殊教育改革和发展的实施意见》中提出，"三残"儿童入学困难的地方，应尽力接收"三残"儿童随班就读。南充市人民政府在《关于进一步加快特殊教育改革和发展的意见》中提出，"十五"期间，市、县（市、区）两级财政要设立特殊教育专项补助费，每年不少于5万元，用于普通学校举办特殊教学班和随班就读教学点的建设。[3] 雅安市人民政府在《关于推进特殊教育发展的意见》中提出，"对在义务教育阶段学校就读的残疾儿童少年全部免除学费、书本费、住宿费，按每生每月不低于80元的标准安排生活补助，经费由县（区）政府统筹解决"[4]。

4.内涵质量建设期（2010—　）

2010年以来，在党和国家关心支持特殊教育的指引下，四川省委、省政府和省教育厅结合21世纪头十年全面开展随班就读工作实际，以出台两期特殊教育提升计划为标志，融合教育从规模数量的扩张普及转到内涵质量的提升上。

---

[1] 杜学元主编：《四川特殊教育史料集成》上，西南财经大学出版社2021年版，第75—76页。

[2] 杜学元主编：《四川特殊教育史料集成》上，西南财经大学出版社2021年版，第79页。

[3] 参见杜学元主编《四川特殊教育史料集成》上，西南财经大学出版社2021年版，第144页。

[4] 杜学元主编：《四川特殊教育史料集成》上，西南财经大学出版社2021年版，第122页。

2014年,省政府办公厅转发了教育厅等部门《关于特殊教育提升计划(2014—2016年)实施意见的通知》,在总体目标中明确了"经过3年努力,初步建立布局合理、学段衔接、普职融通、医教结合的特殊教育体系,办学条件和教育质量进一步提升"等目标。2014年,四川省在全省特殊教育工作会议上提出将加大残疾儿童随班就读比例,着力完善残疾人教育体系,全面推进"全纳教育"和"融合教育",进一步加大残疾儿童随班就读比例,让不同条件、不同家庭的残疾孩子都能公平地接受教育;加大中度和轻度残疾的孩子随班就读的比例,促进"融合教育"发展;在普通学校建设"特殊教室",以保障随班就读孩子的学习。由此可以看出,这一时期是四川省的特殊教育处在普及与质量并重建设期。通过三年的建设,随班就读的规模与质量实现了双提升。2018年1月,四川省教育厅等七个省级部门联合出台了《四川省第二期特殊教育提升计划(2017—2020年)》[①],提出了"到2020年,各级各类特殊教育质量全面提高全省残疾儿童少年义务教育入学率达到95%以上"的总体目标。进一步明确"以普通学校随班就读为主体、以特殊教育学校为骨干、以送教上门和远程教育为补充,全面推进融合教育","对能够适应普通学校就读要求的适龄残疾儿童少年,优先采用普通学校随班就读的方式,就近安排其接受义务教育",并把融合教育作为完善特殊教育体系的主体内容,要求各地要研究制定推进残疾儿童少年融合教育的相关政策。2022年6月,《四川省"十四五"特殊教育发展提升行动计划实施方案(征求意见稿)》作出了"全面深入推进融合教育"的决策部署,要求"压实义务教育阶段普通学校接收残疾儿童随班就读的主体责任,确保区域内有学习能力的适龄残疾儿童应随尽随、就近就便优先入学"。除了义务教育学校开展融合教育外,该《方案》还把融合教育从以前的义务教

---

① 四川省教育厅等:《四川省第二期特殊教育提升计划(2017—2020年)》,2018年1月,四川省教育厅网站(http://edu.sc.gov.cn/scedu/c100540/2018/1/31/34de23c4cc7840899c25cb4308d49664.shtml)。

育学校向学前教育和高中教育两头延伸,鼓励"支持普通幼儿园接收残疾儿童,积极开展随园就读"与"支持普通高中和中等职业学校接收残疾学生随班就读"①。至此,四川省的融合教育从以义务教育学校为主体开始延伸拓展到非义务教育领域与终身教育领域,这充分体现了融合教育在教育纵向层次与横向类型上的全覆盖。

全省各市(州)、各县(市、区)也把提升随班就读质量作为这一时期的工作重点,从组织领导、政策举措、支持保障等多层面加大工作力度。

成都平原地区。2013年出台了医教融合、残教融合、教康融合、社教融合四个工作方案,进一步推进融合教育发展。2014年,成都市教育局依托成都市特殊教育学校建立了市级特殊教育资源中心,各区(市)县建立相应的分中心,提高全市"随班就读"的教育教学质量。②成都市教育局2021年发布《成都市教育局关于做好2021年幼儿园招生工作的通知》,明确要求"幼儿园不得以任何形式进行入园、编班测试,不得以开设特色班、实验班等形式变相遴选生源,不得拒绝具有接受普通教育能力的残疾适龄幼儿就读"③。成都市2015年成立云贵川特教发展联盟,建设98个特教资源教室,双流县、邛崃市被确定为国家特殊教育改革实验区。2018年又牵头发起成立"西部特殊教育发展联盟",进一步整合西部12个省、自治区、直辖市的特殊教育资源力量。到2018年,成都市附设随班就读班的学校(校点)

---

① 四川省教育厅:《关于面向社会征求〈四川省"十四五"特殊教育发展提升行动计划实施方案(征求意见稿)〉意见的公告》,2022年6月,四川省教育厅网站(http://edu.sc.gov.cn/scedu/c100495/2022/6/9/e19b2be49ccf44bba3e01d17f43c02e0.shtml)。

② 参见成都市人民政府《成都市将建特殊教育资源中心》,2014年5月,四川省人民政府网站(https://www.sc.gov.cn/10462/10464/10465/10595/2014/5/29/10303284.shtml)。

③ 成都市教育局:《关于做好2021年幼儿园招生工作的通知》,2021年4月,成都市教育局网站(https://edu.chengdu.gov.cn/gkml/qtwj/1630721702172315648.shtml)。

数为 1075 个，随班就读班数为 3690 个，义务教育阶段残疾儿童入学率 96.86%。德阳市 2014 年在《关于德阳市特殊教育提升计划（2014—2016年）实施意见的通知》中，明确要求"随班就读作为扩大残疾儿童少年受教育面和提高普通学校办学水平的主要形式和重点工作予以推进。普通学校应当依法接受三类残疾儿童少年入学，不得以任何理由拒收"[1]。2017 年，乐山市在《残疾人事业"十三五"发展规划》中提出，建立随班就读支持保障体系，建立特殊教育资源中心。[2] 遂宁市 2013 年出台了《特殊教育学校管理和教育教学基本要求（试行）》，明确了特殊教育学校和随班就读点在"行政管理""办学条件""教育教学管理"等方面应达到的基本底线，并组织达线检查。[3] 雅安市 2014 年在《关于特殊教育提升计划（2014—2016 年）实施方案》中明确，"残联、民政等部门每年要定期向教育部门提供残疾适龄儿童少年信息，为教育部门统筹安排就读学校提供依据"[4]。

攀西地区。2014 年，攀枝花市人民政府颁布了《关于特殊教育提升计划（2014—2016 年）的实施意见》，明确提出"将扩大义务教育普及面，推进全纳教育""将随班就读范围扩大到学前教育……加强对普通学校内特殊教育资源室、无障碍设施的建设，为残疾学生提供必要的学习和生活便利"。[5]

---

[1] 杜学元主编：《四川特殊教育史料集成》上，西南财经大学出版社 2021 年版，第 151 页。
[2] 参见杜学元主编《四川特殊教育史料集成》上，西南财经大学出版社 2021 年版，第 51 页。
[3] 参见林智《四川省遂宁市出台〈特殊教育管理基本要求〉》，《现代特殊教育》2013 年第 6 期。
[4] 杜学元主编：《四川特殊教育史料集成》上，西南财经大学出版社 2021 年版，第 125 页。
[5] 攀枝花市人民政府：《攀枝花残疾儿童随班就读将扩至学前教育》，2014 年 10 月，四川省人民政府网站（https://www.sc.gov.cn/10462/10464/10465/10595/2014/10/21/10316113.shtml）。

川南地区。2014年，自贡市对随班就读学生作出免学费、免教科书费和寄宿生补助生活费等资助政策。义务教育阶段特殊教育学生平均预算内公用经费达4000元。值得肯定的是，泸县人民政府2015年专门出台了《关于建立在校残疾学生救助长效机制的通知》，明确规定"对全县就读小学、初中、高中的残疾学生进行救助，每年每生分别发放200元、300元、500元助学金"①，扶残助学金列入县级一般性财政预算，由县财政局统一发放。泸县建立在校残疾学生救助长效机制，帮助残疾学生及家庭减轻经济负担，提高了残疾儿童入学率，切实解决了残疾学生上学困难问题。

川东北地区。2014年，南充市教育局出台《关于进一步做好义务教育阶段学校招生工作的指导意见》，明确规定"具有接受普通教育能力的残疾适龄儿童少年可到所属学区学校随班就读，学校不得拒收"②。2015年，南充市人民政府在《关于特殊教育提升计划实施意见》中明确，"深入推进残疾儿童少年随班就读。加强普通学校内特殊教育资源教室、无障碍设施、校本教材等建设"③。2015年广元市昭化区人民政府办公室印发了《广元市昭化区特殊教育提升计划（2015—2017年）实施意见》，提出"普通学校必须无条件接收残疾儿童随班就读。总结推广随班就读成功经验，加强随班就读管理"④。达州市2018年在《达州市第二期特殊教育提升计划（2017—2020年）》中明确，"完善融合教育政策。研究制定推进残疾儿童少年融合

---

① 杜学元主编：《四川特殊教育史料集成》上，西南财经大学出版社2021年版，第98页。
② 南充市人民政府：《南充市切实规范义务教育阶段学校招生工作》，2014年4月，四川省人民政府网站（https://www.sc.gov.cn/10462/10464/10465/10595/2014/4/8/10298071.shtml）。
③ 杜学元主编：《四川特殊教育史料集成》上，西南财经大学出版社2021年版，第147—149页。
④ 杜学元主编：《四川特殊教育史料集成》上，西南财经大学出版社2021年版，第88页。

教育的相关政策"①。

川西北地区。2013 年，省人大常委会审查批准了《阿坝藏族羌族自治州教育条例》，该《条例》对阿坝州特殊教育作了重点规定："州、县应合理专设或附设特殊教育学校，各级各类学校要积极创造条件接收残疾人入学，不断扩大随班就读和普通学校特教班规模"。②

从上述五个地区关于随班就读的工作政策来看，每个地区发展的重点各不相同。比如成都平原地区围绕提升随班就读的质量，着力构建完善的随班就读支持保障体系。攀西地区聚焦在随班就读的扩面上，推动随班就读向学前教育拓展。川南地区则把重点放在随班就读工作的经费投入上，确保随班就读学生不辍学。川东北地区主要关注增强教育公平，通过政策明令禁止歧视随班就读学生。川西北地区加大随班就读基本条件建设，着力提高残疾人的随班就读率。五个地区政策聚焦重点与方向不相同，充分说明了四川各地特殊教育发展水平的不均衡、不充分问题。

思想认识提高期、试点实验探索期、全省推动发展期、内涵质量建设期等四个阶段，生动展现了省委、省政府关于融合教育的系统集成推进轨迹，充分证明党委、政府的统筹推进是融合教育有序实施与快速发展的最根本保证。与其他国家相比较，党委政府系统集成推进有利于融合教育能够长期保持在设定的正确方向上发展，一步一个脚印，久久为功不断进步，这是中国式融合教育实施路径的鲜明特征，也充分体现出我国融合教育快速发展的制度优势。因此，在中国化视域下理解四川融合教育发展，党委政府系统集成推进，是四川推进融合教育发展的典型经验，也彰显着中国式融合教育发展的显著优势。

---

① 杜学元主编：《四川特殊教育史料集成》上，西南财经大学出版社 2021 年版，第 131 页。
② 四川省教育厅：《逐步实现 15 年义务教育》，2013 年 4 月，四川省人民政府网站（https://www.sc.gov.cn/10462/10464/10465/10574/2013/4/2/10254674.shtml）。

二、构建"以县为主"多方紧密配合机制

习近平总书记强调,"办好教育事业,家庭、学校、政府、社会都有责任"①。这对于需要特别关心支持的融合教育而言,办好融合教育更加需要多方协同形成合力。在多方协同共同推进的机制中,政府承担着推进实施的行政管理职责。

(一)健全完善"以县为主"的融合教育领导体制

我国义务教育实行的是"以县为主"的管理体制,而这一管理体制是一个动态发展、变化与逐步确立的过程。中共中央1985年颁布《中共中央关于教育体制改革的决定》,确立了"基础教育由地方负责、分级管理"的原则②,从而奠定了今年我国基础教育管理体制改革的基本方向。1986年的《中华人民共和国义务教育法》,把"义务教育由地方负责、分级管理"③的管理体制写入国家法律,以法条的形式予以明确。1992年在《中华人民共和国义务教育法实施细则》中,再次对义务教育管理体制做出更加细化的调整,把以前相对比较宏观概略的"地方负责"细化为"地方各级人民政府负责",突出了政府在举办义务教育上的法定职责,把以前的"分级管理"也

---

① 新华社电:《习近平在全国教育大会上强调 坚持中国特色社会主义教育发展道路 培养德智体美劳全面发展的社会主义建设者和接班人》,《人民日报》2018年9月11日第1版。
② 参见国家教育委员会办公厅编《高等学校领导干部阅读文件选编》,高等教育出版社1990年版,第145页。
③ 本书编辑组编:《中国公民常用法律法规手册》,山东人民出版社1996年版,第308页。

进一步细化为"按省、县、乡分级管理"①，突出了基层政府在义务教育管理中的法定职责，义务教育的三级管理体制在法律上也由此确立。1993 年发布的《中国教育改革和发展纲要》的"教育体制改革"再次对义务教育管理体制进行重申，规定"在现阶段，基础教育应以地方政府办学为主"②。而在 1994 年《国务院关于〈中国教育改革和发展纲要〉的实施意见》，对义务教育三级管理体制中县政府一级的职责做出了新的调整，赋予了县级政府在义务教育中的主要责任，并对县级政府的主要责任内容进行了明确，包括"统筹管理教育经费，调配和管理中小学校长、教师，指导中小学教育教学工作等"③。推动了我国基础教育管理体制日益成熟与定型。可以说，以县为主的教育体制"在当时激发了地方普及义务教育的积极性，加快了义务教育的发展步伐，为实现'普九'发挥过积极作用"④。

进入 21 世纪以后，城市义务教育实现了蓬勃发展，但我国农村义务教育却日益落后，而且随着我国农村改革的持续深入，对农村义务教育管理体制的改革也提出了新的要求。2001 年，国务院因应新的发展形势，颁布了《关于基础教育改革与发展的决定》，对已经实行 15 年的基础教育管理体制做出了新的改革调整，把原来的"地方负责、分级管理"调整为"在国务院领导，由地方政府负责、分级管理、以县为主"⑤，进一步加强农村义务教育工作。2002 年，在《国务院办公厅关于完善农村义务教育管理体制的

---

① 全国人大常委会法制工作委员会审定：《中华人民共和国常用法律法规全书（2012 年修订版）》，中国民主法制出版社 2012 年版，第 964 页。
② 中共中央文献研究室编：《十四大以来重要文献选编》上，中央文献出版社 2011 年版，第 60 页。
③ 冯克诚主编：《中华人民共和国教育法律法规（基础教育·2005 版）》，学苑音像出版社、腾图电子出版社 2005 年版，第 178 页。
④ 刘向前：《义务教育阶段政府与学校之间关系的研究》，硕士学位论文，青岛大学，2009 年，第 19 页。
⑤ 赵德之主编：《教育依法理财指南 教育财政法律法规制度汇编》，湖南人民出版社 2004 年版，第 122 页。

通知》①中，再次对农村义务教育管理体制进行明确与重申，以加快农村义务教育发展，缩小与城市的发展差距。2018年的《中华人民共和国义务教育法》修订案，在保留"以县为主"的同时，增加了"省级统筹"的内容，规定"义务教育实行国务院领导，省、自治区、直辖市人民政府统筹规划实施，县级人民政府为主管理的体制"②。通过提级管理，进一步加速了义务教育的发展。

在我国特殊教育发展历程中，大多数时候把随班就读作为残疾儿童、少年接受义务教育的一种形式，进行统筹管理。因此，在推进融合教育发展中，"以县为主"的义务教育管理体制体现得十分鲜明。主要表现在明确了地方政府在推动包括随班就读工作在内的特殊教育上的主体责任和主要任务，要求地方政府要谋划随班就读工作的政策，保障随班就读的工作经费，加强随班就读师资的培养、培训，加强随班就读工作的考核评价与检查督导等。

从四川省推进实施融合教育的工作来看，"以县为主"的融合教育领导体制是一个逐步健全完善的过程，并在实践中不断地明确与强化。比如，在2002年《四川省人民政府关于推进特殊教育改革和发展的意见》中，明确规定"义务教育阶段特殊教育的主要责任在县（市、区）政府，乡政府要承担组织、动员'三类残疾儿童少年'入学的责任"③。《关于特殊教育提升计划（2014—2016年）的实施意见》明确"各级政府要把特殊教育纳入当地经济社会发展和教育事业总体规划，统筹处理特殊教育与其他类型教育

---

① 何东昌主编：《中华人民共和国重要教育文献 1998—2002》，海南出版社 2003 年版，第 1181 页。
② 翟继光主编：《纪检监察依法依纪办案常用法律法规全书》第 1 卷，中国民主法制出版社 2020 年版，第 614 页。
③ 《四川省人民政府关于推进特殊教育改革和发展的意见》，《四川政报》2003 年第 3 期。

关系"①。《四川省第二期特殊教育提升计划（2017—2020年）》要求"各市（州）、县（市、区）要把提升计划的实施列入政府工作议事日程和相关部门年度任务，确保各项目标任务落到实处"②。

省级层面明确了"以县为主"的融合教育领导体制，各地市州纷纷出台政策文件，就落实"以县为主"的融合教育领导体制作出进一步部署。

成都平原地区。成都市人民政府2003年在《关于进一步加强特殊教育工作的意见》中规定，"义务教育阶段特殊教育的主要责任在县（市、区）政府，乡（镇）政府要承担组织、动员三类残疾儿童少年入学的责任"③。成都市青白江区切实履行县级政府的主体责任，成立了区政府分管领导为组长的特殊教育工作领导小组，建立特殊教育联席会议制度，定期研究、协调、解决困难问题。加强督导考核，将特殊教育工作纳入责任督学挂牌督导和年度目标考核，定期检查、定期考评。2009年投入246万元新建特殊教育学校并投用；2012年起先后投入250万元实施特殊教育学校美化软化工程及无障碍环境建设；2014年起先后投入170万元实施资源教室项目建设，实现资源教室全覆盖；2020年投入968万元启动特殊教育学校综合楼建设，满足中重度心智类障碍儿童特殊需求和针对性康复训练。④乐山市井研县人民政府2004年在《关于进一步推进特殊教育改革和发展的意见》中进一步细化了县级政府的职责，提出："县人民政府将根据国家要求，建立残疾儿

---

① 杜学元主编：《四川特殊教育史料集成》上，西南财经大学出版社2021年版，第40页。
② 四川省教育厅等：《四川省第二期特殊教育提升计划（2017—2020年）》，2018年1月，四川省教育厅网站（http://edu.sc.gov.cn/scedu/c100540/2018/1/31/34de23c4cc7840899c25cb4308d49664.shtml）。
③ 杜学元主编：《四川特殊教育史料集成》上，西南财经大学出版社2021年版，第44页。
④ 参见四川省教育厅《成都市青白江区创新推动特殊教育优质融合发展》，2021年3月，四川省教育厅网站（http://edu.sc.gov.cn/scedu/c100498/2021/3/10/66ec6c729ab34e758663a937a089105f.shtml）。

童少年义务目标责任制，定期开展各项工作的督查、督导工作"；"县教育局代表政府承担起推动特殊教育事业发展的职责，牵头组织落实好发展特殊教育的各项任务和措施"；"县财政局、县计经贸局要在经费、基本建设和大型设施设备购置等方面积极支持特殊教育的发展"；"县民政局要组织儿童福利机构和社会服务机构为残疾儿童少年提供指导、咨询等服务。县残联要建立义务教育阶段未入学残疾儿童少年登记制度，及时将有关情况通报给县教育行政部门，协助做好入学工作，并为残疾儿童提供康复服务"；"县卫生部门要配合做好残疾儿童少年的筛查、检测工作以及疾病预防、防治工作，并每年免费为在校残疾儿童少年进行一次常规体检"；"县计生部门要开展优生优育宣传教育活动，降低残疾儿童出生率"；"县级其他有关部门要按政策规定，积极创造条件帮助解决好残疾学生毕业后的就业问题"①。

攀西地区。攀枝花市与凉山彝族自治州从政策层面加强了对农村残疾儿童少年义务教育的目标考核与检查督导，促进基层政府落实主体责任。比如《攀枝花市人民政府关于推进特殊教育改革和发展的意见》文件中，对保障农村地区残疾儿童少年接受义务教育作出专门部署，要求"层层签订残疾儿童少年义务教育目标责任书，加强对残疾儿童少年特别是农村地区残疾儿童少年接受义务教育的督导评估工作"②。《凉山州特殊教育提升计划（2014—2016年）实施方案》也提出了"把特殊教育相关指标列入县域内义务教育均衡发展督导评估工作重要内容"③的要求，通过目标考核，推动随班就读工作的落实。

---

① 杜学元主编：《四川特殊教育史料集成》上，西南财经大学出版社2021年版，第58页。
② 攀枝花市人民政府：《关于推进特殊教育改革和发展的意见》，2003年3月，攀枝花市人民政府网站（http://www.panzhihua.gov.cn/zfxxgk1/zfgb/issue_28676_30539/column_28676_30539_31015/1891629.shtml）。
③ 杜学元主编：《四川特殊教育史料集成》上，西南财经大学出版社2021年版，第160—161页。

川南地区。宜宾、泸州、内江、自贡等川南四市经济社会发展较好，因此对特殊教育发展也比较重视，较早地出台了相关政策举措，加强随班就读工作的推进。尤其是在落实政府责任上，出台了相关政策文件予以明确。比如早在 2003 年，在政府文件中，宜宾市不仅规定县级人民政府的责任，而且还明确了乡镇人民政府的职责，提出"义务教育阶段特殊教育的主要责任在区（县）政府，乡（镇）政府要承担组织、动员'三类残疾儿童少年'入学的责任"[①]的要求。在《关于推进特殊教育改革和发展的意见》中，泸州市对县级人民政府谋划研究特殊教育发展的职责任务作出了更为详细的要求，明确规定"各县区人民政府要将特殊教育事业的发展纳入经济社会和教育发展的总体规划，制定好本地区《残疾儿童少年教育'十五'实施方案》"[②]。在《内江市特殊教育提升计划（2014—2016 年）实施方案》中，内江市要求县级政府要制定实施特殊教育提升计划的时间表、路线图和目标任务，切实履行好特殊教育教师队伍建设的统筹规划职责。[③]

川东北地区。南充、达州、广元、广安、巴中等川东北五市，把加强特殊教育制度机制建设作为重点，推动特殊教育工作顺畅有序地开展。比如广元市建立健全了特殊教育联席会议制度，明确"教育、发改、民政、财政、人社、卫计、残联等部门职责，形成各司其职、齐抓共管的良好局

---

① 杜学元主编：《四川特殊教育史料集成》上，西南财经大学出版社 2021 年版，第 103 页。
② 杜学元主编：《四川特殊教育史料集成》上，西南财经大学出版社 2021 年版，第 96 页。
③ 参见内江市人民政府办公室《关于印发内江市特殊教育提升计划（2014—2016 年）实施方案的通知》，2014 年 11 月，内江市人民政府网站（https://www.neijiang.gov.cn/njs/zfbwj/201411/6cd2a69da43d407eb6eb1ec0155369ca.shtml?cnName=%E6%94%BF%E7%AD%96）。

面"①。"广安市建立长效机制,落实特殊教育发展责任。一是全面完善政策体系。出台《关于进一步推进特殊教育改革发展的意见》,明确各级政府及部门工作职责。市教育体育局牵头,联合人社、发改委等部门出台《广安市第二期特殊教育提升计划(2018—2020年)》《广安市适龄残疾儿童少年'送教上门'工作实施意见》等配套文件,构建'政府统筹+教育主导+部门协作'联动机制。二是全域扩大资源供给。对县级教育部门、基层学校加强纵向指导,每年至少召开一次全市特殊教育工作会研究解决特殊教育发展改革过程中的重大问题。建立包含1个市级特教资源中心、6个县级特教资源中心、61个资源教室的资源供给和专业支持网络,密集提供巡回指导、专业支持、队伍研训,每半年至少召开一次资源中心座谈会,研究解决特殊教育难点问题。吸收社会优势资源,通过购买服务、医校合作、校企合作等方式,扩大资源供给,弥补特教工作短板。三是全程推动目标管理。将特殊教育工作纳入对县级人民政府专项督导评估体系,将过程管理指导与阶段性督导评估结合,推动各地各部门履职到位。以不少于2分的分值将特殊教育纳入对区市县(园区)教育主管部门和学校的年度考核。要求学校对班主任、资源教师等实施倾斜性考核,将随班就读生成绩计入班级总分但不计入参考人数,推动从教人员关爱每一名残疾儿童少年。通过通报、面谈、扣减考核分等方式,推动县级政府及有关部门单位落实特殊教育责任义务"②。广安市前锋区建立特殊教育事业发展联席会议制度,落实部门职责,明确区、乡镇(街道)、村(居)、组(社)工作任务,定期研究解决特殊教育改革与发展问题。

---

① 四川省教育厅:《广元市大力推进特殊教育发展》,2019年4月,四川省教育厅网站(http://edu.sc.gov.cn/scedu/c100494/2019/4/4/c270aa16720241a0bd3fd6c541cf3cd3.shtml)。
② 四川省教育厅:《广安市创新保障机制推进特殊教育高质量发展》,2020年11月,四川省教育厅网站(http://edu.sc.gov.cn/scedu/c100768/2020/11/25/0a7009c526e447a9a7468e54ae7da9e1.shtml)。

川西北地区。与四川省内其他地区相比较，由于阿坝、甘孜等川西北少数民族地区经济社会发展水平相对滞后，因此特殊教育发展起步时间较晚，发展水平尚处于初期。比如在《关于特殊教育提升计划（2014—2016年）的实施意见》中，阿坝州明确"强化政府责任"，要求"各县人民政府要把特殊教育相关指标列入县域义务教育均衡发展督导评估工作重要内容"[1]。《茂县人民政府办公室关于茂县特殊教育提升计划（2014年—2016年）的实施意见》也明确提出"将发展特殊教育作为落实教育规划纲要和办好人民满意教育的重要任务……建立政府牵头、部门协同推进的工作机制，落实目标任务和主要措施"[2]。在阿坝州黑水县人民政府出台的《黑水县关于特殊教育提升计划（2014-2016）的实施意见》中，对县级政府的责任进行分解落实，要求"县人民政府成立分管县长任组长，县教育局、县发展改革和经济商务信息化局、县民政和扶贫移民局、县财政局、县人力资源和社会保障局、县卫生计生、团县委、县妇联、县残联为成员单位的领导小组，负责将特殊教育纳入县域经济社会发展和教育事业总体规划，统筹处理特殊教育与其他类型教育的关系"[3]。形成通力合作、各司其职、齐抓共管的机制，加强特殊教育的推进。阿坝州小金县人民政府颁布了《小金县特殊教育提升计划实施意见（2014—2016）》，要求"各乡镇和县级有关部门要将发展特殊教育作为一项重要民生任务，纳入经济社会发展和教育事业总体规

---

[1] 杜学元主编：《四川特殊教育史料集成》上，西南财经大学出版社2021年版，第169页。
[2] 茂县人民政府办公室：《关于茂县特殊教育提升计划（2014年—2016年）的实施意见》，2015年6月，茂县人民政府网站（http://www.maoxian.gov.cn/mxrmzf/c101647/201506/b338da44da1f4b96908d4c4c29a31e66.shtml）。
[3] 黑水县人民政府办公室：《黑水县关于特殊教育提升计划（2014—2016）的实施意见》，2015年8月，黑水县人民政府网站（http://www.heishui.gov.cn/hsxrmzf/c100086/201508/37fa090254724144b619486165c00eeb.shtml）。

划，切实加强组织领导"①。

（二）发挥多方紧密配合形成合力

除了健全完善"以县为主"的教育体制机制外，四川各级党委政府还充分调动学校、家庭、社会各方力量，建立多方紧密配合机制，形成合力共同推进融合教育。

《特殊教育提升计划（2014—2016年）实施意见》明确"动员全社会关心支持特殊教育发展"②。《四川省第二期特殊教育提升计划（2017—2020年）》明确"要建立健全多部门协调联动的特殊教育推进机制……形成工作合力"③。成都市人民政府2003年在《关于进一步加强特殊教育工作的意见》中提出要多渠道筹措资金，"鼓励社会兴办各种类型的残疾儿童少年教育、康复机构"④。2004年，井研县教育局、井研财政局、井研县民政局、井研县残疾人联合会在《关于对"三类残疾"儿童就学实行特殊保障的通知》中，进一步明确了学校的职责，规定"组织适龄'三残'儿童入学实行属地管理原则，在当地政府的领导下，实行就近入学。各中小学由校长牵头，落实行政人员抓好此项工作。……要高瞻远瞩落实好任课教师和相关职责"⑤。

---

① 小金县人民政府：《小金县特殊教育提升计划实施意见（2014—2016）》，2015年6月，小金县人民政府网站（http://www.xiaojin.gov.cn/xjxrmzf/c101605/201506/d12bf3b4722e493d90e41ae0bc1fb60d.shtml）。
② 杜学元主编：《四川特殊教育史料集成》上，西南财经大学出版社2021年版，第40页。
③ 四川省教育厅等：《四川省第二期特殊教育提升计划（2017—2020年）》，2018年1月，四川省教育厅网站（http://edu.sc.gov.cn/scedu/c100540/2018/1/31/34de23c4cc7840899c25cb4308d49664.shtml）。
④ 杜学元主编：《四川特殊教育史料集成》上，西南财经大学出版社2021年版，第44页。
⑤ 杜学元主编：《四川特殊教育史料集成》上，西南财经大学出版社2021年版，第65—66页。

南充市、凉山州、阿坝州黑水县等市州及县级人民政府也在特殊教育提升计划实施意见的政策文件中，明确提出了动员全社会关心、支持特殊教育的发展。2003年，苍溪县教育局关于印发《苍溪县残疾儿童随班就读实验工作方案（试行）的通知》，要求要通过多种媒体载体加强残疾人教育政策的宣传，组织动员全县人民关心支持残疾人教育事业发展，"县人民政府教育督导室要深入到乡镇、学校、农户，对残童入学情况、生活费补助等进行认真督查"[①]。广元市教育局在《对市政协七届二次会议第27号提案答复的函》中，也提出"加大对社会、学校、师生融合教育的宣传力度，普及融合教育理念"[②]，等等。

1990年，联合国教科文组织发布了《世界全民教育宣言》，开启全民教育的国际行动。但全民教育的实施需要国家的政治意志和决心，动员全社会建设全民教育。世界各国都在探索实施融合教育，但是由于各国政治制度、领导体制、社会与经济发展水平、文化传统，以及教育发展现状等多方面因素的影响，导致融合教育实施进程与发展状况差异巨大。而中国近四十年的融合教育实践，在国际融合教育运动中可以说独树一帜、成就斐然。关于中国融合教育成功实践背后的密码，引起了国际学者关注，并从不同层面进行解读，其中英国比较教育学者基斯·刘文特别注意到"以县为主"中国体制优越性在融合教育实践中的重大作用，他说"中国在动员地方资源以补足中央拨款方面同样取得了成功"[③]。因此，"以县为主"的融合教育领导体制，凸显了中国特色与中国制度，反映了中国政府在推进融合教育工作上与世界其他国家的巨大差异性。四川融合教育近四十年发展成绩，反复证明了"以

---

① 杜学元主编：《四川特殊教育史料集成》上，西南财经大学出版社2021年版，第80页。
② 杜学元主编：《四川特殊教育史料集成》上，西南财经大学出版社2021年版，第92页。
③ ［英］基斯·刘文：《从国际角度看基础教育的实施》，王璐译，《比较教育研究》1993年第4期。

县为主"的融合教育领导体制的有效性与科学性，值得在今后政府推动层面继承、丰富与完善。因此，在中国化视域下理解四川融合教育发展，构建"以县为主"的融合教育领导体制，是四川推进融合教育发展的典型经验，也彰显着中国式融合教育发展的显著优势。

三、以第一资源意识培养融合教育师资

教师是教育发展的关键、首要、第一资源，加强融合教育教师队伍建设是推进实施随班就读最重要的基础工作，决定着融合教育的发展水平与实施质量，发挥着不可替代的作用。在四川融合教育的推进中，教育行政主管部门和学校一直高度重视包括融合教育师资在内的特殊教育教师培养。

（一）新中国成立前的融合教育师资培养

四川省特殊教育师资培训，最早可追溯到1943年。当时成都基督教盲哑学校受省教育厅和中国盲民福利协会委托，为了解决盲哑师资紧缺状况，时任校长罗蜀芳筹办盲残教育师资训练班（后改名为盲哑师资训练班），该师资班是当时全国仅有的三个培养盲哑师资学校（班）之一，也是由中国人自己开办的"第一所专业培训盲哑师资的学校"[1]。1943年师资班招生15名，学制两年，学生全部享受公费待遇，到1949年共举办了四期（第四期因故停办），培养出近80名毕业生，为四川及全国培养了一批盲哑教育专业人才[2]，为新中国成立后四川特殊教育的发展奠定了较好师资基础。

---

[1] 杜学元主编：《四川特殊教育史料集成》上，西南财经大学出版社2021年版，第548页。

[2] 参见杜学元主编《四川特殊教育史料集成》上，西南财经大学出版社2021年版，第548页。

（二）20 世纪末的融合教育师资培养

1. 筹建特殊教育师范部

因应我国特殊教育事业的发展及随班就读实验的需要，为了推动全省特殊教育事业的发展，1988 年四川省教委决定在乐山师范学校筹建特殊教育师范部，作为全省特殊教育新师资的培养基地，并争取到联合国儿童基金会的援助。1990 年，乐山师范学校特师部开设特殊教育专业，当年秋季面向全省（除甘孜、阿坝）开始招生，招收聋童教育、弱智教育两个专业，每个专业各一班，每班 40 人，为全省培养特殊教育新师资。同年被纳入"中国—联合国儿童基金会 1990—1994 年加强师资培训合作项目"[①]。1991 年，聋童教育、弱智教育专业招生规模扩大到 45 名。特殊教育师范部除了开展特教师资学历培养外，还通过举办培训班、上门讲学等方式，开展全省在岗特殊学校（班）教师短期培训，到 1994 年共培训全省特教管理干部 47 名、聋教教师 31 名、弱教教师 100 余名。同时还面向普通师范学生开设了特教基础课，以普及特教知识，适应全省各地不断发展的特殊儿童随班就读的师资需要。

1991 年，成都市盲哑学校举办了全省首届盲童随班就读师资培训班，开启了随班就读师资培训先河，成都市还依托两所弱智教育中心校，分别为区、县新办弱智班培训教师。重庆市市中区教委聘请重庆师范学院弱智教育研究中心讲师，对全区负责弱智教育随班就读的学校校长、教导主任、教师 100 余人，进行了 4 次专题培训，还邀请了台湾弱智教育专家对 45 名学校领导、教师和医生、家长系统进行了"弱智教育之安置模式与个别化教育计划编制流程"的教学。1992 年，重庆市盲童学校举办了盲童随班就读教师培训班。

---

① 杜学元主编：《四川特殊教育史料集成》上，西南财经大学出版社 2021 年版，第 544 页。

1994年5月28日，四川省八届人大常委会第九次会议审议通过《四川省〈中华人民共和国残疾人保障法〉实施办法》，在第二十五条规定"各级教育行政部门应有计划地培训特殊教育师资，提高特殊教育教师的教学水平。……普通师范院校应有计划地开设特殊教育课程或者附设特殊教育师范班（部），培养、培训特殊教育师资"[1]，把培养融合教育师资上升为省级法规层面。

2. 确定省级特教师资培训基地

1994年，四川省教委为了加强全省特殊教育师资队伍建设，正式确定了乐山师范特教部作为四川省特教合格新师资培训基地，成都盲哑学校、重庆聋校和盲校作为四川省培养聋教、盲教师资的中心。为了加强全省随班就读工作，省教委当年还举办了全省残疾儿童少年随班就读师资培训班，共培训教师75人，以指导全省残疾儿童少年随班就读工作。1992—1995年，省教委依托乐山师范特教部举办全省特教管理干部培训班，对全省市县的特教管理干部进行全员培训。从1995年开始，成都市特殊教育学校为全省举办盲聋随班就读师资培训班，累计培训随班就读教师576人，其中盲生教育师资239人，聋哑教育师资337人。1995年，省教委举办了两期特教师资培训班，编辑出版了《三类残疾儿童随班就读问答》，开展随班就读师资培训。1997年，省教委举办了全省特教干部、师资培训班。

3. 依托随班就读实验培养融合教育师资

1995年，陈云英在巴中、宣汉等地开展特殊教育实验项目，发现师资问题成为制约实验项目顺利实施的拦路虎。正如北京盲人学校韩萍在《赴四川省项目县随班就读点工作报告》中指出，广安县提出了师资培训的技术力量不足、教师对随班就读的教学方法和手段不能很好地掌握和运用等问题，

---

[1] 四川省人民代表大会常务委员会：《四川省〈中华人民共和国残疾人保障法〉实施办法》，《四川政报》1994年第19期。

仪陇县提出了残疾儿童如何训练（语言训练和盲文读写训练等）等问题，认为解决这些问题需要加强和改善对教师的培训。①为了解决随班就读师资不足问题，在陈云英等专家的指导下，四川省把随班就读师资培养放在了先行位置，尤其是开展了随班就读实验项目示范校建设，引导示范校在随班就读师资培训方面先走一步，随班就读的实验工作先进行，在总结经验的基础上，再全面推开，避免走弯路，以便对其他学校起到辐射和指导作用。四川省在对随班就读的教师进行岗前培训的同时，还加强在职培训。培训内容主要有残疾儿童的测查，残疾儿童的生理心理特点与教育，个别化教学计划的制定，随班就读的课堂教学，等等。培训形式有集中培训、巡回辅导培训、去外校参观学习、专家讲学、现场观摩学习、提供资料自学等。培训成员大都是教师，但也有行政管理人员、干部和家长。对干部、管理人员的培训，重点是了解有关特殊教育的方针和政策，提高管理水平。项目学校都开办了家长学校，培训家长，转变他们的教育观念，提高他们和学校教育配合的水平。在陈云英的调查中，四川省仪陇县复兴镇小学就是这样的示范性学校。随班就读工作一开始，该校校长和1位教师参加了国家级的培训，4位教师参加省级培训，16位教师参加县级培训。该校1994—1995学年随班就读的教师就为学区上公开课、示范课24节。全县在该校召开现场会，推广他们随班就读的教育、教学经验，并把经验总结编印成册发至全县，南充地区也在该校召开了随班就读工作的现场会，推广复兴镇小学的经验。再如，四川省宣汉县在大成乡、西北乡的两所示范校的带动下，在全县74个乡镇的普通小学确定了630个随班就读的点，有968名残疾儿童、少年入学。陈云英认为四川省项目学校的教师，都经过了认真挑选。老师们也把能承担随班就读的教学看作是既艰苦又光荣的事情。根据1995年调查统计，四川省

---

① 参见华国栋主编《特殊教育师资培养问题研究：普通师范院校》，华夏出版社2001年版，第123页。

项目地区承担随班就读的教师共 87 名，其中高中或中师以上学历者 74 人；小学高级教师 23 人。他们大都是教学骨干，对学生有责任心、爱心、耐心。有的地区在教师编制上也给予照顾，例如宣汉县西北乡规定，一个教师负责一个班，若有 4 名残疾儿童在班随读，该班就定员两位教师。①

4. 召开经验交流会培训融合教育师资

1998 年，四川省教委在成都召开交流讨论会，交流全省特殊教育经验，1989 年在重庆召开了全省第二次弱智教育经验交流会，1990 年在涪陵召开全省第三次弱智教育经验交流会，通过观摩现场课、评比教育教学经验论文等方式提高业务水平。

5. 市县自发开展融合教育师资培训

在一些特殊教育发展较好、随班就读工作开展比较扎实的市县，针对随班就读师资在数量与能力上不足的问题，地方政府自发主动地以培训的方式，组织开展了融合教育师资培养。比如泸州市教委 1999 年在泸州市特殊教育学校举办"三残"儿童随班就读县级指导教师培训会，培训内容包括特殊教育规程、随班就读课堂教学、班级管理等。成都市教育局针对全市从事随班就读工作教师中具有特殊教育师范毕业生仅占 30%、接受专业培训不足 20% 的状况②，一是出台鼓励在职教师"专升本""本读研"政策，支持特教教师提升学历；二是通过假期组织特教干部和教师培训班的方式，提升特教教师专业水平；三是依托成都盲哑学校与成都市广播电视大学（2020 年后更名为成都开放大学）联合举办的成都电大特教分校，对全市特教教师进行特教专业专科学历进修，等等。

---

① 参见陈云英、华国栋主编《特殊儿童的随班就读试验：农村的成功经验》，教育科学出版社 1998 年版，第 34 页。
② 参见杜学元主编《四川特殊教育史料集成》上，西南财经大学出版社 2021 年版，第 247 页。

(三)21世纪以来的融合教育师资培养

1. 依托高校加大融合教育师资职前培养

根据特殊教育改革和发展的部署,"在四川师范大学设立特殊教育专业,将乐山师范学校并入乐山师范学院的特殊教育师资部相应升格为特殊教育师资大专班,两所师范院校的特殊教育专业从2003年秋季开始招生"[1],确立了四川师范大学与乐山师范学院在全省特殊教育师资培养上的领头羊地位,21世纪以来四川省高等师范特殊教育师资培养正式起步。2014年6月,《关于特殊教育提升计划(2014—2016年)的实施意见》在主要措施中提出,"结合各地实际需求,将教师纳入省免费师范生培养范围。鼓励符合条件的高校增设特教专业,并鼓励支持在师范类专业中开设特教课程"[2],免费特教师范生培养政策的提出,大大地促进了特殊教育师资的培养进程。2018年1月,《四川省第二期特殊教育提升计划(2017—2020年)》中,进一步提出"加大省免费师范生特殊教育教师培养力度,鼓励各地采取多种方式定向培养特殊教育教师。支持师范类院校和其他高校扩大特殊教育相关专业招生规模,提高培养质量。加大特殊教育专业硕士、博士研究生培养力度。鼓励有条件的高等学校加强学前、普通高中及职业教育的特殊教育师资培养"[3]。直接促进了特殊教育师资职前培养途径的多样化、培养规模的扩大化,以及培养层次、培养质量的提升。

在上述三个特殊教育方面省级文件政策的指引下,21世纪以来,四川省先后有乐山师范学院、四川师范大学、成都大学、四川文理学院、西华师

---

[1] 杜学元主编:《四川特殊教育史料集成》上,西南财经大学出版社2021年版,第8页。
[2] 杜学元主编:《四川特殊教育史料集成》上,西南财经大学出版社2021年版,第39页。
[3] 四川省教育厅等:《四川省第二期特殊教育提升计划(2017—2020年)》,2018年1月,四川省教育厅网站(http://edu.sc.gov.cn/scedu/c100540/2018/1/31/34de23c4cc7840899c25cb4308d49664.shtml)。

范大学等五所高校开展特殊教育师资职前培养。在五所院校中，乐山师范学院开展特殊教育师资职前培养最早、招生专业最多、培养规模最大，被誉为川渝两地特殊教育人才培养的"黄埔军校"。乐山师范学院于2003年开设特殊教育专科专业，2011年开设本科，2013年起招收四川省免费师范生，2017年起与武汉大学、西华师范大学联合培养教育学专业硕士特殊教育方向研究生，特殊教育专业是四川省"专业综合改革试点"项目专业、四川省卓越教师培养项目专业、四川省应用型示范专业、四川省"课程思政"示范专业、四川省一流专业；2015年开设教育康复学本科专业，是全国第二批招收教育康复学专业的五所高校之一，目前全国仅有9所高校开设教育康复学专业；2015年开设艺术设计、服装与服饰设计2个听力障碍学生就读的专科专业，2017年起招收听力障碍学生，是四川省唯一一所培养听力障碍本、专科大学生的学校。四川师范大学2006年开始招收特殊教育专业硕士研究生，2012年开设特殊教育本科专业（含师范方向），2017年开始招收本科公费师范生，是教育部师范类专业综合项目试点专业、四川省卓越教师培养计划试点专业。成都大学师范学院特殊教育系2007年开始招收特殊教育专业专科生，2010年开始招收特殊教育专业本科生，2021年将开始招收特殊教育专业学位硕士研究生。[①]四川文理学院于2011年开设特殊教育本科专业。西华师范大学于2017年开始招收特殊教育专业硕士研究生，与乐山师范学院共同培养，着力培养本专科与研究生人才，满足全省特殊教育师资需要。

除了设置特殊教育专业培养特殊教育师资外，在省教育厅与省残联的支持下，2003年以来，乐山师范学院、四川师范大学、成都大学等省属高校也面向本校师范专业学生，积极开设特殊教育课程或讲座，大力普及特殊教育知识。乐山师范学院、四川师范大学等高校还面向全省特殊教育学校老

---

① 彭韵潼：《成都大学特殊教育系简介》，《现代特殊教育》2020年第22期。

师与普通学校随班就读老师，开办了特殊教育学专科与本科继续教育班，帮助随班就读教师与特殊教育教师提高学历水平、专业知识与管理水平。

2. 依托国培计划开展融合教育师资职后培训

2012年，《四川省残疾人事业"十二五"发展纲要2012年实施计划》明确提出"将特殊教育机构教师、管理人员和随班就读（园）骨干教师培训工作纳入'国培计划'，培训学前教育师资和培智骨干教师"。2014年6月，《关于特殊教育提升计划（2014—2016年）的实施意见》在主要措施中提出"到2016年，特殊教育学校、普通学校特教班和随班就读教师全员培训率达到100%"。2018年1月，《四川省第二期特殊教育提升计划（2017—2020年）》中，提出"加大对一线特殊教育教师的培训力度，通过中央、省、市、县、校五级培训，对特殊教育教师实行5年一周期不少于360学时的全员培训"[1]。并依托国培计划提出分层分类培训的要求，特校校长、骨干教师主要选送参加国培计划，特校教师培训由省级负责，随班就读教师、资源教师、送教上门教师的培训由县级负责。以乐山师范学院为例，2015年以来，该校先后承担国培计划示范性集中培训项目、国培计划培训项目、国培计划山西省特殊教育校长培训项目、通向明天——交通银行残疾青少年助学计划项目、四川省天府特殊教育人才素质提升工程项目、四川省培训项目，以及国（境）外合作培训项目等30余项，培训在职特殊教育教师4027人。

3. 实施"天府特殊教育人才素质提升工程"[2]

2010年，四川省人民政府颁发《四川省中长期教育改革和发展规划纲要（2010—2020年）》，专门提出了"加强教师队伍建设，将特殊教育教

---

[1] 四川省教育厅等：《四川省第二期特殊教育提升计划（2017—2020年）》，2018年1月，四川省教育厅网站（http://edu.sc.gov.cn/scedu/c100540/2018/1/31/34de23c4cc7840899c25cb4308d49664.shtml）。

[2] 参见杜学元主编《四川特殊教育史料集成》上，西南财经大学出版社2021年版，第553—556页。

师培训纳入培训计划，提高专业水平和待遇，改善工作环境和条件，在教师评优表彰中提高特殊教育教师比例"政策举措。2012年，省委、省政府决定在乐山师范学院挂牌"四川特殊教育人才培训基地"。从2012年起，四川省残联依托乐山师范学院"四川特殊教育人才培训基地"，实施"天府特殊教育人才素质提升工程"，用了3年时间，对四川全省2000名残联系统残疾人教育工作者、特殊教育学校各类专业教师进行一次全员培训。培训针对特殊教育的新进教师、转岗教师、骨干教师，从视障教育、听障教育、智障教育、康复训练、早期干预训练等5个领域，开展针对性的培训，其目的在于尽快提升特殊教育师资的专业化水平。到2015年，"天府特殊教育人才素质提升工程"完成10期21个班培训项目。其中针对聋教育和培智教育两类转岗教师开展特殊教育知识普及性培训3期，共培训转岗教师422人次；针对聋教育、培智教育、教研、康复等骨干教师开展专业技能提高培训6期，共培训骨干教师626人次；针对特殊教育物理康复、艺术康复、动作康复、言语与语言康复、个别化教育、职业教育、特校管理等教师开展专业技能深化培训11期，共培训特教教师及管理者1000余人次，通过分层培训，在保证全省特殊教育教师在面上全覆盖培训的基础上，实现了从特殊教育的基本知识素养到专业技能再到教研能力的梯度培训，也实现了培训层次上的全涵盖，有效促进了全省特殊教育教师专业化水平发展。

4. 组织开展省级专项培训

根据《四川省人民政府关于推进特殊教育改革和发展的意见》（川府函〔2002〕359号）的部署，"'十五'期间……对普通学校承担特殊教育和随班就读工作的教师安排一次比较正规的短期培训。加强特殊教育学校和招收残疾儿童少年随班就读的普通学校校长的培训工作。"[①] 由此，四川随班就读

---

① 杜学元主编：《四川特殊教育史料集成》上，西南财经大学出版社2021年版，第8页。

师资培训工作进入一个全面加强的新阶段。2018年,《四川省第二期特殊教育提升计划(2017—2020年)》明确规定:"到2020年,所有从事特殊教育的专任教师应同时取得教师资格证和省级教育行政部门组织的特殊教育专业培训考核合格证(特殊教育专业毕业的可以免考专业合格证)。"[1]推动了随班就读教师职业资格走上规范化发展道路。2022年,《四川省"十四五"残疾人保障和发展规划》中提出了"特殊教育师资培养项目",规定"发挥四川省特殊教育资源中心作用,开展师资培训、教学研究等工作"[2]。《四川省"十四五"特殊教育发展提升实施方案(征求意见稿)》立足于建设一支高素质的随班就读师资队伍目标,提出了"完善特殊教育师资培训制度,加大培训力度。组织开展特殊教育学校和随班就读普通学校的校长、教师全员培训,将融合教育纳入普通学校教师继续教育必修内容"[3]等举措。在这些政策文件的指导下,全省性的特殊教育师资培训全面展开。2000年,省教育厅举办了"三类残疾儿童少年随班就读地、县级指导教师培训会"。2001年,结合联合国儿基会特殊教育项目,举办了全省特教师资培训班,对350多名特教教师进行了培训。2002年,省教育厅结合特殊教育随班就读支持保障体系实验县项目启动,举办了特殊教育随班就读培训班。2011年,省教育厅组织举办了全省第四届特殊教育学校中青年教师教学基本功大赛,组织全省特殊教育学校骨干教师参加培智教育培训班,举办全省特殊教育学校校长培训班,等等。

---

[1] 四川省教育厅等:《四川省第二期特殊教育提升计划(2017—2020年)》,2018年1月,四川省教育厅网站(http://edu.sc.gov.cn/scedu/c100540/2018/1/31/34de23c4cc7840899c25cb4308d49664.shtml)。

[2] 四川省人民政府:《四川省"十四五"残疾人保障和发展规划》,2022年3月,四川省残疾人联合会网站(http://www.scdpf.org.cn/zwgk/zcfg_161/202203/t20220310_30808.html)。

[3] 四川省教育厅:《关于面向社会征求〈四川省"十四五"特殊教育发展提升行动计划实施方案(征求意见稿)〉意见的公告》,2022年6月,四川省教育厅网站。

除省级层面加大特殊教育师资培训的力度后，乐山师范学院、四川师范大学、成都大学等高校，在省教育厅与省残联的组织领导下，以承接培训项目的方式积极参与随班就读师资培训。

5. 各市县结合实际开展专题培训

四川全省各市州及县市区也发挥主观能动性，结合本地随班就读工作开展实际及对随班就读师资的需求，积极开展随班就读师资校本培训与地方培训，努力提高随班就读师资的专业化水平。

成都平原地区。2009年，成都市举办了特殊教育师资培训活动，邀请省内外特教专家开展了"新课改背景下学校培训目标的实践认识"等讲座，进行了课堂教学观摩和评课。2013年，双流县对随班就读的教师，主要采取以会代训或以教研代训的形式进行，要求他们对随班就读的学生必须采取单独辅导，并做个案记录。对这部分学生主要从学习习惯、适应能力、自理能力、交往能力等方面加以引导，在教学要求上不做统一规定。成都市青白江区大力推动特殊教育师资专业化，通过公开招聘、人才引进、招聘新教师等途径增加专业教师数量；通过外派培训、校本研修等方式不断加强专业教师的"康复技能"培训，每名一线教师在具备学科教学技能的基础上至少掌握一项康复技能，全区资源教师康复技能培训合格证持有率达100%。"通过区级培训、校本培训、专题教研、聘请专家、组织竞赛等方式对全区资源中心教师、随班就读教师、特殊教育教师进行专业培训，2018年以来，共投入近40万元用于教师专业发展培训，实现特殊教育教师专业培训全覆盖"[1]。而2013年在《遂宁市特殊教育学校管理和教育教学基本要求（试行）》中，对融合教育教师的学历比例作出了具体指标要求，85%以上的随班就读小学教师应具有专科及以上学历，70%以上的随班就读初中教师

---

[1] 四川省教育厅：《成都市青白江区创新推动特殊教育优质融合发展》，2021年3月，四川省教育厅网站（http://edu.sc.gov.cn/scedu/c100498/2021/3/10/66ec6c729ab34e758663a937a089105f.shtml）。

应具有本科及以上学历；每位教师必须掌握特殊教育必需的教学技能如手语、盲文等；教师师德建设、业务学习、专业培训有计划、有记录；将选拔德才兼备的优秀教师担任有随读生班级的教育教学工作，对特教教师有系统的特殊教育专业培训计划。[1]

攀西地区。攀枝花市举办随班就读教师米易培训班[2]，2014年4月，攀枝花市随班就读教师米易培训班在米易一中举办，攀枝花市米易县、东区、西区、仁和区特教教研员、资源中心教师、随班就读任课教师等60多人参加了本次培训。活动中，成都市武侯区特殊教育学校校长、四川省培智教育专家蔡晓莉作了《中小学幼儿园特殊儿童的认识与筛查》专题讲座。蔡晓莉在讲座中就"特殊儿童认识和筛查的意义""特殊儿童常见的类别""如何认识与筛查特殊儿童""筛查以后的工作如何进行"等话题展开了详细的讲述，从医学和教育学的角度介绍了智力障碍、脑性瘫痪、自闭症、学习障碍、视听觉障碍、注意力缺陷与多动障碍等特殊儿童的心理、行为特点，以及识别、治疗与辅导的方法。蔡晓莉提出，要加强医、校合作，加强家、校、医合作，正视特殊儿童的生理、心理现状，通过科学合理的方法构建特殊儿童的筛查与教育体系，使每个孩子都得到应有的关爱，实现个体的最大成长。蔡晓莉还与参会教师进行了互动交流，听取了教师们对特殊儿童识别与筛查的看法，了解了攀枝花市随班就读工作的相关情况，对教师们提出的特殊儿童教育与研究工作中的相关问题做了针对性的指导。2015年，攀枝花市教育体育局会同市残联，联合举办攀枝花市随班就读教师专业技能培训班，推动全市随班就读教师能力建设。

川南地区。宜宾市特殊教育师资培训中心2014年出台了《关于开展

---

[1] 参见林智《四川省遂宁市出台〈特殊教育管理基本要求〉》，《现代特殊教育》2013年第6期。

[2] 参见四川省教育厅《攀枝花市举办随班就读教师米易培训班》，2014年4月，中共四川省教育厅网站。

宜宾市特殊教育教师素质提升工程三年行动计划（2014—2016 年）》，提出"争取用三年时间，对全市特殊教育教师进行针对性的、专业化、系统化的业务培训，促进全市特殊教育教师在教学基本功、特殊教育理论、课程改革、教育理念、课堂教学实施以及信息化教育水平等方面都有较大提升……"[①] 等师资培训总体目标，设置了"盲、聋和培智三类残疾义务教育课程标准和教材的培训""不同学段、不同学科和不同课型的课堂教学研讨活动""以手语、盲文、行为矫正等为内容的教师专业技能培训""随班就读培训""特殊教育学校德育工作和残疾儿童心理健康教育培训""以特殊教育学校各类康复技术人员为主的'紧缺人才'培训""以转岗教师和新教师为主要群体的'合格教师'培养""以骨干教师和学科带头人为主的'特教明星'培养"等 8 类培训项目。其中"随班就读培训"主要是对区县级特殊教育资源中心巡回指导教师、资源室骨干教师和送教上门教师的培训，着重在课堂教学指导能力、个别化教育计划、残疾儿童身心评量、设立资源教室及随班就读支持体系等方面进行培训，以增强相关教师的随班就读指导能力。在培训方式上主要通过专题讲座、校本研修、自主学习、课例研讨、送教上门、师徒结对子、蹲点学习、置换锻炼、走出去请进来相结合等途径，同时充分利用网络研修、参与式、情景体验、行动研究和反思实践等方式，提高教师培训效果。2014 年 11 月，宜宾市教育和体育局依托江安县特殊教育学校，组织开展了"宜宾市残疾儿童少年随班就读（教师）培训"，以帮助全市随班就读教师了解国内外随班就读工作的开展状况和趋势，懂得随班就读支持保障体系的构建，掌握区县级特殊教育资源中心和资源教室的建设和运作，推动残疾儿童随班就读工作的开展。达州市达川区依托"国培计划"，"用好用活省教育专业发展平台和区级教师教育中心"，从 2017 年

---

① 杜学元主编：《四川特殊教育史料集成》上，西南财经大学出版社 2021 年版，第 107—109 页。

起"对特殊教育教师实行5年一周期不少于360学时的全员培训，不断提升教师业务素质和综合能力。2017年以来，累计培训教师300余人次"。① 泸州市2011年举办残疾儿童义务教育阶段全纳教育师资培训班，计划在2011年至2014年对龙马潭、纳溪等四个县区的普校教师进行全纳教育知识培训。

川东北地区。2014年，宣汉县切实加强锤炼特教师资队伍②，给普通学校的特殊学生营造一片茁壮成长的蓝天。宣汉县教育局以提升普通学校特殊教育骨干教师教育理论水平和教学能力为突破口，切实锤炼特教师资队伍。一是专家引领，转变观念。先后邀请省市县特教专家围绕特殊教育发展现状和趋势、基本手语应用、智障与听障儿童心理特点、特教课堂教学方法、随班就读教学模式等方面开展专题讲座，普及特教知识，提高普通学校教师对特殊教育的认识。二是学习观摩，提振信心。组织普通学校特殊教育骨干教师深入周边市县的特殊教育学校观摩学习，进一步掌握针对特殊学生的教育教学方法，消除他们对特殊教育工作难度大、不好教、难教好的顾虑，增强他们对特殊教育的信心。三是跟岗实践，增强技能。各校特殊教育骨干教师以片区为单位，走进特殊教育学校，由该校教育教学经验丰富的特教专业教师带领他们通过集体备课、组内试讲、组内磨课的方式进行为期一月的自主研修与教学实践。跟岗实践期间，每名特殊教育骨干教师要展示一堂合格课及一堂教学研究课，提升他们的特教水平。四是跟踪指导，全面提升。建立了特殊教育骨干教师QQ群，加强他们之间的交流，共同探讨、解决特教工作中遇到的问题。同时，县教育局组建特教辅导团队，深入各校指导教学，

---

① 四川省教育厅：《达州市达川区："五步协同"推进特殊教育事业高质量发展》，2022年4月，四川省教育厅网站（http://edu.sc.gov.cn/scedu/c100498/2022/4/12/c17a565bc55d4fdea0e5a4bb97f99458.shtml）。

② 参见四川省教育厅《宣汉县切实加强锤炼特教师资队伍》，2014年4月，四川省教育厅网站（http://edu.sc.gov.cn/scedu/c100498/2014/4/25/114aed7c96ce4736892be7e4ba6b75f6.shtml）。

全面提升全县特殊教育水平。

川西北地区。阿坝州近年来严格落实特殊教育学校师生比的编制标准，足额兑现特殊教育学校教师的特教津贴，实现特殊教育学校、普通学校特教班和随班就读教师培训全覆盖，仅2020年有针对性地培训特殊学校教师达263人次。阿坝州汶川县特殊教育学校把提高教师素质、教师专业化发展作为学校发展的立足点，通过多种途径加强教师培训。比如2013年组织开展中青年教师赛课、课件制作评比等活动，从紧张的办学经费中挤出经费资助培智教师到湖南培训学习，等等。

师资是融合教育发展的第一要素，没有教师无从谈起融合教育的实施。从上述对四川省融合教育师资培养历程梳理来看，尽管四川融合教育师资培养比较早，可以追溯到民国时期，但那只是学校的个别行为，而不是民国政府的官方措施。新中国成立后尤其是改革开放以来，四川省树立"第一资源"的意识，对融合教育师资培养的重视与支持力度不断在加强，到目前为止已基本能够满足开展融合教育对师资的需要。但需要指出的是，受制于发展基础与发展水平等因素，融合教育师资建设水平离融合教育高质量发展的需求之间还有不小的差距。

四、秉承"因材施教"传统实施个别化教育计划

个别化教育计划（individual education program，IEP）起源于美国，1975年美国的《所有残疾儿童教育法》（EHA）规定，政府要依据规定程序与内容要求，结合6岁至21岁身心障碍学生的差异，必须为每一个残疾儿童量体裁衣式地制订一份可执行的个别化教育计划，以满足障碍学生的个性化教育需求，保障其受教育权。由于个别化教育计划理念彰显了教育权利的平等性、学生发展的合规律性及教育资源的公平性，自20世纪80年代以来，受到世界各国广泛关注、推崇，并在特殊教育实践中得到广泛运用。

事实上，我国古代"因材施教"思想与西方发达国家个别化教育计划，是理念相通、内涵相近、方式一致的。孔子是我国因材施教思想的首倡者，我国历史上还有许多杰出的教育家、思想家也对因材施教思想进行了深入的阐释。比如东汉时期教育家郑玄在对《论语·先进》的注释中说"各因其人之失而正之"，元朝刘因也说"家居教授，师道尊严，弟子造其门者，随材器教之，皆有成就"，明代著名理学大师王阳明认为"人的资质不同，施教不可躐等"，近代教育家蔡元培强调"知教育者，与其守成法，毋宁尚自然；与其求划一，毋宁展个性"[①]，等等。这些观点都是我国"因材施教"思想的丰富与拓展，也为我们学习借鉴西方国家个别化教育计划提供了深厚的智慧和自信。

20世纪80年代，随着我国加入"残疾人国际""康复国际"等多个国际组织，参与"联合国残疾人十年"，倡导"亚太残疾人十年"行动，以及我国残疾人事业第一个五年计划《中国残疾人事业五年工作纲要（1988年—1992年）》的颁布实施，个别化教育计划理念引入国内，陈云英、刘全礼、肖非、张文京等特殊教育专家学者积极介绍个别化教育计划的方法、程序与案例。《中华人民共和国残疾人保障法》第三章"教育"中规定，"依据残疾类别和接受能力，采取普通教育方式或者特殊教育方式""特殊教育的课程设置、教材、教学方法、入学和在校年龄，可以有适度弹性"[②]，这些内容已经体现了个别化教育计划理念与思想了。《关于"十五"期间进一步推进特殊教育改革与发展的意见》对个别化教育计划理念与内容要求进行了明确而有效的吸纳，比如规定"要根据学生差异提出不同的教学内容和要求，使不同类别、不同程度的残疾学生都能够通过教育得到发展……开展个

---

① 高平叔编：《蔡元培全集：第3卷（1917—1920）》，中华书局1984年版，第174页。
② 本社编：《老年人政策法律法规选编》，华龄出版社2002年版，第139页。

别化教学等有效的教学实验,切实提高教育教学质量"①。国家法律法规与政策文件秉承"因材施教"传统,对个别化教育计划理念的吸纳,直接促进了个别化教育计划在融合教育中的广泛实践。

从四川情况来看,早在 1994 年,个别化教育计划理念已经在随班就读工作中得到了采用与实践。比如,陈云英教授 1994 年在对四川省仪陇县、宣汉县等随班就读实验县的考察中发现,四川省根据地域范围、师资条件、交通及残疾儿童情况采取了灵活多样的教育安置方法,并制定了相应政策:宣汉县西北中心学校确定了"残疾儿童安置六原则",选教师要求"三心"(即责任心、耐心、爱心),安排残疾儿童要求"三中"(即前三排之中、有力助手之中、各项活动之中),尽量避免把各种类型残疾儿童安排在同一个班,这样既不给教师增加过重的负担,也避免影响残疾儿童的教育质量。

进入 21 世纪以来,个别化教育计划理念成为四川省级特殊教育政策文件中的高频词,从"分类教学""按需施教"到"个别化教育""因人施教",从"一人一案"到"一人一策",生动真实地反映了个别化教育计划在四川融合教育发展中的实践演变。比如 2003 年省教育厅发布的《四川省示范性特殊教育实验学校标准》中,把个别化教育计划有关理念与要求作为省级示范性实验学校的条件,明确规定"以为学生创造最少受限制的学习条件为基础……注意发掘学生的学习潜力,重视学生健全人格和能力的培养及特长的发挥,使每个学生都能得到适合其需要的教育……注重因材施教,认真开展分类教学"②。因材施教、分类教学、最少受限制的学习条件等词语,都体现出鲜明的个别化教育思想。《四川省中长期教育改革和发展规划纲要

---

① 国务院办公厅:《转发教育部等部门关于"十五"期间进一步推进特殊教育改革和发展意见的通知》,2016 年 10 月,中华人民共和国中央人民政府网站(http://www.gov.cn/zhengce/content/2016-10/11/content_5117369.htm)。
② 杜学元主编:《四川特殊教育史料集成》上,西南财经大学出版社 2021 年版,第 32 页。

(2010—2020年)》第二十九条载明,"坚持按需施教,根据残疾学生的身心特点和特殊需求,给予理解关爱,注重潜能开发和缺陷补偿,培养残疾学生积极面对人生,全面融入社会的意识和自尊、自信、自立、自强精神"[①]。《关于特殊教育提升计划(2014—2016年)的实施意见》在主要措施中,提出"改革教育方法。加强个别化教育,增强教育的针对性与有效性。开展'医教结合'实验,探索建立特殊教育学校与普通学校定期举行交流活动制度,促进融合教育。……建立健全特殊教育学校定期委派教师巡回指导随班就读工作制度,确保随班就读质量"[②]。强调了医教结合、巡回指导、个别化教育在提升随班就读工作实效的价值与意义。2016年,《四川省贯彻落实〈国务院办公厅关于加快中西部教育发展的指导意见〉的实施方案》,专门针对孤独症儿童教育,提出了"优先考虑就近入学、随班就读,鼓励特教学校及有条件的普通学校开办孤独症特教班"[③]等教育形式。《四川省人民政府办公厅〈关于印发四川省妇女儿童工作专项行动计划(2017—2020年)〉的通知》要求,"针对残疾儿童实际,通过特教班、随班就读、送教上门等多种方式,做到'一人一案',切实保障适龄残疾儿童平等接受义务教育权利"[④]。2017年6月,《四川省残疾人事业"十三五"发展规划》中也明确,

---

[①] 中共四川省委 四川省人民政府:《四川省中长期教育改革和发展规划纲要(2010—2020年)》,《中国教育报》2010年12月13日第8版。

[②] 四川省人民政府办公厅:《转发教育厅等部门关于特殊教育提升计划(2014—2016年)实施意见的通知》,2014年6月,四川省人民政府网站(http://www.sc.gov.cn/10462/10883/11066/2014/6/26/10305836.shtml)。

[③] 四川省人民政府办公厅:《四川省贯彻落实〈国务院办公厅关于加快中西部教育发展的指导意见〉的实施方案》,2016年12月,四川省人民政府网站(https://www.sc.gov.cn/10462/c103046/2016/12/2/4186b55779d844be870a149aec76b6e7.shtml)。

[④] 四川省人民政府办公厅:《关于印发四川省妇女儿童工作专项行动计划(2017—2020年)》,2017年6月,四川省人民政府网站(https://www.sc.gov.cn/10462/c103046/2017/6/3/68da85c56bb44c92b773e8d23ba4ec1a.shtml)。

"采取'一人一策'方式,确保未入学适龄残疾儿童少年接受义务教育"①。2018年《四川省第二期特殊教育提升计划(2017—2020年)》中规定,"采取多种形式因人施教。对能够适应普通学校就读要求的适龄残疾儿童少年,优先采用普通学校随班就读的方式,就近安排其接受义务教育。……支持开展教育与康复相结合的医教结合实验"②。从上述省级政策文本内容相关表述中,可以清晰地看出个别化教育思想贯穿于省级政策文件内容始终,这充分说明了四川省遵循特殊教育规律,科学推进随班就读工作。

从市(州)、县(市、区)的融合教育推进实施情况来看,正在积极实践个别化教育计划理念。比如2004年井研县教育局把个别化教育纳入随班就读教师工作评价里,《井研县教育局教研室随班就读教师工作评价意见(试行)》规定了随班就读教师开展个别化教育情况的具体评价内容,主要包括"学生基本情况调查准确,能反映学生基本特点""根据残障学生情况制定个别化教育计划及长、短期目标,目标清楚恰当,措施有力,可操作""教案符合随读要求,课堂内容适合全班学生""合理筛选处理教材,教学内容适合全班学生""对随读生个别辅导,作业布置恰当"③,等等。都江堰市教育局2005年在《关于建立随班就读工作支持保障体系的通知》中,要求"在教室里根据学生残疾类别和程度安排座位,制订个别教育计划,从教学目标的制定、教材的处理、备课、板书设计、课堂提问均兼顾其特点开展

---

① 四川省人民政府:《关于印发四川省残疾人事业"十三五"发展规划的通知》,2017年3月,四川省人民政府网站(https://www.sc.gov.cn/10462/c103044/2017/3/4/7eaa2a0317ab4bbcafdd63d2c7b7a930.shtml)。
② 四川省教育厅等:《四川省第二期特殊教育提升计划(2017—2020年)》,2018年1月,四川省教育厅网站(http://edu.sc.gov.cn/scedu/c100540/2018/1/31/34de23c4cc7840899c25cb4308d49664.shtml)。
③ 杜学元主编:《四川特殊教育史料集成》上,西南财经大学出版社2021年版,第63页。

课堂教学，实施合作学习、伙伴互助等有效的教学组织形式"①。

总体来看，自20世纪90年代以来，个别化教育计划理念在四川融合教育中得到了广泛的吸纳，并结合四川本土实践，总结形成了"三心三中""最少受限制的学习条件""分类教学""按需施教""个别化教育""一人一案""一人一策""因人施教"等多种实践创新措施，既遵循了特殊教育发展规律，又积极推动了四川融合教育工作质量不断提升。

五、基于实践立场探究融合教育四川路径

实践决定理论，理论最终要归于实践；实践的发展没有止境，理论创新也永无止境，这是马克思主义实践论的基本观点与立场。融合教育理论与实践两者相辅相成，是辩证关系。实践是融合教育理论的基础，是检验融合教育的唯一标准；科学的融合教育理论来源于实践，对实践具有积极的指导作用。四川融合教育起步较晚，融合教育研究也比较滞后。事实上，直到20世纪80年代中后期，才出现相关融合教育研究成果。这些成果大多是对随班就读实验实践的总结思考、经验提炼，探索融合教育的理论创新与实践创新，是基于实践立场来探究融合教育四川路径，体现了鲜明的马克思主义实践论特点。

（一）在实践中摸索起步

1984年，在四川省教育厅的指导下，乐山市教育局在乐山师范学校附属小学试办了一个弱智儿童辅读班，在没有教材、没有教参资料等情况下，依据弱智儿童随班就读工作的实践，自行编写教材、教案，自行研究随班

---

① 杜学元主编：《四川特殊教育史料集成》上，西南财经大学出版社2021年版，第46页。

就读教学方法，相继编写出《特教概述》《聋童心理》《盲童心理与教育》《弱智儿童的心理与教育》《聋童三话训练》《弱智儿童家庭教育辅导》等讲义与论著。1985年，自贡市贡井区文教局试办弱智儿童实验班，1987年实验班扩建为自贡市贡井区弱智儿童辅读学校，在无任何借鉴的情况下，学校摸索智力落后学生的入学条件，建立学生档案，在教育上主要培养学生正常的生活、学习习惯，能制作简单的折纸、剪纸和泥塑，学会少年儿童广播操、眼保健操，提高身体素质。乐山与自贡等地的弱智儿童辅读实验，开启了四川融合教育实践探索与研究的步伐。1985年省教育厅选派成都、重庆、自贡、乐山每地各一名弱智教育工作者参加中国特殊教育研究会举办的弱智教育讲座。1987年，省教委研究审定四川省弱智教育教学计划。1990年，省教委对1988年以来各地总结撰写的弱智教育经验论文进行了评比表彰，并在涪陵市召开了全省第三次弱智教育经验交流暨经济论文表彰会，促进了融合教育的探讨与交流，还成立了四川省特殊教育研究会。1991年，四川省特殊教育研究会在重庆市召开会议，探讨了特殊教育发展、教育教学改革等方面的问题。1991年，省教育科学研究所先后在成都市实业街小学、重庆市沙坪坝区新立小学、乐山市沙湾区沙湾小学等校设立了省市县区校四级共管的教育科研课题，研究弱智教育的课程设置、教学方法、职业训练等问题。省教科所、省教育委基础教育处、乐山师范特教部有关人员和部分弱智班的教师共同承担的"对弱智儿童学校（班）课程设置和教学研究的探索"被列入国家教育科研"八五"青年课题。1991年乐山市沙湾小学的"弱智学校（班）低段儿童教育与训练"课题，被列为省级教育科研项目。

（二）在实验中丰富发展

1994年，省教委根据残疾儿童少年学校（班）应普遍实行分类教学和个别教学的原则，要求各类残疾儿童、少年学校和普通学校附设的特教班，都应实行分类教学，并在成都、重庆、乐山等地确定了一批弱智教育研究课题，组织进行了对弱智儿童入学、教育、就业训练与指导等一系列研究与实验。

这一时期最有影响力的是陈云英在仪陇、巴中、宣汉三县开展的随班就读实验县项目。1994年，仪陇、巴中、宣汉三县的随班就读实验县项目学校的教师，"根据自己的教学实践总结出课堂教学的'四要'，即'基本内容要抓住不放''教学要求要有所区别''教学方法要形象直观''教学过程要环环不忘补缺'"①。"四要"随班就读教学法体现了教学内容调整、教学目标调整、教学方法调整、教学过程调整的融合教育教学调整思想与主要原则，是三县教师在随班就班教学实验中总结出来的经验。这些经验既有利于保证残疾儿童能够与普通学生一起学习，又能确保教育目标能够基本达成、教学要求能够基本保证。这充分体现了实验县的老师的教学智慧与首创精神。后来，各项目县、乡都成立了特殊教育研究机构。例如，宣汉县成立了特殊教育研究活动小组，每月一次深入各乡随班就读点进行调查研究和业务指导。两个月出一期《宣汉特教简报》，通报特教信息，交流随班就读的经验。项目乡成立了特殊教育教研组，每两周开展一次教研活动。巴中市、仪陇县对教师的培训类似，巴中还特别注意发挥聋人学校的骨干作用，每月安排该校教师去项目学校辅导一次，帮助普校教师解决教学中的疑难问题。

1994年，重庆市长寿县的双龙中学启智班、渡舟中心校启智班被确定为重庆市弱智儿童教育农村实验点。1996年，长寿县两个农村实验点的"弱智儿童适应性功能教育"实验课题获国家二等奖，1999年"三类残疾儿童劳动技能和职业技术教育研究农村弱智儿童生计教育实验"获教育部二等奖。1997年，双流县特殊教育学校确立了"聋校课堂教学中提问性艺术研究""智障班级的管理研究"等校本课题，自发主动开展校本研究，并在

---

① 彭霞光：《如何处理好残疾儿童随班就读的备课环节》，《现代特殊教育》1999年第7期。

研究成果基础上，编写了《聋生社会交往技能培训提要》《重度智障儿童生活处理自理训练教材》等校本教材。1999年，县级宜宾市聋哑学校开展的"分类分层教育教学"科研课题，按聋生智力因素、非智力因素，因人而异地实施教育教学，形成了《浅谈聋校分类分层教学活动中的课程设置》《浅谈聋生兴趣差异分类分层教学》等研究成果，对宜宾市聋哑教育教学有着很强的指导作用。

根据上述实验县项目的实践经验，省教委1996年组建了"四川省残疾儿童随班就读问答"编写组，委托华国栋等编著了《视力、听力、智力残疾儿童随班就读问答》一书，帮助教师尽快掌握教学方法及特殊学生认知的特点，大大推进了随班就读工作。

（三）纳入政策文件系统推进

21世纪初，省教育厅把融合教育研究纳入特殊教育的政策文件中，通过建立健全长效制度机制，确保融合教育持续、有效、深入地开展。比如2001年，四川省教育厅转发《"十五"特殊教育科研课题指南的函》，对开展特殊教育研究进行了部署。2014年6月，四川省人民政府办公厅《转发教育厅等部门关于特殊教育提升计划（2014—2016年）实施意见的通知》提出，"省市（州）教育行政部门所属的教研部门应配备专职特教教研人员，组织并指导特殊教育机构开展教育教学研究"[1]。2018年1月31日，四川省教育厅等七个省级部门联合出台的《四川省第二期特殊教育提升计划（2017—2020年）》中规定，"各级教研机构要配备专兼职特殊教育教研

---

[1] 杜学元主编：《四川特殊教育史料集成》上，西南财经大学出版社2021年版，第40页。

员，不断增强特殊教育教科研能力"①。

在省教育厅重视融合教育研究的政策引导下，各市、州、县、区也纷纷出台政策文件，促进融合教育研究在面向实践、面向教学中发挥了指引作用。

成都平原地区。成都市2004年组织开展了首届特殊教育优秀论文评选活动，2005年开展了"特殊教育与随班就读""随班就读资源教室的构建、运作及功能""随班就读个别教育计划"等专题讲座和培训。2010年，新津县加强"三类残疾"儿童随班就读支持保障体系，深入推进融合教育课题研究，总结融合教育管理经验并在全国推广，得到联合国儿基会、教育部、中国教育科学研究所等机构的专家肯定。同年，美国哈佛大学、英国救助儿童会组织全纳教育参观团到新津县考察融合教育工作。2004年，《井研县随班就读支持保障体系实验方案》提出，"深入开展随班就读的课题研究，上下延伸，并逐步拓展研究的范围。进一步探索三类残疾儿童以及不同类别的特殊儿童教育、教学模式，以科研为先导提高随班就读的质量"②。2010年，乐山市教育局组织开展特殊教育调研，深入井研、犍为等县三残儿童随班就读学校（班级），深入调研各学科教育教学状况，并通过听、查、看、问、评等方式，对全市三残儿童随班就读情况进行分析与研究，提出加强三残儿童随班就读工作的若干措施与办法③，2011年内部印发了《乐山市特殊教育优秀论文集》。德阳市开展"医教结合"实验，配备专职特教教研人员，指

---

① 四川省教育厅等：《四川省第二期特殊教育提升计划（2017—2020年）》，2018年1月，四川省教育厅网站（http://edu.sc.gov.cn/scedu/c100540/2018/1/31/34de23c4cc7840899c25cb4308d49664.shtml）。
② 杜学元主编：《四川特殊教育史料集成》上，西南财经大学出版社2021年版，第71页。
③ 参见杜学元主编《四川特殊教育史料集成》上，西南财经大学出版社2021年版，第230页。

导特殊教育机构开展教研活动①。总体来看,成都平原地区的特殊教育研究起步早、发展好、成果丰硕、社会影响大、成效十分显著,形成了特殊教育研究促进特殊教育发展的良好局面。

攀西地区。相比较而言,攀西地区的特殊教育研究的起步较晚,但取得了较好成效。《凉山州特殊教育提升计划(2014—2016年)实施方案》把开展特殊教育研究作为深化特殊教育课程教学改革的重要内容,要求"要将特殊教育内容纳入各级教育科研课题的立题范围,为特殊教育教师参与课题研究提供机会"②。2011年,攀枝花市教育局组织开展了随班就读专题科研,组织全市第二届特殊教育研究论文大赛,评选出优秀研究论文40篇。攀枝花特殊教育学校的"以艺术活动为载体的聋校德育实践活动研究"获四川省第三届普通教育教学成果二等奖,"促进聋生书面词发展的策略研究"获四川省第四届普通教育教学成果奖二等奖,"'职业课程为主,学科渗透为辅'的九年制特殊教育学校职业教育模式"获2013年度四川普通教育优秀教学成果二等奖。攀枝花聋哑学校的"聋生爱国立志教育实验研究"获四川省第二届教学成果三等奖,攀枝花市第五小学的"中重度智障儿童生活化课程资源的开发与实践研究"获2013年度四川普通教育优秀教学成果三等奖。这些省级教育教学成果奖,有力地说明了攀西地区在特殊教育教学研究方面成绩斐然。

川南地区。宜宾市在特殊教育研究方面尤为重视。早在2003年,宜宾市人民政府出台的《关于贯彻省政府〈关于推进特殊教育改革和发展的意见〉的意见》就把"加强特殊教育研究"进行单列成条,要求"教学科研部

---

① 四川省教育厅:《德阳市多举措提升特殊教育水平》,2015年2月,四川省教育厅网站(http://edu.sc.gov.cn/scedu/c100498/2015/2/13/43ccaae362244f669d0e82324f2f31e6.shtml)。
② 杜学元主编:《四川特殊教育史料集成》上,西南财经大学出版社2021年版,第160页。

门要将特殊教育纳入研究计划,并加强对特殊教育的教学指导"①。并对特殊教育研究任务进行了具体规定,要求"'十五'期间,每所特殊教育学校都要确定一个以上校本科研课题,并积极承担县、市级以上科研课题"②。以宜宾市特殊教育学校为例,为了加强教学科研工作,先后制定出台了《教师科研常规工作管理制度》《课题管理制度》《微型课题研究实施方案》。在2009年该校制定的《奖励性绩效工资实施细则(试行)》中,把教学科研成果作为奖励性绩效工资的重要内容,详细制定了"四类四级十二档"的单项加分与奖励标准。2014年又出台了《关于开展课题研究的管理及奖励办法》,加强课题申报、课题审批、过程管理、结题评审、课题费用等的规范管理,有效激发了特殊教育教师开展教学科研的积极性与主动性。"心理辅导促进聋生心理健康发展的实践""提高聋生写话能力的实践""聋校班主任专业素养研究""助学小伙伴促进视障学生随班就读的实践研究"等一批省市级课题、教师微型研究课题纷纷立项,其中"心理辅导促进聋生心理健康发展的实践"还获得2013年度四川普通教育优秀教学成果三等奖。而泸州市特殊教育学校在特殊教育教学改革方面取得了丰硕的成果,自1998年以来,该校"残疾学生素质补偿与发展教育研究"获四川省第二届教学成果二等奖,"聋生以就业为导向的心理指导"获四川省第三届普通教育教学成果一等奖,"聋校手工校本课程开发与应用研究"获四川省第四届教学成果二等奖,"残疾学生校园游戏开发与应用研究"获2013年度四川普通教育优秀教学成果二等奖,走在了全省特殊教育教学改革研究的前列。

川东北地区。南充市通过"建立全市特殊教育区域联盟,加强特殊教

---

① 杜学元主编:《四川特殊教育史料集成》上,西南财经大学出版社2021年版,第103页。
② 杜学元主编:《四川特殊教育史料集成》上,西南财经大学出版社2021年版,第103页。

育区域合作研究，促进全市特殊教育均衡发展"①，在特殊教育研究方面发挥了带头作用，产生了广泛的影响。仪陇县教育局的"贫困地区三类残疾儿童少年随班就读的管理策略研究"获四川省第三届普通教育教学成果二等奖，南部县特殊教育学校的"听障学生生存潜能的发现和发展研究"获四川省第四届普教教学成果二等奖。南充市特殊教育学校把科研工作要求纳入专业技术岗位要求之中，作为奖励性绩效的主要依据，营造了良好的特殊教育科研氛围，推动该校在普特融合教育、特殊职业教育、特殊教育学生管理、特殊教育区域联盟等方面的实践探索取得丰硕成绩。从 2014 年起，广元市开始进行自闭症儿童幼儿园、小学融合教育的实验与研究，为自闭症儿童的康复教育、社会实践和融合教育积累了较为丰富的理论和实践经验。2003 年《苍溪县教育局关于印发〈苍溪县残疾儿童随班就读实验工作方案（试行）〉的通知》中要求，"推广随班就读办学经验，加强对随班就读工作的研究。推广县特殊教育学校在'九五'课题研究中，对残疾儿童的筛查、安置、班级管理、课堂教学、缺陷补偿等方面取得的实践经验"②。苍溪县特殊教育学校"依托地方资源培养残障学生生存能力的研究"获四川省第四届普教教学成果三等奖。

川西北地区。客观地说，由于甘孜、阿坝的特殊教育起步较晚，在特殊教育研究方面比较薄弱，研究成果也相对较少。以特殊教育方面办学时间最久的汶川县为例，于 2007 年才正式成立一所普特融合办学的特殊教育学校，建校以来学校教师发表了"20 余篇特殊教育研究论文"③。而甘孜州特殊教育学校于 2011 年才正式建立，关于特殊教育的研究还在起步阶段。

① 杜学元主编：《四川特殊教育史料集成》上，西南财经大学出版社 2021 年版，第 71 页。
② 杜学元主编：《四川特殊教育史料集成》上，西南财经大学出版社 2021 年版，第 80 页。
③ 杜学元主编：《四川特殊教育史料集成》下，西南财经大学出版社 2021 年版，第 1049 页。

成都平原地区。2006年，成都市特殊教育学校出台了《科研工作管理办法》，对课程分类、课题申报、课题评审、课题管理及结题鉴定等进行了明确的规范。同年还出台了《成都市特殊教育学校教育科研成果奖励条例》，对优秀的特殊教育研究成果给予奖金奖励。2008年又对《教育科研成果奖励条例》作出了补充规定，进一步提高科研论文成果奖金标准，并把教师科研成果情况纳入《成都市特殊教育学校教师评优评先量化细则》中。正是由于学校有比较好的激励政策，成都市特殊教育学校在特殊教育研究工作上成效显著。正如魏祥明在《浅析省会城市示范性特殊教育学校的办学定位及发展策略》中总结所说："通过几年的探索，在这方面形成了一些特色：一是认识到位，对科研的重视是实实在在的，建立了比较完善的机制予以保证。二是采取课题招标制，变'要我研究'为'我要研究'。三是管理非常规范，有一个专业的支持系统。四是参研面大，取得了显著成绩。近五年先后研究国家国际实验项目6个，省市级课题7个，校级课题28个，小专题32个，参与面达到专任教师的92%，获市级以上奖励232篇，获省人民政府教学成果二等奖，展现了雄厚的研究实力。"[①] 又比如新津县第一小学，围绕提高融合教育研究水平，2008年与重庆师范大学共建"特殊教育教学科研基地"。20世纪90年代初期，新津一小开展残疾儿童随班就读实验。新津一小当时"根据残疾儿童的个体状况建立档案，因人施教制定'个别教育'计划，以'生活化教育、个别化辅导、活动化教学'的方式，注重培养学生的自我康复、自我发展能力及参加社会实践能力和生存能力，设立'个别辅导跟踪卡'逐日记录，从残疾儿童的入学编班、个别教育、家长随堂听课、个人档案、综合评价等方面加强管理，引导残疾儿童与健全儿童一起参

---

① 杜学元主编：《四川特殊教育史料集成》上，西南财经大学出版社2021年版，第855页。

加各种活动、体验生活,对老师作出'零距离'教学要求"①,等等。通过这些举措,新津一小打造形成了以普教、特教相融合为特色的随班就读的特殊教育模式,多次获得教育部和省、市教育部门的表彰,并得到联合国教科文组织的肯定。这些来自一线教学实践的研究,也促进了新津一小教师队伍研究水平的提升,全校有40%的教师直接参与特殊教育随班就读的教学实践和研究,共撰写特殊教育的教学研究论文40多篇,有6篇在国家级刊物上发表,10篇在省级教育刊物上发表并获奖。

攀西地区。攀枝花市特殊教育学校在开设国家课程的基础上,积极探索校本课程研究与建设,"聋生爱国立志教育实验研究""以艺术活动为载体的聋校德育实践研究""促进聋生书面语发展的策略研究""'职业课程为主,学科渗透为辅'的九年制特殊教育学校职业教育模式""以活动为载体"等教育教学研究成果,先后获得四川省人民政府教学成果奖二等奖、三等奖。可以说教学研究成果斐然。《凉山州特殊教育提升计划(2014—2016年)实施方案》规定,"要将特殊教育内容纳入各级教育科研课题的立题范围,为特殊教育教师参与课题研究提供机会。鼓励特殊教育教师结合教学实际,参与课题研究"②。

川南地区。宜宾市特殊教育学校大力实施"科研兴教,人才强校"战略,立足校本研修,深入推动学校教育科研工作。一是健全制度,规范管理。学校相继制定出台了"课题管理制度""教科研常规工作管理制度""微型课题研究实施方案""教科研单项奖励办法"等制度。二是立足校本,丰富内容。通过"师徒结对子"方式深入推进科研工作,并从2006年起开展融合教育实验,每学期将部分优秀的聋哑学生安置在川江小学跟班学习,白

---

① 四川省教育厅:《梧桐引得凤凰栖——重庆师大特教研究基地"落户"新津一小》,2008年3月,四川省教育厅网站。
② 杜学元主编:《四川特殊教育史料集成》上,西南财经大学出版社2021年版,第160页。

天他们与正常学生一起学习生活，晚上再回到学校，由聋校教师给予单独辅导。三是课题引导，广泛参与。引导教师本着"从小处着手，问题即课题，工作即研究，效果即成果"的原则，开展微型课题研究，2009年以来参与微型课题研究教师达到44人次。四是搭建平台，借力发展。充分依托"宜宾市特殊教育教师培训中心""宜宾市特殊教育教研指导组"两个市级平台，经常性开展特殊教育研讨活动。

川东北地区。南充市特殊教育学校在融合教育研究上形成了"区域联盟尝试"经验，通过联合南充各区县的8所特殊教育学校，建立了南充市特殊教育区域联盟，在特殊教育教学、教学研究及活动等方面开展合作，重点围绕"普特融合教育""职业教育发展""学生管理模式"等方面开展实践研究，实现共同进步。南充市人民政府在《关于特殊教育提升计划实施意见》中规定，"市、县两级教研部门应配备专职特教教研人员，组织并指导特殊教育机构开展教育教学研究，定期开展教育教学研讨活动"[①]。

川西北地区。2008年以来，汶川县特殊教育学校围绕"国学怡心、艺体怡情、手工怡技"的办学特色，根据特殊孩子的身体特征和年龄特点，把羌族文化通过跳、唱、绣、粘、绘、烙、讲等形式，课内和课外有机结合进行传承和学习，开展非物质文化传承与创新研究，取得丰硕的成果。学校被授予"四川省非遗文化遗产保护传承及教育'小课堂'示范基地"。

学校是实施教育的场所，教师是实施教育的主体。在上级教育行政主管部门的政策激励下，全省各普通学校、特殊教育学校结合工作实际，制订了更为细致、操作性更强的融合教育研究方案，激励广大随班就读教师积极主动投身于融合教育研究中。

教学与研究相长，加强融合教育理论研究与实践研究，是实施融合教

---

① 杜学元主编：《四川特殊教育史料集成》上，西南财经大学出版社2021年版，第149页。

育的有效措施。在西方发达国家，普遍重视融合教育的实践研究，以指导融合教育工作。应该说，自四川省开展随班就读试验以来，关于融合教育的研究就从未停止过。而且随着融合教育的深入实施，融合教育研究领域在拓宽、研究内容在丰富、研究水平在提高，尤其是突出表现在融合教育的实践研究上，充分体现学以致用的价值取向。换句话说，四川融合教育坚持理论创新与实践研究并重，并以实践研究见长，是其显著的特征。由于四川各地融合教育起步时间不一致、发展水平不相同与发展程度不均衡，因此四川融合教育研究情况呈现出典型的区域差异。从总体上看，成都平原地区经济社会发展水平高，融合教育起步早，融合教育研究基础好、研究成果十分丰富，走在了全省最前列。而川西北地区经济社会发展水平相对滞后，融合教育起步晚，融合教育研究基础比较薄弱，研究成果还比较匮乏，明显落后于全省其他区域。因此，在中国化视域下理解四川融合教育发展，注重理论创新与实践研究，是四川推进融合教育发展的典型经验，也彰显着中国式融合教育发展的显著优势。

六、打造多层次全要素融合教育保障支持体系

由于特殊教育实施的困难性，要有序推进融合教育，离不开保障与支持系统的建设。四川省结合省情、校情与教情实际，通过试点实验与全域推广，从政策、人力、财力、物力等全环节、全领域，探索打造多层次全要素融合教育保障支持体系，走出了一条具有四川特色的融合教育保障支持体系建设之路，展现了集中力量办大事的社会主义制度优势。

（一）发挥基层首创精神，探索随班就读支持保障经验

1995年，中央教育科学研究所陈云英教授在仪陇县、巴中县、宣汉县开展随班就读实验县项目，四川省教委给予实验项目以大力支持。比如动员

家长送残疾儿童入学。四川省各项目乡普遍成立了乡村教育委员会，聘请社区干部、民主人士等参加，与乡长、项目校校长一起研究项目工作。他们向当地群众宣传《中华人民共和国义务教育法》《中华人民共和国未成年人保护法》《残疾人教育条例》等，配合学校动员残疾儿童家长送子女入学。各社区组织积极行动，张贴标语口号，深入家庭宣传，帮助残疾儿童家长提高认识。他们还组织群众订立乡规民约，控制随读的学生流失，帮助学校、家长解决实际困难。社区的支持，在乡教育委员会中发挥着重要作用。四川省项目实施以来，还得到了社会力量的大力支持，各学校的办学条件明显改善。据统计，仪陇、宣汉两县和巴中市各项目校一年共接受社会集资70万元，用这笔款新建校舍2150平方米，添置教学设备600多件，绿化、美化校园240平方米，添置课桌凳1200套。陈云英教授通过对仪陇县、巴中县、宣汉县实验县项目的调研考察，指出了社区的支持、参与在特殊教育发展中的地位，并认为这是特殊教育发展趋势的表现之一。她结合在6个贫困省（自治区）推广随班就读的经验，认为在实施残疾儿童随班就读中对社区支持给予重视，充分肯定其作用，不仅符合特殊教育发展的大趋势，而且也为今后继续搞好残疾儿童随班就读提供了一条重要的经验。

（二）发挥示范带动作用，探索随班就读支持保障模式

2003年，四川省教育厅出台了《四川省示范性特殊教育实验学校标准》，明确规定示范性特殊教育实验学校"要充分发挥骨干作用，积极开展社会性服务，采取辅导咨询，提供设施、设备、资料、信息、办培训班等多种形式为本地的特殊教育学校或普通学校附设的特教班和随班就读服务"，"要不仅做好本校教育教学和科研等工作，而且在师资、经费等方面能满足对本地其他学校特教班和随班就读的巡回指导的需要，形成了制度，并已经与本地其他普通学校（含幼儿园）建立了不低于10个随班就读指导（辅导）点。每年对这些校外的随班就读辅导站（点）开展的指导或其他活动不

少于 2 次"①。这些关于随班就读支持保障的具体要求,在各市(州)、各县(市、区)产生了广泛的带动作用。以成都市为例,2005 年,成都市在新津县召开全市特殊教育随班就读工作现场会议,对新津县五津中学、花桥小学、龙马小学、万和小学和五津镇第一小学的随班就读支持保障体系模式进行了参观考察,现场观摩随班就读资源教室建设、个别化教学设计、支持保障体系建设和课堂教学等。2006 年,成都市人民政府印发的《成都市特殊教育 2006—2010 年发展规划》,把双流县列为"十一五"期间建立"残疾儿童少年随班就读工作支持保障体系"实验县。2007 年,双流县特殊教育学校成立了特殊教育资源中心,成为双流县特殊教育一级资源室,承担全县 5 个二级资源室业务指导职责,到 2011 年,双流县特殊教育学校在全县建立起了 5 个二级资源室、55 个三级资源室,实现随班就读工作在县域九年义务教育学段满覆盖。2012 年,成都市锦江区建成 6 个资源教室,建成锦官驿小学、盐道街中学实验学校等 5 个点的资源教室,形成辐射指导服务全区所有随班就读点的"1+5"发展格局。2015 年,成都市建设特殊教育资源教室 258 个,在随班就读支持保障走在了全省的领先位置,为其他市、州、县、区提供了工作范例。

(三)坚持"教育优先"战略,全面改善随班就读环境条件

2014 年 5 月 29 日,四川省人大通过了《四川省〈中华人民共和国义务教育法〉实施办法》,其中第十八条明确规定:"普通学校应当接收具有接受普通教育能力的残疾适龄儿童、少年随班就读,并为其学习、生活、康复

---

① 杜学元主编:《四川特殊教育史料集成》上,西南财经大学出版社 2021 年版,第 149 页。

提供帮助。"①2016年《四川省贯彻落实〈国务院办公厅关于加快中西部教育发展的指导意见〉的实施方案》中规定,"在残疾学生较多的普通中小学和中等职业学校设立特教资源教室,对残疾学生实施特殊教育和康复训练"②。

2011年,泸州市依托外部支持,给在校残疾学生提供铺具适配,对部分普校环境进行无障碍设施的改造,力求让泸州市残疾儿童在充满爱和关怀的无障碍环境中愉快学习、幸福成长。1997年泸州市与外部合作试点残疾人社区康复工作以来,全市已有80666名残疾人因该项目受益。③

(四)纳入财政预算安排,同步提高融合教育事业经费

经费投入是保障融合教育能否顺利有效实施的关键,尤其是2010年以来,四川省明显加大了对包含融合教育在内的特殊教育经费投入力度。根据2015年省教育厅在《关于省人大十二届三次会议第321号建议答复的函》中的数据显示:"第一期特教提升计划"实施以来,全省特殊教育经费投入力度明显加大,国家特殊教育专项补助经费从200万提高到2000万元,省级特殊教育专项补助经费从每年200万元增加到500万元,特殊教育学校义务教育生均公用经费从平均不到2000元提高到6000元。在全面落实义务教育"三免一补"和中职免费教育政策的基础上,给予残疾学生特殊资

---

① 四川省人民代表大会常务委员会:《四川省〈中华人民共和国义务教育法〉实施办法》,2014年9月,四川省人民代表大会常务委员会网站(http://www.scspc.gov.cn/html/cwhgb_44/201403/2014/0909/75788.html)。
② 四川省人民政府办公厅:《四川省贯彻落实〈国务院办公厅关于加快中西部教育发展的指导意见〉的实施方案》,2016年12月,四川省人民政府网站(https://www.sc.gov.cn/10462/c103046/2016/12/2/4186b55779d844be870a149aec76b6e7.shtml)。
③ 参见泸州市人民政府《泸州:加强师资培训关爱残疾儿童》,2011年7月,四川省人民政府网站(https://www.sc.gov.cn/10462/10464/10465/10595/2011/7/13/10169164.shtml)。

助,据实免除在园残疾幼儿保教费和普通高中残疾学生学杂费,给每名残疾中职学生每年增加 1000 元的生活补助。[①]

这里我们仅以生均公用经费为例进行投入政策走向梳理分析。根据《四川省人民政府关于推进特殊教育改革和发展的意见》的部署,"市(州)和县(市、区)政府要保证特殊教育正常运转和进一步发展所必需的办学经费,按高于普通初级中学 1 倍的标准拨付特殊教育学校的生均财政预算内公用经费"[②]。四川省政府决定从 2011 年秋季学期起,省财政将全省 4.18 万名义务教育阶段特殊教育学生生均公用经费标准由年生均 700 元提高到年生均 1500 元。2012 年,省财政再次提高了此项标准,将年生均 1500 元提高到了年生均 2100 元,达到普通义务教育阶段初中学生年生均公用经费标准的 3 倍,所需资金全部由省财政安排,以促进残疾人教育事业健康发展,保障残疾儿童公平受教育权利。2013 年,四川省人民政府在出台的《关于深入推进义务教育均衡发展的实施意见》中专门对融合教育生均公用经费进行了明确,该《意见》规定"按照不低于当地同级普通学校生均公用经费标准 3 倍的原则,落实特殊教育学校生均公用经费。完善普通学校接受残疾儿童、少年就学办法,支持在普通学校开办特殊教育班或提供随班就读条件,接收具有接受普通教育能力的残疾儿童少年学习"[③]。2014 年 6 月,《关于特殊教育提升计划(2014—2016 年)的实施意见》中,再次将生均经费进行提高,该《通知》明确"从 2014 年起,在义务教育阶段将特殊教育学

---

① 参见四川省教育厅《关于省人大十二届三次会议第 321 号建议答复的函》2015 年 8 月,四川省人民政府网站(https://www.sc.gov.cn/10462/11689/11698/11704/2015/8/10/10347925.shtml)。
② 杜学元主编:《四川特殊教育史料集成》上,西南财经大学出版社 2021 年版,第 7 页。
③ 四川省人民政府:《关于深入推进义务教育均衡发展的实施意见》,2013 年 12 月,四川省人民政府网站(http://www.sc.gov.cn/10462/10883/11066/2013/12/10/10287849.shtml)。

校公用经费单列，义务教育阶段特殊教育学校生均预算内公用经费标准要在3年内达到每年6000元……随班就读、特教班和送教上门的义务教育阶段生均公用经费参照上述标准执行"①。2015年，《四川省贯彻落实〈国家贫困地区儿童发展规划（2014—2020年）〉实施方案》提出，要"保证适龄孤残儿童进入相应的学校就读，将义务教育阶段的孤残寄宿生全面纳入生活补助范围"，"保证残疾儿童受教育权利。按照中央统一部署，将所有残疾学生纳入城乡义务教育'三免一补'政策覆盖范围。进一步提高特殊教育学校生均公用经费标准"。②2016年，四川省人民政府办公厅在印发的《四川省贯彻落实〈国务院办公厅关于加快中西部教育发展的指导意见〉的实施方案》中明确，"提高特教经费保障水平。特教学校和随班就读残疾学生按不低于每生每年6000元标准补助公用经费。完善资助体系，积极推进高中阶段残疾学生免费教育。加大对学前、高等教育阶段残疾学生的资助力度"③。2016年3月，四川省人民政府《关于进一步完善城乡义务教育经费保障机制的实施意见》首次确定城乡统一的经费保障机制，提出"特殊教育学校和随班就读残疾学生按每生每年6000元标准补助公用经费"④。2018年1月，四川省教育厅等七个省级部门联合出台的《四川省第二期特殊教育提升计划

---

① 四川省人民政府办公厅：《转发教育厅等部门关于特殊教育提升计划（2014—2016年）实施意见的通知》，2014年6月，四川省人民政府网站（http://www.sc.gov.cn/10462/10883/11066/2014/6/26/10305836.shtml）。
② 四川省人民政府办公厅：《印发四川省贯彻落实〈国家贫困地区儿童发展规划（2014—2020年）〉实施方案》，2015年6月，四川省人民政府网站（http://www.sc.gov.cn/10462/10883/11066/2015/6/3/10338193.shtml）。
③ 四川省人民政府办公厅：《四川省贯彻落实〈国务院办公厅关于加快中西部教育发展的指导意见〉的实施方案》，2016年12月，四川省人民政府网站（https://www.sc.gov.cn/10462/c103046/2016/12/2/4186b55779d844be870a149aec76b6e7.shtml）。
④ 四川省人民政府：《关于进一步完善城乡义务教育经费保障机制的实施意见》，2016年3月，四川省人民政府网站（https://www.sc.gov.cn/10462/11555/11562/2016/3/9/10372393.shtml）。

（2017—2020 年）》规定："进一步提高特教学校经费保障水平，单独计算义务教育阶段特殊教育学校公用经费。现阶段，特教学校生均预算内公用经费按 6000 元标准执行，鼓励有条件的地区进一步提高拨款标准。随班就读、特教班和送教上门的生均公用经费标准按特殊教育学校标准执行。各地要针对残疾学生类别多、程度重、教育成本高等特点，在安排学前、高中阶段和高等教育财政预算时，重点向特殊教育倾斜。"①2018 年 12 月，省财政厅下达 2018 年度义务教育经费保障机制资金 1289955 万元，其中特殊教育学校和随班就读残疾学生按每生每年 6000 元标准补助公用经费。②

为了帮扶民族地区特殊教育的发展，省财政还给予了专项经费支持。比如 2014 年，省级财政将每年新增 3 亿元、凉山州级财政配套 1 亿元，实施大凉山彝区教育振兴行动计划。"加强残疾儿童少年随班就读资源室建设，完善特殊教育学校办学条件，配齐图书、教学仪器设备、音体美卫器材等"③。

从 2011 年融合教育生均公用经费的 700 元/年提高到 2016 年的 6000 元/年，在短短的 5 年时间里融合教育每年生均经费增长了近 9 倍，融合教育生均公用经费跳跃式大幅增加，这足以说明四川省近年来的融合教育经费保障政策力度之大，超过了过去几十年的投入力度，而且还以省政府文件予以明确，以政策的刚性保证了融合教育经费投入的可持续。

---

① 四川省教育厅等：《四川省第二期特殊教育提升计划（2017—2020 年）》，2018 年 1 月，四川省教育厅网站（http://edu.sc.gov.cn/scedu/c100540/2018/1/31/34de23c4cc7840899c25cb4308d49664.shtml）。
② 参见四川省人民政府《省财政下达 2018 年度义务教育经费保障机制资金 1289955 万元》，2018 年 12 月，四川省人民政府网站（https://www.sc.gov.cn/10462/10464/10797/2018/12/19/10465499.shtml）。
③ 四川省人民政府：《每年新增 4 亿元投入振兴大凉山彝区教育》，2014 年 6 月，四川省人民政府网站（https://www.sc.gov.cn/10462/10464/10797/2014/6/14/10304785.shtml）。

各市州也纷纷出台政策，切实保障融合教育的经费。

成都平原地区。眉山市政府2016年印发了《眉山市进一步完善城乡义务教育经费保障机制实施方案》，"统筹城乡义务教育资源均衡配置"，"将特殊教育学校和随班就读残疾学生按每生每年6000元标准补助公用经费"①。仁寿县2014年规定，义务教育阶段特殊教育学校和随班就读、特教班和送教上门的义务教育阶段年生均公用经费标准从2014年起达到6000元，以后每年不低于6000元。②

川东北地区。在2017年6月巴中市出台的《巴中市困境儿童分类保障工作实施方案》中，提出"对于可以正常就学的困境儿童应按照'应读就读''应补尽补'原则，全面落实'三免一补'政策。……对于残疾儿童，要建立随班就读支持保障体系，为其中家庭经济困难的提供包括义务教育、高中阶段教育在内的12年免费教育"③。南充市于2014年开始资助残疾儿童接受普惠性学前教育，为就读普通高中的贫困残疾儿童每人每年提供1500元的助学金。广元市昭化区印发的《广元市昭化区特殊教育提升计划（2015—2017年）实施意见的通知》中，明确从2015年起，开展随班就读、特教班、送教上门特殊教育生均公用经费参照广元市特殊教育学校生均公用经费标准执行，三年内，特殊教育生均预算内经费标准要达到6000元，并设定了具体的达标时间要求，2015年达到4000元、2016年达到

---

① 眉山市人民政府：《眉山义务教育经费保障机制实现城乡统一》，2016年5月，四川省人民政府网站（https://www.sc.gov.cn/10462/10464/10465/10595/2016/5/4/10378918.shtml）。
② 参见四川省教育厅《仁寿县出台六大措施提升特殊教育水平》，2014年3月，四川省教育厅网站（http://edu.sc.gov.cn/scedu/c100498/2014/3/20/35b158f749114ecdac396229b921954e.shtml）。
③ 巴中市人民政府：《关于印发巴中市困境儿童分类保障工作实施方案的通知》，2017年6月，巴中市人民政府网站（http://www.cnbz.gov.cn/xxgk/1/9/1/2017/06/149688843890860.shtml）。

5000元、2017年达到6000元。① 达州市达川区加强资金政策保障,免除所有特教学生生活费,并按照普通义务教育学生公用经费补助的10倍标准发放补助(6000元/生·年)等。②

此外,一些市(州)、县(市区)还通过激励政策,促进残疾儿童少年随班就读。

成都平原地区。成都市青白江区设立了特殊教育发展与资源中心建设两项专项经费,保障特殊教育工作正常运转。区财政全额保障特殊教育学校课后服务经费,2019年、2020年分别拨付课后服务经费41万元、48万元,统筹校内外资源,为学生提供技能训练、一对一康复训练、分类康教等免费优质课后服务。按照不低于6000元/生·年的标准保障特殊教育学生生均公用经费。优先资助残疾学生,开通残疾学生资助绿色通道,实现残疾儿童学前免费康复、义务段到高中12年免费教育。德阳市安排财政专项资金完善办学条件,积极推进高中阶段残疾学生免费教育。到2016年,义务教育阶段特殊教育学校生均预算内公用经费标准由4000元提高到6000元。③ 江油市2013年明确规定特殊教育学校在校学生全部享受贫困寄宿生生活补助,且享受市财政额外拨付的生活补助800元/人·年,残疾学生公用经费在小学500元/人·年、初中700元/人·年的基础上提高了1500元。通过提高残疾学生公用经费标准、助学政策倾斜、发动社会各界开展助残关爱活动等方式,努力营造关心支持特殊教育的良好社会氛围,帮

---

① 参见杜学元主编《四川特殊教育史料集成》上,西南财经大学出版社2021年版,第88—89页。
② 参见四川省教育厅《达州市达川区:"五步协同"推进特殊教育事业高质量发展》,2022年4月,四川省教育厅网站(http://edu.sc.gov.cn/scedu/c100498/2022/4/12/c17a565bc55d4fdea0e5a4bb97f99458.shtml)。
③ 参见四川省教育厅《德阳市多举措提升特殊教育水平》,2015年2月,四川省教育厅网站(http://edu.sc.gov.cn/scedu/c100498/2015/2/13/43ccaae362244f669d0e82324f2f31e6.shtml)。

助残疾学生乐观面对人生。①

攀西地区。比如《凉山州特殊教育提升计划（2014—2016年）实施方案》中，规定"义务教育阶段特殊教育学校生均预算内公用经费标准2014年要达到4000元，2015年要达到5000元，2016年要达到6000元。随班就读、特教班和送教上门的义务教育阶段生均公用经费参照上述标准执行。所需资金比照农村义务教育经费保障机制，由中央、省、州、县级财政按比例分担"②。《攀枝花市第二期特殊教育提升计划实施方案（2017～2020年）》明确："单独计算义务教育阶段特殊教育学校公用经费。现阶段，特教学校生均预算内公用经费按6000元标准执行，有条件的县（区）可进一步提高拨款标准。随班就读、特教班和送教上门的生均公用经费标准按特殊教育学校标准执行。针对残疾学生类别多、程度重、教育成本高等特点，在安排学前、高中阶段和高等教育财政预算时，重点向特殊教育倾斜。在此基础上，优先将符合条件的义务教育阶段和普通高中阶段残疾学生纳入生活补助和助学金范围。"③

川南地区。如泸县人民政府建立了在校残疾学生救助长效机制，明确规定"对全县就读小学、初中、高中的残疾学生进行救助（县特殊教育学校学生除外），每年每生分别发放200元、300元、500元助学金"，"扶残助学救助金列入县级一般性财政预算……实行按实管理，层层审核把关"④。泸

---

① 参见四川省教育厅《江油市：多管齐下推动特教事业良性发展》，2013年11月，四川省教育厅网站（http://edu.sc.gov.cn/scedu/c100498/2013/11/15/aebf2ffe5b7b44c69b382924bd3f3976.shtml）。
② 杜学元主编：《四川特殊教育史料集成》上，西南财经大学出版社2021年版，第159页。
③ 攀枝花市教育体育局等：《攀枝花市第二期特殊教育提升计划实施方案（2017～2020年）》，2018年4月，攀枝花市教育体育局网站。
④ 杜学元主编：《四川特殊教育史料集成》上，西南财经大学出版社2021年版，第98页。

州市人民政府建立了残疾人"圆梦助学工程",规定"为残疾人新生和残疾人子女新生一次性发放研究生、本科 5000 元、专科 3000 元"①。在《关于特殊教育提升计划(2014—2016 年)实施意见的通知》中规定:"残疾学生实行全免费教育。各区县要制定住校残疾学生生活费补助标准,在落实义务教育寄宿生生活费补助政策时,要优先保证残疾学生……积极推进高中阶段残疾学生免费教育,中等职业学校残疾学生全部纳入中等职业教育全面免学费范畴;普通高中残疾学生全部纳入普通高中家庭经济困难学生免学费范围。"②

川东北地区。比如 2010 年,达州市委、市政府出台《关于促进残疾人事业发展的实施意见》,规定:"各中小学对能适应其学习生活的残疾学生和残疾人子女,按就近入学、随班就读的原则,实施免费义务教育。学校对高中阶段的残疾学生或贫困残疾人子女减半收取书本费、学费。对考入中等专业学校的残疾学生一次性补助 1000 元;对考入普通高等专业学校的残疾学生一次性补助 2000 元;对就读研究生(含)以上学历的残疾学生一次性补助 3000 元。对取得中、高级专业技术职称和职业技能等级的残疾人,分别给予 500 元、1000 元的奖励。所需经费由市、县(市、区)按分级承担的原则从残疾人就业保障金中列支。"③ 广安市提升财政资金保障水平,随班就读、送教上门的生均预算内公用经费与特殊教育学校同步达到 6000 元/

---

① 泸州新闻网:《泸州启动残疾人"圆梦助学工程"》,2015 年 9 月,泸州市人民政府网站(https://www.luzhou.gov.cn/xw/bmdt122/content_5752)。
② 泸州市人民政府办公室:《转发市教育局等部门关于特殊教育提升计划(2014—2016 年)实施意见》,2015 年 2 月,泸州市人民政府网站(http://luzhou.gov.cn/zw/zcwjs/szfwj/lsfbh/content_84732?SessionVerify=196ce30f-19c7-4f1e-bc19-b656576bb3e1)。
③ 达州市人民政府:《达州市残疾学生和残疾人子女将享受学费减免和补助等优惠政策》,2010 年 7 月,四川省人民政府网站(https://www.sc.gov.cn/10462/10464/10465/10595/2010/7/26/10138710.shtml)。

年。市、县两级财政将不低于10%的残疾人保障金划拨给同级特教学校解决残疾学生职业教育经费问题。市政府设立的特殊教育专项补助经费由30万元/年提高至100万元/年,县级政府每年设立不低于30万元的特殊教育专项补助资金。2020年7月起,市、县两级财政向同级"送教上门"单位专项补贴总计不少于5万元/年的工作经费。"对残疾学生实行义务教育、高中段教育12年免费教育,除寄宿生生活补助外,对全市残疾学生在校期间按80元/月/人给予生活费补助,到校交通费按实际补助。建立学前教育阶段至高等教育阶段的残疾学生生活补助和助学金发放等资助体系。支持区域内送教单位根据学生实际,单独或联合建立'送教上门班',通过党组织送温暖、政府关爱、社会组织和个人捐赠等方式,对残疾学生资助救助全覆盖,确保不让一个特殊儿童少年因家庭贫困、交通不便等失学辍学"①。广元市"坚持资助救助项目'一个都不能缺',构建基于各阶段、各类别、各教育安置方式的残疾学生资助体系,主要通过'三免一补'等方式,对义务教育阶段残疾学生按每生每年小学1734元、初中2284元的标准予以补助,普惠性学前教育每生每年减免保教费等1000元,高中阶段每生每年资助2600元;实施'温暖计划''关爱工程',近年来通过政府救助以及社会各界、个人捐款等方式,累计资助救助特困残疾学生近千人次"②。2019年,南充市营山县实施残疾学生扶助工程。"针对全县1300余名残疾学生,以特殊教育学校为主、乡镇中心校为辅,建立重度残疾儿童送教上门、中度残疾儿童专班就读、轻度残疾儿童随班就读等3种"行走课堂"送教就学模式,2018年开展各类送学服务1650余次,有效解决残疾儿童就学难题。

---

① 四川省教育厅:《广安市创新保障机制推进特殊教育高质量发展》,2020年11月,四川省教育厅网站(http://edu.sc.gov.cn/scedu/c100768/2020/11/25/0a7009c526e447a9a7468e54ae7da9e1.shtml)。
② 四川省教育厅:《广元市大力推进特殊教育发展》,2019年4月,四川省教育厅网站(http://edu.sc.gov.cn/scedu/c100494/2019/4/4/c270aa16720241a0bd3fd6c541cf3cd3.shtml)。

同时，整合民政、残联、教育等资金，实施残疾学生救助专项工程，实行"一生一策"动态管理，"定人定员定期"对残疾学生进行生活、学习、福利扶助，近三年来发放残疾学生各类补助240余万元。"[①]2020年，为确保适龄儿童一个都不少，达州市开江县回龙小学"五抓"真情关爱残疾儿童，全力推进教育扶贫工作。一是抓摸底。主动与教科局、残联、乡镇衔接，摸清辖区内残疾儿童的数量；组织教师走村入户，深入残疾儿童家中，摸清残疾儿童的身体状况，为每个儿童建立个人档案。二是抓入学。学校根据每个残疾儿童的身体状况，制定不同的入学方案，采取随班就读、送教上门、网络送教等方式，确保每个适龄儿童均能享受教育的权利。三是抓帮扶。学校采取了"1+1"或"1+N"帮扶模式，即1名残疾儿童与1名行政领导和几名教师结成对子，定期为残疾儿童进行学习上的辅导和生活上的帮扶。四是抓资助。学校不但积极落实上级的资助政策，还主动争取资金资助残疾儿童，学校也每年挤出公用经费，给26名残疾儿童每名资助300元。五是抓辅导。由心理辅导教师定期与残疾学生谈话，进行心理疏导，鼓励他们身残志坚。[②]

川西北地区。2016年，在《中共甘孜州委、甘孜州人民政府关于创建藏区一流教育的意见》中，明确提出"免费特殊教育。实施免费特殊教育计划，从2013年春季学期起，参照集中供养孤儿补助标准的80%（800元／生·月），为特殊教育学校或附设特殊教育班落实残障少年儿童资助经费。所需经费

---

① 南充市人民政府：《营山县实施教育扶贫阻断贫困代际传递》，2020年3月，四川省人民政府网站（https://www.sc.gov.cn/10462/10778/50000679/50000745/2020/3/25/7d1d59df01594e8db9a0114bb319eb47.shtml）。
② 参见四川省教育厅《开江县回龙小学："五抓"真情关爱残疾儿童》，2020年1月，四川省教育厅网站（http://edu.sc.gov.cn/scedu/c100500/2020/1/9/61c0e4c7c32b4c419dafb654cf8b60f4.shtml）。

由同级财政分级负担、分级管理"①。2016年，在《阿坝州人民政府关于进一步完善十五年免费教育经费保障机制的实施意见》中，规定"从2016年起……特殊教育学校和随班就读残疾学生按每生每年6000元标准补助公用经费"②。2020年，阿坝州州级财政安排特殊教育专项资金40万元/年，对随班就读和送教上门的义务教育阶段学生，按6000元/生标准核发，制定残疾儿童关心关爱措施，残疾儿童享受国家"三免两补"政策，并提供资助倾斜政策。

（五）落实特教津贴政策，保证融合教育教师待遇

习近平总书记强调，教师是立教之本，兴教之源，"百年大计，教育为本；教育大计，教师为本"③。特殊教育教师"肩负着促进残疾人全面发展，促进社会公平正义的重要责任"④，是推进实施特殊教育的首要关键，也是实现特殊教育高质量发展的核心要素。2012年，教育部等部门联合印发《关于加强特殊教育教师队伍建设的意见》，提出"加大特殊教育教师培养力度"，"扩大培养规模，满足特殊教育事业发展需要"，"形成一支数量充足、结构合理、素质优良、富有爱心的特殊教育教师队伍"。2015年，教育部出台了《特殊教育教师专业标准（试行）》，这是我国第一次明确了特殊教育教师的国家标准，以该《标准》为依据推动特殊教育教师队伍规范化建设。

---

① 甘孜人民政府：《甘孜州创建藏区一流教育实施方案》，2016年10月，甘孜藏族自治州人民政府网站（http://www.gzz.gov.cn/gzzrmzf/c100082/201610/ceabf73e9c4f4c93bf379268848b4e2d.shtml）。

② 阿坝州人民政府：《关于进一步完善十五年免费教育经费保障机制的实施意见》，2016年7月，阿坝藏族羌族自治州人民政府网站（http://www.abazhou.gov.cn/abazhou/c101940/201607/dfbaad6455b34312b0d160d81b86772c.shtml）。

③ 教育部课题组：《深入学习习近平关于教育的重要论述》，人民出版社2019年版，第130页。

④ 徐佳悦、孙立新：《从探索发展到立德树人：中国教师教育百年历程解读》，《中国成人教育》2021第23期。

2018 年《中共中央 国务院关于全面深化新时代教师队伍建设改革的意见》中明确要求，加强特殊教育教师培养，有条件的地方出台特殊教育学校教职工编制标准，建设一支高素质专业化的教师队伍。特殊教育师资培养数量与质量，关系着"办好特殊教育"要求的落实，关系着《联合国可持续发展2030 年议程》《中国教育现代化 2035》的推进。

特殊教育教师的供需之间结构性问题，其实质在于特殊教育教师培养的数量不足与培养质量尚不能满足特殊教育的需要，解决问题的关键在于不折不扣地落实特殊教育津贴等待遇政策。2014 年，《特殊教育提升计划（2014—2016 年）》指出，"特殊教育教师和康复专业人员数量不足、专业水平有待提高"。2017 年，教育部等七部门《关于印发〈第二期特殊教育提升计划（2017—2020 年）〉的通知》提出，"教师队伍数量不足、待遇偏低、专业水平有待提高"。2017 年，《国务院关于印发国家教育事业发展"十三五"规划的通知》也指出，"教师队伍素质和结构不能适应提升质量与促进公平的新要求"。2012 年，《关于加强特殊教育教师队伍建设的意见》提出"按照国家规定落实特殊教育津贴，确保国家规定的特殊教育教师工资待遇政策落到实处"。2017 年，中共中央办公厅、国务院办公厅印发《关于深化教育体制机制改革的意见》，提出要"改进特殊教育学校教师管理制度""进一步完善特殊教育教师工资保障机制"。中华人民共和国国务院令第674 号《残疾人教育条例》第四十六条，规定"特殊教育教师和其他从事特殊教育的相关专业人员根据国家有关规定享受特殊岗位补助津贴及其他待遇"，《残疾人教育条例》的规定，涉及直接承担特殊教育任务的特殊教育学校教师和普通学校中承担随班就读教育任务的特殊教育教师。

四川作为西部大省，经济发展水平与沿海发达省份有着相当的差距。但是自 21 世纪初以来，四川省委、省政府高度重视特殊教育教师的津贴待遇问题，并通过多种方式加大特教教师专项津贴落实保障的力度。比如2014 年 6 月，四川省人民政府办公厅在《转发教育厅等部门关于特殊教育提升计划（2014—2016年）实施意见的通知》在主要措施中提出"对在普通学校承担残疾学生随班就读教学和管理工作的教师，在绩效考核中给予倾斜"。2015年，《四川省贯彻落实〈国家贫困地区儿童发展规划（2014—2020年）〉实施方案》提出，"按实际需求配足配齐特殊教育专业教师，落实特殊教育教师倾斜政策，进一步提高工资待遇水平"。2016年，《四川省贯彻落实〈国务院办公厅关于加快中西部教育发展的指导意见〉的实施方案》中明确"对普通中小学承担特教任务的教师，在绩效工资分配上给予倾斜"。《四川省人民政府关于加快推进残疾人小康进程的实施意见》规定"完善特殊教育学校绩效考核办法，落实特教津贴，切实保障特殊教育教师待遇"[①]。《四川省第二期特殊教育提升计划（2017—2020年）的通知》规定"落实特殊教育津贴等工资倾斜政策，核定绩效工资总量时给予倾斜。对普通学校承担随班就读教学管理任务的教师，在绩效工资分配上给予倾斜"[②]。2019年，四川省委办公厅、省政府办公厅联合印发《关于深化教育体制机制改革的实施意见》，要求"改进特殊教育学校教师管理制度。要切实提高教师待遇……落实特殊教育津贴等工资倾斜政策"[③]。

就五大区域来看，由于各市州的财政收入的差异，在特殊教育津贴的政策标准、执行时间呈现出较大的差异性，大体与区域经济社会发展水平相一致。随着国家与省级政策标准的统一，各地的特殊教育津贴标准也趋向统

---

① 四川省人民政府：《关于加快推进残疾人小康进程的实施意见》，2016年3月，四川省人民政府网站（https://www.sc.gov.cn/10462/11555/11562/2016/3/1/10371309.shtml）。
② 四川省教育厅等：《四川省第二期特殊教育提升计划（2017—2020年）》，2018年1月，四川省教育厅网站（http://edu.sc.gov.cn/scedu/c100540/2018/1/31/34de23c4cc7840899c25cb4308d49664.shtml）。
③ 中共四川省委办公厅、四川省政府办公厅：《关于深化教育体制机制改革的实施意见》，2019年1月，四川省人民政府网站（https://www.sc.gov.cn/10462/10464/10797/2019/1/6/f7af839edecd4dddb00b517022c02342.shtml）。

一，但仍存在差异。

成都平原地区。2003年，成都市在《关于进一步加强特殊教育工作的意见》中规定，"严格执行成都市人事局、财政局、教育局《关于对我市特殊教育学校（含特殊教育中心、特教班）教职工实行特殊教育岗位补贴的通知》，切实提高特殊教育教职工的待遇；接受残疾儿童少年入学的普通学校在搞活单位内部分配时，应对承担残疾儿童少年教育任务的教师予以倾斜"①。都江堰市2005年规定，"随班就读教师，学校可以按主要学科给予补助，如小学语文、数学每生每月给予教师10—15元补助或计算机相应课时津贴"②。成都市青白江区"实现对特殊教育学校教师、普通学校特殊教育资源教师、承担残疾学生随班就读教学的班主任按照基本工资的20%核增绩效奖励，职称评聘政策对从事特殊教育工作的教师倾斜，特殊教育教师在同等条件下可优先晋升"③。德阳市从2014年起对特殊教育教师津贴标准统一按照基本工资的15%执行，教师职务（职称）评聘向特殊教育教师倾斜，同时将残疾儿童康复机构、儿童福利机构教师纳入教师职务（职称）评聘规划。④

攀西地区。攀枝花市与甘孜州都把落实特殊教育津贴写入特殊教育提升计划文件中，先后在2015年与2017年提出要"对普通学校承担随班就

---

① 杜学元主编：《四川特殊教育史料集成》上，西南财经大学出版社2021年版，第44页。
② 杜学元主编：《四川特殊教育史料集成》上，西南财经大学出版社2021年版，第46页。
③ 四川省教育厅：《成都市青白江区创新推动特殊教育优质融合发展》，2021年3月，四川省教育厅网站（http://edu.sc.gov.cn/scedu/c100498/2021/3/10/66ec6c729ab34e758663a937a089105f.shtml）。
④ 参见四川省教育厅《德阳市多举措提升特殊教育水平》，2015年2月，四川省教育厅网站（http://edu.sc.gov.cn/scedu/c100498/2015/2/13/43ccaae362244f669d0e82324f2f31e6.shtml）。

读教学管理任务的教师，在绩效工资分配上给予倾斜"[1]和"在绩效考核中给予倾斜"[2]。

川南地区。2003年，宜宾市人民政府在《关于推进特殊教育改革和发展的意见》中规定："从事特殊教育累计15年并在特殊教育岗位退休的，其享受的特殊教育津贴计入退休金；接受残疾儿童少年入学的普通学校，承担残疾儿童少年教育任务的教师在岗期间享受特殊教育津贴。"[3]

川东北地区。《关于进一步加快特殊教育改革和发展的意见》规定："凡在特殊教育学校、特殊教育中心、特教班从事特殊教育的教职工享受特殊教育津贴，津贴标准由过去的15%提高到30%。凡接受残疾儿童少年随班就读的普通学校在安排单位内部分配时，应对承担残疾儿童少年教育任务的教师予以岗位补贴。"[4]2015年，《关于特殊教育提升计划实施意见的通知》，再次对"在普通学校承担残疾儿童少年随班就读教学和管理工作的教师，在绩效考核中给予倾斜"[5]进行了强调与重申。2005年，广安市努力提高特殊教育学校、特教班、随班就读教师的工资待遇，在特殊教育学校工作的教职工除享受15%的特殊教育津贴外，每人每月另享受200元的岗位

---

[1] 攀枝花市教育体育局等：《攀枝花市第二期特殊教育提升计划实施方案（2017—2020年）》，2018年4月，攀枝花市教育体育局网站（http://jytyj.panzhihua.gov.cn/uploadfiles/201804/27/20180427171040887233266.pdf）。
[2] 杜学元主编：《四川特殊教育史料集成》上，西南财经大学出版社2021年版，第159页。
[3] 杜学元主编：《四川特殊教育史料集成》上，西南财经大学出版社2021年版，第102—103页。
[4] 杜学元主编：《四川特殊教育史料集成》上，西南财经大学出版社2021年版，第145页。
[5] 杜学元主编：《四川特殊教育史料集成》上，西南财经大学出版社2021年版，第145页。

津贴。①2013 年，广元市为了稳定教师队伍，把全市特教教师津贴由 15% 提高到 30%，且累计从事特教工作满 15 年以上的教师退休后保留其特教津贴。②2014 年，巴中市规定特殊教育学校教师特教津贴标准统一按照基本工资的 15% 执行。2017 年，广元市按照特殊教育教师基础工资 15% 的标准落实了特教津贴。达州市达川区每月向特教老师发放个人工资总额 15% 的特教津贴和 580 元农村生活补贴，并在评先选优、职称评定等方面予以倾斜。

川西北地区。《阿坝州人民政府办公室转发州教育局等部门关于特殊教育提升计划（2014—2016 年）的实施意见的通知》规定"将特殊教育学校教师特教津贴标准统一按照本人基本工资的 15% 执行。在儿童福利机构中承担残疾学生教育、生活和管理，且取得教师资格证的工作人员应按照此标准执行。对在普通学校承担残疾学生随班就读教学和管理工作的教师，在绩效考核中给予倾斜"③。

总体来看，从省级与市州、县市区的政策来看，都对随班就读教师待遇做出了倾斜照顾的政策规定。从时间上看，关于随班就读教师特殊教育津贴的执行是从 2014 年开始在全省推开，在此之前主要是相关市（州）、县（市、区）结合财政情况的自发行为，执行标准不统一。成都平原地区与川南地区在随班就读教师特殊教育津贴政策上，标准较高、执行时间也比较早，而川西北、攀西地区在政策执行的标准与时间上比较滞后。在 2014 年

---

① 参见四川省教育厅《广安市 5000 残疾少儿有书读》，2006 年 10 月，四川省教育厅网站（http://edu.sc.gov.cn/scedu/c100498/2006/10/13/e962a1c2c2e9429db3b786981e730e58.shtml）。
② 参见四川省教育厅《广元市：五举措关爱残疾学生扎实抓好特教工作》，2013 年 9 月，四川省教育厅网站（http://edu.sc.gov.cn/scedu/c100498/2013/9/22/8305fed1f0c74d33adf22ede8486ec5b.shtml）。
③ 阿坝州人民政府办公室：《转发州教育局等部门〈关于特殊教育提升计划（2014—2016 年）〉的实施意见》，2015 年 2 月，阿坝藏族羌族自治州人民政府网站（http://www.abazhou.gov.cn/abazhou/c101940/201502/b0260eeb466942f2ba26e54bac4349b2.shtml）。

全省特殊教育提升计划颁布后，四川全省特殊教育津贴标准都统一到基本工资的15%。但需要指出的是，由于各地财力状况有着很大的差异性，在随班就读教师待遇倾斜政策的实际执行中存在着地区标准差异与兑现时间差异。这在很大程度上也导致了各地随班就读工作推进实施进展不一、随班就读质量良莠不齐等问题的发生。

支持保障体系建设，是工作顺利实施开展的先决条件。对于融合教育来说，作为一种综合性与复杂性很强的系统工程，其顺利实施需要人力、财力、物力、政策、环境等多种要素的支持，需要协调政府、学校、家长和社会等各方面的关系，需要教育、编办、民政、财政、人力资源社会保障、卫生计生、残联等各个部门的配合。由于涉及千头万绪的多方面支持配合，因此，加强支持保障体系建设，就成为融合教育有效实施的关键环节。从国际融合教育发展来说，越来越多的国家纷纷把支持保障体系建设当做融合教育工作重点，运用政策工具、资金工具、资源工具及社会动员等，为融合教育搭建全要素支持保障体系。从四川融合教育支持保障体系建设情况来看，在党委政府统筹领导下，通过组织体系、工作机制、政策手段等多管齐下，围绕融合教育发展汇聚各方面支持要素、资源要素，比如前已述及的纳入财政预算安排、落实特教津贴政策、全面改善随班就读环境条件、探索随班就读支持保障体系模式、引导社会力量捐资助学等。集中力量办大事，这是中国共产党的一贯主张和优良传统，也是我国成功打破绝大多数后发国家难以突破的劣势、困境的独特经验。四川融合教育支持保障体系建设的实际，提供了西部省份在融合教育支持保障体系建设上集中力量办大事的省域经验，为国际融合教育支持保障体系建设提供了中国方案与中国智慧。因此，在中国化视域下理解四川融合教育发展，集中力量办大事，是四川推进融合教育发展的典型经验，也彰显着中国式融合教育发展的显著优势。

七、聚焦全纳优质目标鼓励地方基层与群众创新实践

基层群众蕴藏着极大的发展动力和创新智慧,随着"以县为主"的责任落实,四川省各市(州)、县(市、区)纷纷聚焦融合教育的全纳优质目标,积极发挥主观能动性,结合本地经济社会发展水平,从扩大残疾儿童少年入学率、提高融合教育质量、推动融合教育向"两端"延伸等方面,探索发展融合教育的创新举措,在省域范围内呈出你追我赶、百花齐放的良好态势。

(一)创新举措扩大残疾儿童入学率

1. 阿坝州依托"量服平台"提升残疾儿童少年入学率[①]

2017年,阿坝州教育局结合残联"量服平台"所提供的信息,指导各县级教育局对辖区和学校进行摸底调查,确定残疾儿童少年的基本信息,摸清残疾儿童少年的就读情况,建立台账;对随班就读的残疾学生和送教上门的残疾学生,做到了"一人一案",分类教学;全面落实了特教学校、随班就读、送教上门的三类残疾学生国家相关政策;指导汶川县特教学校建立特教资源中心。截至目前,阿坝州共有特殊学校3所,在校学生189人。

2. 巴中市巴州区构建联控联保监测机制[②]

2018年,巴中市巴州区建立区长、教育局局长、乡长、村主任、校长、家长六级责任制,构建联控联保监测机制,对适龄辍学儿童进行劝返回校,对重度残疾学生送教上门,动员残疾儿童就读特教学校或随班就读,确保适

---

① 参见阿坝州人民政府《阿坝州扎实抓好特殊教育工作让每个孩子健康成长》,2017年12月,四川省人民政府网站(https://www.sc.gov.cn/10462/10464/10465/10595/2017/12/13/10440654.shtml)。
② 参见巴中市人民政府《巴州区"六大路径"夯实脱贫摘帽基础》,2018年9月,四川省人民政府网站(https://www.sc.gov.cn/10462/10778/10876/2018/9/21/10460830.shtml)。

龄儿童无一人因贫失学。

3. 会理县成立残疾人教育专家委员会[①]

会理县成立残疾人教育专家委员会，由专家委员会依据有关标准对县域内适龄残疾儿童、少年身体状况、接受教育和适应学校学习生活能力进行规范评估，对是否适宜随班就读、送教上门和延缓入学（休学）等提出评估意见，并按照"轻度残疾儿童随班就读、中度残疾儿童在特殊教育学校接受教育、重度残疾儿童送教上门"的原则，做到应安置尽安置。2020年，县域内义务教育阶段随班就读130人，特殊教育学校就读11人，送教上门39人，三残儿童入学率93.75%，高于全州平均水平。

4. 苍溪县"三个强化"让残疾儿童享受公平教育[②]

2018年，为实现"全面建成小康社会，残疾人一个也不能少"的目标，苍溪县积极创造条件，让残疾儿童享受公平而有质量的教育。一是强化政策宣传，让残疾儿童接受教育的权利得到保障。结合"扶贫日""助残日"等，以县特殊教育学校为核心，在全县39个乡镇和县城社区组织开展宣传活动，宣传特殊教育招生和教育扶贫政策，向残疾儿童家长开展残疾儿童教育、看护、康复专题讲座，让所有的残疾儿童有机会接受教育。目前，全县残疾儿童入学率达100%。二是强化质量提升，健全残疾儿童教育管理网络。建立县教科局、特殊教育学校、随班就读学校三级管理网络，实行重度残疾儿童"一人一案，送教上门"、中重度残疾儿童特教学校就读、轻度残疾儿童普通学校随班就读模式，形成特教学校为骨干、随班就读为主体、送教上门为补充的服务格局。2018年，已为重度残疾儿童开展送教上门480

---

① 参见四川省教育厅《会理县教体科系统五举措助力"雏鹰"飞翔》，2021年5月，四川省教育厅网站（http://edu.sc.gov.cn/scedu/c100498/2021/5/17/f9ec2bc05a8c42abbaa3454c1581455a.shtml）。

② 参见四川省教育厅《苍溪县："三个强化"让残疾儿童享受公平教育》，2018年9月，四川省教育厅网站（http://edu.sc.gov.cn/scedu/c100498/2018/9/6/eb7e048cf32f4abeb5315e6f242b3abc.shtml）。

余次。同时,加大特教教师培训和考核力度,提升教育质量。三是强化学生资助,关心关爱残疾儿童健康成长。关注学生心理,塑造健全人格。定期开展心理疏导、家庭访问等活动,结合六一儿童节等节日,看望、慰问残疾儿童家庭,为他们送去节日的祝福,促进其健康成长。同时,在足额落实国家资助政策基础上,加大地方资助力度。一年中,县教科局、县残联共同资助残疾学生124人,发放资助金72万余元。

5. 井研县"四举措"助推适龄残疾儿童入学全覆盖[①]

2017年,乐山市井研县教育局深入开展教育脱贫攻坚,落实四项举措,实现了县域内253名适龄残疾儿童入学和建档立卡贫困家庭适龄残疾儿童入学两个"全覆盖"。一是有力推进特教师资建设。不断充实特教师资,2017年,全县新招特殊教育教师1名,新调入和交流特殊教育教师2人。加大对特殊教育教师的培训,通过转岗培训、交流培训、外出学习等形式,培训特教教师18人次。二是有序扩大特教招生规模。2017年,全县投入资金5万余元,用于改善井研特殊教育学校办学条件,有效提高了井研特殊教育学校的招生能力,开班规模由原来的3个班扩大为4个班,吸纳适龄残疾儿童入学达48人,让更多的适龄残疾儿童享受到了在校教育的温暖。三是有效实施"随班就读"。针对残疾儿童普遍存在的因心理自卑、孤僻等症状导致的厌学、辍学等问题,及时采取"教育局指导+学校落实"的方式,在义务教育学校落实开展"随班就读"策略,实现随班就读198人,给予残疾儿童最大的帮助和关怀。四是有力推进"送教上门"。针对重度残疾儿童入学难问题深入开展"送教上门"活动,对县域内42名适龄残疾儿童(含建档立卡重度残疾儿童)开展了每周1次的送教上门活动,进一步提高了残疾儿童受教育水平。

[①] 参见四川省教育厅《井研县"四举措"助推适龄残疾儿童入学全覆盖》,2018年1月,四川省教育厅网站(http://edu.sc.gov.cn/scedu/c100498/2018/1/24/4d35a55400654e8f95e46f5e9c9669c8.shtml)。

6. 西充县"三路径"保障适龄残疾儿童入学[①]

2016年,西充县教育体育和科学技术局出台《关于进一步做好适龄残疾儿童少年入学工作的通知》,文件明确了适龄残疾儿童少年随班就读、特教学校集中就读和"送教上门"等三条入学途径和保障措施,将做好适龄残疾儿童入学工作作为推进县域义务教育均衡发展的基础一环,"绝不让一个孩子拉下",切实维护了适龄残疾儿童、少年受教育权益。一是调查核实,摸排基础信息,各义务教育阶段公办学校组成工作专班,"进村入户",比对村社居住现况、乡镇户籍资料,对全县2016年度6—14周岁残疾人人口基础数据再次调查核实,按户籍分乡镇建好396名残疾儿童、少年台账,录入家庭信息、个人信息、监护人信息,以及残疾程度、类型等相关数据。二是建立学籍,实施"一人一案",各学校要对辖区内已入学和未入学适龄残疾儿童少年实施"一人一案"管理,对能够适应普通学校就读要求的,安排在普通学校随班就读;对能够达到特殊教育学校入读条件的,动员其到特殊教育学校就读;对到校就读困难的重度或多重残疾的儿童少年,属地学校制定"送教上门"或远程服务方案,定期送教到家庭,对已入学适龄残疾儿童少年建立学籍,纳入学籍系统统一管理。三是送教上门,保障教育权益,涉及的13所学校成立"送教上门"工作小组,制定"送教上门"工作方案,选派责任心强、关爱残疾学生、业务水平较高且具有丰富实践经验的骨干专业教师承担"送教上门"工作,遵循家庭自愿、定期入户、免费教育的原则开展"送教上门"服务,保证"每周两次、每次2课时、每学年不少于80课时"的"送教上门"时间,课时数计入教师工作量,与绩效工资分配挂钩。该县教育股负责人表示,为强力推进适龄残疾儿童、少年入学工作落实落地,将适时开展专项督导检查,将检查结果纳入年终教育督导评估,作为

[①] 参见四川省教育厅《西充县"三路径"保障适龄残疾儿童入学》,2016年10月,四川省教育厅网站(http://edu.sc.gov.cn/scedu/c100498/2016/10/22/038d2f539ae547a9a46e81a230ae6bec.shtml)。

学校评优评先和教育公用经费安排的依据之一。

7. 筠连县抓实"特殊教育群体"推进义教公平①

2019年，筠连县持续加大投入，切实办好县特殊教育学校；在普通学校开办"特教班"、提供随班就读条件。切实保障县域194名"三残"儿童、218名其他残疾儿童平等接受义务教育的权利。

8. 遂宁市实现残疾儿童义务教育全覆盖②

2018年，遂宁市教育局统计，该市义务教育阶段特殊教育学校公用经费达到每年人均6000元。2017年印发了《遂宁市残疾学生助学金制度实施方案》，对从幼儿园到大学阶段在读残疾学生资助每人每年500元到5000元，建档立卡贫困户或低保户，按对应补助标准上浮50%。遂宁市残疾儿童义务教育入学率达到了96%，确保残疾儿童少年义务教育顺利入学。该市分别在射洪市和船山区举办了"送教上门"和"融合教育"教师培训活动，400余名普通中小学教师参加培训，自2014年以来送教上门累计近200人。该市现有特殊教育教职工120人，专任教师111人，保证了特教校正常教学。近年来，通过"中小学教师国家培训计划"和"天府特殊教育人才素质提升工程"，全市特殊教育学校、普通学校特教班和随班就读教师的培训率达到了100%。另外，深化特教改革，出台了《遂宁市特殊教育学校管理和教育教学基本要求（试行）》，成为考核特殊教育办学水平和教育教学质量的主要依据。坚持"文化教育是基础，职业教育是关键，艺体教育是亮点，康复教育是特色"的办学方向，先后开设了服装、观音绣等职教专业。2013—2017年毕业的学生，70%以上在医疗、服务业等行业就业。

---

① 参见四川省教育厅《筠连县抓实"特殊教育群体"推进义教公平》，2019年1月，四川省教育厅网站（http://edu.sc.gov.cn/scedu/c100498/2019/1/24/7c26344bdf3c490296c7daf6610b8a67.shtml）。

② 参见四川省教育厅《遂宁市实现残疾儿童义务教育全覆盖》，2018年11月，四川省教育厅网站（http://edu.sc.gov.cn/scedu/c100498/2018/11/12/0f6aa88203714dd791d304527521944f.shtml）。

9. 广安市切实保障残疾学生受教育权利

广安市全面落实"一生一案",轻中度残障学生推荐随班就读,中重度推荐到特教学校就读,极重度开展送教上门,适合到特教学校就读的智障生由本地特校招收、听障由市特校招收。鼓励招收学龄前残疾儿童,支持特殊教育学校通过校企、校校合作开展联合培养,鼓励普高和中职学校招收符合录取条件的残疾学生随班就读或开设高中班。拓展残疾人接受高等教育机会,支持广安职业技术学院通过学历和非学历继续教育渠道,招收培养残疾学生。改建成立前锋区特殊教育学校,搬迁华蓥市特殊教育学校,在市儿童福利院增挂市儿童福利特殊教育学校,有效扩大特殊教育资源。[1]

10. 江油市大力推行残疾儿童少年随班就读

江油市要求各学校应当依法接收服务范围内能够在校学习的残疾儿童少年随班就读,切实保证了残疾儿童少年按时入学;建立了残疾儿童入学花名册,并就特殊儿童关爱教育建立了专项档案,由学校代为管理。[2]

(二)创新举措提高融合教育质量

1. 遂宁市出台特殊教育管理规定[3]

2013年,为了加强特殊教育学校和随班就读点的管理,提高教育教学质量,促进残疾学生的健康成长,遂宁市教育局编制出台了《遂宁市特殊教

---

[1] 参见四川省教育厅《广安市创新保障机制推进特殊教育高质量发展》,2020年11月,四川省教育厅网站(http://edu.sc.gov.cn/scedu/c100768/2020/11/25/0a7009c526e447a9a7468e54ae7da9e1.shtml)。

[2] 参见四川省教育厅《江油市:多管齐下推动特教事业良性发展》,2013年11月,四川省教育厅网站(http://edu.sc.gov.cn/scedu/c100498/2013/11/15/aebf2ffe5b7b44c69b382924bd3f3976.shtml)。

[3] 参见遂宁市人民政府《遂宁市出台〈特殊教育管理基本要求〉》,2013年5月,四川省人民政府网站(https://www.sc.gov.cn/10462/10464/10465/10595/2013/5/6/10260883.shtml)。

育学校管理和教育教学基本要求（试行）》，明确了遂宁市特殊教育学校和随班就读点在"行政管理""办学条件""教育教学管理"等方面应达到的基本底线，是各级教育行政部门考核特殊教育学校和随班就读点的主要依据；并对特殊教育学校和随班就读点是否达到基本底线进行检查。主要检查计划和总结及相关获奖证书、评比结果，查看有关资料和记录、听课笔记，检查科研课题的开展情况；还将和学生座谈，参与学生活动现场，翻阅学生成长记录档案，对不达标的及时责令整改。

2. 成都市探索发展教育与康复相结合的特殊教育模式[①]

由于成都市经济发展水平高，因此在特殊教育发展上一直走在全省的最前列。比如在 2017 年，成都市把残疾人的教育康复能力建设作为工作重点，完善了"市、县两级特殊教育学校（中心），设有特教班、资源教室的普通学校，以及设有特殊教育机构的儿童福利院的康复设施，配备与康复课程需要相适应的康复专业人员"，还"建立特殊教育学校（中心）和随班就读、送教上门残疾学生康复课程经费保障制度……提高资源教室为随班就读残疾学生提供精准康复服务的能力"[②]。通过这些举措，成都市在教育与康复结合的特殊教育模式上探索取得了显著的成效。

3. 阿坝州建立普特合作育人机制[③]

为了加快特殊教育课程改革，阿坝州建立特教学校与普通学校的合作

[①] 参见成都市人民政府《成都市实施"助残康复工程"让人人享有基本康复服务》，2017 年 5 月，四川省人民政府网站（https://www.sc.gov.cn/10462/10464/10465/10595/2017/5/19/10423173.shtml）。

[②] 成都市人民政府：《成都市实施"助残康复工程"让人人享有基本康复服务》，2017 年 5 月，四川省人民政府网站（https://www.sc.gov.cn/10462/10464/10465/10595/2017/5/19/10423173.shtml）。

[③] 参见阿坝人民政府《阿坝州提升残疾人教育水平》，2020 年 12 月，四川省人民政府网站（https://www.sc.gov.cn/10462/10464/10465/10595/2020/12/9/5e1ea4c821854121ba0967f49737d72b.shtml）。

育人机制,依托3所特殊教育学校和13所随班就读示范学校,开展跟班就读或送教上门、远程教育,推进"医教结合"实验,为178名适龄残疾少儿做到了"一人一案"分类教学,为645名随班就读学生提供针对性教育,8名重度适龄残疾儿童少年享受送教上门服务。此外,建立了羌绣、烙画、手工、书法、康复、足球、轮滑、合唱舞蹈等多个兴趣社团,丰富学生兴趣爱好。尝试性开展烹饪、理发、缝纫、羌绣、面点为主的职业教育,为残疾儿童少年的可持续发展奠定基础。

4. 成都市青白江区创新推动特殊教育优质融合发展[①]

成都市青白江区把发展特殊教育作为重大民生工程,提升特殊教育教学质量,让特殊学生享受到更加公平、更加普惠、更加优质的特殊教育,适龄特殊儿童入学率达100%。着眼早期干预,成立区残疾人康复中心,配备200余种先进康复训练设施、设备,开设12个工作室,创新探索"全人发展观残疾儿童社区康复服务模式",成为西部唯一的全国社区康复示范项目,全国仅有3个试点地区。引入专业社会康复服务机构,为30余名学前脑瘫儿童提供专业康复训练。着眼全面普惠,坚持"教师专长"与"学生需求"相符合的师生匹配原则,科学评估适龄残疾儿童认知能力,以个别化教育为导向,制定送教上门方案、建立送教上门制度、规范送教上门流程、优化送教上门服务,以"送教上门"形式累计服务重度、极重度残疾学生51名,开展送教活动2000次(4000余课时),总行程70000多千米。着眼培智赋能,实施绿色培养计划,将成长、尊重、经历、鼓励、引领、强韧六大要素融入特殊学生培养全过程,设立中职学校特教班,为98名残疾学生提供职业教育,有针对性地建立残疾学生成长帮扶档案,制定残疾学生教学计划与考核标准,近10名培智生成功就业、融入社会。建立完善课程体

---

① 参见四川省教育厅《成都市青白江区创新推动特殊教育优质融合发展》,2021年3月,四川省教育厅网站(http://edu.sc.gov.cn/scedu/c100498/2021/3/10/66ec6c729ab34e758663a937a089105f.shtml)。

系。形成社会化"7+5+N"课程体系,"7"代表国家课程中的一般性课程,"5"代表国家课程中的选择性课程,"N"代表学校特色课程、康复课程。采取班级授课制、走班制、小组训练、1 对 1 个训等形式落实课程目标,达成"立德树人"教育目标。建立康教结合机制。强化日常渗透,将康复目标融入学校每一个活动、每一堂课,通过社区教学活动达成培养学生参与社会能力的康复目标;通过运动与保健课程达成运动康复目标;通过生活语文课程实现语言康复,提升学生沟通表达能力。建立康复支持体系。以小组或 1 对 1 康复训练形式对学生进行针对性康复,通过专项康复课程改善学生身体基本功能、支持学生更好地参与学校学习生活和家庭生活;为家长提供心理咨询、家庭康复技能指导等,为家庭康复建立支持平台。拓展社区康复,通过社区教学活动,让学生回归真实社区情景。

5. 自贡市六项措施持续推进特殊教育发展[①]

2018 年,自贡市推出六项举措,持续推进特殊教育改革发展。一是提高残疾儿童少年义务教育普及水平。教育行政部门与民政、残联等部门密切配合,通过普通学校随班就读、特殊教育学校就读、儿童福利机构特教班就读、送教上门等多种方式,落实"一人一案",鼓励有条件的机构探索举办孤独症儿童特殊教育学校。二是加快发展非义务教育阶段特殊教育。各区县为普通幼儿园接收残疾儿童创造条件,研究制定鼓励、支持普通高中和中等职业学校积极招收残疾学生的实施意见。三是健全特殊教育经费保障机制。进一步提高特教学校经费保障水平,提高残疾学生资助水平,实行残疾学生从义务教育到高中阶段教育的 12 年免费教育,吸引更多社会资本兴办特殊教育。四是健全特殊教育专业支撑体系。建立由教育、心理、康复、社会工作等方面专家组成的残疾人教育专家委员会,健全残疾儿童入学评估机制,

---

① 参见四川省教育厅《自贡市六项措施持续推进特殊教育发展》,2018 年 5 月,四川省教育厅网站(http://edu.sc.gov.cn/scedu/c100498/2018/5/11/10906f956c894b2caa5e85b5383180e6.shtml)。

完善教育安置办法，发挥特殊教育资源中心作用，建立健全志愿者扶残助学机制。五是加强特殊教育教师队伍建设。落实特殊教育教师专业标准，在各级现有编制总量内合理核定特殊教育学校教职工编制并完善动态调整机制。六是大力推进特殊教育课程教学改革。落实国家新颁布的盲、聋和培智三类特殊教育学校义务教育阶段课程标准，组织全员培训，鼓励研发校本课程和校本教材，到2020年，全市残疾儿童少年义务教育入学率达到96%以上。

6. 仁寿县"四项技能"创新特殊教育工作[①]

眉山市仁寿县在做好随班就读的同时，创新特殊教育工作方法，着力培养学生"四项"职业技能，让折翼的孩子成就人生的蜕变。一是烹饪技能培训。高年级培智生（智障学生）在烹饪教师的指导下，学习选料、原料初加工、刀工、调味等技能，已有20余名学生能掌握烹饪技能。二是家政技能培训。聘请专业家政教师针对培智生开展家政技能培训。学生在家政教师指导下学习家居保洁专业，即厨房卫生、居室卫生、衣物卫生、家具设施的清洗和保养等，已有5名学生被家政公司录用。三是劳动技能培训。开辟2亩生产实践基地，在劳技课教师指导下，开展翻土、种菜、锄草、施肥、收割等劳动竞赛。已有近200名学生学会蔬菜种植技能，产出各类时蔬近2800斤，学校后勤以市场价格收购，以现金方式返还学生，经济效益4万余元。四是美容美发培训。聘请专业美容美发教师开班授课，对残疾学生进行洗发、理发、烫发、染发、修面、化妆等职业技能训练，大部分学生已获得美容美发从业资质。其中，残疾学生开办"美神无声美发店"，职业技能受到广大顾客充分认可，残疾学生月收入2000至3000元。

7. 隆昌县"五保障"提升特殊教育成效

2016年，为促进特殊教育事业进一步健康快速发展，确保残疾儿童受

---

① 参见四川省教育厅《仁寿县"四项技能"创新特殊教育工作》，2016年12月，四川省教育厅网站（http://edu.sc.gov.cn/scedu/c100498/2016/12/24/609430a4c67f4c5397e3922ab24785a7.shtml）。

教育的权利，隆昌县"六保障"促进特殊教育工作见成效。一是组织保障。县政府成立特殊教育工作领导小组、隆昌县特殊教育指导中心，负责全县特殊教育随班就读，送教上门工作的开展规划、管理和业务指导。县政府将特殊教育工作纳入教育督导评估体系，通过广泛调研、科学规划，先后制定《隆昌县保障残疾儿童少年接受教育工作实施方案》《隆昌县特殊教育安置实施方案》《隆昌县特殊教育送教上门实施方案》，务必保障对贫困残疾儿童入学的政策支持，确保特殊教育工作顺利实施。①二是经费保障。积极争取三级资金改善办学条件，成效显著。争取中央对西部特殊教育投资440万元，在隆昌县特殊教育学校新建实训楼865平方米，新增按摩室、缝纫室、美发室、刺绣室等功能教室6间，新建学生宿舍楼1930平方米，每间宿舍入住5人，设独立卫生间、独立储物柜。争取省特殊教育专项资金50万元，安装感统训练、音乐康复等设施设备。争取县级资金打造校园文化，县校统筹资金70万元，用于提升学校文化品位，丰富学校教育载体。特殊教育生均经费今年将提升到6000元/生·年。②三是质量保障。严格执行国家盲、聋、培智三类特殊教育学校义务教育课程标准，结合实际情况，"加大校本教材研发力度，加快课程改革。聋生继续重视听力语言康复、义务教育阶段课程和职业技能的培养，智障学生主要加强生活语文、生活数学及生活综合指导课程的训练"③。进一步改革教学方法，突出特殊教育个别化和针对

---

① 参见四川省教育厅《隆昌县"六保障"促特殊教育见成效》，2016年9月，四川省教育厅网站（http://edu.sc.gov.cn/scedu/c100498/2016/9/6/60a8527a607a49b5a79ad1352627bacd.shtml）。
② 参见四川省教育厅《隆昌县"六保障"促特殊教育见成效》，2016年9月，四川省教育厅网站（http://edu.sc.gov.cn/scedu/c100498/2016/9/6/60a8527a607a49b5a79ad1352627bacd.shtml）。
③ 四川省教育厅：《隆昌县"六保障"促特殊教育见成效》，2016年9月，四川省教育厅网站（http://edu.sc.gov.cn/scedu/c100498/2016/9/6/60a8527a607a49b5a79ad1352627bacd.shtml）。

性。四是教学保障。依据方案，狠抓落实，规范管理。要求全县各中小学将随班就读工作纳入学校教育教学工作计划。"制定并落实个别教育计划，实施差异教学和个别化教学，注重班级授课、小组教学，满足不同情况的随班就读学生的特殊需要"[1]。五是师资保障。特殊教育师资学年培训60余人次，教育理论和业务培训40次，免费印发培训资料51份，开展听课800多节、研讨、座谈活动8次，多渠道提高教师的业务素质，为其更好地开展特殊教育工作打下基础。[2]

8. 资中县"四轮驱动"提升特殊教育质量[3]

2014年以来，资中县"四轮驱动"提升特殊教育质量，初步建立起布局合理、学段衔接、普教融合的特殊教育发展模式。一是构建管理网络，明确工作职责。县政府成立了以分管副县长为组长，以县教育局、县民政局局长、县残联理事长为副组长的特殊教育发展领导小组，将特殊教育工作纳入全县基础教育规划，建立健全一系列特殊政策和管理办法。其中，在教育系统内构建三级管理网络，并明确了相关工作职责：第一级管理即谋划与决策管理，由县教育局组织实施，制定工作计划、健全工作制度、组织入学普查、质量监控和督导评估等工作；第二级管理即指导与调控管理，由特殊教育实验学校组织实施，具体负责师资培训、初审就读对象、康复训练指导、学生发展评价、教育教学研究与指导等工作；第三级管理即实施与推进管

---

[1] 四川省教育厅：《隆昌县"六保障"促特殊教育见成效》，2016年9月，四川省教育厅网站（http://edu.sc.gov.cn/scedu/c100498/2016/9/6/60a8527a607a49b5a79ad1352627bacd.shtml）。

[2] 参见四川省教育厅《隆昌县"六保障"促特殊教育见成效》，2016年9月，四川省教育厅网站（http://edu.sc.gov.cn/scedu/c100498/2016/9/6/60a8527a607a49b5a79ad1352627bacd.shtml）。

[3] 参见四川省教育厅《资中县"四轮驱动"提升特殊教育质量》，2014年10月，四川省教育厅网站（http://edu.sc.gov.cn/scedu/c100498/2014/10/14/28b0b8d0f22e4c48b8be6cc4106b9aa5.shtml）。

理，由随班就读学生所在中小学组织实施，具体完成教育教学、康复训练、安全保障和跟踪管理等方面的工作。二是强化宣传力度，提高普及程度。要求各乡镇残联和学校每年都要开展专项的"残疾儿童少年入学情况普查和随班就读宣传"工作。入户普查使用统一印制的《资中县残疾儿童少年登记表》和特殊教育发展宣传单，主要内容包括：残疾学生本人及家庭的自然情况；残疾学生受教育情况和接受教育的意愿。同时，为每个随班就读孩子建立双学籍档案，详细记录其在成长过程中的发展变化和取得的成绩。三是加强队伍管理，提升教师素质。在教育行政干部和普通学校领导培训内容中增加特殊教育的内容，组织学习特殊教育的相关法律法规政策和特殊教育基础知识，培养特殊教育基本素养。为学校订阅《现代特殊教育》等杂志及购买参考书籍，提高管理干部的特教理论水平。扩展远程网络教育覆盖面，不断提升特教教师继续教育的针对性和实效性。积极改善特教教师待遇，在工资福利、评职、奖励等方面向特教教师作政策倾斜。四是深化教学改革，提高教育质量。出台并健全《随班就读教学工作常规》，对备课、上课、个别辅导、成绩考核、教学环境创设等五大环节进行了具体而明确的规定。选配学习成绩优异、有爱心、有责任感、乐于助人的学生，与随班就读学生结成"多帮一"的帮扶对子，共同负责随班就读学生课堂、课间、活动、上放学、饮食、如厕等方面的帮扶工作。同时，针对残疾学生身心特点和发展规律，积极推进特教学校课程改革，在特殊教育结合使用普通学校教材的基础上，有针对性地加强残疾学生德育、体育和美育工作。特殊教育实验学校还积极与职高、企业合作，先后开设了按摩、手工等11个职业教育课程，建立了4个校外实训基地，为残疾孩子的终生发展服务。

9. 广安市"三举措"促进特殊教育规范优质发展[①]

一是强化保障提活力。在全市遴选 31 名具有特教专业背景的教师，组建融合教育研究指导组。市、县教研机构各配备 1 名专职特教研究员，为资源中心配备 1 名兼职教研人员和 4—6 名巡回指导教师，为普通学校培训 80 名资源教师。兑现特教岗位津贴和绩效工资核增 15% 的政策规定。普校资源教师、承担 5 人以上随班就读管理任务的班主任，绩效工资总额提高 15%。将送教上门纳入教师工作量，坚持各类表扬向特殊教育一线教师倾斜，提升教师职业获得感。二是注重培训提能力。通过专项行动、全员培训等方式，搭建特殊教育"训赛研"活动平台，通过平台开展融合教育教师、特校专任教师、普校资源教师、心理健康教育教师培训，举办特殊教育基本功、优质课展评大赛，构建巡回指导组"3 个 2"（每两周组内纵向沟通、每两月组间横向交流、每两季度内部培训）能力提升模式，提升专业理念和实操能力。对新入职教师，进行岗位培训，考核合格后上岗。三是创新方式提质量。在国家课程标准基础上融合主题教学、绘本教学、游戏化教学、实践教育，校内文化课以障碍程度分层教学、专业课以个体缺陷补偿开设，校外实践延伸补充校内学习。开发学校、社区、家庭等资源，与社区医院、残联康复科等开展医教结合，推行"小组 + 个训"的康复课走班模式。成立市县两级特殊教育专家委员会，对未入学残疾儿童少年开展个别化入学评估。实行职业教育"长短微"培训模式，开设长训的缝纫和家政服务、短培的泥塑和种植养殖、微培的美发课，帮助学生掌握技能，铺平就业路。

---

① 参见四川省教育厅《广安市创新保障机制推进特殊教育高质量发展》，2020 年 11 月，四川省教育厅网站（http://edu.sc.gov.cn/scedu/c100768/2020/11/25/0a7009c526e447a9a7468e54ae7da9e1.shtml）。

10. 广元市精准施策着力提高特殊教育质量①

一是在教师培养培训上精准施策，如针对"特殊教育学校转岗教师多、专业教师少、工作任务重等问题"，广元市把培训培养教师作为发展特殊教育的首要任务，"建立市、区（县）、校三级培训平台，将特教学校、随班就读、送教上门教师等纳入全员培训，每年分批次有针对性开展，不断提高特殊教育教师专业水平"②，积极解决特殊教育发展中对师资的急迫需求。二是在课程改革与资源建设上精准施策，"严格执行国家盲、聋、培智三类特殊教育学校义务教育课程标准，积极研发校本课程和职业教育教材，不断丰富优化课程资源。深化课程改革，打破封闭的课程和校内环境，拓展校外生活化、社会化教育载体，培养学生的学习能力和生活能力。鼓励并支持特殊教育学校针对残疾学生实际开设刺绣、按摩、手工编织、烹饪、果园管理等职业技术课程，为其融入社会、增强谋生能力奠定坚实基础。与康复教育中心、医疗中心等签订合作协议，探索'康教结合''医教结合'新模式，让残疾学生共享医疗、康复资源。"③ 三是在加强质量建设上精准施策，"将特殊教育学校纳入质量考核体系，专门针对接受残疾儿童的义务教育阶段学校制订特殊教育质量考核标准，引导普通学校实行全纳教育"④。通过上述三个

---

① 参见四川省教育厅《广元市大力推进特殊教育发展》，2019 年 4 月，四川省教育厅网站（http://edu.sc.gov.cn/scedu/c100494/2019/4/4/c270aa16720241a0bd3fd6c541cf3cd3.shtml）。
② 四川省教育厅：《广元市大力推进特殊教育发展》，2019 年 4 月，四川省教育厅网站（http://edu.sc.gov.cn/scedu/c100494/2019/4/4/c270aa16720241a0bd3fd6c541cf3cd3.shtml）。
③ 四川省教育厅：《广元市大力推进特殊教育发展》，2019 年 4 月，四川省教育厅网站（http://edu.sc.gov.cn/scedu/c100494/2019/4/4/c270aa16720241a0bd3fd6c541cf3cd3.shtml）。
④ 四川省教育厅：《广元市大力推进特殊教育发展》，2019 年 4 月，四川省教育厅网站（http://edu.sc.gov.cn/scedu/c100494/2019/4/4/c270aa16720241a0bd3fd6c541cf3cd3.shtml）。

方面的精准施策，有效提升了广元市特殊教育质量与发展水平。

11. 广元市利州区"五举措"推进特殊教育事业发展

2015年，为进一步保障残疾人受教育权利，推进教育公平，帮助残疾人全面发展，广元市利州区实行五项举措推进特殊教育事业发展。一是试点为重度残疾儿童送教服务上门。落实全省适龄残疾儿童、少年送教上门管理实施办法。区教育局统筹安排特殊教育学校和普通学校教育资源，在确认学生的情况后，为确实不能到校就读的重度适龄残疾儿童、少年提供送教上门或远程教育等服务，开展合适的个别化教育，并将其纳入学籍管理，保障其接受义务教育的合法权益。[1] 二是提高适龄残疾儿童教育普及力度。提高特殊教育学校招生能力，逐年扩大招生规模、招生类别，尊重残疾儿童少年及家长的选择，创造条件依法接收具有一定普通教育潜力的残疾儿童少年随班就读。区域普通高中和中等职业院校要积极招收残疾学生，逐步扩大招生规模，满足残疾学生接受高中阶段教育的需求。[2] 三是增设经费扩大基础设施建设。确保义务教育阶段特殊教育学校学生人均公用经费在3年内逐步提高，2014年提高到4000元，2015年达到5000元，2016年达到6000元。自2014年起，为特殊教育学校高中班（部）就读的学生实施免费教育，并全部享受国家助学金。力争到2016年实现全区所有特殊教育学校校舍建设和教学康复设备配置标准化，全面提升特殊教育学校办学条件。[3] 四

---

[1] 参见四川省教育厅《利州区五举措推进特殊教育事业发展》，2015年2月，四川省教育厅网站（http://edu.sc.gov.cn/scedu/c100498/2015/2/5/8f2b9f6a863149aca22ac6c3519cadcb.shtml）。

[2] 参见四川省教育厅《利州区五举措推进特殊教育事业发展》，2015年2月，四川省教育厅网站（http://edu.sc.gov.cn/scedu/c100498/2015/2/5/8f2b9f6a863149aca22ac6c3519cadcb.shtml）。

[3] 参见四川省教育厅《利州区五举措推进特殊教育事业发展》，2015年2月，四川省教育厅网站（http://edu.sc.gov.cn/scedu/c100498/2015/2/5/8f2b9f6a863149aca22ac6c3519cadcb.shtml）。

是开展医教结合探寻特殊教育模式。特殊教育学校配备 1—2 名医务工作人员，深入开展"医教结合"康复训练，做到早发现、早干预、早治疗，促进对残疾人的医疗康复和教育有机结合，为残疾儿童康复提供最佳机会。① 五是强化师资保障提高特教职工待遇。配齐配足教职工，按 1∶3.5 的标准配足特殊教育专业教师，鼓励优秀毕业生到特殊教育学校、儿童福利机构等单位任教。② 到 2016 年底，全区所有从事特殊教育工作的管理人员和教师全员培训率达到 100%，适龄视力、听力、智力 3 类残疾儿童少年义务教育入学率达到 90% 以上，基本普及残疾儿童少年义务教育，为每一个残疾孩子接受合适教育提供条件和机会。③

12. 自贡市贡井区辅读学校骨干引领融合教育④

2018 年，自贡市贡井区在全区特殊教育领域积极推行融合教育。贡井区辅读学校充分发挥自身优势，为全区有效推进融合教育发挥了骨干引领作用。强化自身能力，提升服务水平，该校着力提升自身业务能力，采取请进来、走出去的做法，对学校教师进行业务培训，近 3 年来教师外出接受特殊教育专业培训达 40 余人次；与市残联合作对学前智力、脑瘫和自闭症儿童开展医教、康教结合试点；积极开展教育科研，课题成果《低段孤独症儿

---

① 参见四川省教育厅《利州区五举措推进特殊教育事业发展》，2015 年 2 月，四川省教育厅网站（http://edu.sc.gov.cn/scedu/c100498/2015/2/5/8f2b9f6a863149aca22ac6c3519cadcb.shtml）。
② 参见四川省教育厅《利州区五举措推进特殊教育事业发展》，2015 年 2 月，四川省教育厅网站（http://edu.sc.gov.cn/scedu/c100498/2015/2/5/8f2b9f6a863149aca22ac6c3519cadcb.shtml）。
③ 参见四川省教育厅《利州区五举措推进特殊教育事业发展》，2015 年 2 月，四川省教育厅网站（http://edu.sc.gov.cn/scedu/c100498/2015/2/5/8f2b9f6a863149aca22ac6c3519cadcb.shtml）。
④ 参见四川省教育厅《贡井区辅读学校骨干引领融合教育》，2018 年 10 月，四川省教育厅网站（http://edu.sc.gov.cn/scedu/c100500/2018/10/22/1f5ba47e6f7c4222a8d6f36cf384d983.shtml）。

童教育与训练策略》荣获四川省政府 2017 年第六届教学成果二等奖；发挥专业优势，献策特教发展，为转变全区随班就读工作薄弱，教育体系不完善的局面，学校积极发挥专业优势，为全区随班就读工作的推进出谋划策，促成贡井区先后出台关于随班就读、送教上门的工作意见，拟定资源中心、资源教室建设打造规划，全区逐步构建以随班就读为主体，特殊教育学校为骨干，送教上门和远程教育为辅助的特殊教育体系；发挥骨干作用，引领特教发展。该校从 2017 年开始，常态化举行融合教育培训，组织全区各中小教导主任和有随班就读儿童的班主任参加培训，培训从教学、心理辅导、康复训练、设施建设等方面分层进行，有效提升了各学校随班就读服务水平，推动全区特殊教育事业稳步发展。

（三）推动融合教育体系"两端延伸"

1. 巴中市健全残疾人教育体系[①]

2016 年，巴中市建立"市办中心、县（区）设点、乡（镇）办班、村（社区）建基地"四级特教体系，推进"学、教、用"有效结合。扩大受教范围。县（区）开展残疾人学前教育，巴州区增设残疾人职业高中，推进残疾人教育全覆盖。目前，全市已有 800 余名残疾儿童集中接受义务教育，1.5 万名残疾儿童随班就读。

2. 武胜县清平镇小学送教上门点亮残疾儿童的人生梦想[②]

从 2016 年 3 月开始，清平镇小学的老师们坚持每周一次送教上门，确保残疾儿童接受义务教育。每学期开学初，清平镇小学都为郭文悦同学送去

---

① 参见巴中市人民政府《巴中市积极推动残疾人教育发展》，2016 年 12 月，四川省人民政府网站（https://www.sc.gov.cn/10462/10464/10465/10595/2016/12/8/10406862.shtml）。

② 参见四川省教育厅《武胜县送教上门点亮残疾儿童的人生梦想》，2018 年 5 月，四川省教育厅网站（http://edu.sc.gov.cn/scedu/c100498/2018/4/19/031035ead36148a7ad9ef589141ba5f9.shtml）。

图书、铅笔、作业本等学习用品，并根据她的身体情况和兴趣爱好，制定专门的学习计划和课程，安排专门教师定期开展送教上门活动。通过送教上门，原来内向的郭文悦变得活泼开朗起来，已能独立完成10以内加减法计算，画出简单的图案。清平镇小学校长张昌华介绍，该校建立了"送教上门"工作档案，包括残疾儿童基本情况、"送教上门"教案、"送教上门"音像资料等，便于开展案例研究，及时总结完善工作经验，改进教育教学工作。

总体来看，受制于区域经济社会与教育发展水平，成都平原地区、攀西地区、川南地区、川东北地区、川西北地区融合教育实施措施存在着明显的区域差异，成都平原地区、川南地区在推进融合教育上谋划得早、举措实在，而川西北地区在这方面具有明显的滞后性，由此带来五个区域融合教育发展不均衡问题。

真知源自基层实践，创造来自基层群众。"尊重基层和群众的首创精神，是我国改革开放取得巨大成就的重要经验，也是推进改革的重要方法"①。就四川融合教育发展路径来看，充分发挥了各市、州、县、区及基层学校在融合教育发展上的首创精神，推动四川融合教育生动活泼地开展。前已述及，各市、州、县、区在融合教育发展上，结合本地本区域的实际，充分发挥主观能动性与创造性，对融合教育发展的实践进行了十分有益的探索尝试。比如在确保入学率方面，探索出了"量服平台""进村入户""残疾人教育专家委员会评估"等创新做法。在加强随班就读学生管理方面，探索出了"联控联保监测机制""残疾儿童教育三级管理网络""一人一案管理""双学籍档案"等创新做法。在随班就读学生培养方面，探索出了"普特合作育人机制""绿色培养计划""社会化'7+5+N'课程体系""四项职业技能

---

① 王学安：《坚定不移地推进中国特色社会主义的改革开放——学习习近平关于改革开放的重要论述》，《领导科学论坛（理论）》2014第3期。

培养方案""职业教育'长短微'培训模式""'小组+个训'康复课走班模式""全人发展观残疾儿童社区康复服务模式""教育与康复相结合""教育与医疗相结合"等创新做法。在随班就读学生支持帮助方面，探索出了"'多帮一'帮扶对子""'定人定员定期'残疾学生扶助工程""'1+1'或'1+N'帮扶模式"等创新做法。在融合教育发展模式上，探索出了"'四轮驱动'发展模式""融合教育体系'两端延伸'发展模式"等创新做法。在融合教育师资培养上，探索出了"组建融合教育研究指导组""骨干教师引领融合教育""搭建特殊教育'训赛研'活动平台"等创新做法。这些来自地方基层和普通学校的首创做法，从不同层面、不同角度极大地丰富了四川融合教育发展内容与发展实践，有效地提升了四川融合教育发展的质量和水平，充分体现出四川融合教育鲜明的因地制宜、分类指导、量力而行的特征。因此，在中国化视域下理解四川融合教育发展，尊重基层和群众的首创精神，是四川推进融合教育发展的典型经验，也彰显着中国式融合教育发展的显著优势。

第三节 典型牵引：四川融合教育的经验案例

围绕融合教育的有效实施，四川各地方教育行政主管部门与基层学校以办人民满意的教育为价值旨归，坚持人民主体地位与以人为本，坚持问题导向和目标导向相统一，坚持实事求是与善作善成相结合，科学把握各地各校推进融合教育的差异性，充分发挥主观能动作用，扎实开展生动鲜活的融合教育基层实践，形成了一批效果明显、作用突出、影响力大的典型经验与工作案例，为全省各地各校实施融合教育提供了经验范例。

一、新津县的随班就读支持保障体系省级实践案例

1998年，新津县依托新津一小建立了新津县特殊教育中心。2001年，新津一小、万和小学等5所优质普教学校，开始接纳残障学生进行随班就读；同年，新津一小特教资源室挂牌，成为该县开展随班就读融合教育的标志。2003年，新津县被四川省教育厅确定为随班就读支持保障体系省级实验县，开始探索"普通学校特殊儿童支持系统的建立与运作研究"课题研究。在国内外融合教育理论与专业技术的指导下，新津融合教育实践中总结出本土化的"资源室的工作流程""资源室工作特点""资源教师的职责""资源室的建设与评估"等可操作和指导性的规定，并在新津全县更大范围推广和建立农村学校支持技术网点。在新津一小资源室工作方法和特点基础上，在全县6个乡镇中心校建立随班就读实验校与资源室，培训资源教师。新津一小作为资源中心为各乡镇随班就读实验点校提供相关支持。2005年，成都市教育局在新津县召开了全市特殊教育随班就读工作现场会议，现场观摩了新津县五津中学、花桥小学、龙马小学、万和小学等5所中小学随班就读支持保障体系建立模式。2005年，中央教科所特殊教育研究所主任陈云英对新津县随班就读工作考察后，评价说："支持系统是提高随班就读质量的重要保障，新津所开展的本土化研究，对西部地区开展随班就读有着积极的推动作用。"[①]

10年来，新津县在全县建立了15个特教资源室，覆盖了所有乡镇。"服务对象由'三类'残疾逐渐拓展至脑瘫、学习困难、言语障碍、低学业成就、心理行为异常、体弱多病等有特殊教育需求的学生"[②]。构建起了从幼

---

① 曹照琪：《新津融合教育十年叙事》，载杜学元主编《四川特殊教育史料集成》下，西南财经大学出版社2021年版，第1592页。
② 宗河：《帮助更多残疾学生实现梦想》，《中国教育报》2013年7月19日第4版。

儿园、小学、初中到高中（职高）的残障生可持续生涯发展体系，形成了从学前到高中融合教育体系。与此同时，新津县融合教育建立了教育、残联、卫生、劳动、民政、财政等多部门参与的联席制度；设立专项资金，保障融合教育开展所需经费；聘请全国知名特教专家指导，加强师资队伍建设；积极参与项目试点，赢得教育资源的倾斜与支持，基本形成了"体系完备、专家引领、课题支撑、项目推动"的随班就读融合教育"新津模式"，受到国内外广泛关注。2011年6月，教育部《残疾人教育条例》立法调研组和英国救助儿童会项目办人员赴新津县实地考察特殊教育工作。在听取工作汇报和实地参观后，教育部基础教育二司特殊教育处调研员周德茂指出：新津县在10年的融合教育探索和实践中，通过专家引领、课题研究，形成了比较完备的融合教育支持体系；通过中国残联、英国救助儿童会项目的进一步推进，基本形成了融合教育体系完备、专家引领、课题支撑、项目推动的"新津模式"，是我国目前随班就读教育成功经验的两大模式之一；教育部大力支持新津积极开展融合教育工作。2012年，新津县"率先通过四川省国家义务教育发展基本均衡县督导评估，成为全省181个县（市、区）中的第一个，尤其是坚持公益性和普惠性原则，建立残疾儿童随班就读的'融合教育'模式，三类残疾儿童入学率达到100%"[①]。

二、双流县的"1+5+N"三层级资源教室建设实践案例[②]

1991年，双流县在华阳镇实验小学和永安镇中心小学各设一个智障儿

[①] 四川省教育厅：《新津县率先通过四川省国家义务教育发展基本均衡县督导评估》，2012年11月，四川省人民政府网站（https://www.sc.gov.cn/10462/10464/10465/10574/2012/11/19/10236223.shtml）。

[②] 参见杜学元主编《四川特殊教育史料集成 下》，西南财经大学出版社2021年版，第1067—1073页。

童辅导班，开启了残疾儿童融合教育的起步。2004年，双流县对本地区义务教育阶段的特殊儿童实行"两免一补"（免除学生杂费、书本费，补助生活费）政策，这一政策使残疾儿童的入学率大大提高。然而，随着越来越多的残疾儿童入学，双流县的学校系统无法应对两大挑战。第一个挑战是普通学校缺乏资源教师。双流县普通学校没有特殊教育资源教师或特殊教育专业人员，所有与残疾儿童有关的工作都由任课教师独自承担。在较早的调查中，大多数抽样学校对此表示抱怨，并希望开发一个系统，为普通学校开展融合教育提供资源教师或特殊专业人员。第二个挑战是任课教师在教育残疾学生方面缺乏相关的专业能力。当时，职前普通教师培训计划中关于全纳教育和特殊教育的内容有限，所以普通教师对全纳教育和特殊教育知之甚少。当将残疾学生安排到普通学校正常课堂时，任课老师除了给予他们更多的关注外，什么也做不了。因此，大多数残疾儿童少年只是坐在教室里没有学习。上述两大挑战成为双流县推进融合教育的主要障碍。

为了解决问题，为所有学习者提供公平和合格的教育。2006年，成都市人民政府印发《成都市特殊教育2006—2010年发展规划》中，双流县被列为"十一五"期间建立"残疾儿童少年随班就读工作支持保障体系"实验县。2007年9月，双流县人民政府办公室印发《关于印发双流县残疾儿童少年随班就读实验工作方案（试行）的通知》，要求"进一步改善县特殊教育学校办学条件，扩大办学规模，提高教师素质，充分发挥其对全县特殊教育教师的培训提高和教育教学研究的辐射作用"，"充分发挥县特殊教育学校的人才资源优势，认真开展全县随班就读师资培训，有组织有计划地对全县担任随班就读工作的教师进行一系列的特殊教育专业知识的培训"。为深入贯彻该《通知》精神，2007年3月，双流县特殊教育学校成立特殊教育资源中心，成为双流县特殊教育一级资源室，承担全县5个二级资源室业务指导职责。2009年10月，双流县教育局下发文件，批准资源中心接受县特殊教育学校和县教育局双重领导，全面负责县域内随班就读业务指导工作，主要职能是"师资培训，巡回指导，教研科研，资源整合，咨询服务"。资源中心还聘请了北京联合大学、重庆师范大学、台湾新竹师范学院、四川师范大学等省内外的特殊教育学者组成专家组，定期指导双流县随班就读工作，培训随班就读师资。特校抽调在聋教育、智障教育方面有突出成就，并擅长特殊教育专业康复技能（语言治疗、音乐治疗、物理治疗）的教师和二级咨询师组成巡回指导团队，依托资源中心这一平台，对随班就读学校进行业务指导，充分发挥了特殊教育学校在特殊教育领域的专业引领和中心辐射作用。

通过5年多的实践探索，2011年10月，双流县特殊教育学校资源中心协助县教育局组建起了5个二级资源室、55个三级资源室，随班就读工作在县域九年义务段实现满覆盖。同时，资源中心以四川省"十二五"重点规划课题"县域特殊教育资源中心运作机制的研究"为载体，积极探究资源中心高效运行模式，引领各级资源教师对随班就读工作开展中遇到的相关问题进行探索研究，形成了以县特殊教育学校为依托，面向全县随班就读学生的学习需求，探索构建了"1+5+N"三层级资源教室层级管理模式，即"1"是指资源教室以随班就读学生的学习质量为导向的功能定位；"5"是指"五步支持服务"流程，即安置接案、个案诊断评估与个案分析、拟订个别化教育计划、资源教室课程设计与实施、随读生学习质量评价，形成了随读生"学科补救课程+特需课程"的个案服务模式；"N"是指以资源教室为引领的"社区+学校+家庭"的生态整合支持服务模式，包括改善学校无障碍环境、营造班级氛围、改善同伴关系、参与班级教学的学校支持体系，家庭教养、普特家长沟通交流、家庭社会活动参与的家庭支持体系，了解社区、参与社区、融入社区的社区支持体系。[①]"在三层级资源教室中，

---

① 参见石彩霞《加强资源教室功能建设，提升随班就读学生学习质量》，《现代特殊教育》2017年第11期。

一级资源教室是龙头,其专业团队在教育局的行政赋权下,承担区域随班就读日常管理和指导工作,发挥随班就读工作质量管理和整合服务功能。二级资源教室是骨干,具体承担片区随班就读工作常规管理和专业支持服务,发挥其在片区的引领示范和辐射作用。三级资源教室是主体,主要通过教学实践、研讨交流、个案服务、资源整合来实现具体职能。一级资源教室通过互联网管理、协调会议和考核评估实现区域资源教室层级管理,整体推进全区随班就读工作;二级资源教室通过问题咨询、片区会议和信息收集等形式实现片区管理。在专业合作上,三个层级资源教室之间以'分级诊疗'的模式开展工作。"[1]

从 2007 年起,双流县通过"1+5+N"三层级资源教室建设,实现了越来越多的残疾学生被安置到主流学校接受教育。通过"1+5+N"三层级资源教室建设模式,培养了 20 名资源室教师,在全纳教育、特殊教育、医学等方面具有较高的能力和知识。培训了 500 多名主流任课教师和校长。2013 年,双流县特殊教育学校主持的"特殊教育学校资源中心引领县域随班就读教育质量提升的实践研究"获四川省普通教育优秀教学成果一等奖。2015 年,双流县被确定为国家特殊教育改革实验区。双流县的"1+5+N"三层级资源教室建设模式被联合国教科文组织和欧洲特殊需要与全纳教育机构网站"实例探究"板块收录,并作为实践范例向世界各国融合教育界推广。

---

[1] 石彩霞:《发展融合教育,提升教学质量——以随读生学习质量提升为导向的资源教室建设问题探究》,载国家教师科研基金管理办公室专题资料汇编《国家教师科研专项基金科研成果 2018(一)》,2018 年,第 593—594 页。

三、乐山师范附小的"年级双年制"融合教育学制形式[①]

1984 年,乐山师范附小开办弱智班,开启了乐山市特殊教育序幕,四川省融合教育也由此起步发展。1993 年以后,随着国家重视特殊教育发展,班里的学生不断增多。为了满足残疾儿童少年随班就读的需要,乐师附小探索形成了"年级双年制"融合教育学制形式。"年级双年制"是指智障儿童每个年级的学习都由两个学年构成,即随班学满一年后,转入下一班再学一年,以增加缺陷补偿训练的时间。在招生办法上创造了"流水填招法"。在教学内容上,坚持以劳动技能训练为主,着重培养学生的生活自理、适应社会的能力。在教学形式上,充分运用"复式教学",注重因材施教、个别指导。在教学方法上,采用趣味教学法、情境教学法、电化教学等,充分挖掘学生的学习潜能。在教材建设上,采用选用与自编相结合,自编的《语文》教材被省教委推荐为试用教材,供省内外智障班使用。在实验过程中,乐师附小先后接待了上海、新疆、云南等地 5000 多人次的参观学习。截至 1997 年,该校共招收智力落后儿童 158 人,通过教育,学生的基本生活技能得到了较好地培养,劳动技能显著提高,基本文化知识的掌握有了进展,据统计,多数学生能识 300 个左右的字。

四、四川省教育科学研究院的特殊儿童融合教育教研支持保障体系建设

为进一步贯彻落实《第二期特殊教育提升计划(2017—2020 年)》精

[①] 参见杜学元主编《四川特殊教育史料集成》下,西南财经大学出版社 2021 年版,第 291—292 页。

神，2018 年四川省教育科学研究院获批立项"特殊儿童融合教育教研支持保障体系建设的改革试点"省级教育体制机制改革重大项目，"努力构建省、市、区（县）三级联动的融合教育质量发展模式"①。该项目主要针对不同的教师群体，开发融合教育学习资源，如开发融合教育通识性及专业性培训手册，搭建融合教育培训课程平台，开展融合教育培训者培训、特教学校骨干巡回教师省级培训、普通学校新入职教师培训、全体教师融合教育网络课程学习、巡回教师校本培训。②针对融合教育岗位职责，开展全覆盖的培训。构建"学科+"的融合教育支持性课程体系，深化特殊教育资源中心与普通学校间的合作，由特殊教育资源中心对"所有有需要的孩子提供生活技能、社会适应、劳动和初级职业技术教育等。同时，还采取普特合作的家长讲座等多种方式，为特殊儿童家长提供支持性服务"③。到 2020 年，试点县（市、区）全面建立普通学校教师融合教育知识培训制度，融合教育培训模块成为普通学校新入职教师培训必修课程；全省各地形成融合教育骨干培训者队伍和特殊教育学校巡回教师骨干队伍；试点县（市、区）特殊教育资源中心运转机制基本建立，普通学校和特殊教育学校协同教研制度基本形成；以省级教科研机构为龙头，市（州）级教科研机构为纽带、市级资源中心为支持、

---

① 李丹：《我省大力推进融合教育 让"特殊"学生不特殊》，2020 年 1 月，四川省人民政府网站（https://www.sc.gov.cn/10462/10464/10797/2020/1/8/998246c121b04ccf89910976229b7b1a.shtml）。

② 参见李丹《我省大力推进融合教育 让"特殊"学生不特殊》，2020 年 1 月，四川省人民政府网站（https://www.sc.gov.cn/10462/10464/10797/2020/1/8/998246c121b04ccf89910976229b7b1a.shtml）。

③ 李丹：《我省大力推进融合教育 让"特殊"学生不特殊》，2020 年 1 月，四川省人民政府网站（https://www.sc.gov.cn/10462/10464/10797/2020/1/8/998246c121b04ccf89910976229b7b1a.shtml）。

县（市、区）为主体的融合教育教研支持保障体系基本建立。①

五、四川大学附属实验小学江安河分校的资源教室课程建设②

詹世英认为，四川大学附属实验小学江安河分校立足残疾儿童、少年特点和学校实际情况，以学生为中心，构建了适用的资源教室课程支持体系，为有不同特殊教育需要的残疾儿童、少年提供了适宜的教育，提高了学校融合教育质量和水平。詹世英指出，四川大学附属实验小学江安河分校资源教室课程建设体现了四大原则：一是以学生为中心构建课程支持体系原则，从地点、内容、实施人员、策略选择等多维度调动各类资源，从操场、班级教室、家庭住所、社区商店等不同的地点，扩展课程内容的深度和广度。二是兼顾学科基础类课程与康复特色类课程原则，资源教室课程的优先选择的应该是基础类课程的材料，以帮助特需学生跟得上普通学生的学习进度，提升特需学生课堂参与度。除了学科补救课程外，资源教室还要充分利用康复特色课程，将特殊教育的内容注入其中，如奥尔夫音乐课程、戏剧教育课程、游戏活动课程、绘本课程等。三是注重学生的认知、言语表达、情绪与社会性发展原则，资源教室课程充分考虑特需学生的需求，除学科补救课程之外，还应为低年级段学生开设认知课程。四是实施对象兼顾学生、教师与家长原则。基于上述四大原则，四川大学附属实验小学江安河分校建设了学科补救课程、康复特色课程、功能性课程、教师及家长培训课程四类资源教室课程，并提出了评估学生的个别化需要—确定资源教室课程目标—根

---

① 参见李丹《我省大力推进融合教育　让"特殊"学生不特殊》，2020年1月，四川省人民政府网站（https://www.sc.gov.cn/10462/10464/10797/2020/1/8/998246c121b04ccf89910976229b7b1a.shtml）。
② 参见詹世英《建构资源教室课程，为特殊教育需要学生提供适合教育——以四川大学附属实验小学江安河分校为例》，《现代特殊教育》2019年第17期，第25—28页。

据学生需求配课—课程效果评估与反馈的流程，资源教室课程的建设取得了较好的效果。

六、南充市特殊教育学校的融合教育尝试[①]

1986 年成立的南充市特殊教育学校是省级标准化、具有示范性的特殊教育学校。从 2004 年开始，学校依托近二十年的特殊教育办学经验与基础，开展尝试普特融合教育。2004 年，南充市特殊教育学校尝试招收了健全学生进行融合教育，当年招收上百名健全学生在特校各年级就读，开展普特融合教育实验并加强了与川北医学院、西华师范大学、西南石油大学、西华师大附小、中国音乐学院等多所学校合作，在丰富学生课余生活之外，开展联谊活动，加强了学生间的沟通交流。2004 年还实行了教材改革，开始使用普校教材，并创建了"海班"（聋生复试高考班），所有学生参加顺庆区普校统考。近年来，学校与三原实验学校、南充市音乐学校、南充市文化馆建立特殊学生共育模式，拓宽了学生受教育的宽度和广度，为学生融入社会打下了坚实基础，形成了"残健同行、普特融合"的办学特色，到 2007 年全校学生达到 350 余名。其主要做法如下。

（一）特殊教育学校和普通教育学校交流合作，多方支持推进随班就读

南充市特殊教育学校与多所普通学校进行了深入的交流和合作，2005 年与西河北路小学进行了普通教师对特殊孩子的教学方式的交流，2006 年与和平路小学进行了特殊需求学生的教学需求的经验交流，2011 年对五星

[①] 参见杜学元主编《四川特殊教育史料集成》下，西南财经大学出版社 2021 年版，第 291—292 页。

小学的老师进行了融合教育理念和意义的宣传，2015年12月30日南充市特殊教育学校全体老师和南充市三原实验学校全体老师进行了交流。两校在融合教育理念、促进教师的教学素养、普特教师教育教学的经验交流、两校老师、学生和设施设备相互交流和使用、特殊教育学生的实际生活和教学相关需求，以及普通学校学生和特校学生共同交流开展校园体育和艺术文化活动等相关问题进行了交流和讨论，并且收获颇丰。三原实验学校是一所集小学和中学于一体的学校，南充市特殊教育学校在交流中介绍了孤独症生、脑瘫生、聋生和盲生的基本特点，以及他们正在和即将面临的特殊教育困难，特别是特殊教育观念、教师特殊教育素养、融合教育原则和落实具体办法等方面，两校围绕培智学生的随班就读工作开展合作，努力让轻度的且有教育需求的培智孩子进入小学阶段接受相应的义务教育。

（二）特殊需求学生融合普校，并落实教学个性化

南充市特殊教育学校为所有特殊孩子都提供了一种选择，即尽可能地让每一位孩子都能够生活和学习在一个最少受限制的环境里。以培智部的学生为例，2015年培智部有学生50余人，有一小部分能力较好、智力轻度受损的学生仍然是上午半天在特殊教育学校接受特殊教育教学或康复训练，下午在普通学校接受兴趣课、特长课或体育课的教学；或者是上午在普通教育学校接受语文、数学等文化知识课程的教学，下午在南充市特殊教育学校接受选择性课程的康复训练。这种教学形式可以最大限度地满足孩子和家长的需求，为孩子的发展提供最为合适的选择，也能够保证孩子的进步。普校老师们在对孩子每节课教学时间、教学座位安排、教学内容难度，以及教学问题回答和交流方式上都力图做到个别化。与此同时，南充市特殊教育学校也对家长和孩子往返学校和家庭的交通费用，以及一日三餐在校食堂就餐费用和寝室住宿费用都给予了完全减免等政策。此举目的都是为孩子提供更为方便的融合教育的条件和动力，真正地、实实在在地落实融合教育工作。

（三）全社会共同助力支持融合教育工作开展

南充市特殊教育学校深知融合教育事业的发展不仅需要组织管理常态化、教育教学个性化，更需要支持保障社会化。不仅需要家庭和学校的参与，更加需要全社会的关注和支持。"特殊孩子们需要在家庭、学校以及社区中进行终身学习，政府、社区、家庭、学校和志愿者等各方面力量通力协作，形成了全社会支持融合教育的合力。"① 为此，南充市特殊教育学校与企业进行了深入合作，还多次开展了教育教学及户外活动，比如由南充市政府和共青团主办，南充市特殊教育学校和南充市残疾人联合会承办的中秋月圆做月饼、庆中秋的活动。在活动中，有大批的志愿者来到现场为每一位特殊孩子提供帮助和辅导，和孩子们一起做月饼、做灯笼和玩游戏，企业也给培智部的孩子们捐赠了一些关于个别化教学的书籍和康复设备。

（四）坚持教康整合

南充市特殊教育学校和南充市残疾人联合会进行了深入的合作，南充市特殊教育学校成立了服务学龄前期（0—7岁）有特殊需求的孩子的南充市阳光儿童康复中心。该康复中心拥有较为完善的设施设备，如情境教室、音乐治疗室、沙盘游戏室、ABA训练教室、感知觉训练室及感觉统合训练室，为南充市的0—7岁的智力障碍和自闭症孩子们提供了康复帮助，这些孩子在7岁以后，学龄阶段进入南充市特殊教育学校培智部接受学龄期教育，培智部为学生开设了生活语文、生活数学、生活适应及律动、绘画、劳动与技术等多门课程，同时也为有需求的学生安排了康复训练，并且为每一位学生建立学习档案，确保每一位学生都能够得到个别化教学。

---

① 杜学元主编：《四川特殊教育史料集成》下，西南财经大学出版社2021年版，第608页。

（五）坚持"普特结合"

"融合教育推动普通学校改革，同时也推动了特教学校转型。随着融合教育实践的不断深入，南充市特殊教育学校也在调整方向，即从'学校'向'中心'转变，不失时机地担负起所在区域的随班就读指导中心职责。"① 南充市特殊教育学校围绕特殊教育资源中心，主要开展了教研科研、咨询服务、特教资源资讯、培训交流、协调指导等工作。

（六）送教上门工作开展

南充市特殊教育学校在 2014 年开始开展送教上门的研究，从几方面开展送教上门工作：依托区特殊教育学校，成立区特殊教育支援服务中心，主要负责教师的培训工作、送教上门的课程设置，也对全区的送教上门工作进行指导、研究和评估。推动送教上门到家和集中康复点结合，课程及康复训练原则上每周至少 2 次，每次 3 课时，每学年不少于 240 个课时。送教课时算入教师工作量，另考虑交通补贴费，购买人身意外保险。组织接受有特殊教育经验和受过专业技能培训的志愿者为送教上门的老师提供相关协助工作。

七、成都市同辉（国际）学校的融合教育行动②

已有近百年办学历史的成都市同辉（国际）学校，在融合教育实践上有着独特的实践。该校招收了上百名残疾学生，积极探索普通教育与特殊教育相融合的办学模式，立足"我们都是不完美的人"，提出了"我要为你做

---

① 杜学元主编：《四川特殊教育史料集成》下，西南财经大学出版社 2021 年版，第 609 页。
② 参见李勇、卞蓉《重建四大关系，推进普教与特教融合》，《人民教育》2015 年第 16 期。

出不可能的改善"的教育思想，确立了适合每个儿童发展的同辉理念，积极探索融合教育的同辉模式。

同辉模式围绕残疾学生能够公正平等地融入学校、课堂，重建了融合教育中的师师、生生、家长和社群四对关系，构建了体现个别化教育理念的"同辉课程"体系，深入推进普特融合教育实践。其主要做法一是"重建基于理解与尊重的教师关系……提出了'随班促学习、问题促交流、换位促理解、评价促尊重'的四大行动措施。学校依据科学的医学分级，将20名轻度智障或自闭的孩子均匀分散到普通班级，并安排普教、特教教师在特定的时间内进行岗位互换体验"①。二是"重建基于爱与帮助的学生关系……采取普、特友谊班级，普、特儿童小组结对等形式，让所有孩子一起参加升旗仪式、集体早会、早操，一起进行主题班会、参加学校的活动。开展'爱心天使'进特殊班级活动，让有特殊需要的孩子参加融合歌会、助残日活动、特奥运动活动"②，实现各种活动渗透着爱与帮助的关系重建。三是"重建基于交流与分享的家长关系……通过'讲座学习、特别分享、组建联盟'等方式……普及融合教育的知识，安排特殊孩子家长把育儿经历进行全校分享"③，让普特家长增进交流。四是"重建基于关注与支持的社群关系"④。采取"社群融合"方式，举办各种"特奥"融合系列活动，与本地社区卫生服务中心联合，推动让更多的特殊人士及其家庭和其他社会人士、融合志愿者、融合伙伴参加到融合教育中。应该说，同辉模式把握住了教育关系环境

---

① 李勇、卞蓉:《重建四大关系，推进普教与特教融合》,《人民教育》2015年第16期。
② 李勇、卞蓉:《重建四大关系，推进普教与特教融合》,《人民教育》2015年第16期。
③ 李勇、卞蓉:《重建四大关系，推进普教与特教融合》,《人民教育》2015年第16期。
④ 李勇、卞蓉:《重建四大关系，推进普教与特教融合》,《人民教育》2015年第16期。

建设的本质要求，遵循了"最少受限制环境"的融合教育基本原则，从多角度多层面为残障学生构建了一个轻松、和谐、友善的关系环境，为从关系环境切入推进融合教育提供了实践范例。

八、成都市青羊区特殊教育学校的融合文化建设实践[①]

学校文化环境对学生的影响是潜在的、持久的，对于残障学生来说，需要一个良好的融合文化环境与氛围的支持。成都市青羊特殊教育学校（曾用名为青羊区特殊教育中心）在这方面作出了积极的探索，取得了明显的成效。青羊特殊教育中心曾与普通小学共用一个校园，既有健全学生也有残疾学生的校园，是一个典型的普特融合校园。面对融合校园的现实，青羊特殊教育中心把融合教育文化建设作为切入口，从老师、学生、家长、社区等方面入手，确立了"办适合每一个学生的教育"的办学理念，凝练了"为你，千千万万遍"的学校精神，形塑了"每一次地为你，是朝向自我的完整"的教育价值观，着力打造"和谐·博爱"的校园融合文化，大力营造体现融合价值文化的校园氛围。青羊特殊教育中心还总结出融合文化建设的四条策略，一是以情感为主线，促进"和谐·博爱"教师团队的互动发展。二是以活动为载体，实现普通和特殊儿童和谐共赢发展。三是以家校共育为突破口，将"和谐·博爱"学校文化延伸到家庭。四是以社区参与为依托，获得更为和谐的校园氛围，也将"和谐·博爱"文化渗透到社区。

[①] 参见卞蓉、黄汝倩《融合理念下"和谐·博爱"学校文化建设探索——青羊区特殊教育中心校园本文化建设实践》，《教育科学论坛》2015年第14期。

九、广元市朝天区特殊教育四步教学法"送教上门"[1]

2010年以来，广元市朝天区教育工作者秉承不抛弃、不放弃任何一个残障学生的特教育人理念，针对重度残障儿童少年的实际，因材施教，推行四步教学法"送教上门"，让每位残障学生"同在蓝天下，共享阳光教育"。

"查"——摸底调查，确定"送教上门"学生。朝天区地处川陕接合部的秦巴山区。为精准实施教育扶贫，朝天区开展"千名教师访万家"活动，进村入户调查摸底，建立244名0—18周岁残障儿童少年信息库。对于118名残障程度较轻的学生安排在普通学校"随班就读"，43名具有一定生活学习能力的学生安排在朝天区特殊教育学校就读。筛选83名重度残障学生，实施"送教上门"并纳入学籍管理。

"评"——全面评估，评定学生综合素质。针对83名重度残障少年儿童，教师先与家长沟通，了解其家庭成员、病因病情、家教方法等情况。教师再逐一与残障学生沟通，通过访谈、观察、简单测评等方式，全面评估需要"送教上门"的学生的综合素质。残障少年儿童评估包括与人沟通、自我照顾、居家生活等8个领域。在与人沟通领域，实施适应性反应、语言理解等5类90小项评估；在自我照顾领域，实施饮食、穿着、如厕等5类150小项评估；在居家生活领域，实施家事清洁、衣物整理、家庭沟通等6类58小项评估；在社交技能领域，实施结交朋友、情感表达等4类60小项评估；在社区生活领域，实施认识交通标志等交通能力28小项评估；在自我管理领域，实施自我身心认识、角色认识等26小项评估；在健康安全领域，实施饮食安全、疾病防治、安全基本常识等4类60小项评估；在学

---

[1] 参见朝天区教育和科学技术局《朝天区特殊教育四步教学法"送教上门"》，2018年1月，广元市朝天区教育和科学技术局网站（https://www.gyct.com.cn/info/1639/67790.htm）。

科知识领域，实施读写、数学、常见动植物认识等4类116小项评估。完成综合素质评估后，教师填写《学生素质评估表》，为下一步制定送教方案提供依据。

"教"——上门送教，把爱送到家。根据素质评估结果，遵循"寓教于乐、循序渐进、免费教育"的原则，一生一策，制定送教上门学期教育计划和课时教学计划。每3名教师组成一个送教小组，每月深入学生家庭进行"一对一"教学。教学内容主要包括学科知识和康复训练。学科教学主要是根据学生的实际水平选择教材内容和知识点，运用家庭资源及其他资源进行认知教学和生活自理教学。康复训练主要是进行感知、心理、运动、语言等缺陷补偿训练。由于"送教上门"学生认知水平和行为能力较低，教师怀揣爱心、耐心、恒心，循循善诱，引导孩子走出自卑心理、树立人生自信。同时，对家长进行教学方法、心理保健、康复常识培训，让家长成为"送教上门"后续工作的执行者、监督者。2015—2018年，全区共开展"送教到家"活动3013人次。

"理"——及时梳理，总结"送教上门"工作。秉承"问题即课题，过程即研究"的教研理念，"送教上门"老师及时整理好教学过程照片或视频、学生发展评价、家长反馈信息等学生个人成长档案，全面总结送教工作，将送教过程中遇到的问题或困惑形成清单。对于带有共性，事关送教学生身体康复、认知能力提升的问题，作为课题进行深入研究，促进"送教上门"教学质量提升。2015—2018年，全区完成特殊教育微型课题36项。

朝天区初步构建以普通学校随班就读为主体、特殊教育学校为骨干、送教上门为补充的特殊教育服务体系，全区适龄"三残"少年儿童入学率由2014年的89.3%上升至97.5%；残障学生文明礼仪，行为习惯等综合素质明显提升，家长满意率100%。

十、乐山师范学校特师部培养融合教育师资[1]

　　1990年，四川省决定在乐山师范学校附设特师部，开设特殊教育专业，为四川省培养特殊教育新师资。1993年，乐山师范学校特师部首批毕业生毕业，但就业对口率仅为47%。为了避免专业单一，拓宽学生就业口径，乐山师范学校特师部改革特殊教育师资的教学计划，实施普通教育和特殊教育互通，进行聋教、盲教、弱教专业互通、全科培养，与此同时，还对普师学生开设了特殊教育基础课，普及特殊教育知识，以适应各地不断发展的特殊儿童随班就读的需要。这是四川省融合教育师资培养的萌芽。与此同时，乐山师范学校特师部还坚持一专多能和面向社会的办学方向，在特殊教育师资的人才培养规格上体现出宽基础、技能型的特点。比如在课程设置上除国家规定的特殊教育必修课程外，还开设舞蹈、写字、电教、手工等必修课，设立书法、美术设计、乐器演奏、教具制作、家电维修、缝纫、编织、盲文书写阅读等20余个课外兴趣小组项目，开设第二专业，着力培养复合型、技能型的特殊教育人才。为了增强适应性，拓宽特教专业学生就业渠道，针对智障学生在普通小学"随班就读"政策，弱教师范生安排乐山师范附属小学、县街小学、实验小学、新建小学等普通小学校开展教育见习。特师毕业生除了可以胜任特殊教育学校的教师工作外，还可以在普通学校从事融合教育、随班就读工作。比如阆中市特殊教育学校原校长王小明，1993年从乐山师范学校毕业后，分配到阆中市柏垭镇第一小学校工作，从事随班就读教学任务。[2]

---

[1] 参见吕安《四川特教师资的摇篮——乐山师范学校特师部简介》，《现代特殊教育》1994年第2期。
[2] 参见杜学元主编《四川特殊教育史料集成》上，西南财经大学出版社2021年版，第544页。

选树典型,是思想政治工作的常用方法。"通过选树典型,可以发挥典型的榜样示范作用,用典型引路,以点带面,从而达到宣传教育、动员组织各方力量共同推进。"①从上述典型案例来看,在四川省三十余年的融合教育发展历程中,主要在随班就读支持保障体系建设、融合教育学制形式、教学方式、改革探索、融合文化建设、师资培养等方面进行了卓有成效的探索,形成了一批值得借鉴与复制推广的典型经验。其中在随班就读资源教室建设模式上取得了令人印象深刻的成就,双流县的"1+5+N"三层级资源教室建设实践案例还被联合国教科文组织和欧洲特殊需要与全纳教育机构网站收录,并向世界各国推广四川融合教育资源教室建设经验,产生了广泛的国际影响。这些融合教育典型案例,为四川全省各地各校确立了融合教育发展样板与标杆,对于动员组织全省各地方政府、基层学校、社会各界共同支持融合教育,合力推进融合教育,发挥了积极的引导作用。因此,在中国化视域下理解四川融合教育发展,选树典型来发挥榜样感召作用,是四川推进融合教育发展的典型经验,也彰显着中国式融合教育发展的显著优势。

通过上述分析,四川各级党委政府在推进融合教育中,坚持立足四川省情实际,从四川经济社会发展水平出发,把办人民满意的融合教育作为价值目标,遵循特殊教育发展规律,探索出了具有四川特色的融合教育"法治建设之路""试验探索之路""统筹推进之路""典型牵引之路",用较短的时间实现残疾儿童、少年受教育权充分保证的历史性成就。可以说,"四个之路"是四川融合教育三十多年发展经验的结晶,体现了鲜明的四川本土特色,并成为中国式融合教育的重要组成。

---

① 牛同林:《思想政治工作要重视选树典型》,《党史博采(理论)》2012年第12期。

第七章 中国化视域下四川融合教育的拓展取向

由于融合教育追求教育的平等，天然具有人类共同的公正、平等的价值特征，使其自提出以来就立即受到世界各国政府的高度关注，纷纷把融合教育实施情况作为衡量一个地区与一个国家教育发展水平、社会文明水平的重要标尺，纳入国家教育立法进程与教育发展规划之中，并采取多种政策措施全面推进融合教育。可以说，目前融合教育发展水平体现了人类社会文明水平，标志着人类对教育平权的认识水平达到了新的高度。从1990年的《世界全民教育宣言》到1994年的《萨拉曼卡宣言》、2000年的《达喀尔行动纲领》、2015年的《2030年教育仁川宣言》与《2030年教育行动框架》、2015年的联合国可持续发展目标4（SDG4）及2019年的《卡利声明》，联合国及教科文组织几十年来关于全球教育发展政策变迁显示，一条确保教育平权到追求优质教育的国际教育共同进程十分明显清晰，成为世界各国教育发展的共同主题与普遍选择。全球融合教育发展进程也深刻地影响着四川及我国融合教育的未来发展，需要我们对当前四川融合教育面临的问题进行深入剖析，立足于四川省情与实际，发挥社会主义制度优势与中华优秀传统文化优势，科学合理地分析四川融合教育未来发展取向。

第一节 四川融合教育面临的问题

一、发展不平衡问题

四川地处我国西南部，"地跨横断山脉、云贵高原、秦巴山地、青藏高原、四川盆地等几大地貌单元"①，处于中国大陆地势三大阶梯中的第一阶梯和第二阶梯，以龙门山—大凉山一线为大致分界线。特殊的自然地理条件限制了交通的发展，也限制了经济的发展，在长期历史发展中奠定了人口大省的底子，也形成了发展极不均衡的省情。这种不平衡主要表现在区域发展不平衡，即首位城市成都与其他市相比体量悬殊，甘孜、阿坝、凉山等少数民族较多的地区与其他市县发展水平差异巨大。

就融合教育而言，受发展不平衡的省情制约，也体现出区域发展不均衡问题，主要表现在乡村地区、少数民族较多的地区和低收入地区的融合教育发展水平低，与省内其他地区相比差距巨大。四川省教育厅数据显示，"2019年全省特殊教育学校129所，列全国第四，在校残疾学生61072人，居全国第一。随班就读是我省残疾儿童少年接受义务教育的主要方式"②。四川省教育厅相关负责人2020年指出，"但整体水平不高，发展不平衡不充分问题还比较突出……随班就读教学得不到保障。某县2018年末有常住人口24.7万人，未建特教学校。2019年全县在籍适龄残疾儿童少年达到400多人，除极少数能够到州府所在地特殊教育学校寄宿学习外，超过半数的学生在随班就读，其余的接受送教上门"③。

需要指出的是，上述是从全省区域发展宏观角度来分析，存在着不均衡问题。事实上，在学校系统内部，微观层面的融合教育发展不平衡问题更为严重。正如四川省教育厅相关负责人2020年指出，"由于缺少专业支

---

① 贾琳、谢俊举、李小军、温增平、陈文彬、周健：《四川和云南地区场地平均剪切波速 $v\_(S20)$ 和 $v\_(S30)$ 经验预测模型研究》，《地震学报》2021年第5期。
② 江芸涵：《今年残疾儿童少年义务教育入学率超95%》，2020年8月，四川省人民政府网站（https://www.sc.gov.cn/10462/10464/10797/2020/8/19/dc2c0c2f4daf4a99a8517234c7530a58.shtml）。
③ 江芸涵：《今年残疾儿童少年义务教育入学率超95%》，2020年8月，四川省人民政府网站（https://www.sc.gov.cn/10462/10464/10797/2020/8/19/dc2c0c2f4daf4a99a8517234c7530a58.shtml）。

持,随班就读效果难以得到保障,残疾儿童少年'隐性辍学'的现象始终存在"①。

二、发展不充分问题

近年,四川省的"非义务教育阶段随班就读发展不足,残疾人高中与学前阶段随班(园)就读工作尚未得到足够重视,高中与学前阶段残疾学生进入普通教育机构还比较困难。普通学校资源教室建设不足,全省普通学校资源教室数量还不能满足随班就读需求"②。

在 2016 年四川省教育厅对省政协十一届四次会议第 93 号提案答复的函中,对《关于规划建设特殊教育中等职业学校的建议》,作出了"指导市州和学校开展调查研究,根据残疾学生数量、残疾类别,把特殊教育高中阶段的布局布点建校纳入各地普及高中阶段教育规划中,在普及高中阶段教育过程中大力发展残疾人高中教育"③的答复。对关于"特殊教育学校开设职业高中班,将职业高中学生纳入中职政策保障范围"的建议,作出了"目前(指 2016 年),全省已有成都、眉山、乐山、南充、宜宾 5 所特殊教育学校

---

① 江芸涵:《今年残疾儿童少年义务教育入学率超 95%》,2020 年 8 月,四川省人民政府网站(https://www.sc.gov.cn/10462/10464/10797/2020/8/19/dc2c0c2f4daf4a99a8517234c7530a58.shtml)。
② 江芸涵:《今年残疾儿童少年义务教育入学率超 95%》,2020 年 8 月,四川省人民政府网站(https://www.sc.gov.cn/10462/10464/10797/2020/8/19/dc2c0c2f4daf4a99a8517234c7530a58.shtml)。
③ 四川省教育厅:《对省政协十一届四次会议第 93 号提案答复的函》,2016 年 8 月,四川省人民政府网站(https://www.sc.gov.cn/10462/11689/11698/11703/2016/8/2/10390685.shtml)。

开设高中班（含职业高中班）。其校点分布在我省东南西北部"①的答复。

在 2018 年四川省教育厅对省政协十二届一次会议第 1058 号提案答复的函中，对《关于帮助残疾学生享受公平有质量教育的建议》，作出了"因地制宜加快发展学前阶段特殊教育""一是支持鼓励普通幼儿园创造条件接收残疾儿童。二是特殊教育学校和有条件的儿童福利机构、残疾儿童康复机构要根据实际情况，增设学前教育部或附设幼儿园招收学龄前残疾儿童。三是支持有必要、有条件的地区设置专门招收残疾儿童的特殊幼儿园。四是鼓励各地整合医疗、教育、残联、民政等部门的资源，为残疾儿童提供半日制、小时制、亲子同训等多种形式的早期康复教育服务，为学龄前残疾儿童接受学前教育奠定基础"②的答复。

在 2017 年四川省教育厅对《关于残疾学生随班就读问题的建议》的答复中，作出了"下大力气研究和解决我省特殊教育发展中存在的整体水平滞后于普通教育，残疾儿童少年随班就读社会支持体系不完善等问题"③的答复意见，提出了"支持各地依托特殊教育学校建立特殊教育资源中心，为本区域内接收残疾学生的普通学校（含幼儿园）、儿童福利机构、残疾儿童康复机构等提供特殊教育指导和支持服务，开展区域内特殊教育质量监测工作。没有特殊教育学校的县（市、区），要依托有条件的普通学校，整合相

---

① 四川省教育厅：《对省政协十一届四次会议第 93 号提案答复的函》，2016 年 8 月，四川省人民政府网站（https://www.sc.gov.cn/10462/11689/11698/11703/2016/8/2/10390685.shtml）。
② 四川省教育厅：《对省政协十二届一次会议第 1058 号提案答复的函》，2018 年 9 月，四川省人民政府网站（https://www.sc.gov.cn/10462/11689/11698/11703/2018/9/29/10465167.shtml）。
③ 四川省教育厅：《对省政协十一届五次会议第 0191 号提案答复的函》，2017 年 9 月，四川省人民政府网站（https://www.sc.gov.cn/10462/10464/10465/10595/2017/9/7/10423173.shtml）。

关方面的资源建立特殊教育资源中心"①的意见。

以上省教育厅对3个省政协提案的答复意见，本身就表明了四川省融合教育在非义务教育阶段发展不充分、条件资源保障不完善及融合教育发展整体水平落后于普通教育等问题。

三、支持合力有待整合

融合教育需要多系统的支持与跨部门协作，比如教育行政部门关注融合教育政策法律与工作措施的研究制订、融合教育教师职前培养与职后培训、资源中心的建设等，卫生健康部门关注残疾儿童少年的生理与心理的康复，民政部门关注社会资源的动员组织、救助政策及其分配，残联系统关注利益相关者的参与、残疾儿童少年的就业保障或可访问的环境建设，等等。有些部门将承担着多重责任，但是在融合教育中，没有哪个部门能够成功地单独承担融合教育的全部任务。正因为如此，在2017年四川省教育厅对《关于残疾学生随班就读问题的建议》的答复中，作出了"健全特殊教育社会支持体系。督促各地教育行政部门会同卫生、民政、残联等部门，建立由教育、心理、康复、社会工作等方面专家组成的残疾人教育专家委员会，健全残疾儿童入学评估机制，完善教育安置办法。建立卫生、民政、残联、教育等部门的信息交流共享机制"②的答复意见。事实上，四川省《特殊教育提升计划（2014—2016年）》《特殊教育第二期提升计划（2017—2020年）》《四川省"十四五"残疾人保障和发展规划》都对融合教育的社会支

---

① 四川省教育厅：《对省政协十一届五次会议第0191号提案答复的函》，2017年9月，四川省人民政府网站（https://www.sc.gov.cn/10462/10464/10465/10595/2017/9/7/10423173.shtml）。
② 四川省教育厅：《对省政协十一届五次会议第0191号提案答复的函》，2017年9月，四川省人民政府网站（https://www.sc.gov.cn/10462/10464/10465/10595/2017/9/17/10423173.shtml）。

持体系的健全完善作出了明确规定。围绕融合教育，把各方面人员团结在一起，把各方面力量整合在一起，健全完善跨部门间合作、多部门协作的工作机制，推动利益相关者在一起有效地合作，这将直接决定着融合教育推进实施进程与质量。

四、学校转型与制度变革缓慢

很显然，学校是实施教育的场所与空间。融合教育的成功实施，有赖于学校转型和制度变革。衡量融合教育的成功程度不仅仅是计算学生数量，还应该包括对教育质量、结果和经验的衡量。在学校层面，教育行政部门应当把支持和发展融合教育作为评估学校办学的核心指标，要通过收集学校在实施融合教育方面的相关状态数据（比如残疾儿童少年人数、融合班级数、融合教育教师数、资源室配备、学校环境的包容性、支持系统建设及工作机制等），要支持学校领导为学校制定包容性愿景，加强与社会其他方面（比如促进就业）的协调，以促进普通学校向融合教育学校转型。在课堂层面，要理解和评估教学实践的至关重要，要培训和支持所有教师，而不仅仅是"专业"实践，要支持教师提高课程灵活性，开展个别化教育计划，实施课程调整、内容调整、考试调整、方法调整等，以更好地推动融合教育在课堂层面实施。

融合教育是一个持续的教育转型过程。从四川省融合教育实施现状来看，目前推动普通学校向融合学校转型及教学制度变革进程仍然缓慢，在考试分数指挥棒的引导下，相当一部分普通学校管理者及教师对实施融合教育持怀疑态度，甚至个别学校尤其是一些私立学校为了追求优质生源、优秀声誉，出现了排斥残疾儿童少年随班就读现象。以至于2017年在四川省教育厅对《关于残疾学生随班就读问题的建议》的答复中，专门提出"加大对特殊教育的宣传力度，营造关心和支持特殊教育的氛围"，以及"动员社会各界采用多种形式，献爱心、送温暖，提供志愿服务，形成关心和支持特殊教育的良好氛围"[①]的工作意见。

五、教育资源的有限性

资源是融合教育有效实施的保障因素，没有资源或资源匮乏，都将影响着融合教育的顺利推动。就四川省在融合教育资源建设与保障上看，目前仍然面临着资源不足的问题。以融合教育师资为例，乐山师范学院、四川师范大学、成都大学、四川文理学院、西华师范大学等高校开设了特殊教育专业，虽然有一部分特殊教育专业学生到普通学校担任融合教育教师，但大部分学生还是到全省特殊教育学校担任特殊教育教师。截至目前，全省师范院校都没有成立融合教育学院，也没有开设融合教育专业。虽然有一些高校开设融合教育课程，但对于系统化培养融合教育教师来说，这是远远不够的。融合教育师资不仅包括学科教师，还包括资源教师、巡回指导教师。从目前融合教育师资配备现状来看，除了融合教育学科教师职前培养严重不足外，融合教育资源教师与巡回指导教师的职前培养也是严重不足。

为了解决融合教育师资严重不足的问题，省市县三级教育行政部门不得不加大职后培训的力度，比如在 2014 年 6 月，四川省人民政府办公厅在《转发教育厅等部门〈关于特殊教育提升计划（2014—2016 年）实施意见〉的通知》中明确规定，"到 2016 年，特殊教育学校、普通学校特教班和随班就读教师全员培训率达到 100%"[②]。《四川省第二期特殊教育提升计划

[①] 四川省教育厅：《对省政协十一届五次会议第 0191 号提案答复的函》，2017 年 9 月，四川省人民政府网站（https://www.sc.gov.cn/10462/10464/10465/10595/2017/9/17/10423173.shtml）。

[②] 四川省人民政府办公厅：《转发教育厅等部门关于特殊教育提升计划（2014—2016 年）实施意见的通知》，2014 年 6 月，四川省人民政府网站（https://www.sc.gov.cn/10462/10883/11066/2014/6/26/10305836.shtml）。

（2017—2020年）》进一步提出，"加大对一线特殊教育教师的培训力度，通过中央、省、市、县、校五级培训，对特殊教育教师实行5年一周期不少于360学时的全员培训"①。在2017年省教育厅对《关于残疾学生随班就读问题的建议》的回复中，作出了"为招收残疾学生的普通学校配备专兼职资源教师"，"通过中央、省、市、县、校五级培训，对特殊教育教师实行5年一周期不少于360学时的全员培训"②的回复意见，等等。这些从侧面也印证了四川融合教育资源仍然十分有限、尚不能完全满足融合教育发展需要的问题。

21世纪以来，随着加大对特殊教育学校建设的支持力度，四川省残疾儿童入学率得到大幅度提高。根据2022年省政府颁布的《四川省"十四五"残疾人保障和发展规划》，"十四五"期间，四川省适龄残疾儿童少年义务教育入学率始终保持在97%以上，并将推动实现残疾学生15年免费教育。③由此可见，四川省的融合教育已进入从确保入学率转轨到提高融合教育质量的新阶段。很显然，发展不平衡、不充分问题是四川省经济社会的普遍性问题，也是包括融合教育在内的四川教育发展的共通性问题。这个问题在本质上是确保残疾儿童的平等受教育权，也决定了在四川融合教育发展新阶段，仍然要面临着处理好、解决好融合教育发展不平衡、不充分问题。有待整合、学校转型与制度变革缓慢、教育资源有限与保障不足，这是

---

① 四川省教育厅等：《四川省第二期特殊教育提升计划（2017—2020年）》，2018年2月，四川省人民政府网站（https://www.sc.gov.cn/10462/12771/2018/2/1/10444213.shtml）。

② 四川省教育厅：《对省政协十一届五次会议第0191号提案答复的函》，2017年9月，四川省人民政府网站（https://www.sc.gov.cn/10462/10464/10465/10595/2017/9/17/10423173.shtml）。

③ 参见四川省人民政府《四川省"十四五"残疾人保障和发展规划》，2022年3月，四川省残疾人联合会网站（http://www.scdpf.org.cn/zwgk/zcfg_161/202203/t20220310_30808.html）。

四川省推进融合教育中面临的特殊问题。这在本质上是提高残疾儿童教育质量的问题，也决定了在四川融合教育发展新阶段，提高质量是融合教育发展的主攻方向，是满足人民群众日益增长的对美好生活、满意教育的向往的关键抉择。归结来讲，在四川融合教育发展新阶段里，教育平权与优质教育这两个方向同时并存，教育平权与优质教育构成了新发展阶段里的主要矛盾。统筹解决教育平权与优质教育这两个方向，成为四川融合教育发展取向的思考依据。

第二节　四川融合教育发展的取向

能否平等地到学校接受教育与享受有质量的教育，是衡量平等受教育权的两个基本要素。第一个要素涉及入学率、学生规模等受教育数量问题，即"有学上"。第二个要素涉及学生在教学活动中的参与度、学习成效等教育教学质量问题，即"上好学"。在解决"有学上"问题的同时，"上好学"是人们对教育质量的诉求。事实上，质量是教育中的永恒课题，也是评价教育水平状况的根本标尺。

毫无疑问，融合教育的质量是充分保障残疾儿童少年受教育权的关键，仅仅让残疾儿童少年通过"随班就坐"来解决"有学上"问题，这不是我国关于随班就读政策设计的初衷。让残疾儿童少年不仅"有学上"，能平等享受受教育权，而且能通过安置在普通学校普通班级里与正常学生一起接受有质量的教育，实现"上好学"，这是我国实施随班就读政策的本意与愿望。

党的十八大以来，习近平总书记多次强调，残疾人是人类大家庭的平等成员，在全球范围内推进可持续发展，对残疾人要格外关心、格外关注。

融合教育不仅体现了对残疾学生的尊重和呵护，更体现了所有受教育社会成员的人道关怀、人格品质及博爱精神。在中国特色社会主义进入新时代，高质量发展成为包括融合教育在内的我国各级各类教育发展的核心主题。

一、质量成为融合教育发展的国际共识

（一）联合国教科文组织《达喀尔行动纲领》首次关注教育的质量问题

2000年，世界教育论坛在达喀尔举办，对世界全民教育进行了总结评估，并在《世界全民教育宣言》所设定目标的基础上，发布了《达喀尔行动纲领》，提出世界全民教育运动六个新目标，从而使全民教育的目标更为具体化并确定了时间表。其中《达喀尔行动纲领》针对"学习的质量、价值观的培养和技能的传授与个人和社会的期望和需要相去甚远"[①]的问题，第一次把教育质量单独列为全民教育的六大新目标之一，并"保证所有人获得公认的和可测的学习结果，特别是获得阅读、书写、计算等能力和基本生活技能"，提出"到2015年，保障所有儿童，特别是女童，贫困条件中的儿童和少数民族儿童，都能接受并完成优质的、免费的和义务的初等教育"[②]。可以说，《达喀尔行动纲领》确定了一个"致力于建设与本土社会现实结合的教育、没有排斥或歧视的教育、现代的和普遍承受得起的教育，并为每个个体提供多样化和无限知识的教育"[③]的教育承诺，设定了一个"所有儿童都能够完成有质量的基础教育，确保人人都能学好，所有人都能达到可测的学

---

① 王晓辉主编：《全球教育治理：国际教育改革文献汇编》，教育科学出版社2008年版，第36—40页。
② 联合国教科文组织：《性别与全民教育：跃向平等 2003—2004年全民教育全球监测报告》，王晓辉等译，人民教育出版社2004年版，第27页。
③ 腾珺主编：《流动与融合　教育国际化的世界图景》，山东教育出版社2015年版，第107页。

习成绩"①的雄心勃勃的教育议程。

（二）联合国教科文组织《2030年教育仁川宣言》《2030年教育行动框架》把质量作为整个国民教育体系的2030愿景

联合国教科文组织2015年5月在韩国仁川市举办的2015年世界教育论坛上，正式发布了《2030年教育仁川宣言》，提出了2030年新的教育愿景，通过教育改变生活，是"为所有人确保包容、公平的优质教育并促进终身学习机会"。《2030年教育仁川宣言》认为优质教育能够培养创造力和知识，使人获得识字计算的基本技能、分析和解决问题的能力，以及其他高水平的认知、人际和社交能力。通过可持续发展教育（ESD）和全球公民教育（GCED），"优质教育还培养让公民过上健康圆满的生活，做出明智决策，应对当地和全球挑战的技能、价值观和态度"②。在《2030年教育仁川宣言》中，联合国教科文组织倡议世界各国：要提供优质教育并改善学习成果，加强教育投入、教育过程和成果评估，并建立衡量进展的机制。要"确保教师和教育者在资金充足、有效和高效管理的系统内增强能力、足额招聘、享有良好的培训和职业资格、积极进取并获得支持"。支持实施《全球可持续发展教育行动计划》，要"利用信息通信技术来加强教育系统、知识传播、信息获取、学习质量和效果"③。将工作重点放在最弱势者，尤其是残疾人方面，确保不落一人。由此，优质教育成为2030年世界教育的国际共识与发展愿景。

在仁川的世界教育论坛上，还讨论并商定了《2030年教育行动框架》

---

① 滕珺主编：《流动与融合　教育国际化的世界图景》，山东教育出版社2015年版，第154页
② 顾明远、滕珺：《〈中国教育现代化2035〉与全球可持续发展教育目标实现》，《比较教育研究》2019年第5期。
③ 熊建辉：《世界教育：2030年愿景——联合国教科文组织"教育2030"计划解读》，《教育家》2016年第13期。

的主要内容。2015 年 11 月 4 日,在联合国教科文组织总部举行的第 38 次教科文组织大会正式采纳《2030 年教育行动框架》,将"确保包容和公平的优质教育,让全民终身享有学习机会"正式纳入联合国 17 项可持续发展目标(SDG)中。《2030 年教育行动框架》针对 1990 年以来世界全民教育运动,尤其是 2000 年以来千年发展目标中未实现的部分,提出了"不分其性别、年龄、种族、肤色、族裔、语言、宗教信仰、政治见解或其他见解、国籍或社会出身、财产或出生状况,所有人都应当有权获得包容、公平的优质教育和终身学习机会"。尤其是聚焦教育质量、学识和技能,汲取了对获取教育注重有余,却对学生入学后是否学习和掌握相关技能重视不足的重要教训,认识到"一切照旧"的思维定式不会让全民获得优质教育。因此,《2030 年教育行动框架》明确提出了十大具体指标,其中包括 7 个教育内容目标和 3 个支持内容目标。而这 7 项教育内容目标中,《2030 年教育行动框架》都无一例外把"优质"作为中小学教育、学前教育、高等教育等的 2030 年目标,提出"到 2030 年,确保所有女童和男童接受完全免费、公平和优质的中小学教育,获得相应、有效的学习成果","到 2030 年,确保所有女童和男童获得优质的早期儿童发展、保育和学前教育,为接受初等教育做好准备","到 2030 年,确保所有女人和男人平等获得负担得起和优质的技术、职业和不同形式的高等教育",等等。《2030 年教育行动框架》一经发布,即得到了全球教育界广泛认可。难得的是,《2030 年教育行动框架》还关注到残疾人受教育质量问题,提出"鉴于残疾人在获取优质教育机会方面遇到的种种艰巨挑战,加之缺少支持有效干预的数据,必须格外重视确保有残疾的儿童、青年和成人获得优质教育和学习的机会并结果"。

联合国教科文组织发布的《2030 年教育仁川宣言》与《2030 年教育行动框架》,都提到为所有学习者提供公平和包容的优质教育的必要性和紧迫性。"质量"成为世界各国关于教育发展的最强音。正如世界银行原行长金墉所说,"我们必须同心协力,确保所有儿童,不论其生于何处,也不论其性别和家庭收入，都能够接受优质教育，获得终身学习的机会"。

（三）联合国可持续发展目标4（SDG4）提出2030优质教育目标

确保教育惠及全体，让人人享有平等和个性化的受教育机会，这几乎是所有国家都面临的挑战。2015年9月，联合国所有成员国通过了2030年可持续发展议程和可持续发展目标，共同致力于建立全新的可持续发展框架，提出建设"一个人人平等享有优质大中小学教育、卫生保健和社会保障以及身心健康和社会福利的世界"等16个2030年变革愿景，提出了"在各级提供包容和平等的优质教育"等新议程，并在可持续发展目标4（SDG4）中提出，"到2030年，确保包容和公平的优质教育，让全民终身享有学习机会"。该目标强调，包容性和公平性奠定了优质教育和学习的基础。可持续发展目标4同时号召为所有人提供安全、无暴力、包容、有效的学习环境，充分考虑儿童以及由于残障、社会性别等因素对于学习者的影响。包容性的优质教育本身既是目标（可持续发展目标4），也是实现所有其他可持续发展目标的手段。

尽管过去二十多年各国在普及基础教育方面取得了令人称道的进展，但仍需进一步努力，以减少教育阻力，确保在学校和其他学习场所的所有学习者均能体验真正的包容性环境。2030年可持续发展议程承诺不让一个人掉队，这为建立更具包容性和公平性的社会提供了独特的机会。这一切应该从建立具有包容性的教育体系开始。时任联合国教科文组织教育助理总干事唐虞博士认为，为实现这一宏伟目标，各国应确保包容性和公平性原则始终贯穿教育体系和教育方案，并应采取措施，预防和解决在获取教育机会、参与教育活动和完成教育的过程中各类排斥、边缘化、区别对待、脆弱和不平等的现象。此外，还需要将学习者自身的多样性看作机遇，从而提升所有学生的学习成效并实现学习民主化。

(四)《反思教育：向"全球共同利益"的理念转变？》确立了人文主义教育观与价值观

2015年11月4日，联合国教科文组织发布《反思教育：向"全球共同利益"的理念转变？》的研究报告。这是联合国教科文组织继1972年发布的《学会生存：教育世界的今天和明天》和1996年发布的《学习：内在的财富》之后，发布的又一份对世界教育发展产生重大影响的报告。

21世纪需要什么样的教育与实现可持续发展目标？面对脆弱性、不平等、排斥与不可持续现象仍频的世界，联合国教科文组织《反思教育：向"全球共同利益"的理念转变？》的研究报告中认为新的全球学习格局正在形成之际，教育的意义与作用更加突出，没有比教育更为强大的变革力量，提出"教育作为全球共同利益"的愿景，它是人类努力适应变化、改造世界的核心，是最根本的共同利益，"将促进人权和尊严，消除贫穷，强化可持续性，为所有人建议更美好的未来"[①]；对知识的认识更加深入，它是人类共同遗产的一部分，也是全球共同利益，需要社会集体努力促进知识的创造、控制、获取、认证和运用，向所有人开放；重申人文主义教育观，并对其赋予全新的时代意义，要在人文主义的指导下按照人文主义行动框架来设计教育可持续发展路径。正如报告的导言中所说，教育"应将以下人文主义价值观作为教育的基础和宗旨：尊重生命和人类尊严，权利平等和社会正义，文化和社会多样性，以及为建设我们共同的未来而实现团结和共担责任的意识"[②]。

针对性别、语言、种族、身体状况、居住地区等因素造成的人们受教育程度的分异，报告特别强调要关注包容与社会正义两方面，倡导教育平

---

① 联合国教科文组织编：《反思教育：向"全球共同利益"的理念转变？》，联合国教科文组织总部中文科译，教育科学出版社2017年版，第2页。
② 联合国教科文组织编：《反思教育：向"全球共同利益"的理念转变？》，联合国教科文组织总部中文科译，教育科学出版社2017年版，第30页。

等,增强教育的包容性,认为教育是机会平等链条上的第一环,主张教育不应成为扩大不平等和拉开差距的工具,教育"要超越狭隘的功利主义和经济主义,将人类生存的多个方面融合起来……要将通常受到歧视的那些人包容进来——妇女和女童、土著人、残疾人、移民、老年人以及受冲突影响国家的民众。……采取开放的灵活的全方位的学习方法,为所有人提供发挥自身潜能的机会,以实现可持续的未来,过上有尊严的生活"[①]。

《反思教育:向"全球共同利益"的理念转变?》促进了人们对人文主义教育观的新的思考,尤其是关注包容性和不会产生排斥及边缘化的教育的新的时代意义,强调了人文主义作为普遍适用伦理原则在实现全民教育方面的重大价值。为运用人文主义方法推进融合教育发展,确保包括残疾人在内的所有人有意义、有尊严地生活,提供了新的教育价值立场与方法。

(五)《卡利声明》把质量作为融合教育发展方向

1994年6月7日至10日,联合国教科文组织在西班牙萨拉曼卡市召开"世界特殊教育大会",会议通过了《萨拉曼卡宣言》,明确提出了"融合教育"思想,标志着世界范围融合教育的开始。

自那以来,从南北美洲到东南亚、南亚,从西方发达国家到中东北非第三世界国家,各个国家纷纷采取政策措施积极推进融合教育的发展,掀起了国际融合教育近三十年的持续发展。但是,确保每个学生都有平等的机会接受教育并从中受益,仍然是当今世界面临的一大挑战。据联合国教科文组织的数据表明,全球约有2.62亿失学儿童,其中残疾儿童少年占较大比例,融合教育所倡导的理念在政策和实践中仍未充分落实。

2019年9月,联合国教科文组织在哥伦比亚的卡利市举行了"教育中

---

① 联合国教科文组织编:《反思教育:向"全球共同利益"的理念转变?》,联合国教科文组织总部中文科译,教育科学出版社2017年版,第2页。

的包容和公平国际论坛",发布了《卡利声明》(Cali Statement)。"每个学习者都至关重要,且同等重要"是《卡利声明》的核心思想,并建议世界各国要充分认识融合教育的深刻意蕴,融合教育是解决排斥的驱动因素;要通过跨部门跨机构的办法促进融合教育纳入国家立法、政策和计划中,确保每个人在整个生命周期中都能获得高质量和公平的包容性学习机会;要建立安全、受欢迎、不受一切形式暴力影响的学习环境,确保每个人都有高水平的动机、参与和学习成果;要进一步加大信息和通信技术在教学中的应用,以更好地支持基于公平、多样性和包容原则的教学和学习;教师、校长和其他教育工作人员和决策者必须有必要的价值观和态度,并充分了解包容及其适用的原则和做法;以可靠的数据和证据为基础进行跨部门的规划和实践,以确保有效的监测和问责;政府必须领导融合教育政策,并有资金支持,确保资金公平和有效使用。

从《卡利声明》的六条行动倡议中,高质量和公平的包容性学习机会,高水平的动机、参与和学习成果,以及高效的融合教育决策和管理,这是融合教育高质量发展的关键内容,也是世界各国推进融合教育的努力方向。

二、优质教育是新时代四川融合教育发展方向

很显见,融合教育的质量是一个常说常新的话题,通过发展融合教育保证所有儿童都能接受平等的受教育权,这只解决了受教育的数量问题,但所提供的融合教育可能是低质量的,教育机会的扩大并不意味着教育质量的提高。

(一)党的十九大对包括融合教育在内的特殊教育做出"办好"的战略指导

让全民获得优质教育,收益是巨大的。教育改善生活的力量无与伦比,

教育在消除贫困方面起着关键的作用：它可以帮助人们获得体面的工作，提高他们的收入，为生产力带来提升，能够促进经济发展。教育也是改善个人健康观念、确保将知识传给后代的最有效的方式之一。教育还促进包容残疾人。教育质量问题具有很强的经济价值取向，同时引起了广大公众对社会公益事业的关注。[①]"儿童早期教育作为全民教育不可分割的基础部分，受到了前所未有的重视"[②]，对融合教育的大力实施具有积极的促进作用。因此，随着联合国《残疾人权利公约》《2030年可持续发展议程》实施，保障残疾人平等权益、促进残疾人融合发展越来越成为国际社会和各国的普遍共识和共同行动。[③]正如郝芳华指出，融合教育作为推进新时代特殊教育的崭新方式，是教育事业的重要组成部分，是衡量社会文明进步的重要标尺，是扎实推动共同富裕的重要发力点。[④]

如果说始于1987年三大随班就读实验是中国的首创，解决有学上的问题。那么始于2012年以来的特殊教育提升计划就是解决质量问题，解决好不好的问题。可以说，1985年至2012年，是中国融合教育规模发展的时期，2012年至今为融合教育高质量发展的时期。融合教育高质量发展从2012年开始萌芽起步，2017年成为党和国家关于融合教育发展的政策方针。当世界上许多国家还在致力于融合教育有没有的问题，中国政府在推进融合教育发展上已经走过数量规模阶段，步入到有质量、高质量发展的内涵

---

① 参见滕珺主编《流动与融合：教育国际化的世界图景》，山东教育出版社2015年版，第109页。
② 董建红：《达喀尔论坛后的世界全民教育：进展、特点、挑战及前景》，《比较教育研究》2007年第8期。
③ 参见李丹丹，José María Sanahuja Gavaldà：《深圳市普小融合教育教学质量的调查研究》，《现代中小学教育》2022年第8期。
④ 参见郝芳华《让融合教育更有温度更有希望》，2022年1月，中华人民共和国教育部网站（http://www.moe.gov.cn/jyb_xwfb/moe_2082/2022/2022_zl01/202201/t20220125_596287.html）。

建设阶段。2017年党的十九大报告庄严宣告中国特色社会主义进入新时代，并立足新的发展方位、新的发展阶段，做出了社会主要矛盾发生转换的重大判断，人民对美好生活的向往，表现在对融合教育从"有学上"转向"上好学"的期待。因此，党的十九大报告提出"办好特殊教育"，指明了中国特色社会主义新时代我国融合教育高质量发展的方针政策与路径指引。2018年全国教育大会进一步提出要"扎根中国大地办教育"，为世界融合教育发展提供中国经验，这对融合教育的高质量发展提出了新的要求。

（二）国家出台行动计划，把提高质量作为融合教育发展的新要求

2021年12月，国务院办公厅关于转发教育部等部门《"十四五"特殊教育发展提升行动计划的通知》，该《计划》中将"全面贯彻党的教育方针，落实立德树人根本任务，遵循特殊教育规律，以适宜融合为目标……全面提高特殊教育质量，促进残疾儿童青少年自尊、自信、自强、自立，实现最大限度的发展，切实增强残疾儿童青少年家庭福祉，努力使残疾儿童青少年成长为国家有用之才"[1]作为办好特殊教育的指导思想，并将"推进融合教育，全面提高特殊教育质量"单列一部分，提出"加强普通教育和特殊教育融合""推动职业教育和特殊教育融合""促进医疗康复、信息技术与特殊教育融合"三个融合的具体举措，这充分凸显了国家推进融合教育高质量发展的决心和魄力。

（三）四川融合教育已经跨入高质量发展新阶段

经过近四十年的发展，四川省融合教育在保障残疾儿童、少年平等受教育权上取得突破性进展。根据2020年8月，省教育厅转发《教育部关于

---

[1] 国务院办公厅：《关于转发教育部等部门"十四五"特殊教育发展提升行动计划的通知》，2021年12月，中华人民共和国教育部网站（http://www.moe.gov.cn/jyb_xxgk/moe_1777/moe_1778/202201/t20220125_596312.html）。

加强残疾儿童少年义务教育阶段随班就读工作的指导意见》，2020 年四川省各地残疾儿童少年义务教育入学率达到 95% 以上。[1] 这一数据说明，就四川省而言，已经解决了残疾儿童少年"有学上"的问题，但"上好学"问题仍未解决。让残疾儿童少年享受更加公平、更加优质的融合教育，成为全川人民对美好生活的向往，也是对高质量教育的期待。2022 年 3 月，四川省人民政府印发的《四川省"十四五"残疾人保障和发展规划》，把 2020 年残疾儿童少年义务教育入学率"达到 95% 以上"调整为"始终保持在 97% 以上"[2]，并明确提出要通过健全普通学校随班就读支持保障体系，全面落实残疾人教育专家委员会工作制度，做好适龄残疾儿童少年"一人一案"教育安置评估，提升随班就读教育教学质量。

因此，办有质量的融合教育，是当前四川融合教育阶段性要求，也是四川融合教育在新的发展阶段的工作取向。

第三节　四川融合教育发展的对策

回顾融合教育 20 世纪中叶以来的发展轨迹，国际融合教育的推动是建立在残疾人受教育范式的逐步转变之上的。围绕融合教育在世界各地能有效地推动，联合国及其教科文组织发布了一系列的宣言、声明、公约，把各国

---

[1] 参见四川省教育厅《转发〈教育部关于加强残疾儿童少年义务教育阶段随班就读工作的指导意见〉的通知》，2020 年 7 月，四川省教育厅网站（http://edu.sc.gov.cn/scedu/c100495/2020/7/8/1f381c17a76343a6a71d1be35bbeb1f4.shtml）。

[2] 四川省人民政府：《四川省"十四五"残疾人保障和发展规划》，2022 年 3 月，四川省残疾人联合会网站（http://www.scdpf.org.cn/zwgk/zcfg_161/202203/t20220310_30808.html）。

推进融合教育的共识转变为长期的国际承诺。但我们必须认识到，融合教育是极为复杂的育人活动。它不是简单地把残疾儿童少年纳入普通学校普通班级中。从时间上看，融合教育是一个持续的变革过程，涉及围绕包括残疾儿童少年在内的全体学生的育人要素、资源、活动、环境的持续变化，让每个学生都能得到适宜合适的教育支持，这就是为什么融合教育被描述为一个连续体，一个持续的、长期变化过程的原因。从利益相关者理论来理解，融合教育是一个全体人员共同努力的育人活动，它需要各种各样的参与者——从学习者、家庭、教师和社区，到政府、捐助者和社会组织，都致力于融合教育的实施，促进与支持融合教育的态度、政策、实践、资源、资金和环境发生变化。在这一变化过程中，每个行动者都立足自身的专业领域，在融合教育的过程中，发挥着自己的独特作用。

理念、政策、环境、条件等的持续变化，决定了融合教育需要与时俱进地创新发展。2021年，《四川教育现代化2035》发布，提出"到2035年，特殊群体享有适合的教育""发展四川特色西部领先的优质教育、推动各级教育高水平高质量普及""全省总体实现教育现代化，迈入教育强省行列"的战略目标，这为四川融合教育的未来发展指明了方向，提供了根本遵循。

一、思考四川融合教育未来发展的维度

关于融合教育的未来发展，有着不同的切入视角。教育行政部门主要从发展战略、政策法规、工作措施、监测评估等方面去思考，学校主要从发展规划、工作文件、师资建设、课程建设、教学改革、培养质量、支持体系建设等方面去思考，随班就读生及其家长主要从受教育权保障、公平接受教育、实现发展及家校合作等方面去思考。总之，由于利益相关者的立场、职责、观念差异，对融合教育未来发展的设想也是不同的。从总体上看，包容

性、公平性、有质量是思考融合教育未来发展的三个维度。

(一) 未来的融合教育: 包容性程度会越来越大

包容性是指克服限制学习者获得学习机会、参与学习过程并取得学习成果的障碍。在融合教育的未来发展中，人们会越来越关注其包容性程度。就当前而言，融合教育的包容性正受到考验。

1. 国际教育标准化趋势影响着包容性教育的发展

世界各国教育系统越来越多地采用集中的课程，目的是使全国各地、国家之间的教育标准化，以便更容易、更直观地评价教育发展水平差异。比如，随着科技的发展、世界形势的变化，科技创新日趋重要，工程、数学等与科技创新素养相关的课程知识受到越来越多的国家关注，20世纪90年代美国国家科学基金会提出了STEAM学科教育，随后美国政府推出了STEAM计划，以培养具有创新意识和能力的人才。21世纪初，又加入了艺术教育，STEAM教育逐渐发展为包容性更强的跨学科综合素质教育，并成为当今国际教育发展潮流。越来越多的人认为STEAM教育是良好的教育系统的核心内容。与STEAM教育关联不大的学科知识如社会研究、历史、地理等的关注度减少了。

为了比较世界各国在人才培养上的水平差异与教育质量差距，一些国际评价标准被研发出来。1961年，国际教育成就评价协会（IEA）就着手组织开展了第一次"国际数学测评研究"（FIMS），国际教育测评由此起步。经过60年的发展，国际教育评价标准先后有FIMS（国际数学测评研究）、SIMS（国际数学测试）、TIMSS（国际数学与科学趋势研究）、PISA（国际学生评估项目）、TALIS（教师教学国际调查）、SABER（教育成就的系统评价研究）、TALIS Video Study（教师教学国际调查视频研究）等测评体系。其中最为著名的是国际学生评估项目。从2000年开始，经济合作与发展组织（OECD）每3年进行一次各国15岁学生阅读、数学、科学能力测评，这就是 PISA（国际学生评估项目）。PISA 评价引起了许多国家的重视，并根据本国学生在 PISA 中的表现，反思本国教育的不足，实施改革措施。PISA 评价带来的国际教育标准化趋势，让许多教师正在努力确保在各领域取得良好的测试结果，否则他们的教学能力将受到评判与质疑。这种教育评价标准化，阻碍了教师的创造力和对个人学习者的需求和兴趣的反应能力。教师害怕尝试新方法，或者担心教那些可能降低表现分数或有挑战性的学习者。

不可否认的事实是，残疾儿童、少年对于在普通学校任教的老师来说，带来了多方面的挑战。如果用统一的标准化测试来检验老师的教学质量与学生的学习效果，很显然会客观上导致任课教师拒绝残疾学生进入普通班级上课。从这个角度来看，越是标准化的考试与评价，越会使教师排斥融合教育。

2. 我国教育"内卷"影响着包容性教育发展

2020 年，"内卷"一词成为网络热词。某种意义上，内卷是一个社会学概念，是指"一种文化模式达到某种最终形态以后既没有办法稳定下来，也没有办法使自己转变到新的形态，取而代之的是不断地在内部变得更加复杂"[①]。人们纷纷讨论着社会上的内卷现象，教育领域、社会竞争这些问题受到了广泛的关注，为什么在当下这个时代，"内卷"问题尤为突出呢，要探析这个问题就要回溯我们的历史，从历史中找到答案。

社会生产力制约着社会的发展。在我国古代农业社会，受社会生产力的影响就出现了重农抑商的思想。因为农业直接关系到一个国家、民族的生死存亡。我国上千年来都一直维持着以小农经济为主的农耕社会形态。西方自工业革命以来的先进生产技术涌入国内后，加速推动着我国生产技术与生

---

① 何国强、秦小建：《论信访制度改革的"内卷化"——以社会稳定为视角》，《中国人民公安大学学报（社会科学版）》2012 年第 4 期。

产力水平的工业化进程，也逐渐改变农耕社会的经济结构、生产技术与生产力水平。学制改革与新教育运动，促进工人阶级、知识分子的出现，洋务运动、近代民用工业的创办，以及实业报国、实业救国思想的兴起，加快乡村的人员流动速率，以农业为主体的村落结构开始变化，劳动的形式出现多元化，民族资本萌芽艰难发展，推进着中国传统旧式教育不断转向近代化、现代化变革轨道，以培养产业工人、实业人才，满足经济社会与生产力发展的需要。

1949年以来，发展生产力成为首要任务，无数优秀的青年投入了社会主义事业建设的洪流中。我国的职业教育也迎来了最为辉煌的时刻，因为"读书"并不是唯一的出路，成为一名优秀的工人也能进入工厂，进了工厂就能过上好日子，社会对工人、对劳动充满崇敬。在"科学技术是第一生产力""科教兴国"的理念和政策下，义务教育开始普及，"教育优先发展"成为国家战略。随着国民素质的提高，加之在市场经济体制的影响下，生产力对人才的需求不断提升，先进的生产技术不断涌现，人才素质的不断提高与有限的资源，催生了学生之间的竞争更加激烈，进而演变为就业压力，对优质资源的争夺，教育及社会的其他领域开始内卷。

教育领域的内卷直接导致了学生与学生之间、教师与教师之间、学校与学校之间竞争加剧，对学业成绩的过度追求，间接导致了学生之间关系的紧张、心理问题、身体素质降低等多种问题，进而导致学校对学生的包容性下降，对学生的个性发展不够关注。同样，在整个社会内卷的情况下，在资本的诱导下，社会各阶层之间及阶层内部的竞争加剧，人与人之间的包容性也开始降低。这就不难解释为什么融合教育在实践过程中遇到瓶颈，教育本身的竞争加剧，就难以顾及每一个个体的全面发展，这也不难解释为什么融合教育大多集中于学前与小学阶段，因为随着学段的提升，升学与就业的竞争就在不断加剧，包容性也随之缺失。

为了降低教育的"内卷"，国家近年来加大了教育的改革力度。2021年

7月24日，中共中央办公厅、国务院办公厅印发《关于进一步减轻义务教育阶段学生作业负担和校外培训负担的意见》，即教育"双减"政策。2021年10月，全国人大表示"双减"拟明确入法，以法律的强制刚性来避免加重义务教育阶段学生负担。在推进教育"双减"政策落地见效的同时，又一场推动义务教育民办学校向公办转型的改革大幕徐徐打开，成为当前我国教育领域深化改革的又一个重点方向。针对民办义务教育学校与公办学校争抢优质生源与优秀教师、影响义务教育均衡等突出问题。2021年，教育部等部门联合印发《关于规范公办学校举办或者参与举办民办义务教育学校的通知》，对"公参民"办学模式进行专项规范。明确要求"符合'六独立'要求的民办义务教育学校，经协商一致且条件成熟的，也可转为公办学校；不符合的需经整改，可视情况将其转为公办学校或终止办学""不得再审批设立新的'公参民'学校"；等等。一些教育先进的地区已经实施民办学校的"转型"，开展政府收购民办学校变为公办的改革探索。比如2022年安徽省出台了《关于政府购买民办义务教育阶段学位工作的指导意见》，提出"义务教育阶段的民办学校，如果属于'公参民'类，一律于规定时间内转为公办学校"。又比如贵阳市针对182所民办义务教育学校的存量，提出了将进一步落实民办义务教育在校生"只减不增"要求，实现2022年9月前民办义务教育在校生占比压减到规定范围，确保义务教育的公益性，推动义务教育优质均衡发展。不论是教育"双减"政策，还是推动义务教育民办学校向公办转型，就其改革的意图来讲，就是要在更加微观的学校教育内部，推动义务教育更加均衡、更加公平，提高教育的包容性程度。

事实上，教育"内卷"正在成为一个全球化的趋势。然而，越来越多的证据表明，考试并不是促进学习的最佳或唯一方法，诸如同伴学习、从榜样中学习、在社区中学习和从实践经验中学习等方法，都可以促进人们学习。人们必须学习是为了改善他们的生活和社区，而不仅仅是为了通过考试。许多有残疾和没有残疾的人都错过了很多机会，因为学习和评估学习的系统并不是围绕他们的个人需求和能力组织起来的。越来越标准化的教育、测试和绩效衡量形式，促使教育不断"内卷"，教育的包容性则被不断地削弱。事实上，无论有或没有残疾，许多孩子都不可能通过标准化测试来展现他们的学习效果和技能水平。联合国教科文组织和全球2030年可持续发展目标要求要有更大的包容性，避免教育走向"内卷"正变得紧迫起来。

（二）未来的融合教育：公平性水平会越来越高

纵观融合教育的历史变迁，追求教育平权是贯穿其中的一条核心主线。融合教育的公平性即认为所有学习者的教育具有同等重要性。

从各国融合教育的实践来看，目前正受到私有化的冲击。在《2030年可持续发展议程》目标17中，联合国特别呼吁有必要重振全球伙伴关系，以实现可持续发展。各国政府、双边机构和非政府组织部门没有足够的资源来满足各类合理需求，尤其是在教育和卫生等公共服务方面的各种支出。为了补足各国政府投入的不足，私营企业正在以不同的方式和在不同的层面上，为融合教育助力，比如为融合教育学生提供奖学金，为融合教育学校开展宣传活动提供赞助，帮助普通学校无障碍基础设施建设，参与学校对融合教育教师的培训，提供帮助促进家校协作等，努力推动融合教育的国际发展。

在看到私营企业、社会力量参与支持融合教育的同时，也需要警惕私营企业、社会力量提供赞助与支持的背景动机、政治因素、商业意愿及目标追求。比如由私营企业举办的民办义务教育学校，为了提高办学声誉以获取更多的商业利益，往往围绕考试分数来采取一切办法，尽可能地吸引优质生源与优秀教师团队，出于利益的考量，民办义务教育学校招收残疾儿童少年的意愿很低，不欢迎甚至排斥招收残疾学生。这种情况不仅在我国民办义务教育学校有明显的体现，其他国家也存在相同的情况，比如英国公私合作的学校招收残疾女孩和男孩的意愿较低。

从学校内部系统来看，如何促进普通儿童与残疾儿童的友好交流，共同平等参与学习活动中，这也是一个涉及教育平权的问题。目前的事实是，一些普通学生会歧视残疾学生。具体来说，普通学生取笑他们并以不同方式对待他们，甚至在校园里表现出欺凌行为。这些行为会损害特殊儿童的心理和生理，甚至影响他们未来的成长。根据我们的观察，即便校园里没有欺凌行为，部分普通学生对残疾学生表现出友善和善良，但是大多数普通学生仍然更喜欢与普通学生交朋友，特殊学生和普通学生之间差距仍然存在。在一些教育管理者、学校管理者、教师、学生及学生家长等群体中，对残疾人的认识和平等对待的理念仍然不足。他们不能用平等的理念去理解特殊群体。一些老师也以同情而不是教育的方式对待特殊的孩子，即"无意识的宽容"。这种包容性教育无法实现真正的平等。教育平权、融合教育理念的宣传教育与广泛树立，就目前的情况来看，还有很长的路要走。

我国《残疾人教育条例》第二条规定，国家保障残疾人享有平等接受教育的权利，禁止任何基于残疾的教育歧视。追求高水平的公平性受教育权，这是融合教育未来发展的主要方向之一。

（三）未来的融合教育：教育质量会越来越好

质量是教育的永恒主题与关键内涵，没有质量的教育不是真正意义上的教育。健全人可以活出精彩的人生，残疾人也可以活出精彩的人生。让残疾人活出精彩的人生，需要优质的教育作支撑。

办出有质量的融合教育，这是世界各国关于融合教育未来发展的共识。联合国教科文组织学习指标体系特别工作组 2012 年至 2014 年先后发布了《走向普惠学习：孩子应该学习什么》《走向普惠学习：全球评估学习框架》《走向普惠学习：完善评估机制促进学习》《来自学习指标体系特别工作组的建议》，引发了世界各国对教育质量和学习能力的关注。但是需要指出的是，联合国教科文组织"学习指标体系特别工作组"使用的是简化的表现指标，而没有考虑个体的学习进度，学习效果也往往根据简化的狭窄的指标数据来解释。

仅仅将特殊教育的思想和实践移植到主流教育将无助于建立融合教育学校，认识到这一点，有助于我们打开新的工作局面。提高融合教育质量，应当根据人与人之间的差异，把每一个学生都安置在适合其学习成才的教育环境中，同时加强教育体系的能力建设，形成优质的支持性学习环境，为每一个学生提供适宜合适的教育，最大限度地促进每一个学生成长成才。这是未来有质量融合教育的应有期许。

融合教育是最公正、最平等的教育，是真正适应每个学生不同学习需要的教育，是完美体现"尊重人、发展人"教育本质的教育。近些年，鼓励个性、尊重差异与个性化学习成为西方国家教育发展的新动向。据美国《福布斯》双周刊网站报道，美国林赛联合学区教育长汤姆·鲁尼认为个性化学习能帮助学生主宰自己的命运，人们需要遵循不同的学习方式和不同的时间框架来学习，通过"学习连续体"、个性化学习及新的教学方式，课程安排符合学生的需要、兴趣和学习习惯，帮助学生能够按照自己的节奏前进，同时利用全景式服务帮助解决许多可能妨碍课内外学习的问题，能够把学到的东西应用在每天所处的真实世界中。[①] 芬兰也把"让每个孩子按照自己的节奏成长"作为制定教育政策的基本原则，认为教育就是帮助每一个学生都成为最好的自己，用一个标准评估所有学生是不公平的也是可笑的，教育需要沉淀，学校不能走得太快。在这些思想指导下，芬兰的学校与老师真正从学生的个性差异出发，根据每一个学生做出有针对性的指导，做到"下有保底，上不封顶"，帮助学生按照自己的节奏成长。来自西方发达国家的教育实践带给我们的启示是，融合教育跨越了教育分层的自利与狭隘，弥合了普

---

① 参见《个性化学习——美国版的因材施教》，2022年6月，搜狐网（https://www.sohu.com/a/558787007_114911）。

通教育与特殊教育的分隔鸿沟，让教育回归到人的发展本义与最初的原点，体现着命运共同体、发展共同体的人类发展先进理念，将成为未来世界各国人民关于教育的美好愿望与全球教育发展的普遍行动。

二、四川融合教育未来发展的对策思考

（一）健全完善弹性而灵活的融合教育发展政策

1. 把教育范式的转变作为教育政策制定的基点

教育行政部门要充分认识到教育发展范式发生了根本性改变，比如对障碍类型的认识在不断地深化扩大，新的发展趋势是把心理—社会、心理健康和行为问题，以及学习障碍等，也纳入融合教育对象范围，融合教育对象在不断地拓展。教育行政部门要基于教育发展范式的变化调整教育政策，要把融合教育纳入教育的长期规划中，做出长远而整体的考虑谋划，通过采取合乎逻辑的、渐进的"变革途径"，促进融合教育持续有序地实施，避免采取短期内有帮助但对长期造成更大障碍的变革步骤。要把融合教育作为教育基本政策，而不是把融合教育从其他教育类型中抽离出来独立存在，以确保所有的教育政策和战略都是有包容性的，融合教育政策和其他教育政策之间不应存在矛盾冲突或不相一致。要立足依据学生个体的差异，作为教育政策制定基点，而不是单纯依据学生的发展目标制定教育政策。要把各级各类学校全面推行融合教育作为教育政策的核心内容，学校管理者、教师、学生、学生家长、社会各界人员要对教育进步有新认识新理解，形成新的共识。政府要在教育政策中对"融合教育"的含义作出明确的定义，在教育措施中要充分体现"融合教育"的要求，以便帮助利益相关者把政策理念转化为实践行动，而不只是停留在理论与政策讨论层面。

2. 清晰而明确的评价指标

要围绕提升融合教育质量的新要求，科学制定明确的融合教育质量评

价指标体系，引导各个学校在融合教育方面的发展朝着教育行政部门所期望的方向，达到所期望的目标水平，促进融合教育沿着高质量的正确方向持续推进。所有的质量评价指标体系应当是具体的、明确的，具有可观察性、可操作性、可验证性，评价方法也应当是具体便捷的，能够科学评估融合教育对象和教育教学质量。比如在融合教育资源分配上，应当明确师生比例、生均经费标准、资源教室配备标准等指标，以及相关资源如何被有效地分配和科学地管理，保证所有资源都能充分发挥作用。再如，应当尽可能注重融合教育教师职前培养，而不是把更多的资金用在融合教育教师职后培养中。要将普通学校实施融合教育情况、随班就读学生发展情况纳入当地教育行政部门对学校的年度综合考评及对校长个人的年度考评。在义务教育均衡发展督导评估认定和地方政府履行教育职责督导评价工作中，将随班就读工作作为重要内容，不断加大督导力度。要鼓励支持普通学校与特殊学校形成合力，共同研究融合教育课程标准和教材使用，深化融合教育课程教学改革，拓展融合教育教学模式，提升融合教育教学质量。

（二）创新多主体合作系统，健全完善多部门协同机制

融合教育既涉及与残障学生相关的各方利益主体，也涉及教育、卫生、民政、残联、社区等多个系统的组织力量。在大多数情况下，要实现融合教育，我们必须从多个角度开展工作，例如：政府关于融合教育的政策，要能确保其符合国家要求与目标；保证经费预算，确保资金合理分配以支持区域融合教育的均衡发展；改革课程和考试；改善学校基础设施、系统、学习材料的可及性，与社区和家长合作；评估学习需求；提供个人学习支持与辅助设备，安排合理的住宿；收集各类残障儿童少年的学习数据，以确保有效监测融合教育实施状况。

而目前的现实是多主体、跨部门合作相当有限，特殊教育一直被视为一个社会福利问题，而不是教育的一部分，这样的观点在一定程度上仍然存

在。有时候，机构或行动者在自己的领域内狭隘地工作，不与其他部门互动。比如教育部门与残联部门之间的合作对于支持残障学生顺利进入就业市场至关重要。但是这些部门之间的联系往往很不足，建立联系和有效机制的举措较为有限。即使在各部门内部，横向联系沟通与数据分享也存在困难。

这种不同系统与部门内部机构缺乏合作的现实，是影响融合教育进步的一个主要障碍。如果残疾学生在受教育资源获取、安置流动性、沟通和学习内容方面的需求没有得到解决，那么这些学生可能仍然面临或多或少的排斥。比如一些地方的残联组织也经常创建教育项目，为学习者提供支持，但这些教育项目往往是有限的，而且也未被纳入教育系统中，导致一些学生被排除在外，学习需求可能会被忽视。

这需要教育系统外部的投入和帮助。必须促进教育行政部门、其他政府部门、学校、社会组织、学生及其家长、社区间的合作，必须从融合教育的实践中提升多部门合作水平。整合各方面力量形成多部门联动协同机制，这是融合教育有效实施的重要保障。比如建立普通教育和特殊教育联盟发展机制，构建发展共同体等方式联动共建，探索适应残疾儿童和普通儿童共同成长的融合教育模式，推动残疾儿童和普通儿童共同成长。又比如要推动普通教育和特殊教育资源共享与整合，在残疾学生信息上报、教育评估、转衔安置和个别化支持等工作方面实现普通教育和特殊教育真正融合，还要推动职业教育和特殊教育融合，加强医疗康复、信息技术在融合教育的应用。再比如教育政策文件要明确建立健全多部门协同机制，搭建多方合力的工作制度，明确教育、发展改革、民政、财政、人力资源社会保障、卫生健康、残联等不同的利益攸关方和权利承担者在融合教育上的职责任务，提出跨部门协作性的解决方案，形成多部门协调联动的工作格局。此外，还应明确规定学校要主动与医疗机构、妇幼保健机构、儿童福利机构、康复机构等加强工作协同，建立健全多机构专业支撑工作机制，在残疾学生评估鉴定、入学安置、教育教学、康复训练等方面建立联动支撑体系，并积极推动家庭教育、学校教育、社会教育紧密结合、协调一致，在全社会形成关心支持融合教育发展的良好氛围。

（三）推动学校转型变革：建设包容型学校，形成全学校模式

就四川省特殊教育发展来说，目前"特殊教育的办学模式主要是综合模式，但也有部分地方仍然保留着单一类特殊教育学校的现象，如培智学校、辅读学校和聋校等"[①]。纵观四川省多年的教育实践，特殊教育不宜拘泥于某种固有模式或单一模式，而应充分考虑当地经济社会发展情况，考虑家长和学生需求与愿望，因地制宜采取最适合的办学模式。如在特殊教育发展初期，特殊教育主要采取集中办学的模式。这种模式能够有效调配和利用教师资源，便于管理学生，也能在一定程度上保证特殊教育的效果和质量。随着时代和社会发展，特殊教育教师、学校及设备设施等资源不断丰富，特殊教育办学条件得到了极大改善，许多县（市、区）特殊教育学校已具备接收各类残疾学生的条件。在这种情况下，如果再进行集中办学，既不利于降低学生就读成本，对于部分残疾儿童（如视障、听障或自闭症等）在护理和家庭照顾上也造成不便，当地政府也无法正常履行保障适龄残疾儿童就近入学的义务。如果强制进行集中就读，会让一些残疾儿童家庭就此放弃送残疾子女读书的想法，不利于残疾儿童的健康成长。在国家大力提倡素质教育的大背景下，各地积极探索更加科学、更加适合残疾学生的就学模式，逐步改变当地特殊教育学校（如盲校、聋校、培智学校、辅读学校等）只接受单一类残疾学生（如聋生、盲生、培智学生等）的现状。一些学校逐步发展成能接受各类中重度残疾儿童就读的综合类特殊教育学校，最大限度满足各类残疾学生依法就近入学的需要。与此同时，随着对随班就读认识的加深及融合教

---

① 四川省教育厅：《关于省人大十二届三次会议第321号建议答复的函》，2015年5月，四川省人民政府网站（https://www.sc.gov.cn/10462/11689/11698/11704/2015/5/21/10347925.shtml）。

育观念的推广，在普通学校大力实施融合教育日益成为社会各方面的共识，成为办人民满意的教育的根本共识，也符合融合教育国际发展趋势。因此，推动普通学校转型为融合学校，这应该成为今后一个时期四川省融合教育发展的中心议题。

事实上，从国际融合教育实践经验来看，学校转型与制度变革在推进融合教育发展中发挥了不可替代的作用。比如美国、日本及我国，在实践中形成了融合学校模式、全学校模式、集中式融合班模式、社区式融合班模式、合作式融合教育模式、特殊班转型（反向回归模式）六种融合教育模式。其中美国全学校模式的影响最为深远。全学校模式是指学校在功能上以教育学生全体为旨向[1]，包括全域支持、全面发展，共有多功能空间、多元评估、多层次教学、伙伴关系、支持学习、社区参与、包含所有的人、民主式学校模式的八个观测指标。

与建立新学校不同，融合教育没有一个可预测的时间表。对于普通学校来说，实施融合教育，成为融合教育学校，意味着一个持续不断的改变过程。如何建设一所融合教育学校，国际上目前还没有一个关于制度、政策、设备、人员、经费等方面的固定清单。主要原因在于受教育者的障碍类型多样复杂，不同的障碍类型对学校的环境、设施、条件、人员等的要求是不一样的，不同学校提供的融合教育方案也不同。而且随着时间的变化、学生的变化，关于融合教育的环境条件、政策制度等因素都会有所不同。但是，在大多数情况下，普通学校转向融合教育学校，需要在教师教育、教学、课程和考试系统、基础设施、政策、社区态度和教育投入等方面进行重大改变。

推进普通学校向融合教育学校变革转型，必须有一个明确的建设蓝图与清晰的时间表，要明白向融合教育学校转型是一个不断流动和灵活调整的过程，要知道哪些是变革中的重点工作，哪些是变革中需要优先解决的问

---

[1] 参见吴淑美《融合教育理论与实践》，华夏出版社 2018 年版，第 23 页。

题，在面对诸多不可预测的挑战面前不断调整方法步骤，确保向融合教育学校的转型取得成功。打造特色鲜明的全学校模式融合教育样板，这应当是融合教育迈向高质量发展的新方向。

因此，政府与教育行政主管部门要加强普通学校向融合学校的转型建设，通过政策、资金等工具，开展融合教育示范区、示范校创建工作。要加快随班就读学校的标准化建设，通过学校自查、市（州）全面检查、省级抽查的形式，对随班就读学校开展办学条件验收，推动学校无障碍设施建设。支持普通学校特殊教育资源教室配备满足残疾学生的需要，推动普通学校全面达到无障碍校园、智慧校园等的国家标准。[①]

（四）推动融合教育资源教室普及建设与功能发挥

教育资源是进行人才培养活动的前提与基础，由于残疾儿童、少年自身的缺陷，决定了实施融合教育需要更为充足的资源条件和保障。融合教育"能够通过合并普通及特教系统，建立统一整体的教育资源，让残疾学生有机会接触到高质量的普通教育"[②]。比如人力资源有助于全面提高融合教育质量。在一些国家，有限的资源促使人们选择"儿童帮助儿童"项目来发挥"同龄人资源"的潜力。这种做法表明，学习者本身是一种未经充分利用的资源，可以将他们动员起来消除影响课堂参与的障碍，并为班级所有成员提供更好的学习机会。这一重要的资源已经存在于所有课堂；关键在于教师是否有能力调动这些尚待开发的能量。一些研究表明，鼓励学生参与是利用现有资源，特别是人力资源来支持融合教育的最好方式。通过鼓励学生之间的

---

① 参见国务院办公厅《关于转发教育部等部门"十四五"特殊教育发展提升行动计划的通知》，《中华人民共和国国务院公报》2022年第5期。
② 李丹：《我省大力推进融合教育 让"特殊"学生不特殊》，2020年1月，四川省人民政府网站（https://www.sc.gov.cn/10462/10464/10797/2020/1/8/998246c121b04ccf89910976229b7b1a.shtml）。

合作可以创造课堂条件，从而最大限度实现学生参与，同时确保班级所有成员达到较高的学习水平。这需要教育观念上的转变，从个别化的教育服务框架转变为通过全体班级参与实现个性化学习。因此，树立正确的资源观，这对于推进融合教育顺利实施至关重要。

除了同伴互学之外，资源教室是当前最为普遍的融合教育资源。资源教室是普通学校推进融合教育的保障，也是老师开展融合教育的基础。就四川省而言，目前不同地区不同学校之间资源教室建设与设施配备的差距很大。在一些乡村地区与民族地区，融合教育资源教室建设与设施配备相当不足，比如没有盲文教具、助听器、残疾人通道、旋转桌椅、自动门等，甚至没有接受过融合教育的老师，许多设施和设备都以普通教育为基础，针对特殊学生未做出适当的调整与改变，不能满足不同类型融合教育学生的学习需求。这些学校名义上是包容性的、融合性的，实质上仍然是普通学校，离融合教育学校有着相当长的距离。为了加强资源教室的建设，四川省明确提出"在接收5人以上残疾学生的普通学校设立资源教室，2020年底前应完成全部建设任务，加快建设并实现市、县特殊教育资源中心全覆盖，发挥好资源教室和资源中心的作用，对区域内普通学校和家长提供科学指导和专业咨询服务"[1]，以满足2020年各地残疾儿童少年义务教育入学率达到95%以上的需要。客观地说，资源教室建设离全覆盖目标还有较大的差距。

另外，充分发挥资源教室的功能与作用，也是融合教育有效实施中的一个重要支撑。从整合视角上理解，普通学校资源教室不应该仅仅局限在为融合教育学生提供专业支持与服务上，它还应当成为融合教育的宣传教育中心、与教育行政部门和其他服务提供者的合作中心、家校合作与家长教育中心，以及老师融合教育能力支持中心等。这需要普通学校对资源教室的功能

---

[1] 江芸涵：《今年残疾儿童少年义务教育入学率超95%》，2020年8月，四川省人民政府网站（https://www.sc.gov.cn/10462/10464/10797/2020/8/19/dc2c0c2f4daf4a99a8517234c7530a58.shtml）。

发挥有一个整体谋划与通盘考虑，明确省、市、县三级特殊教育资源中心的功能与职责，鼓励义务教育学校因地制宜建设特殊教育资源中心或特殊教育资源教室，实现各级特殊教育资源中心全覆盖。各级普通学校要建立健全管理制度，完善特殊教育资源中心规范化工作模式，有效发挥资源教室的综合功能，积极开展指导、咨询和支持等服务，提高普通学校特殊教育资源教室的利用率。

（五）加大信息通信技术在融合教育中的应用

当前人类社会正处于技术加速变革的新时代，技术对人的发展越来越起着重要的作用。比如加拿大学者麦克卢汉（M. McLuhan）在《人的延伸——媒介通论》一书中，提出"媒体是人体的延伸"这一观点，其含义是媒体的延伸，不仅扩大了人的感觉和思维能力，还打破了感官的平衡并使得媒体具有交互性。作为延伸人类身体感观能力的机器，在人类发展中发挥着重要作用。每一种新技术的出现，都会促使人类认识世界及与世界互动的方式产生深刻的变革。

随着信息通信技术的进步，其对教育质量的促进作用日益成为教育学界研究与实践的热点。世界各国相继制定政策，促进信息通信技术在教育领域中的使用。1994年，联合国教科文组织在《萨拉曼卡宣言》中指出，信息通信技术是促进全纳教育发展的关键之一。2016年，联合国教科文组织召开"移动学习周"信息通信技术年度教育会议，把"为提高教育质量而创新"作为会议主题。2017年，"教育信息化亚太地区部长论坛"在韩国首尔召开。论坛把"发展信息通信技术支持的全民终身学习"作为主题，还发布了《亚太地区战略：使用信息通信技术促进教育2030实现——亚太地区战略》。

中国是一个十分重视技术创新与运用的国家。进入21世纪后，中国相继实施"农远工程""三通两平台""能力提升工程"等项目，推动了教育信息化建设的大潮。2011年,教育部颁布的《义务教育数学课程标准（2011年版）》前言部分指出,"要充分考虑信息技术对数学学习内容和方式的影响,开发并向学生提供丰富的学习资源,把现代信息技术作为学生学习数学和解决问题的有力工具,有效地改进教与学的方式,使学生乐意并有可能投入到现实的、探索性的数学活动中去",要"充分发挥信息技术对教育的革命性影响作用"。2014年,在全国范围内开展"一师一优课、一课一名师"活动,推动了信息技术与教育教学深度融合。2018年,《中国教育信息化2.0行动计划》发布。2019年,《中国教育现代化2035》作出了"加快信息化时代教育变革"战略部署。可以说,推动信息通信技术在教育领域应用与创新,是中国当前信息通信技术应用发展的新趋势。

随着互联网信息技术的进步,信息和通信技术可以方便学习者获得信息,并与教师和同龄人保持联系。尤其是新冠疫情后,在线课堂、在线教学、在线学习,成为世界各国普遍采用的教学模式,加速了教育与信息通信技术的深度融合进程,信息通信技术对教育质量的促进作用越来越明显。

作为教育系统中重要的组成部分,信息通信技术在融合教育中的应用与创新发展,与我国推进教育信息化步伐相一致。申仁洪指出,有特殊需要的儿童在与普通教育相融合的过程中必须依赖一个强大的支持系统,构建以家庭、普通学校、特殊学校、社区和现代技术为要素的支持网络,并努力使其从平面走向立体、生态化。①2006年以来,围绕信息技术在融合教育的应用与创新,不少学者从理论解释与技术应用实践层面进行了有益的探索。在理论解释方面,胡金频运用多元智能理论,认为信息技术为多元智能理论指导下的全纳教育发展提供了技术支持。②吴鹏泽、杨琳从学习理论视角对数字化无障碍学习发展与变迁进行深入研究,认为"基于行为主义学习理论

---

① 参见申仁洪《论随班就读的家庭支持》,《中国特殊教育》2006年第2期。
② 参见胡金频《信息技术环境下多元智能理论在全纳教育中的运用》,《中国成人教育》2012年第1期。

的数字化无障碍学习主要体现功能补偿，基于认知学习理论的数字化无障碍学习体现了认知加工补偿，基于建构主义学习理论的数字化无障碍学习更体现了普特融合，基于联通主义学习理论的数字化无障碍学习突显了个性化教育，人工智能及大数据等技术将促使数字化无障碍学习走向自适应教育方向"[1]。朱敬梳理全纳教育与教育技术领域的发展线索，发现两者具有内在一致性：教育技术领域的发展路径是"以规模绩效为主—以个体绩效为主—两者融合"，全纳教育则是"关注个体—关注规模—两者融合"，并认为通过教育技术"精准"帮扶实现"全纳"教育。[2] 在技术应用方面，顾亮亮结合普通小学低年级段学生的阅读教学，把信息技术用于随班就读学生绘本阅读教学，取得较好效果。[3] 梁明霞把脑机接口技术用于随班就读教育中，解决了特殊儿童的融合适应困难与回流特校的现象。[4] 杨会良、黄璐娅对人工智能技术用于听障生无障碍学习路径进行了探索，提出了依靠语言转写技术实现知识和沟通无障碍、依靠深度学习系统和公有云语音转写课堂设备助力理解知识无障碍、依靠智能导学系统和智能教师助理促进应用知识无障碍等人工智能支持听障生实现无障碍化学习可行路径。[5] 刘太祥针对智力障碍学生注意力差等问题，探讨了"启智图操"数字化校本课程在融合教育中的应用实践[6]。董奇、国卉男、沈立基于多元智能视角，认为人工智能的发展为残障

---

[1] 吴鹏泽、杨琳：《学习理论视角的数字化无障碍学习发展与变迁》，《中国电化教育》2018年第12期。
[2] 朱敬：《试论教育技术领域的"全纳"发展》，《现代教育技术》2018年第8期。
[3] 参见顾亮亮《信息技术在随班就读学生绘本阅读教学中的应用》，《现代特殊教育》2020年第23期。
[4] 参见梁明霞《脑机接口技术在特殊儿童随班就读教育中的应用研究》，《电脑知识与技术》2020年第18期。
[5] 参见杨会良、黄璐娅《人工智能时代听障生无障碍学习路径研究》，《现代特殊教育》2020年第12期。
[6] 参见刘太祥《"启智图操"数字化校本课程在融合教育中的实践》，《新课程研究》2020年第8期。

孩子提供缺陷补偿可能，并提出中职智障学生融合教育实践路径。①吴国荭通过信息技术对随班就读生数学教学的案例研究，认为利用信息技术能弥补随读生的生理缺陷、增强随读生的学习自信心、提高学习效果。②姜琨、田鸽、王凯提出信息技术可以为听障人搭建较好的沟通平台，弥补听障人因听力受损而影响社会适应能力的发展，并采用信息技术辅助教学，促进了听障大学生社会适应能力提升。③柴旭津、王玉清从教育技术装备角度分析了融合教育的现代教育技术设备等条件标准。④李瑞芬认为，计算机辅助技术在自闭症的儿童融合教育中具有积极作用，提出运用计算机辅助技术建立辅助沟通场景，促进自闭症儿童发展。⑤陈荣聪以"电路焊接技术实训"为例，通过制作课件、视频、图片等融合教育教学资源，开展高职计算机专业课程融合教育实践。⑥万洪莲运用现代信息技术，从课程设置、教学方式、考核模式等方面进行改进，开展了普通话课程全纳教育实践探索。⑦孟香惠、赖小乐、李珊珊以计算机文化基础课程为例，采用面向视障人士、聋哑人士、肢体残疾人士学习的"混合"教学模式，进行了残疾人混合教学模式实践与探索，认为该模式能较好地满足不同种类残疾人多样化和个性化的学习需

---

① 参见董奇、国卉男、沈立《多元智能视角下智障学生中职融合教育新途径》，《教育理论与实践》2018年第18期。
② 参见吴国荭《用真诚的爱心寻找灿烂的笑容——信息技术对随班就读生数学教学案例》，《课程教育研究》2017年第34期。
③ 参见姜琨、田鸽、王凯《信息技术提升听障大学生社会适应能力的新探索》，《中国轻工教育》2017年第2期。
④ 参见柴旭津、王玉清《研制北京市特殊教育学校办学条件标准细则的探索与思考》，《中国现代教育装备》2015年第24期。
⑤ 参见李瑞芬《计算机辅助技术在自闭症儿童融合教育中的应用研究》，《计算机光盘软件与应用》2015年第1期。
⑥ 参见陈荣聪《高职计算机专业课程融合教育模式初探——以"电路焊接技术实训"为例》，《现代特殊教育》2014年第9期。
⑦ 参见万洪莲《现代信息技术条件下普通话课程全纳教育实践研究》，《现代语文（学术综合版）》2014年第9期。

求。①李之玲运用多元智能理论，研究了积件技术在高等全纳教育中的应用，认为采用积件技术手段能够转变全纳教育课堂教学模式，较好地促进特殊需要学生发展，提高高等全纳教育教与学的质量。②林利、李春梅、刘畅对多媒体教学法、辅助沟通系统及VR技术等现代教育技术在自闭症治疗中的辅助应用进行了质性研究，认为现代教育技术的广泛表现能力、构建虚拟空间、充分选择自由等特性，对自闭症的融合教育具有积极作用。③邓猛、颜廷睿认为，学习通用设计是信息技术在课程与教学设计中最具有代表性的应用，不仅为残疾儿童的康复提供了便利，而且增加了课程与教学的灵活性，提高了教师应对班级中学生的多样化能力和学习风格的能力。④

这些学者的实证研究结论，充分证明了信息和通信技术为普通学校推进融合教育带来诸多有利方面，比如它可以帮助教师调整课程，并以各种可访问的格式呈现内容和学习活动。有视觉障碍的学习者可以使用适合他们的需要的音频格式，并帮助他们充分参与学习。语音输出技术可以帮助有沟通障碍的学习者拥有语音。基于游戏的软件可以支持那些不适应正式的教学和学习的人参与学习过程。但融合教育技术应用与创新研究起步时间较晚，2006年以后才有相关研究文献相继出现，到目前为止相关研究也才只有短短的十余年时间。从研究文献数量来看，融合教育技术应用与创新前期研究文献数量明显偏低，十余年时间，该领域研究文献仅有六十余篇，在融合教育研究文献数量中占比为1%，可见融合教育技术应用与创新是融合教育中的比较冷门的研究领域，学术界对此领域研究尚未给予积极的关注与重视，

---

① 参见孟香惠、赖小乐、李珊珊《基于网络信息技术的残疾人混合教学模式的实践与应用——以计算机文化基础课程为例》，《天津电大学报》2012年第2期。
② 参见李之玲《积件技术在高等全纳教育中的应用》，硕士学位论文，吉林大学，2011年，第1—50页。
③ 参见林利、李春梅、刘畅《融合教育理念下的现代教育技术在自闭症治疗中的辅助应用》，《中国医学教育技术》2009年第4期。
④ 参见邓猛、颜廷睿《西方特殊教育研究进展述评》，《教育研究》2016年第1期。

明显迟滞于信息技术快速进步,也落后于普通教育技术应用与创新步伐。从研究热点及趋势来看,我国的融合教育技术应用与创新研究主要是围绕融合教育、信息技术、教育质量主题展开。具体表现在"融合教育中采用信息技术的功能作用""融合教育与信息技术的融合策略""不同障碍类型学生融合教育中的具体信息技术采用"等的实践研究。针对不同残障类型学生,残疾人辅助技术与融合教育技术朝着信息网络化、智能智慧化发展。其中全纳教育贯穿了融合教育技术应用与创新的研究全过程。说明围绕促进融合教育质量的信息技术功能作用、融合策略与分野应用,仍是融合教育技术应用与创新亟待解决的问题,也是研究热点与主要趋势。

联合国教科文组织2019年9月在国际教育包容和公平问题论坛上发布的《卡利声明》中强调,应在教育中使用面向所有学习者的信息通信技术,以更好地支持基于公平、多样性和包容原则的教学和学习。因此,作为教育行政部门、学校与教师来说,要加大信息和通信技术在融合教育中应用,充分应用互联网、云计算、大数据、虚拟现实和人工智能等新技术,开发融合教育数字化课程教学资源,推进融合学校智慧校园、智慧课堂建设,扩大优质资源覆盖面。教育行政部门应当制定政策,在经费投入、资金分配、激励引导等方面给予支持。学校要把支持信息技术作为推进融合教育的关键战略,通过制定信息技术在融合教育中的应用方案,为教师提供信息技术能力培训,为教师在融合教育中应用信息技术提供设施设备给予鼓励支持。教师要树立通过信息技术改进教学的认识与理念,要积极主动地学习信息技术,提高自身的信息素养,要把信息技术积极应用于融合教育实践中,并在实践中进行教学反思、改进,以帮助不同类型的融合教育学生更好地学习。

(六)创新培养融合教育教师

教师是立教之本、兴教之源,是教育的关键,也是融合教育的基础前提。习近平总书记指出:"教师是人类历史上最古老的职业之一,也是最伟大、最神圣的职业之一。"[①]对于融合教育学生来说，教师显得更为伟大而神圣。融合教育的发展有赖于对教师教育的改革和创新，培养具有包容性的教师是融合教育的基础。加强在职培训成为融合教育教师培养的国际趋势与积极步骤，世界各国政府部门、联合国机构认识到全纳教育不能仅仅依赖于少数受过专门培训的教师，而是需要一个每个人都尽力，并能够支持包容理念的教育工作场所，因此更多资助和推出培训课程。

但需要指出的是，包容性教育教师的数量无法满足需求，这是融合教育发展中面临的问题之一，而且对融合教育教师职前培训的关注少于在职培训。与普通教育相比，融合教育对教师提出了更高的学术素质和专业能力要求，要求具备良好的课堂管理和课程设计能力，以满足不同障碍类型和程度的学生的不同需求。这导致了一些大学生不愿意成为融合教育教师，一些普通教育教师不愿意通过培训成为融合教育教师，这限制了融合教育教师的数量。

1. 加强融合教育教师的职前培养

从职前培养来看，融合教育教师的培养质量偏低。教师教育缺乏创新和持续发展是融合教育进步的重大障碍。对于教师而言，尽管他们拥有教育教学的核心技能、能力和信心，但他们缺乏对教育实践细节的全面认识。事实上，融合教育专业课程通常是理论性的，实践技能方面的培养往往比较欠缺。需要引起重视的是，目前融合教育课程关于特殊需要教育教学的知识与方法，往往更适合于隔离的特殊教育，而不是普通学校的融合教育。融合教育教师之间的协作对于融合教育也是很重要的，如果融合教育教师孤立地工作，如果所在学校领导没有接受过关于包容性的培训，没有建立起支持教师发展的结构，那么教师就难以顾及教学中的所有细节。因此，在融合教育教师职前培养中，应在人才培养方案与课程中增加融合教育知识与技能的综合

[①] 习近平：《做党和人民满意的好老师——同北京师范大学师生代表座谈会时的讲话》，《人民日报》2014年9月10日第1版。

模块,并通过在其他教育学和特定学科的课程中嵌入融合教育理论和实践来实现,帮助教师将理论知识转化为实际情境中的实践经验,以便他们更好地理解融合教育。

根据一些组织的界定,合格的融合教育教师应当具备高质量的、创新的包容性教学技能。这些技能包括七大基本技能。一是具备评估学习者需求的技能。教师必须认识到所有孩子的能力,看看学习者能做什么,而不仅仅是他们不能做什么,并理解如何发展这些能力和寻求建议。二是差异化教学技能。优秀的教师非常灵活,能够了解每个学习者不同的优点、缺点和兴趣。教师必须制定与课程相匹配且适合不同学习者的课程计划和活动。使用不同的教学和学习方法,通用的学习设计要求教师找到多种方式来传达学习目标和信息,并帮助学习者参与和表达自己。三是对学习者进步的评估技能。教师不仅使用标准化的测试,而且必须找到创造性和包容性的方法来衡量学习者的个人进步。四是促进儿童处理同伴关系的技能。五是促进教师之间的协作合作的技能。协作团队教学等方法可以帮助教师克服实际的包容挑战。六是调动和使用融合教育资源技能。七是对残疾的深入了解。所有教师必须对残疾问题有扎实的了解,以及对性别和其他多样性问题的认识。

因此,加强高素质融合教育教师队伍建设,需要政府与教育行政主管部门要科学研究、合理核定普通学校融合教育教职工的编制数量,并根据融合教育学生的招生规模,建立完善的动态调整机制。根据融合教育实施的需要,要为普通学校增加康复医生、康复治疗师、康复训练人员、专兼职资源教师及其他专业技术人员。要积极鼓励乐山师范学院、四川师范大学、西华师范大学、成都大学、四川文理学院等省属高校开设特殊教育、融合教育专业,扩大融合教育师资培养规模;支持省属师范院校在师范类专业普遍开设融合教育课程,支持省属师范院校深化融合教育教学改革,加大特殊教育专业硕士、博士培养力度,进一步提高人才培养质量;要将融合教育必修课程开设情况纳入师范专业认证指标体系,在教师资格考试中含有一定比例的特殊教育内容；要采取倾斜支持特殊教育公费师范生培养等举措，吸引优秀青年学生从事融合教育职业。通过这些政策举措，切实加强适应特殊教育需要、具有职业教育能力的特殊教育师资的培养，以满足全省普通学校实施融合教育的需要。

2. 加强融合教育师资职后培训

从职后培训来看，融合教育教师职后培训质量参差不齐。这主要是受制于培训时间与培训课程设置的影响。一些师资培训机构提供的短期培训通常是一次性的课程，培训结束后很少或没有持续跟进学员的专业成长。在时间上，培训时间通常很短，课程一般只有一周时间，一些地方教育部门或当地学校在暑假或寒假期间为教师组织融合教育培训也是时间有限而且不连续，有限的培训时间和内容，不能有效帮助融合教育教师扩展专业知识和掌握专业技能，直接影响融合教育的质量。而培训课程设置往往只停留在理论知识宣教，以理论为主导的课程占据很大的比重，而不太注重结合融合教育课堂教学实践，很少花时间讨论或观察实际问题。这种培训可以使教师掌握专业知识，但是他们很难适应复杂的课堂，例如，如何设计课程和教学活动以满足不同学生的需求，以及在课堂上如何应对特殊学生的紧急情况，这无疑是一个巨大的挑战，尤其对于那些没有经验的融合教育教师。

因此，在融合教育教师职后培训中，应当有组织、成系统地进行培训方案设计，短期课程必须通过后续活动进行计划，如更深入的正式培训，加上同伴观察、学习和支持、自学和行动研究活动。要把针对融合教育教学课堂的实践作为培训重点，实践学习活动要占据更大比例的在职培训时间，帮助融合教育教师增加感性经验与理性认识，不断促进融合教育理论知识应用于融合教育实践中，生成融合教育教学技能。要对教师的培训需求有充分而可靠的调研，采取自下而上的方法设计培训课程，确保职后培训不脱离教师想要或需要学习什么的实际。要聘请残疾人作为专家顾问参与教师培训，促进教师融合教育理念与残疾意识的确立，以更好地理解融合教育教师的角色、地位，以及促进对融合教育认可与成就的范式转变，确保职后培训的可持续性与质量。

因此，重视职后培训也是高素质融合教育教师队伍建设的关键内容。教育行政主管部门与随班就读普通学校要完善融合教育师资培训制度，加大培训力度，定期组织开展随班就读普通学校的校长、教师全员培训，将融合教育纳入普通学校教师继续教育必修内容。定期组织开展融合教育优秀教育教学案例遴选活动，积极开展融合教育教师教学基本功竞赛、展示、交流活动。①把职后培训情况作为融合教育教师绩效考核、职称评聘、表彰奖励、特教津贴等的依据，通过政策工具引导融合教育教师积极参加各类学习培训，不断提高融合教育教学水平。

（七）提供更专业的融合教育支持服务

融合教育离不开全方位的支持，涉及教育政策、资源、投入、设施、环境等多个方面。应该在哪些方面提供专业化的支持服务？一是更专业的政策支持。"单一的普通学校课程、教学、设备、支持系统等，不能很好地满足残疾学生的特殊需要，'将两种教育形式有机结合，才能推动各级各类普通学校努力创造条件接受残疾学生（包括承担送教上门任务），并保障残疾学生的针对性学习'"②，应当基于不同障碍类型和程度的差异，按照学习水平，打通普通学校与特殊教育学校之间的分裂，科学合理设计统一的双轨教育系统与教育安置政策，确保学生可以在普通学校与特殊教育学校之间自由合理地转换流动，形成普特融合、残健融合的教育新模式，以满足每个学生

---

① 参见国务院办公厅《国务院办公厅关于转发教育部等部门"十四五"特殊教育发展提升行动计划的通知》，《中华人民共和国国务院公报》2022年第5期，第77—81页。
② 李丹：《我省大力推进融合教育 让"特殊"学生不特殊》，2020年1月，四川省人民政府网站（https://www.sc.gov.cn/10462/10464/10797/2020/1/8/998246c121b04ccf89910976229b7b1a.shtml）。

的个人受教育需求。二是更专业的家长支持。基于学生成长环境的生态系统理论框架,应当鼓励家长担任融合教育班级的影子教师,[1]沟通学生、老师、学生、家庭、社区、网络、社会各个环境系统,形成合力。目前,上海等城市已经开始融合教育影子教师项目的探索,这应当是融合教育迈向高质量发展的新趋势。三是更专业的学习支持。在课堂上发展和促进差异化教学,鼓励多样化学习与互助支持。四是更专业的资源支持。具有完备而良好的资源教室,能够真正地成为分享教学材料和教育想法的场所,并仔细进行有针对性的教学、康复或其他支持活动,能够与不同学科领域的同行一起学习讨论与交流,并接受专家的支持。五是更专业的教师支持。融合教育教师具有充分的包容性知识与教学技能,能够与其他教师、学生家长、专家及学生协作制定高质量的个别化教学计划,以保证每个学生得到优质的满足其需求的教育;巡回指导教师专注于直接支持主流教室中的教师、学习者和家长,为整个学校改进教育方法或其他活动提供支持,以改善包容和结束歧视。

(八)推进融合教育高水平国际开放

改革开放是我国的基本国策,2018 年,习近平总书记在博鳌亚洲论坛 2018 年年会开幕式指出,"中国开放的大门不会关闭,只会越开越大"[2]。《中华人民共和国国民经济和社会发展第十四个五年规划和 2035 年远景目标纲要》提出,"坚持实施更大范围、更宽领域、更深层次对外开放……开展高水平中外合作办学"[3]。就教育来说,教育的国际开放是我国对外开放基本国策中的重要组成部分,教育只有坚持开放,才能互学互鉴、走向未来。

---

[1] 参见上海游语教育科技有限公司《融合教育实践指南:影子老师操作手册》,上海交通大学出版社 2018 年版,第 12 页。
[2] 习近平:《习近平谈治国理政》第 3 卷,外文出版社 2020 年版,第 194 页。
[3] 新华社:《中华人民共和国国民经济和社会发展第十四个五年规划和 2035 年远景目标纲要》,2021 年 3 月,中华人民共和国中央人民政府网站(http://www.gov.cn/xinwen/2021-03/13/content_5592681.htm)。

在我国古代教育传统里，不乏开放的思想光芒，孔子的"有教无类"是讲教育对象上的开放公平，"三人行，必有我师焉"（《论语·述而》）是说学习对象上的开放性，"读万卷书，行万里路"①是指学习方式和学习内容上的开放全面，等等。《四川省"十四五"教育发展规划》提出"跳出四川找标杆，跳出教育看教育，以更高远的历史站位、更宽广的国际视野、更深邃的战略眼光，开创四川教育事业发展的新局面"②，对四川省教育高水平开放提出了具体要求，并对新时期四川教育对外开放合作提出了"引进境外优质教育资源""推动留学质量提升""深化中外人文交流"三条具体措施。

  罗素曾说过，"不同文明的接触，以往常常成为人类进步里程碑"③。融合教育作为当今世界最为重要的国际教育运动，体现着世界教育发展趋势与方向。世界各国结合本国实际进行的融合教育实践，对于我们推动融合教育有着重要的启迪意义。推进四川融合教育高水平开放，就是要使我省融合教育的改革和发展要符合国际教育发展潮流，积极借鉴世界各国融合教育改革和发展的有益经验，为我所用。比如可借鉴欧盟推进欧洲高等教育一体化的做法，在融合教育中实施学分转换系统，增强融合教育学生和教师的流动性。就是要坚持教育的本土性和教育的国际性相结合。换句话讲，要把我国的随班就读置于国际融合教育进程中进行比较借鉴，在对照批判中开阔眼界，在吸收升华中增进国际理解。既要立足省情实际，又要开门搞研究，从其他国家融合教育不同实践中寻求智慧、汲取营养，既不盲从迷信、亦步亦趋，也不机械僵化、生搬硬套，在交流互鉴、分析辨别中研究借鉴、吸收有益，不断推动四川省融合教育顺应国际融合教育发展趋势与时代发展潮流，

---

① （明）董其昌撰：《画禅室随笔·画诀》，上海进步书局，第48页。
② 中共四川省教育工作委员会、四川省教育厅：《四川省"十四五"教育发展规划》，2022年3月，四川省教育厅网站（http://edu.sc.gov.cn/scedu/c102589/2022/4/2/38112dea3ed23459cac8391e3b98e65d1.shtml）。
③ ［英］罗素著：《中国问题》，秦悦译，学林出版社1996年版，第146页。

实现融合教育高水平开放、高质量发展。

（九）立足实际打造融合教育的四川特色

融合教育一体化，是我国融合教育高质量发展的必然要求，每个省的实际情况有差异，因此，融合教育的地方特色是一体化中的应有之义。就四川特色而言，由于特殊儿童数量大，因此针对不同类型障碍学生，通过创新构建综合性融合教育支持性课程体系，"除了品德、语文、数学、体育与健康等义务教育阶段普通课程外"[1]，还要积极开发生活技能、社会适应、劳动和初级职业技术教育课程等社会适应课程，同时根据不同障碍类型开发特定训练活动课程，比如"对视力障碍学生提供定向行走、盲文学习、低视力训练；对听力障碍学生提供沟通与交往技能训练；根据社区生活环境为智力障碍学生开发功能性课程"[2]，以满足有不同特殊教育需要的学生的学习需求，推动融合教育从随班就读安置模式向需求支持模式、自由选择模式转变。由于四川地处我国西南部，城乡之间、地区之间发展极不均衡，因此建设网络支持平台就显得尤其重要紧迫。在支持体系上可建立四川融合教育服务云平台[3]，通过云上课堂、线上呼叫、个别化指导、空中课程等网络服务方式，为全省残疾儿童少年提供完善的个性化、精准化、专业化服务，对家长提供心理支持服务，另外要建立融合教师专业学习网络社群，突破普特教师

---

[1] 李丹：《我省大力推进融合教育 让"特殊"学生不特殊》，2020年1月，四川省人民政府网站（https://www.sc.gov.cn/10462/10464/10797/2020/1/8/998246c121b04ccf89910976229b7b1a.shtml）。

[2] 李丹：《我省大力推进融合教育 让"特殊"学生不特殊》，2020年1月，四川省人民政府网站（https://www.sc.gov.cn/10462/10464/10797/2020/1/8/998246c121b04ccf89910976229b7b1a.shtml）。

[3] 参见李丹《我省大力推进融合教育 让"特殊"学生不特殊》，2020年1月，四川省人民政府网站（https://www.sc.gov.cn/10462/10464/10797/2020/1/8/998246c121b04ccf89910976229b7b1a.shtml）。

间相互隔离的状态，增进双方的对话交流，为教师个体的专业成长提供资源支撑。由于四川融合教育发展水平总体滞后，随班就读教师良莠不齐，因此加强融合教育师资培养十分关键。在融合教育教师培养上，要推动教育学、心理学、人工智能等跨学科的综合协同，探索普通教育和特殊教育融合，构建"大学－中小学融合教育实践发展"共同体，形成职业教育和特殊教育融合，医疗、康复、信息技术与特殊教育融合的多元培养模式。加强融合教育的校际合作、区域合作与全国一体化进程，提高融合教育教师人才的质量。目前四川的融合教育形成了"以普通学校随班就读为主体，以特殊教育学校为骨干，以送教上门和远程教育为补充，统筹推进、普特结合发展融合教育"的多轨体系，下一步需要结合四川的省情实际与随班就读工作实际，进一步合并普通教育与特殊教育系统，建立全省统一的融合教育资源，建立规范统一的融合教育标准化认证体系，让残疾学生有机会接触到高质量的普通教育。

自 20 世纪 70 年代以来，融合教育逐渐成为全球特殊教育领域讨论最热烈的议题[①]，作为世界融合教育运动的一部分，我国随班就读工作成就斐然，通过近几十年实践探索，走出了一条以人民为中心、促进每个人都能公平得到合适适宜教育的中国发展路径，取得了在超大规模巨型国家里适龄残疾儿童义务教育入学率达到 97% 的惊人成就，彰显了能够集中力量办大事的中国特色社会主义制度优势，为国际融合教育发展与其他国家实施融合教育提供了中国方案、中国智慧。习近平总书记指出："每个学生都是独一无二的个体，禀赋、才能、爱好和特长不尽相同，不能只关注学习好的学生，使很多学生被忽视、被遗忘……特别是要关心关爱留守儿童、城乡困境儿童、残疾儿童和学习成长相对落后的学生……教育的目光不能总是盯着花园

---

① 参见中华人民共和国教育部《中国融合教育发展之路——北京师范大学特殊教育研究所邓猛教授点评》，2013 年 7 月，中华人民共和国教育部网站（http://www.moe.gov.cn/jyb_xwfb/moe_1946/s7097/201307/t20130718_154325.html）。

里耀眼的牡丹花,而要更多投向墙角处不起眼的苔花。"①总书记的这段话充满着深厚的教育情怀,指出了教育要关照每一个学生成长成才的本质要求,特别是要对处于困境、落后的学生给予更多的帮助关怀。基于教育平权与全纳关照的融合教育,能够很好地落实习近平总书记上述关于教育的要求。立足百年未有之大变局的时代背景,面对教育现代化2035年奋斗目标,我们相信有四川省委、省政府的坚强领导,政府部门、学校、社会机构及家长、社会各方面的通力合作,四川融合教育一定会结出高质量发展的累累硕果。

通过教育"实现人人共享的更美好的未来"②,联合国教科文组织在《反思教育:向"全球共同利益"的理念转变?》研究报告中对教育作出了高瞻远瞩的思考。隔离到融合的转变,不仅是一种教育思想的转变,更是关于人们共享美好未来的目标愿景。随着教育包容性政策与全球教育可持续发展目标成为国际共识,以全纳平等为目标的融合教育作为美好、理想的教育范式,必将获得更宽领域、更高水平的发展。

---

① 习近平:《论党的宣传思想工作》,中央文献出版社2020年版,第351页。
② 联合国教科文组织编:《反思教育:向"全球共同利益"的理念转变?》,联合国教科文组织总部中文科译,教育科学出版社2017年版,第12页。

参考文献

一、古籍

[1]《国语集解》,中华书局 2002 年版。

[2]《墨子间诂》,中华书局 2001 年版。

[3](清)郭庆藩撰,王孝鱼点校:《庄子集释》,中华书局 2013 年版。

[4](汉)贾谊撰,阎振益、钟夏校注:《新书校注》,中华书局 2000 年版。

[5](汉)司马迁撰,顾颉刚、贺次君等点校:《史记》,中华书局 2014 年版。

[6]《十三经注疏》标点本,北京大学出版社 2000 年版。

[7]苏舆撰,钟哲点校:《春秋繁露义证》,中华书局 1992 年版。

[8](东汉)郑玄注,(唐)孔颖达疏,(唐)陆德明音义:《礼记正义》,中华书局 2008 年版。

[9](东汉)郑玄注,(唐)贾公彦疏,赵伯雄点校:《周礼注疏》,北京大学出版社 1999 年版。

[10](汉)许慎撰,(清)段玉裁注:《说文解字注》,上海古籍出版社 1981 年版。

[11](汉)班固撰,(唐)颜师古注:《汉书》,中华书局 1962 年版。

[12](清)王先谦撰,沈啸寰、王星贤点校:《荀子集解》,中华书局 1988 年版。

[13](魏)王弼注,楼宇烈校释:《老子道德经注校释》,中华书局 2008

年版。

[14]（魏）王弼撰，楼宇烈校释：《周易注校释》，中华书局 2012 年版。

[15]（唐）韩愈撰，马其昶校注，马茂元整理：《韩昌黎文集校注》，上海古籍出版社 2014 年版。

[16]《十三经注疏》（清阮元校刻本），中华书局 2009 年版。

[17]（唐）孔颖达：《尚书正义（附校勘记）》，中华书局 2009 年版。

[18]（唐）王勃撰，（清）蒋清翊注：《王子安集注》，上海古籍出版社 1995 年版。

[19]（宋）程颢、程颐撰，王孝鱼点校：《二程集》，中华书局 2004 年版。

[20]（宋）程颐撰，王孝鱼点校：《周易程氏传》，中华书局 2016 年版。

[21]（宋）范仲淹撰，薛正兴校点：《范仲淹全集》，凤凰出版社 2004 年版。

[22]（宋）李心传撰：《建炎以来系年要录》，中华书局 2013 年版。

[23] 林乐昌：《正蒙合校集释》，中华书局 2012 年版。

[24]（宋）朱熹撰：《四书章句集注》，中华书局 2012 年版。

[25]（宋）王应麟著，韩星编译：《三字经·百家姓》，三秦出版社 2018 年版。

[26]（元）脱脱等撰：《宋史》，中华书局 1985 年版。

[27]（明）李东阳撰，周寅宾、钱振民校点：《李东阳集》，岳麓书社 2008 年版。

[28]（明）申时行等修：《明会典》，中华书局 1989 年版。

[29]（明）王守仁撰，吴光、钱明、董平、姚延福编校：《王阳明全集》，上海古籍出版社 2011 年版。

[30]（明）宋濂等撰，余大钧标点：《元史》，吉林人民出版社 2005 年版。

[31]（明）董其昌撰：《画禅室随笔》，上海进步书局（河南大学馆藏）。

[32]（清）焦循撰，沈文倬点校：《孟子正义》，中华书局 1987 年版。

[33]（清）刘宝楠撰：《论语正义》，中华书局1990年版。

[34]太平天国历史博物馆编：《太平天国印书》（全二册），江苏人民出版社1979年版。

[35]（清）唐甄撰，吴泽民编校：《潜书》，中华书局1963年版。

[36]（清）王先谦撰：《汉书补注》，上海古籍出版社2008年版。

[37]姜义华、张荣华编校：《康有为全集》，中国人民大学出版社2007年版。

[38]黄晖：《论衡校释（附刘盼遂集解）》，中华书局1990年版。

[39]黎翔凤撰，梁运华整理：《管子校注》，中华书局2004年版。

[40]许维遹撰，梁运华整理：《吕氏春秋集释》，中华书局2016年版。

[41]孙诒让撰，王文锦、陈玉霞点校：《周礼正义》，中华书局1987年版。

[42]杨伯峻编著：《春秋左传注》，中华书局1981年版。

[43]陈奇猷校注：《韩非子集释》，上海古籍出版社2000年版。

[44]陈铁民、彭庆生主编：《新修增订注释全唐诗》，黄山书社2023年版。

[45]何宁撰：《淮南子集释》，中华书局1998年版。

[46]魏源全集编辑委员会编校：《魏源全集》（全20册），岳麓书社2004年版。

二、论著

[1]安治民：《中国残疾人事业发展40年1978—2018》，武汉大学出版社2020年版。

[2]班建武：《校长如何抓德育》，世界图书出版公司2019年版。

[3]本社编：《汉语手指字母论集》，文字改革出版社1965年版。

[4]本社编：《老年人政策法律法规选编》，华龄出版社2002年版。

[5]本书编辑组编：《中国公民常用法律法规手册》，山东人民出版社1996

年版。

[6] 本书编委会：《马克思主义中国化研究》第1辑，中国言实出版社2018年版。

[7] 本书编写组：《党的报告辅导读本 党章必修课》，中国言实出版社2017年版。

[8] 步社民、姬生凯、李园园：《幼儿园教师专业伦理》，复旦大学出版社2019年版。

[9] 蔡元培著、中国蔡元培研究会编：《蔡元培全集》，浙江教育出版社1997年版。

[10] 柴明颎主编：《口译的专业化道路：国际经验和中国实践》，上海外语教育出版社2006年版。

[11] 陈爱录主编：《践行生长教育 奠基幸福人生》，河北人民出版社2019年版。

[12] 陈谷嘉、邓洪波主编：《中国书院史资料》，浙江教育出版社1998年版。

[13] 陈光华：《基于服务学习的融合教师教育模式的研究》，中国铁道出版社2020年版。

[14] 陈立金总编、四川省犍为县地方志编纂委员会编：《犍为县志1986—2000》，四川科学技术出版社2004年版。

[15] 陈寿灿等：《解构与重建——基于"一体多元"的大商科人才培养体系建构与实践》，浙江工商大学出版社2017年版。

[16] 陈秀云、陈一飞编：《陈鹤琴全集》第四卷，江苏教育出版社2008年版。

[17] 陈云英、华国栋：《特殊儿童的随班就读试验——农村的成功经验》，教育科学出版社1998年版。

[18] 陈云英、沈家英、王书荃主编：《特殊教育的理论与实践》，教育科学

出版社 1992 年版。

[19] 储朝晖：《教育改革行知录》，南京师范大学出版社 2007 年版。

[20] 张瑜：《我国专业学位研究生培养模式研究：农业硕士做法及经验》，东南大学出版社 2017 年版。

[21] 邓菊英、李诚编：《北京近代小学教育史料》下，北京出版社 1995 年版。

[22] 邓猛：《融合教育与随班就读 理想与现实之间》，华中师范大学出版社 2009 年版。

[23] 邓猛：《融合教育指南》，北京大学出版社 2017 年版。

[24] 邓小平：《邓小平文选》，人民出版社 1994 年版。

[25] 邓小平：《建设有中国特色的社会主义》，人民出版社 1987 年版。

[26] 邓小平著，中共中央文献研究室编：《邓小平论教育》第 2 版，人民教育出版社 1995 年版。

[27] 翟继光主编：《纪检监察依法依纪办案常用法律法规全书》，中国民主法制出版社 2020 年版。

[28] 丁锦宏：《品格教育论》，人民教育出版社 2005 年版。

[29] 丁启文：《建构新文明：人道原则与新残疾人观》，华夏出版社 2001 年版。

[30] 杜学元主编：《四川特殊教育史料集成》，西南财经大学出版社 2021 年版。

[31] 杜学元主编：《民国时期社会教育史料续编》，国家图书馆出版社 2020 年版。

[32] 法律出版社编：《中华人民共和国宪法》，法律出版社 1986 年版。

[33] 费孝通：《论人类学与文化自觉》，华夏出版社 2004 年版。

[34] 冯克诚主编：《中华人民共和国教育法律法规》，学苑音像出版社、腾图电子出版社 2005 年版。

［35］复旦大学哲学系现代西方哲学研究室编译：《西方学者论〈一八四四年经济学—哲学手稿〉》，复旦大学出版社 1983 年版。

［36］蔡冬梅著，高放主编：《圣西门　傅立叶　欧文》，中国工人出版社 2014 年版。

［37］高平叔编：《蔡元培全集》，中华书局 1984 年版。

［38］《改革开放实录》编写组编写：《改革开放实录》第 4 辑，中共党史出版社 2018 年版。

［39］顾定倩、朴永馨、刘艳虹主编：《中国特殊教育史资料选》上，北京师范大学出版社 2010 年版。

［40］顾明远主编：《中国教育大百科全书》第 4 卷，上海教育出版社 2012 年版。

［41］强海燕：《中、美、加、英四国基础教育研究》，人民教育出版社 2005 年版。

［42］滕珺主编：《流动与融合　教育国际化的世界图景》，山东教育出版社 2015 年版。

［43］郭卫东：《中国近代特殊教育史研究》，高等教育出版社 2012 年版。

［44］国家教委国家教育发展研究中心，中国教科文组织全委会秘书处编：《未来教育面临的困惑与挑战——面向 21 世纪教育国际研讨会论文集》，人民教育出版社 1991 年版。

［45］国家教育委员会办公厅编：《高等学校领导干部阅读文件选编》，高等教育出版社 1990 年版。

［46］何东昌主编：《中华人民共和国重要教育文献 1998—2002》，海南出版社 2003 年版。

［47］胡绳：《胡绳全书》第 4 卷，人民出版社 1998 年版。

［48］胡义秋、朱翠英：《积极心理　幸福生活　大学生幸福教育》，湖南师范大学出版社 2018 年版。

[49] 胡昭曦：《四川书院史》，巴蜀书社 2000 年版。

[50] 华国栋、华京生：《融合教育中的差异教学：为了班级里的每一个孩子》，教育科学出版社 2019 年版。

[51] 华国栋主编：《特殊教育师资培养问题研究：普通师范院校》，华夏出版社 2001 年版。

[52] 华林一：《残废教育》，商务印书馆 1929 年版（武汉大学馆藏）。

[53] 黄富峰：《池田大作教育伦理思想研究》，山西人民出版社 2019 年版。

[54] 吉色方森、杨琼主编：《让每朵花儿都灿烂——四川省昭觉县生本教育纪实》，电子科技大学出版社 2016 年版。

[55] 江铭主编：《中国教育督导史》，人民教育出版社 1994 年版。

[56] 教育部发展规划司编：《教育事业"十五"计划汇编》，人民教育出版社 2002 年版。

[57] 教育部教育管理信息中心汇编、咸立亭主编：《中华人民共和国教育法律法规全书》第 6 册，兵器工业出版社 2001 年版。

[58] 教育部课题组：《深入学习习近平关于教育的重要论述》，人民出版社 2019 年版。

[59] 教育部思想政治工作司组编：《加强和改进大学生思想政治教育重要文献选编 1978—2014》，知识产权出版社 2015 年版。

[60] 教育大辞典编纂委员会编：《教育大辞典》，上海教育出版社 1990 年版。

[61] 教育杂志社编辑，邰爽秋等著：《特殊教育之实施》，商务印书馆 1925 年版（四川大学馆藏）。

[62] 李景文、马小泉主编：《民国教育史料丛刊》，大象出版社 2015 年版。

[63] 李靖编著：《一起成就大师：新人类早期教育的理论与实践》，新时代出版社 2016 年版。

[64] 李森、崔友兴主编：《社会变迁中的乡村教育》，福建教育出版社 2017

年版。

[65] 李万育:《特殊学校》,商务印书馆 1937 年版(吉林大学馆藏)。

[66] 李学明主编:《崛起创新》,广东人民出版社 2015 年版。

[67] 李政涛著,叶澜主编:《"新基础教育"研究传统》,福建教育出版社 2015 年版。

[68] 李之玲:《积件技术在高等全纳教育中的应用》,硕士学位论文,吉林大学,2011 年。

[69] 郦纯:《洪仁玕》,上海人民出版社 1957 年版。

[70] 联合国教科文组织编:《反思教育:向"全球共同利益"的理念转变?》,联合国教科文组织总部中文科译,教育科学出版社 2017 年版。

[71] 联合国教科文组织国际教育发展委员会编著、华东师范大学比较教育研究所译:《学会生存 教育世界的今天和明天》,职工教育出版社 1989 年版。

[72] 联合国教科文组织著:《性别与全民教育:跃向平等 2003—2004 年全民教育全球监测报告》,王晓辉等译,人民教育出版社 2004 年版。

[73] 梁由之主编:《梦想与路径 1911—2011 百年文萃 1》,商务印书馆 2012 年版。

[74] 林崇德主编:《中国少年儿童百科全书 自然·环境经典版》,浙江教育出版社 2017 年版。

[75] 林琳:《跨文化教育视阈下的大学英语教学研究与实践》,中国原子能出版社 2019 年版。

[76] 刘道梁:《中学历史教学伦理研究》,中国言实出版社 2018 年版。

[77] 刘建琼、罗慧:《基于文化自信的区域教育史志研究》,湖南教育出版社 2018 年版。

[78] 刘其文主编:《自由、权力与权利》,河南人民出版社 2007 年版。

[79] 刘全礼编选:《特殊教育导论教学资料选》,天津教育出版社 2007

年版。

[80] 刘文清主编：《终身教育理论与实践探索》，世界图书出版公司2019年版。

[81] 刘学询、黄璟、罗振玉：《考察商务日记·考察农务日记·扶桑两月记·扶桑再游记》，岳麓书社2016年版。

[82] 刘英杰主编：《中国教育大事典：1840—1949》，浙江教育出版社2001年版。

[83] 柳华文：《人权知识：联合国核心人权公约与机制》，湖南大学出版社2016年版。

[84] 娄小韵：《STEM教育视域下的幼儿科学素养发展研究》，东北师范大学出版社2019年版。

[85] 陆德阳、[日]稻森信昭：《中国残疾人史》，学林出版社1996年版。

[86] 陆有铨：《躁动的百年——20世纪的教育历程》，山东教育出版社1997年版。

[87] 罗宝鸿：《规矩和自由：蒙台梭利专家帮你教出自律又快乐的孩子》，北京理工大学出版社2018年版。

[88] 吕达、刘立德主编：《舒新城教育论著选》，人民教育出版社2004年版。

[89] 吕顺长：《清末浙江与日本》，上海古籍出版社2001年版。

[90] 马成慧：《行动与人的存在：阿伦特的行动思想研究》，西安交通大学出版社2015年版。

[91] 马国忠、华小克编著：《帝企鹅教育：名师高效教育启示录》，东方出版社2015年版。

[92] 马积高、康金声主编：《历代词赋总汇 金元卷》，湖南文艺出版社2014年版。

[93] 马建强：《中国特殊教育史话》，新华出版社2015年版。

［94］毛泽东：《论人民民主专政》，人民出版社1949年版。

［95］毛泽东：《毛泽东文集》，人民出版社1996年版。

［96］梅纳新主编：《新编幼儿园教育活动设计与指导》，复旦大学出版社2016年版。

［97］孟瑾主编：《"生活化、游戏化"幼儿园课程》，南京师范大学出版社2019年版。

［98］缪荃孙、王景禧、双寿：《日游汇编·日游笔记·东瀛小识》，岳麓书社2016年版。

［99］朴永馨主编：《特殊教育学》，福建教育出版社2019年版。

［100］钱曼倩、金林祥主编：《中国近代学制比较研究》，广东教育出版社1996年版。

［101］全国人大常委会办公厅供稿：《中华人民共和国民法典 全国人民代表大会常务委员会公报版》，中国民主法制出版社2020年版。

［102］全国人大常委会法制工作委员会审定：《中华人民共和国常用法律法规全书：2012年修订版》，中国民主法制出版社2012年版。

［103］全国人大常委会法制工作委员会审定：《中华人民共和国全民普法法律及法律案说明 1979—1991》，法律出版社1992年版。

［104］全国人大常委会法制工作委员会研究室编审：《中华人民共和国行政法律法规全书》第6册，中国民主法制出版社2000年版。

［105］人民教育出版社编：《毛泽东同志论教育工作》，人民教育出版社2000年版。

［106］沙德安主编：《精英2019：我与祖国同辉煌》，浙江工商大学出版社2019年版。

［107］上海游语教育科技有限公司：《融合教育实践指南：影子老师操作手册》，上海交通大学出版社2018年版。

［108］沈翊清、周学熙：《沈翊清东游日记·周学熙东游日记》，岳麓书社

2016 年版。

[109] 时伟主编：《教育学》，安徽大学出版社 2020 年版。

[110] 舒新城：《教育通论》，上海三联书店 2014 年版。

[111] 舒新城：《舒新城近代中国教育思想史》，吉林人民出版社 2013 年版。

[112] 舒新城编：《中国近代教育史资料》，人民教育出版社 1961 年版。

[113] 束定芳主编：《英语教育与教学研究》，上海外语教育出版社 2021 年版。

[114] 四川年鉴编辑委员会编辑：《四川年鉴》1992，四川年鉴编辑委员会 1992 年。

[115] 宋洪峰、余晶莹：《全面发展视域下高校第二课堂素质育人新解》，光明日报出版社 2019 年版。

[116] 孙德玉：《传统儒家人格教育思想资源的当代转化研究》，安徽师范大学出版社 2019 年版。

[117] 孙中山：《孙中山全集》，中华书局 1985 年版。

[118] 陶德言编著：《知识经济浪潮 世界经济发展的第三次革命》，中国城市出版社 1998 年版。

[119] 涂又光讲授，雷洪德整理：《教育哲学课堂实录》，华中科学技术大学出版社 2020 年版。

[120] 万国鼎：《中国田制史》，商务印书馆 2017 年版。

[121] 王宝平主编：《晚清中国人日本考察记集成：教育考察记上》，杭州大学出版社 1999 年版。

[122] 王桂主编：《中日教育关系史》，山东教育出版社 1993 年版。

[123] 王建华：《重估高等教育改革》，南京师范大学出版社 2018 年版。

[124] 王晓辉主编：《全球教育治理：国际教育改革文献汇编》，教育科学出版社 2008 年版。

［125］王晓丽主编：《大连经济技术开发区第七中学校史》，辽宁师范大学出版社2018年版。

［126］吴德慧编著：《党纪红线与问责底线》，中国言实出版社2020年版。

［127］吴淑美：《融合教育理论与实践》，华夏出版社2018年版。

［128］习近平：《论党的宣传思想工作》，中央文献出版社2020年版。

［129］习近平：《论坚持全面深化改革》，中央文献出版社2018年版。

［130］习近平：《习近平谈治国理政》，外文出版社2020年版。

［131］习近平：《习近平著作选读》第1卷，人民出版社2023年版。

［132］项勇、黄佳祯、王唯杰：《大学生创新创业素质培养机制研究》，中国经济出版社2017年版。

［133］萧萐父主编：《熊十力全集》第5卷，湖北教育出版社2001年版。

［134］徐桃坤主编：《陈鹤琴特殊教育文选及研究》，华夏出版社2005年版。

［135］薛法根：《为言语智能而教：薛法根与语文组块教学》，教育科学出版社2014年版。

［136］严华银主编：《综合实践活动课程：重要的是"合"》，世界图书出版公司2018年版。

［137］严修撰，武安隆、刘玉敏点注：《严修东游日记》，天津市人民出版社1995年版。

［138］杨大明主编：《马克思主义著作选读》下，甘肃人民出版社2002年版。

［139］杨凤林、秦莉、罗丽丹主编：《学前儿童心理健康指导》，东北师范大学出版社2014年。

［140］杨建华：《20世纪中国教育期刊史论》，浙江工商大学出版社2012年版。

［141］杨贤江：《新教育大纲》，人民教育出版社1961年版（浙江大学

馆藏）。

[142] 殷光熹：《殷光熹文集》，云南大学出版社2015年版。

[143] 于漪：《于漪全集》，上海教育出版社2018年版。

[144] 云南师范大学马克思主义学院编：《马克思主义理论研究论丛》，云南大学出版社2016年版。

[145] 张福娟、马红英、杜晓新主编：《特殊教育史》，华东师范大学出版社2000年版。

[146] 张洪高：《从仁爱到正义：中国道德教育核心价值转变研究》，山东人民出版社2011年版。

[147] 张建芬主编：《七彩课程 美丽人生：北京市海淀区七一小学课程建设的"知与行"》，现代教育出版社2019年版。

[148] 张兰馨：《张謇教育思想研究》，辽宁教育出版社1995年版。

[149] 张莉：《为了师生生命的幸福绽放：御桥小学的教育变革之道》，上海三联书店2019年版。

[150] 张茂君：《当代大学英语教学与文学的融入探究》，吉林大学出版社2019年版。

[151] 张琪、李娟：《数字化学习社区：信息时代社区教育发展方向》，首都师范大学出版社2013年版。

[152] 张芸：《高中英语教学探索：走向个性化的人文素养培育》，上海教育出版社2016年版。

[153] 章慧蓉、郭立、杨静编著：《开启创新之门：创新人才素质教育与实践》，冶金工业出版社2016年版。

[154] 周洪宇主编：《长江教育论丛2017年第二辑》，湖北教育出版社2018年版。

[155] 赵德之主编：《教育依法理财指南 教育财政法律法规制度汇编》，湖南人民出版社2004年版。

［156］赵海洋：《马克思正义思想研究》，上海人民出版社2016年版。

［157］中共中央党史和文献研究院编：《习近平关于尊重和保障人权论述摘编》，中央文献出版社2021年版。

［158］中共中央马克思恩格斯列宁斯大林著作编译局编：《列宁选集》第4卷，人民出版社1995年版。

［159］中共中央文献研究室、中共湖南省委《毛泽东早期文稿》编辑组编：《毛泽东早期文稿》，湖南出版社1990年版。

［160］中共中央文献研究室编：《邓小平论教育》，人民教育出版社2000年版。

［161］中共中央文献研究室编：《十四大以来重要文献选编》上，中央文献出版社2011年版。

［162］中共中央文献研究室编：《习近平关于全面深化改革论述摘编》，中央文献出版社2014年版。

［163］中共中央宣传部理论局编：《指导新时期宣传思想文化工作的纲领性文献 学习习近平总书记在全国宣传思想工作会议上的重要讲话文章选》，学习出版社2013年版。

［164］中共中央组织部党建研究所编：《党的建设大事记》，党建读物出版社2018年版。

［165］中国残疾人联合会编：《残疾人工作基本知识读本》，华夏出版社2009年版。

［166］中国残疾人联合会教育就业部等编著：《残疾人就业条例释义》，华夏出版社2007年版。

［167］中国社会科学院近代史研究所中华民国史研究室等编：《孙中山全集》第2卷，中华书局2011年版。

［168］中国学校体育研究会编：《新世纪学校体育改革探索：第二届中国学校体育科学大会论文选集》下，人民教育出版社2003年版。

［169］周维城：《特别教育》，商务印书馆 1916 年版（陕西师范大学馆藏）。

［170］朱高正：《中华文化与中国未来》，华东师范大学出版社 2004 年版。

［171］庄泽宣：《教育概论》，中华书局 1928 年第 1 版影印（复旦大学馆藏）。

［172］［德］马克思、恩格斯著；中共中央马克思恩格斯列宁斯大林著作编译局编：《马克思恩格斯选集》，人民出版社 1995 年版。

［173］［德］马克思、恩格斯：《共产党宣言》，中共中央马克思恩格斯列宁斯大林著作编译局译，人民出版社 1997 年版。

［174］［德］马克思：《1844 年经济学哲学手稿》，人民出版社 1985 年版。

［175］［法］卢梭：《论人类不平等的起源和基础》，李常山译，商务印书馆 1962 年版。

［176］［美］柯领：《培养"野性而又高贵"的孩子：父母、教师、学生的教育手册》，中国广播电视出版社 2014 年版。

［177］［日］大濑甚太郎：《中华教育学教科书》，（清）宋嘉钊译，中华书局 1913 年版（北京师范大学馆藏）。

［178］［英］伯特兰·罗素：《中国问题》，秦悦译，学林出版社 1996 年版。

三、期刊、研究报告、学位论文、报纸

［1］卞蓉、黄汝倩：《融合理念下"和谐·博爱"学校文化建设探索——青羊区特殊教育中心校园本文化建设实践》，《教育科学论坛》2015 年第 7 期。

［2］柴旭津、王玉清：《研制北京市特殊教育学校办学条件标准细则的探索与思考》，《中国现代教育装备》2015 年第 24 期。

［3］陈荣聪：《高职计算机专业课程融合教育模式初探——以"电路焊接技术实训"为例》，《现代特殊教育》2014 年第 9 期。

［4］邓猛、颜廷睿：《西方特殊教育研究进展述评》，《教育研究》2016年第1期。

［5］邓猛、朱志勇：《随班就读与融合教育——中西方特殊教育模式的比较》，《华中师范大学学报（人文社会科学版）》2007年第4期。

［6］董建红：《达喀尔论坛后的世界全民教育：进展、特点、挑战及前景》，《比较教育研究》2007年第8期。

［7］董奇、国卉男、沈立：《多元智能视角下智障学生中职融合教育新途径》，《教育理论与实践》2018年第18期。

［8］顾亮亮：《信息技术在随班就读学生绘本阅读教学中的应用》，《现代特殊教育》2020年第23期。

［9］顾明远、滕珺：《〈中国教育现代化2035〉与全球可持续发展教育目标实现》，《比较教育研究》2019年第5期。

［10］国务院办公厅：《国务院办公厅关于转发教育部等部门"十四五"特殊教育发展提升行动计划的通知》，《中华人民共和国国务院公报》2022年第5期。

［11］何国强、秦小建：《论信访制度改革的"内卷化"——以社会稳定为视角》，《中国人民公安大学学报（社会科学版）》2012年第4期。

［12］侯雨佳、颜廷睿：《可行能力理论视阈下融合教育平等内涵的深化与扩展》，《现代特殊教育》2021年第3期。

［13］胡金频：《信息技术环境下多元智能理论在全纳教育中的运用》，《中国成人教育》2012年第1期。

［14］胡琳：《强化审计工作统筹 高质量推进审计全覆盖》，《现代审计与会计》2021年第11期。

［15］胡昭曦：《四川书院的发展与改制》，《中华文化论坛》2000年第3期。

［16］黄建辉、李恒庆：《〈共同核心州立标准〉背景下的美国特殊教育融合

发展探析》,《外国教育研究》2014 年第 10 期。

[17] 贾利帅:《意大利学校一体化政策发展的历史、经验与思考》,《外国教育研究》2018 年第 6 期。

[18] 贾利帅、刘童:《德国融合教育改革何以失败及其引发的理论思考》,《外国教育研究》2023 年第 4 期。

[19] 贾琳、谢俊举、李小军、温增平、陈文彬、周健:《四川和云南地区场地平均剪切波速 V_{S20} 和 V_{S30} 经验预测模型研究》,《地震学报》2021 年第 5 期。

[20] 姜琨,田鸽,王凯:《信息技术提升听障大学生社会适应能力的新探索》,《中国轻工教育》2017 年第 2 期。

[21] 教育部发展规划司编:《中共四川省委 四川省人民政府关于贯彻实施〈中国教育改革和发展纲要〉的意见》,《四川政报》1995 年第 13 期。

[22] 金心瑜:《文化因素分析法在考古学研究中的应用——以〈龙虬庄:江淮东部新石器时代遗址发掘报告〉为例》,《文物鉴定与鉴赏》2018 年第 17 期。

[23] 景时、刘慧丽:《芬兰融合教育的发展、特征及启示》,《外国教育研究》2013 年第 8 期。

[24] 李丹丹、José María Sanahuja Gavaldà:《深圳市普小融合教育教学质量的调查研究》,《现代中小学教育》2022 年 8 期。

[25] 李静:《中华民族共同体意识结构的心理学分析》,《民族研究》2021 年第 5 期。

[26] 李瑞芬:《计算机辅助技术在自闭症儿童融合教育中的应用研究》,《计算机光盘软件与应用》2015 年第 1 期。

[27] 李勇、卞蓉:《重建四大关系,推进普教与特教融合》,《人民教育》2015 年第 16 期。

[28] 李振、王浩瑜:《容错机制落地难:地方政府的创新困境》,《文化纵

横》2022 年第 2 期。

［29］梁明霞：《脑机接口技术在特殊儿童随班就读教育中的应用研究》，《电脑知识与技术》2020 年第 18 期。

［30］林坚：《马克思主义与中华优秀传统文化的结合点探析》，《中国延安干部学院学报》2021 年第 6 期。

［31］林利、李春梅、刘畅：融合教育理念下的现代教育技术在自闭症治疗中的辅助应用》，《中国医学教育技术》2009 年第 4 期。

［32］林智：《四川省遂宁市出台〈特殊教育管理基本要求〉》，《现代特殊教育》2013 年第 6 期。

［33］刘太祥：《"启智图操"数字化校本课程在融合教育中的实践》，《新课程研究》2020 年第 8 期。

［34］［英］基斯（文）、王璐（译）：《从国际角度看基础教育的实施》，《比较教育研究》1993 年第 4 期。

［35］罗明东、黄瑞：《从"外国化""中国化"到"中国特色教育学"——中国教育学发展主体性增强的历程》，《云南师范大学学报（哲学社会科学版）》2003 年第 3 期。

［36］吕安：《四川特教师资的摇篮——乐山师范学校特师部简介》，《现代特殊教育》1994 年第 2 期。

［37］孟香惠、赖小乐、李珊珊：《基于网络信息技术的残疾人混合教学模式的实践与应用——以计算机文化基础课程为例》，《天津电大学报》2012 年第 2 期。

［38］牛同林：《思想政治工作要重视选树典型》，《党史博采（理论）》2012 年第 6 期。

［39］彭霞光：《如何处理好残疾儿童随班就读的备课环节》，《现代特殊教育》1999 年第 7 期。

［40］彭韵潼：《成都大学特殊教育系简介》，《现代特殊教育》2020 年第

22期。

［41］申仁洪：《论随班就读的家庭支持》，《中国特殊教育》2006年第2期。

［42］石彩霞：《加强资源教室功能建设，提升随班就读学生学习质量》，《现代特殊教育》2017年第11期。

［43］四川省人民代表大会常务委员会：《四川省〈中华人民共和国残疾人保障法〉实施办法》，《四川政报》1994年第19期。

［44］四川省人民政府：《关于推进特殊教育改革和发展的意见》，《四川政报》2003年第3期。

［45］四川省人民政府：《四川省普及义务教育基本要求及检查验收办法》，《四川政报》1995年第18期。

［46］宋维红：《马相伯教育思想述评》，《苏州大学学报（哲学社会科学版）》1992年第3期。

［47］万洪莲：《现代信息技术条件下普通话课程全纳教育实践研究》，《现代语文（学术综合版）》2014年第9期。

［48］汪发荣：《论实施一体化教育的必然性与可行性》，《中国特殊教育》2001年第1期。

［49］王峰明：《马克思社会形态理论的方法论意蕴——兼评"中国古代历史分期问题"的讨论》，《马克思主义研究》2020年第8期。

［50］王辉等：《瑞典融合教育发展的历史、经验与思考》，《中国特殊教育》2015年第6期。

［51］王若磊：《战略规划：中国共产党治国理政的重要优势》，《国家治理》2021年第10期。

［52］王学安：《坚定不移地推进中国特色社会主义的改革开放——学习习近平关于改革开放的重要论述》，《领导科学论坛（理论）》2014年第3期。

[53] 吴冬梅等:《20世纪二三十年代"新教育中国化"运动研究——"新教育中国化"运动的兴起》,《河北师范大学学报(教育科学版)》2005年第3期。

[54] 吴国莛:《用真诚的爱心寻找灿烂的笑容——信息技术对随班就读生数学教学案例》,《课程教育研究》2017年第34期。

[55] 吴鹏泽、杨琳:《学习理论视角的数字化无障碍学习发展与变迁》,《中国电化教育》2018年第12期。

[56] 肖非:《中国的随班就读:历史·现状·展望》,《中国特殊教育》2005年第3期。

[57] 肖希明:《iSchools运动与图书情报学教育的变革》,武汉大学出版社2017年版。

[58] 熊建辉:《世界教育:2030年愿景——联合国教科文组织"教育2030"计划解读》,《教育家》2016年第13期。

[59] 熊琪等:《荷兰融合教育的成效、问题及启示》,《外国教育研究》2013年第5期。

[60] 熊琪等:《瑞典融合教育的发展特点及其启示》,《中国特殊教育》2013年第6期。

[61] 徐佳悦、孙立新:《从探索发展到立德树人:中国教师教育百年历程解读》,《中国成人教育》2021年第23期。

[62] 徐添喜等:《"我们和其他大学生一样"——挪威残疾人高等融合教育保障机制研究》,《残疾人研究》2022年第4期。

[63] 许家成:《以个别化教育计划为抓手,发挥随班就读资源支持体系的支撑作用》,《现代特殊教育》2021年第7期。

[64] 杨会良、黄璐娅:《人工智能时代听障生无障碍学习路径研究》,《现代特殊教育》2020年第12期。

[65] 袁典典等:《瑞典教育无障碍法律保障研究及启示》,《青少年学刊》

2019 年第 3 期。

［66］詹世英：《建构资源教室课程，为特殊教育需要学生提供适合教育——以四川大学附属实验小学江安河分校为例》，《现代特殊教育》2019 年第 17 期。

［67］张建新：《英国高校学生的国际流动》，《比较教育研究》2003 年第 5 期。

［68］张岩：《"全过程人民民主"是怎样的民主？》，《中国报道》2022 年第 4 期。

［69］张一兵：《另一个马克思：一种人本主义化的诠释——弗洛姆〈马克思关于人的概念〉解读》，《马克思主义研究》2003 年第 5 期。

［70］张依娜：《与普教共同发展的瑞士特殊教育》，《现代特殊教育》2010 年第 2 期。

［71］张占仓、牟虹、蔺斯鹰、刘晓龙：《中国包容文化的历史贡献与创新发展》，《中原文化研究》2018 年第 2 期。

［72］赵向东等：《西班牙高等教育中的残疾学生》，《中国特殊教育》2004 年第 10 期。

［73］赵小红：《近 25 年中国残疾儿童教育安置形式变迁——兼论随班就读政策的发展》，《中国特殊教育》2013 年第 3 期。

［74］郑刚等：《探索与创新：中国马克思主义教育学的百年发展历程论析》，《海南师范大学学报（社会科学版）》2021 年第 2 期。

［75］朱敬：《试论教育技术领域的"全纳"发展》，《现代教育技术》2018 年第 8 期。

［76］庄泽宣：《中国教育制度改造的我见》，《中华教育界》1935 年第 9 期。

［77］刘纯君：《美国特殊教育立法研究》，硕士学位论文，云南大学，2019 年。

［78］刘向前：《义务教育阶段政府与学校之间关系的研究》，硕士学位论

文，青岛大学，2009年。

[79] 吕顺长:《清末中日教育交流之研究》，博士学位论文，浙江大学，2007年。

[80] 牟玉杰:《丹麦特殊教育研究》，硕士学位论文，辽宁师范大学，2004年。

[81] 秦枫:《建国以来我国残疾人教育保障研究》，硕士学位论文，安徽师范大学，2010年。

[82] 张继玺:《从隔离走向融合：上海特殊教育研究（1978—2010）》，博士学位论文，华东师范大学，2018年。

[83] 张珺:《北京地区聋校体育教育现状及发展对策的研究》，硕士学位论文，北京体育大学，2006年。

[84] 石彩霞:《发展融合教育，提升教学质量——以随读生学习质量提升为导向的资源教室建设问题探究》，载国家教师科研基金管理办公室专题资料汇编《国家教师科研专项基金科研成果2018（一）》，2018年。

[85] 国务院妇女儿童工作委员会办公室、国家统计局人口和社会科技统计司:《〈九十年代中国儿童发展规划纲要〉终期监测评估报告汇编》，2001年。

[86] 邓小平:《各级党委和政府要把教育工作认真抓起来——在全国教育工作会议上的讲话（1985年5月19日）》，《人民日报》1985年5月20日第1版。

[87] 习近平:《习近平致信祝贺中国残疾人福利基金会成立30周年——要格外关心格外关注残疾人群体》，《中国青年报》2014年3月22日第1版。

[88] 习近平:《在纪念孔子诞辰2565周年国际学术研讨会上的讲话暨国际儒学联合会第五届会员大会开幕会上的讲话》，《人民日报》2014年9

月25日第2版。

［89］习近平：《在纪念马克思诞辰200周年大会上的讲话》，《人民日报》2018年5月5日第2版。

［90］习近平：《在中共中央政治局第二次集体学习时的讲话》，《人民日报》2013年7月25日第1版。

［91］习近平：《做党和人民满意的好老师——同北京师范大学师生代表座谈会时的讲话》，《人民日报》2014年9月10日第1版。

［92］张烁：《习近平在全国教育大会上强调 坚持中国特色社会主义教育发展道路 培养德智体美劳全面发展的社会主义建设者和接班人》，《人民日报》2018年9月11日第1版。

［93］中共四川省委、四川省人民政府：《四川省中长期教育改革和发展规划纲要（2010—2020年）》，《中国教育报》2010年12月13日第6-8版。

［94］宗河：《帮助更多残疾学生实现梦想》，《中国教育报》2013年7月19日第4版。

四、电子资料

［1］阿坝州人民政府：《关于进一步完善十五年免费教育经费保障机制的实施意见》，2016年7月，阿坝藏族羌族自治州人民政府网站（http://www.abazhou.gov.cn/abazhou/c101940/201607/dfbaad6455b34312b0d160d81b86772c.shtml）。

［2］阿坝州人民政府：《阿坝州提升残疾人教育水平》，2020年12月，四川省人民政府网站（https://www.sc.gov.cn/10462/10464/10465/10595/2020/12/9/5e1ea4c821854121ba0967f49737d72b.shtml）。

［3］阿坝州人民政府：《阿坝州扎实抓好特殊教育工作让每个孩子健康成

长》，2017 年 12 月，四川省人民政府网站（https://www.sc.gov.cn/10462/10464/10465/10595/2017/12/13/10440654.shtml）。

［4］阿坝州人民政府办公室：《转发州教育局等部门〈关于特殊教育提升计划（2014—2016 年）〉的实施意见》，2015 年 2 月，阿坝藏族羌族自治州人民政府网站（http://www.abazhou.gov.cn/abazhou/c101940/201502/b0260eeb466942f2ba26e54bac4349b2.shtml）。

［5］巴中市人民政府：《巴中市积极推动残疾人教育发展》，2016 年 12 月，四川省人民政府网站（https://www.sc.gov.cn/10462/10464/10465/10595/2016/12/8/10406862.shtml）。

［6］巴中市人民政府：《巴州区"六大路径"夯实脱贫摘帽基础》，2018 年 9 月，四川省人民政府网站（https://www.sc.gov.cn/10462/10778/10876/2018/9/21/10460830.shtml）。

［7］巴中市人民政府：《关于印发巴中市困境儿童分类保障工作实施方案的通知》，2017 年 6 月，巴中市人民政府网站（http://www.cnbz.gov.cn/xxgk/1/9/1/2017/06/149688843890860.shtml）。

［8］朝天区教育和科学技术局：《朝天区特殊教育四步教学法"送教上门"》，2018 年 1 月，广元市朝天区教育和科学技术局网站（https://www.gyct.com.cn/info/1639/67790.htm）。

［9］成都市教育局：《关于做好2021年幼儿园招生工作的通知》，2021年 4 月，成都市教育局网站（https://edu.chengdu.gov.cn/gkml/qtwj/1630721702172315648.shtml）。

［10］成都市人民政府：《成都市将建特殊教育资源中心》，2014 年 5 月，四川省人民政府网站（https://www.sc.gov.cn/10462/10464/10465/10595/2014/5/29/10303284.shtml）。

［11］成都市人民政府：《成都市实施"助残康复工程"让人人享有基本康复服务》，2017 年 5 月，四川省人民政府网站（https://www.sc.gov.

cn/10462/10464/10465/10595/2017/5/19/10423173.shtml）。

［12］达州市人民政府：《达州市残疾学生和残疾人子女将享受学费减免和补助等优惠政策》，2010年7月，四川省人民政府网站（https://www.sc.gov.cn/10462/10464/10465/10595/2010/7/26/10138710.shtml）。

［13］丹童：《我省残疾人获得感、幸福感、安全感持续提升》，2021年5月，四川省人民政府网站（https://www.sc.gov.cn/10462/10464/10797/2021/5/16/3047623483044911af27cef8b2b13e2e.shtml）。

［14］杜尚泽：《习近平在党的新闻舆论工作座谈会上强调：坚持正确方向 创新方法手段 提高新闻舆论传播力引导力》，2016年2月，中国共产党新闻网（http://dangjian.people.com.cn/GB/n1/2016/0222/c117092-28138907.html）。

［15］甘孜州人民政府：《甘孜州创建藏区一流教育实施方案》，2016年10月，甘孜藏族自治州人民政府网站（http://www.gzz.gov.cn/gzzrmzf/c100082/201610/ceabf73e9c4f4c93bf379268848b4e2d.shtml）。

［16］广安市人民政府：《广安市五举措统筹推进县域内城乡义务教育一体化改革发展》，2017年11月，四川省人民政府网站（https://www.sc.gov.cn/10462/10464/10465/10595/2017/11/27/10439189.shtml）。

［17］国务院办公厅：《关于转发教育部等部门"十四五"特殊教育发展提升行动计划的通知》，2021年12月，中华人民共和国教育部网站（http://www.moe.gov.cn/jyb_xxgk/moe_1777/moe_1778/202201/t20220125_596312.html）。

［18］国务院办公厅：《转发教育部等部门关于"十五"期间进一步推进特殊教育改革和发展意见的通知》，2016年10月，中华

人民共和国中央人民政府网站（http://www.gov.cn/zhengce/content/2016-10/11/content_5117369.htm）。

[19] 郝芳华：《让融合教育更有温度更有希望》，2022年1月，中华人民共和国教育部网站（http://www.moe.gov.cn/jyb_xwfb/moe_2082/2022/2022_zl01/202201/t20220125_596287.html）。

[20] 黑水县人民政府办公室：《黑水县关于特殊教育提升计划（2014-2016）的实施意见》，2015年8月，黑水县人民政府网站（http://www.heishui.gov.cn/hsxrmzf/c100086/201508/37fa090254724144b619486165c00eeb.shtml）。

[21] 江芸涵：《今年残疾儿童少年义务教育入学率超95％》，2020年8月，四川省人民政府网站（https://www.sc.gov.cn/10462/10464/10797/2020/8/19/dc2c0c2f4daf4a99a8517234c7530a58.shtml）。

[22] 李丹：《我省大力推进融合教育让"特殊"学生不特殊》，2020年1月，四川省人民政府网站（https://www.sc.gov.cn/10462/10464/10797/2020/1/8/998246c121b04ccf89910976229b7b1a.shtml）。

[23] 泸州市人民政府：《泸州：加强师资培训关爱残疾儿童》，2011年7月，四川省人民政府网站（https://www.sc.gov.cn/10462/10464/10465/10595/2011/7/13/10169164.shtml）。

[24] 泸州市人民政府办公室：《转发市教育局等部门关于特殊教育提升计划（2014—2016年）实施意见的通知》，2015年2月，泸州市人民政府网站（http://luzhou.gov.cn/zw/zcwjs/szfwj/lsfbh/content_84732?SessionVerify=196ce30f-19c7-4f1e-bc19-b656576bb3e1）。

[25] 泸州新闻网：《泸州启动残疾人"圆梦助学工程"》，2015年9月，泸州市人民政府网站（https://www.luzhou.gov.cn/xw/bmdt122/content_5752）。

[26] 茂县人民政府办公室：《关于茂县特殊教育提升计划（2014年—2016

年）的实施意见》，2015年6月，茂县人民政府网站（http://www.maoxian.gov.cn/mxrmzf/c101647/201506/b338da44da1f4b96908d4c4c29a31e66.shtml）。

[27] 眉山市人民政府：《眉山义务教育经费保障机制实现城乡统一》，2016年5月，四川省人民政府网站（https://www.sc.gov.cn/10462/10464/10465/10595/2016/5/4/10378918.shtml）。

[28] 南充市人民政府：《南充市切实规范义务教育阶段学校招生工作》，2014年4月，四川省人民政府网站（https://www.sc.gov.cn/10462/10464/10465/10595/2014/4/8/10298071.shtml）。

[29] 南充市人民政府：《南充市扎实推进义务教育均衡发展》，2017年11月，四川省人民政府网站（https://www.sc.gov.cn/10462/10464/10465/10595/2017/11/29/10439415.shtml）。

[30] 南充市人民政府：《营山县实施教育扶贫阻断贫困代际传递》，2020年3月，四川省人民政府网站（https://www.sc.gov.cn/10462/10778/50000679/50000745/2020/3/25/7d1d59df01594e8db9a0114bb319eb47.shtml）。

[31] 内江市人民政府办公室：《关于印发内江市特殊教育提升计划（2014—2016年）实施方案的通知》，2014年11月，内江市人民政府网站（https://www.neijiang.gov.cn/njs/zfbwj/201411/6cd2a69da43d407eb6eb1ec0155369ca.shtml?cnName=%E6%94%BF%E7%AD%96）。

[32] 攀枝花市教育体育局等：《攀枝花市第二期特殊教育提升计划实施方案（2017—2020年）》，2018年4月，攀枝花市教育体育局网站（http://jytyj.panzhihua.gov.cn/uploadfiles/201804/27/20180427170408872332266.pdf）。

[33] 攀枝花市人民政府：《关于推进特殊教育改革和发展的意见》，

2003年3月，攀枝花市人民政府网站（http://www.panzhihua.gov.cn/zfxxgk1/zfgb/issue_28676_30539/column_28676_30539_31015/1891629.shtml）。

［34］攀枝花市人民政府：《攀枝花残疾儿童随班就读将扩至学前教育》，2014年10月，四川省人民政府网站（https://www.sc.gov.cn/10462/10464/10465/10595/2014/10/21/10316113.shtml）。

［35］青神县教育和体育局：《青神县多举措关爱特殊群体学生》，2022年3月，四川省教育厅网站（http://edu.sc.gov.cn/scedu/c100498/2022/3/29/e443165e82b04842858331b95cb1303c.shtml）。

［36］四川省残疾人联合会：《关于进一步做好残疾人就业创业工作的若干政策措施》，2020年1月，四川省残疾人联合会网站（http://www.scdpf.org.cn/zwgk/zcfg_161/202001/t20200107_29323.html）。

［37］四川省教育厅：《苍溪县："三个强化"让残疾儿童享受公平教育》，2018年9月，四川省教育厅网站（http://edu.sc.gov.cn/scedu/c100498/2018/9/6/eb7e048cf32f4abeb5315e6f242b3abc.shtml）。

［38］四川省教育厅：《成都市青白江区创新推动特殊教育优质融合发展》，2021年3月，四川省教育厅网站（http://edu.sc.gov.cn/scedu/c100498/2021/3/10/66ec6c729ab34e758663a937a089105f.shtml）。

［39］四川省教育厅：《达州市达川区："五步协同"推进特殊教育事业高质量发展》，2022年4月，四川省教育厅网站（http://edu.sc.gov.cn/scedu/c100498/2022/4/12/c17a565bc55d4fdea0e5a4bb97f99458.shtml）。

［40］四川省教育厅：《德阳市多举措提升特殊教育水平》，2015年2月，四川省教育厅网站（http://edu.sc.gov.cn/scedu/c100498/2015/2/13/43ccaae362244f669d0e82324f2f31e6.shtml）。

［41］四川省教育厅：《对省政协十二届一次会议第1058号提案答复的函》

（川教办案〔2018〕126号），2018年9月，四川省人民政府网站（https://www.sc.gov.cn/10462/11689/11698/11703/2018/9/29/10465167.shtml）。

［42］四川省教育厅：《对省政协十一届四次会议第93号提案答复的函》（川教办案〔2016〕63号），2016年8月，四川省人民政府网站（https://www.sc.gov.cn/10462/11689/11698/11703/2016/8/2/10390685.shtml）。

［43］四川省教育厅：《对省政协十一届五次会议第0191号提案答复的函》（川教办案〔2017〕58号），2017年5月，四川省人民政府网站（https://www.sc.gov.cn/10462/10464/10465/10595/2017/5/19/10423173.shtml）。

［44］四川省教育厅：《贡井区辅读学校骨干引领融合教育》，2018年10月，四川省教育厅网站（http://edu.sc.gov.cn/scedu/c100500/2018/10/22/1f5ba47e6f7c4222a8d6f36cf384d983.shtml）。

［45］四川省教育厅：《关于进一步做好特殊教育资源教室建设工作的通知》，2018年8月，四川省教育厅网站（http://edu.sc.gov.cn/scedu/c100540/2018/8/1/3d0d711721ee4d9ab493dfdd47829545.shtml）。

［46］四川省教育厅：《关于面向社会征求〈四川省"十四五"特殊教育发展提升行动计划实施方案（征求意见稿）〉意见的公告》，2022年6月，四川省教育厅网站（http://edu.sc.gov.cn/scedu/c100495/2022/6/9/e19b2be49ccf44bba3e01d17f43c02e0.shtml）。

［47］四川省教育厅：《关于省人大十二届三次会议第321号建议答复的函》，2015年8月，四川省人民政府网站（https://www.sc.gov.cn/10462/11689/11698/11704/2015/8/10/10347925.shtml）。

［48］四川省教育厅：《关于印发〈四川省教育事业发展"十三五"规划〉的通知》，2022年1月，四川省教育厅网站（http://edu.sc.gov.cn/

scedu/c102589/2022/1/28/af6a047b1f14472e94841c6cc2989431. shtml）。

［49］四川省教育厅：《广安市 5000 残疾少儿有书读》，2006 年 10 月，四川省教育厅网站（http://edu.sc.gov.cn/scedu/c100498/2006/10/13/e962a1c2c2e9429db3b786981e730e58.shtml）。

［50］四川省教育厅：《广安市创新保障机制推进特殊教育高质量发展》，2020 年 11 月，四川省教育厅网站（http://edu.sc.gov.cn/scedu/c100768/2020/11/25/0a7009c526e447a9a7468e54ae7da9e1.shtml）。

［51］四川省教育厅：《广安市前锋区驶入特教"提速道"》，2018 年 12 月，四川省教育厅网站（http://edu.sc.gov.cn/scedu/c100498/2018/12/28/d7b714eb02df4510a119187d6d6c95f5.shtml）。

［52］四川省教育厅：《广元市：五举措关爱残疾学生扎实抓好特教工作》，2013 年 9 月，四川省教育厅网站（http://edu.sc.gov.cn/scedu/c100498/2013/9/22/8305fed1f0c74d33adf22ede8486ec5b.shtml）。

［53］四川省教育厅：《广元市大力推进特殊教育发展》，2019 年 4 月，四川省教育厅网站（http://edu.sc.gov.cn/scedu/c100494/2019/4/4/c270aa16720241a0bd3fd6c541cf3cd3.shtml）。

［54］四川省教育厅：《会理县教体科系统五举措助力"雏鹰"飞翔》，2021 年 5 月，四川省教育厅网站（http://edu.sc.gov.cn/scedu/c100498/2021/5/17/f9ec2bc05a8c42abbaa3454c1581455a.shtml）。

［55］四川省教育厅：《江油市：多管齐下推动特教事业良性发展》，2013 年 11 月，四川省教育厅网站（http://edu.sc.gov.cn/scedu/c100498/2013/11/15/aebf2ffe5b7b44c69b382924bd3f3976.shtml）。

［56］四川省教育厅：《井研县"四举措"助推适龄残疾儿童入学全覆盖》，2018 年 1 月，四川省教育厅网站（http://edu.sc.gov.cn/scedu/c100498/2018/1/24/4d35a55400654e8f95e46f5e9c9669c8.shtml）。

[57] 四川省教育厅:《开江县回龙小学:"五抓"真情关爱残疾儿童》, 2020年1月, 四川省教育厅网站（http://edu.sc.gov.cn/scedu/c100500/2020/1/9/61c0e4c7c32b4c419dafb654cf8b60f4.shtml）。

[58] 四川省教育厅:《利州区五举措推进特殊教育事业发展》, 2015年2月, 四川省教育厅网站（http://edu.sc.gov.cn/scedu/c100498/2015/2/5/8f2b9f6a863149aca22ac6c3519cadcb.shtml）。

[59] 四川省教育厅:《隆昌县"六保障"促特殊教育见成效》, 2016年9月, 四川省教育厅网站（http://edu.sc.gov.cn/scedu/c100498/2016/9/6/60a8527a607a49b5a79ad1352627bacd.shtml）。

[60] 四川省教育厅:《攀枝花市举办随班就读教师米易培训班》, 2014年4月, 四川省教育厅网站（http://edu.sc.gov.cn/scedu/c100498/2014/4/24/2dfc0f89e1f64acdbbb0181ecf55efbb.shtml）。

[61] 四川省教育厅:《仁寿县"四项技能"创新特殊教育工作》, 2016年12月, 四川省教育厅网站（http://edu.sc.gov.cn/scedu/c100498/2016/12/24/609430a4c67f4c5397e3922ab24785a7.shtml）。

[62] 四川省教育厅:《仁寿县出台六大措施提升特殊教育水平》, 2014年3月, 四川省教育厅网站（http://edu.sc.gov.cn/scedu/c100498/2014/3/20/35b158f749114ecdac396229b921954e.shtml）。

[63] 四川省教育厅:《遂宁市实现残疾儿童义务教育全覆盖》, 2018年11月, 四川省教育厅网站（http://edu.sc.gov.cn/scedu/c100498/2018/11/12/0f6aa88203714dd791d304527521944f.shtml）。

[64] 四川省教育厅:《梧桐引得凤凰栖——重庆师大特教研究基地"落户"新津一小》, 2008年3月, 四川省教育厅网站（http://edu.sc.gov.cn/scedu/c100499/2008/3/13/86e4f8c5836d4d36b9fcdb3d4f7c2dcf.shtml）。

[65] 四川省教育厅:《武胜县送教上门点亮残疾儿童的人生梦想》, 2018年

5月，四川省教育厅网站（http://edu.sc.gov.cn/scedu/c100498/2018/4/19/031035ead36148a7ad9ef589141ba5f9.shtml）。

[66] 四川省教育厅：《西充县"三路径"保障适龄残疾儿童入学》，2016年10月，四川省教育厅网站（http://edu.sc.gov.cn/scedu/c100498/2016/10/22/038d2f539ae547a9a46e81a230ae6bec.shtml）。

[67] 四川省教育厅：《新津县率先通过四川省国家义务教育发展基本均衡县督导评估》，2012年11月，四川省人民政府网站（https://www.sc.gov.cn/10462/10464/10465/10574/2012/11/19/10236223.shtml）。

[68] 四川省教育厅：《宣汉县切实加强锤炼特教师资队伍》，2014年4月，四川省教育厅网站（http://edu.sc.gov.cn/scedu/c100498/2014/4/25/114aed7c96ce4736892be7e4ba6b75f6.shtml）。

[69] 四川省教育厅：《筠连县抓实"特殊教育群体"推进义教公平》，2019年1月，四川省教育厅网站（http://edu.sc.gov.cn/scedu/c100498/2019/1/24/7c26344bdf3c490296c7daf6610b8a67.shtml）。

[70] 四川省教育厅：《逐步实现15年义务教育》，2013年4月，四川省人民政府网站（https://www.sc.gov.cn/10462/10464/10465/10574/2013/4/2/10254674.shtml）。

[71] 四川省教育厅：《转发〈教育部关于加强残疾儿童少年义务教育阶段随班就读工作的指导意见〉的通知》，2020年7月，四川省教育厅网站（http://edu.sc.gov.cn/scedu/c100495/2020/7/8/1f381c17a76343a6a71d1be35bbeb1f4.shtml）。

[72] 四川省教育厅：《资中县"四轮驱动"提升特殊教育质量》，2014年10月，四川省教育厅网站（http://edu.sc.gov.cn/scedu/c100498/2014/10/14/28b0b8d0f22e4c48b8be6cc4106b9aa5.shtml）。

[73] 四川省教育厅：《自贡市六项措施持续推进特殊教育发展》，2018年5

月,四川省教育厅网站(http://edu.sc.gov.cn/scedu/c100498/2018/5/11/10906f956c894b2caa5e85b5383180e6.shtml)。

[74] 四川省教育厅等:《四川省第二期特殊教育提升计划(2017—2020年)》,2018年1月,四川省教育厅网站(http://edu.sc.gov.cn/scedu/c100540/2018/1/31/34de23c4cc7840899c25cb4308d49664.shtml)。

[75] 四川省人民代表大会常务委员会:《四川省〈中华人民共和国义务教育法〉实施办法》,2014年6月,四川省教育厅网站(http://edu.sc.gov.cn/scedu/c100494/2014/6/16/fd00c3e6aa9e4ecc96b2a37004249d9e.shtml)。

[76] 四川省人民代表大会常务委员会:《四川省义务教育条例》,2002年6月,四川省人民代表大会常务委员会网站(http://www.scspc.gov.cn/flfgk/scfg/200206/t20020625_12546.html)。

[77] 四川省人民政府:《关于加快发展民族教育的实施意见》,2016年12月,四川省人民政府网站(https://www.sc.gov.cn/10462/c103044/2016/12/1/889bb97710b54bc8b9ec5218181141b3.shtml)。

[78] 四川省人民政府:《关于加快推进残疾人小康进程的实施意见》,2016年3月,四川省人民政府网站(https://www.sc.gov.cn/10462/11555/11562/2016/3/1/10371309.shtml)。

[79] 四川省人民政府:《关于加强困境儿童保障工作的实施意见》,2016年12月,四川省人民政府网站(https://www.sc.gov.cn/10462/c103044/2016/12/27/bdd7af4a810c42f4b025ba4bee980160.shtml)。

[80] 四川省人民政府:《关于建立残疾儿童康复救助制度的实施意见》,2018年10月,四川省人民政府网站(https://www.sc.gov.cn/10462/c103044/2018/10/13/e32af547feb145cdbc408bf84064a

ab0.shtml）。

［81］四川省人民政府：《关于进一步完善城乡义务教育经费保障机制的实施意见》，2016年3月，四川省人民政府网站（https://www.sc.gov.cn/10462/11555/11562/2016/3/9/10372393.shtml）。

［82］四川省人民政府：《关于批转四川省残疾人事业"十二五"发展纲要的通知》，2011年12月，四川省人民政府网站（http://www.sc.gov.cn/10462/10883/11066/2011/12/30/10194897.shtml）。

［83］四川省人民政府：《关于深入推进义务教育均衡发展的实施意见》，2013年12月，四川省人民政府网站（http://www.sc.gov.cn/10462/10883/11066/2013/12/10/10287849.shtml）。

［84］四川省人民政府：《关于统筹推进县域内城乡义务教育一体化改革发展的实施意见》，2011年6月，四川省人民政府网站（https://www.sc.gov.cn/10462/10883/11066/2011/6/21/10166234.shtml）。

［85］四川省人民政府：《关于印发〈四川省"十四五"残疾人保障和发展规划〉的通知》，2022年3月，四川省残疾人联合会网站（http://www.scdpf.org.cn/zwgk/zcfg_161/202203/t20220310_30808.html）。

［86］四川省人民政府：《关于印发四川妇女发展纲要（2011—2020年）和四川儿童发展纲要（2011—2020年）的通知》，2012年2月，四川省人民政府网站（https://www.sc.gov.cn/10462/11555/11562/2012/2/16/10199138.shtml）。

［87］四川省人民政府：《关于印发四川省残疾人事业"十三五"发展规划的通知》，2017年2月，四川省人民政府网站（https://www.sc.gov.cn/10462/c103044/2017/3/4/7eaa2a0317ab4bbcafdd63d2c7b7a930.shtml）。

［88］四川省人民政府：《关于印发四川省残疾人事业"十五"计划纲要的

通知》，《四川政报》2001年第23期，第20—21页。

[89] 四川省人民政府：《每年新增4亿元投入振兴大凉山彝区教育》，2014年6月，四川省人民政府网站（https://www.sc.gov.cn/10462/10464/10797/2014/6/14/10304785.shtml）。

[90] 四川省人民政府：《批转四川省残疾人事业"九五"计划纲要的通知》，《四川政报》1996年第36期，第14页。

[91] 四川省人民政府：《省财政下达2018年度义务教育经费保障机制资金1289955万元》，2018年12月，四川省人民政府网站（https://www.sc.gov.cn/10462/10464/10797/2018/12/19/10465499.shtml）。

[92] 四川省人民政府：《四川儿童发展纲要（2001—2010年）》，2017年6月，国务院妇女儿童工作委员会网站（http://www.nwccw.gov.cn/2017-06/15/content_161994.htm）。

[93] 四川省人民政府：《四川省"十四五"残疾人保障和发展规划》，2022年3月，四川省残疾人联合会网站（http://www.scdpf.org.cn/zwgk/zcfg_161/202203/t20220310_30808.html）。

[94] 四川省人民政府办公厅：《关于加强孤儿保障工作的实施意见》，2011年6月，四川省人民政府网站（https://www.sc.gov.cn/10462/10883/11066/2011/6/21/10166234.shtml）。

[95] 四川省人民政府办公厅：《关于进一步加强控辍保学提高义务教育巩固水平的通知》，2018年1月，四川省人民政府网站（https://www.sc.gov.cn/10462/11555/11563/2018/1/24/10443437.shtml）。

[96] 四川省人民政府办公厅：《关于印发〈四川省"十二五"教育事业发展规划〉的通知》，2012年2月，四川省人民政府网站（https://www.sc.gov.cn/10462/11555/11563/2012/2/21/10199591.shtml）。

[97] 四川省人民政府办公厅：《关于印发均衡配置义务教育资源促进教育公平专项改革方案的通知》，2014年7月，四川省人民政府网站

（https://www.sc.gov.cn/10462/10883/11066/2014/7/15/10307401.shtml）。

[98] 四川省人民政府办公厅:《关于印发四川省"十三五"基本公共服务均等化规划的通知》，2017年10月，四川省残疾人联合会网站（http://www.scdpf.org.cn/zwgk/ghjh/201710/t20171009_26684.html）。

[99] 四川省人民政府办公厅:《关于印发四川省妇女儿童工作专项行动计划（2017—2020年）》，2017年5月，四川省人民政府网站（https://www.sc.gov.cn/10462/c103046/2017/6/3/68da85c56bb44c92b773e8d23ba4ec1a.shtml）。

[100] 四川省人民政府办公厅:《印发四川省贯彻落实〈国家贫困地区儿童发展规划（2014—2020年）〉实施方案的通知》，四川省人民政府网站（http://zcwj.sc.gov.cn/xxgk/NewT.aspx?i=20170302105707-483752-00-000）。

[101] 四川省人民政府办公厅:《关于印发四川省教育领域省与市县财政事权和支出责任划分改革方案的通知》，2020年10月，四川省人民政府网站（https://www.sc.gov.cn/10462/c103046/2020/10/10/cf2779a15ee3403eb76618ab842a5135.shtml）。

[102] 四川省人民政府办公厅:《关于印发四川省进一步调整优化结构提高教育经费使用效益实施方案的通知》，2019年1月，四川省人民政府网站（https://www.sc.gov.cn/10462/c103042/2019/1/25/2da5fa0af5c84c14afd9ce34b44eb3eb.shtml）。

[103] 四川省人民政府办公厅:《关于印发〈四川省人口发展中长期规划〉的通知》，2022年3月，四川省人民政府网站（https://www.sc.gov.cn/10462/11555/11563/2022/3/31/1d001c516b5d4b88ab5f6f35b3432518.shtml）。

[104] 四川省人民政府办公厅:《关于印发新时代深化改革推进基础教育高质量发展实施方案的通知》,2020年12月,四川省人民政府网站(https://www.sc.gov.cn/10462/zfwjts/2020/12/29/4453038ab11a42ddb740588d7a42fc56.shtml)。

[105] 四川省人民政府办公厅:《四川省贯彻落实〈国务院办公厅关于加快中西部教育发展的指导意见〉的实施方案》,2016年12月,四川省人民政府网站(https://www.sc.gov.cn/10462/c103044/2016/12/27/bdd7af4a810c42f4b025ba4bee980160.shtml)。

[106] 四川省人民政府办公厅:《印发四川省贯彻落实〈国家贫困地区儿童发展规划(2014—2020年)〉实施方案》,2015年6月,四川省人民政府网站(http://www.sc.gov.cn/10462/10883/11066/2015/6/3/10338193.shtml)。

[107] 四川省人民政府办公厅:《转发教育厅等部门关于特殊教育提升计划(2014—2016年)实施意见的通知》,2014年6月,四川省人民政府网站(http://www.sc.gov.cn/10462/10883/11066/2014/6/26/10305836.shtml)。

[108] 搜狐网:《个性化学习——美国版的因材施教》,2022年6月,搜狐网(https://www.sohu.com/a/558787007_114911)。

[109] 遂宁市人民政府:《遂宁市出台〈特殊教育管理基本要求〉》,2013年5月,四川省人民政府网站(https://www.sc.gov.cn/10462/10464/10465/10595/2013/5/6/10260883.shtml)。

[110] 小金县人民政府:《小金县特殊教育提升计划实施意见(2014—2016)》,2015年6月,小金县人民政府网站(http://www.xiaojin.gov.cn/xjxrmzf/c101605/201506/d12bf3b4722e493d90e41ae0bc1fb60d.shtml)。

[111] 新华社:《习近平对"十四五"规划编制工作作出重要指示》,2020

年8月，中华人民共和国中央人民政府网站（http://www.gov.cn/xinwen/2020-08/06/content_5532818.htm）。

［112］新华社：《中华人民共和国国民经济和社会发展第十四个五年规划和2035年远景目标纲要》，2022年7月，中华人民共和国中央人民政府网站（http://www.gov.cn/xinwen/2021-03/13/content_5592681.htm）。

［113］中共四川省教育工作委员会、四川省教育厅：《关于印发〈四川省"十四五"教育发展规划〉的通知》，2022年3月，四川省教育厅网站（http://edu.sc.gov.cn/scedu/c102589/2022/4/2/3812dea3ed23459cac8391e3b98e65d1.shtml）。

［114］中共四川省委办公厅、四川省政府办公厅：《关于深化教育体制机制改革的实施意见》，2019年1月，四川省人民政府网站（https://www.sc.gov.cn/10462/10464/10797/2019/1/6/f7af839edecd4dddb00b517022c02342.shtml）。

［115］中华人民共和国教育部：《2020年全国教育事业发展统计公报》，2021年8月，中华人民共和国教育部网站（http://www.moe.gov.cn/jyb_sjzl/sjzl_fztjgb/202108/t20210827_555004.html）。

［116］中华人民共和国教育部：《中国融合教育发展之路——北京师范大学特殊教育研究所邓猛教授点评》，2013年7月，中华人民共和国教育部网站（http://www.moe.gov.cn/jyb_xwfb/moe_1946/s7097/201307/t20130718_154325.html）。

［117］中华人民共和国教育部基础教育司：《关于开展建立随班就读工作支持保障体系实验县（区）工作的通知》（教基司函〔2003〕11号），2003年3月，中华人民共和国教育部网站（http://www.moe.gov.cn/srcsite/A06/s3331/200303/t20030310_82025.html）。

五、外文资料

[1] H. Andreas, "Models of Inclusion: Germany" in Mithu Alur, Vianne Timmons, *Inclusive Education Across Cultures: Crossing Boundaries, Sharing Ideas*, New Delhi: SAGE Publications, 2009.

[2] D. P. Hallahan, J. M. Kauffman, *Exceptional Children: Introduction to Special Education*, Boston: Allyn & Bacon, 1994.

[3] K. Joel and R. Kari, "Excellence through Special Education? Lessons from the Finnish School Reform", *Review of Education*, No.53, 2007.

[4] Joep T. A. Bakker, Eddie Denessen, Anna Bosman, Maria Krijger, R.A.Bouts, "Sociometric Status and Self-Image of Children with Specific and General Learning Disabilities in Dutch General and Special Education Classes", *Learning Disability Quarterly*, No.1, 2007.

[5] L. Gibbs, E. Earley, "Using Children's Literature to Develop Core Values", *Phi Delta Kappa Fastback* (Whole No.362), Phi Delta Kappa Educational Foundation, 1994.

[6] Sip J. Pijl, Dorien Hamstra, "Assessing Pupil Development and Education in an Inclusive Setting", *International Journal of Inclusive Education*, No.2, 2005.

[7] The Publishing Office of the Danish Ministry of Education, *The Development of the Danish Folkeskole Towards a School for All- Integration of Handicapped Pupils in the Mainstream School System*, Strandgade 100 D, 1990.

[8] Tony Booth, Mel Ainscow, *From Them to Us*, London: Routledge, 1998.

[9] UNESCO, *Education 2030 Framework for Action: Ensure Inclusive and Equitable Quality Education and Promote Lifelong Learning Opportunities for All*, Paris: UNESCO, 2016.

[10] UNESCO and the European Agency for Special Needs and Inclusive Education, "Case Studies" (https://www.inclusive-education-in-action.org/case-studies).

[11] CBM, "My Right is Our Future: The Transformative Power of Disability Inclusive Education" (https://reliefweb.int/sites/reliefweb.int/files/resources/DID_Series_-_Book_3.pdf).

[12] Europe an Agency for Special Needs and Inclusive Education, "Inclusive Education for Learners with Disabilities" (https://www.europarl.europa.eu/RegData/etudes/STUD/2017/596807/IPOL_STU(2017)596807_EN.pdf).

[13] European Agency for Development in Special Needs Education, "Special Education across Europe in 2003" (https://www.european-agency.org/file/10869/download?token=uLwnToK9).

[14] European Agency for Special Needs and Inclusive Education, "European Agency Statistics on Inclusive Education: 2018 Dataset Cross-Country Report" (https://www.european-agency.org/file/19820/download?token=WYBUCUE5).

[15] FNBE (Finnish National Board of Education), "National Core Curriculum for Basic Education 2004" (http://www.oph.fi/english/publications/2009/national_core_curricula_for_basic_education).

[16] K Klemm, "Inklusion in Deutschland. In Daten und

Fakten. Gütersloh: Bertelsmann-Stiftung"(https://www.bertelsmann-stiftung.de/fileadmin/files/BSt/Publika-tionen/GrauePublikationen/Studie IBUpdate Inklusion 2015.pdf).

[17] Vernor Muñoz Villalobos, "The Right to Education of Persons with Disabilities: Report of the Special Rapporteur on the Right to Education", 2007-02, (https://digitallibrary.un.org/record/595007/files/A_HRC_4_29-EN.pdf).

[18] Ontario Department of Education, "Guidelines for Inclusive Education Policy Development"(http://www.edu.gov.on.ca/eng/policyfunding/inclusiveguide.pdf).

[19] M. J Schuelka, "Implementing Inclusive Education. K4D Helpdesk Report" Brighton, UK: Institute of Development Studies.(https://opendocs.ids.ac.uk/opendocs/bitstream/handle/20.500.12413/14230/374_Implementing_Inclusive_Education.pdf?sequence=1&isAllowed=y).

[20] UN News, "Spain Violated Inclusive Education Right of Child with Disabilities, Independent Committee Finds", 2020-9, UN Website(https://news.un.org/en/story/2020/09/1072872).

[21] UN, "UN Flagship Report on Disability and Development 2018", 2018-12, UN Website(https://social.desa.un.org/publications/un-flagship-report-on-disability-and-development-2018).

[22] UNESCO, "A Guide for Ensuring Inclusion and Equity in Education", 2022-04, UNESCO Website(https://unesdoc.unesco.org/ark:48223/pf0000369394?2=null&queryId=c3702b10-acb6-4f0e-b2a2-cebfb5a236d6).

[23] UNESCO, "Cali Commitment to Equity and Inclusion in

Education", 2019-10, UNESCO Website (https://unesdoc. unesco.org/ark:48223/pf0000370910).

[24] UNESCO, "Education 2030: Incheon Declaration and Framework for Action for the Implementation of Sustainable Development Goal 4: Ensure Inclusive and Equitable Quality Education and Promote Lifelong Learning Opportunities for All", 2022-04, UNESCO Website (https://unesdoc.unesco.org/ark:48223/pf0000245656).

[25] UNESCO, "Incheon Declaration: Education 2030: Towards Inclusive and Equitable Quality Education and Lifelong Learning for All", 2022-04, UNESCO Website (https://unesdoc.unesco. org/ark:48223/pf0000233137).

[26] UNESCO, "Transforming Our World: The 2030 Agenda for Sustainable Development", 2022-04, UNESCO Website (https://www.un.org/ga/search/view_doc.asp?symbol=A/ RES/70/1&Lang=E).

[27] UNCRC, "The Rights of Children with Disabilities", 2006-09, UN Website (http://docstore.ohchr.org/SelfServices/FilesHandler.ashx?enc=6QkG1d%2fPPRiCAqhKb7yhsqIkirKQZLK2M58RF%2f5F0vHrn2YtDgO4ZjHSiu4mMCNKxeV7PxOOmQZL5v2IpgSJyXYy3ETTtUI65KMAgOvcRYyPXQKoIa4QlaTvSVKFUBC0).

后 记

"融合教育"是一个英译词，主要兴起于西方发达国家，2017年联合国教科文组织指出，全纳、融合已经成为世界各国通过和实施教育法律和政策的指导原则。我国融合教育实践是以随班就读方式开展实施的，1988年在第一次全国特殊教育工作会议上，国家将残疾儿童随班就读正式作为发展特殊教育的一项政策，随后国家颁布了一系列法律法规予以强调和确认。经过多年的实践，我国逐步探索出即以普特融合为特征的随班就读模式。

必须看到，从资源教室、个别化教育计划到零拒绝、转衔安置等，关于融合教育的理论、概念、话语、方法主要集中在欧美国家，关于融合教育的研究主要是在西方世界进行的。国外的研究为我们提供了可以借鉴的融合教育经验和策略，但由于国内外教师水平、学生接受教育的环境、经济文化发展水平、社会政治制度等方面存在的差异，我们还是要坚持扬弃的原则。习近平总书记指出，要坚持古为今用、洋为中用，加快构建中国特色哲学社会科学。① 我国是具有深厚的历史文化底蕴的文明古国，春秋战国以来就形成了尊师重教、有教无类的优良传统，有着丰富而宝贵的融合教育思想智慧。围绕我国的融合教育发展面临的问题，怎样做到立足中国、借鉴国外、挖掘历史、把握当代、关怀人类、面向未来，怎样构建中国特色融合教育的理论、概念、话语与方法，这是我一直持续思考的问题。

基于上述的背景与考虑，结合多年来致力于融合教育的区域实践研究，

---

① 参见习近平《习近平著作选读》第一卷，人民出版社2023年版，第479页。

我萌生了撰写一本从中国化视域理解我国区域融合教育发展的著作。通过这本著作，从理论与实践、历史与现实、国内与国外的多维视角，试图回答我国融合教育发展的历史动因、理论依据与实践路径三个关键问题，并由此确定了三个方面的研究内容：一是融合教育的中国化视域理解与分析，二是四川省融合教育政策实践路径的历史经验与现状分析，三是高质量发展背景下四川融合教育的未来思考。2020 年，我申报了四川省社会科学"十三五"规划项目"中国化视域下融合教育的四川路径研究"（SC20B142），并获得立项。

研究过程是漫长而痛苦的，尤其是运用马克思主义哲学观点方法，借鉴西方国家的融合教育思想，深度解析融合教育中国化视域的逻辑动因、历史语境、制度优势、文化图式，以此构建中国特色融合教育的学术体系与话语体系，并对四川融合教育的政策选择、实践进程与未来取向进行论证解码，这是一项艰巨的理论探索与实证研究过程。历经两年多时间颇费心血的学术思考与研究，终于完成《中国化视域下融合教育研究——四川经验的深度解析》的撰写。

全书共七章，第一章至第四章为分析融合教育中国化视域理论建构部分，第五章至第七章为四川融合教育实践研究部分。课题组成员杜学元教授与郭玲副教授，对本书的撰写给予了学术思想的悉心指导与帮助，特向他们致以由衷的感谢。

该书是四川省社会科学研究规划项目"中国化视域下融合教育的四川路径研究"的成果，也是四川省社会科学高水平研究团队"农村教育的历史发展与当代改革研究团队"、"乐山师范学院高层次人才引进科研启动项目"（RC2025041）的阶段性成果，得到了乐山师范学院科研处、学科建设与发展规划处及教育科学学院、特殊教育学院的大力支持，在此表示衷心的感谢！

在本书出版过程中，文化艺术出版社有关人员为选题的申报和书稿的编辑、审校付出了大量的心血与大力的支持，在此向他们所做的工作致以诚挚的谢意。

本书对参考文献资料，凡能注明的尽量注明，但也难免有遗漏不全之处。囿于水平有限，对于书中的不足与纰漏，也恳请各位专家学者、读者朋友给予理解与批评指正。

佘万斌

2025 年 1 月于乐山师范学院